Ganz starke Frauen

Scherz Krimi
Spannung mit Niveau

Ganz starke Frauen

Moderne Detektivinnen zeigen, wo es langgeht

von
Charlotte Armstrong
Agatha Christie
Amanda Cross
Mignon G. Eberhart
Antonia Fraser
Elizabeth George
Paula Gosling
Sue Grafton
Susan Kelly
Deidre Laiken
Marcia Muller
Sara Paretsky
Mary Roberts Rinehart
Julie Smith

Scherz
Bern – München – Wien

Ausgewählt von Gisela Eichhorn

Sonderausgabe 1993

Umschlag unter Verwendung eines Fotos
von Hubertus Mall, Stuttgart.

Inhalt

Die Andromache von Pietro

V. I. Warshawski

Sara Paretsky

1

»Du hast ihn doch nur wegen seiner Kunstsammlung eingestellt. Da bin ich mir ganz sicher.« Lotty Herschel bückte sich, um ihre Strümpfe zurechtzuzupfen. »Und wackel nicht so mit den Augenbrauen – du siehst aus wie ein pubertärer Groucho Marx.«

Max Loewenthal glättete artig seine Augenbrauen, sagte aber: »Das machen nur deine Beine, Lotty. Sie erinnern mich an meine Jugend. Damals, in den U-Bahn-Stationen, als wir auf das Ende des Fliegeralarms warteten und uns die Damen anschauten, wenn sie auf der Rolltreppe herunterkamen. Der Luftstrom hat immer ihre Röcke hochgewirbelt.«

»Das denkst du dir aus, Max. Ich war auch in diesen U-Bahn-Stationen, und soweit ich mich erinnere, trugen die Damen immer nur Mäntel und Kinder.«

Max ging von der Tür zu Lotty hinüber und legte ihr den Arm um die Taille. »Deshalb passen wir so gut zusammen, Lottchen: Ich bin Romantiker, und du bist durch und durch logisch. Und du weißt ganz genau, daß wir Caudwell nicht wegen seiner Sammlung eingestellt haben. Obwohl ich sie gerne sehen würde. Die Klinikleitung möchte ein Transplantationsprogramm am Beth-Israel-Krankenhaus aufbauen. Nur so können wir uns gegenüber den anderen behaupten . . .«

»Bleib mir bloß mit der Werbeleier vom Hals«, fuhr Lotty ihn

an. Ihre dunklen Augenbrauen zogen sich zu einer durchgehenden schwarzen Linie auf ihrer Stirn zusammen. »Für mich ist er ein Kretin; er hat die Hände eines Caliban und die Persönlichkeit von Attila.«
Lotty opferte sich so sehr für die Medizin auf, daß für so weltliche Dinge wie Geld kein Platz mehr war. Aber als leitender Direktor des Krankenhauses hatte Max Interesse daran, daß Beth Israel Gewinn abwarf. Oder zumindest keine so hohen Verluste machte, wie das in den letzten Jahren der Fall gewesen war. Man hatte Caudwell nicht zuletzt deshalb eingestellt, um durch ihn mehr zahlende Patienten anzulocken und einen Ausgleich für die Bedürftigen zu schaffen, die immerhin zwölf Prozent der Patienten von Beth Israel ausmachten. Max fragte sich, wie lange das Krankenhaus es sich wohl noch leisten konnte, so grundlegend verschiedene Persönlichkeiten wie Lotty und Caudwell mit ihren gänzlich unterschiedlichen Auffassungen von Medizin zu beschäftigen.
Er löste seinen Arm von ihrer Taille und lächelte sie fragend an. »Warum haßt du ihn so sehr, Lotty?«
»*Ich* muß mich gegenüber den Patienten verantworten, die ich diesem – diesem Steinzeitmenschen – zuweise. War dir das eigentlich klar: Er wollte Mrs. Mendes nicht in den OP lassen, als er erfuhr, daß sie AIDS hat. Dabei hätte er sich gar nicht selbst die Hände schmutzig machen müssen. Und er wollte auch nicht, daß ich sie operiere.«
Lotty trat einen Schritt zurück und deutete anklagend mit dem Finger auf Max. »Du kannst der Kommission ausrichten, daß ihr euch, wenn ihr mein Urteil weiterhin in Frage stellt, bald um einen neuen Perinatalmediziner umsehen könnt. Ich meine es ernst. Paß heute nachmittag genau auf, Max, ob er mich nicht wieder ›unsere kleine Kinderärztin‹ nennt. Ich bin achtundfünfzig Jahre alt, Mitglied des Royal College of Surgeons und habe so viele Referenzen, daß ich damit ein ganzes Krankenhaus unterstützen könnte. Und für ihn bin ich nur ›eine kleine Kinderärztin‹.«

Max saß auf dem Ruhebett und zog Lotty neben sich. »Nein, nein, Lottchen. Sträub dich nicht. Hör mir zu. Warum hast du mir das nicht früher gesagt?«

»Stell dich nicht dumm, Max: Du bist der Leiter des Krankenhauses. Ich kann mir nicht unser besonderes Verhältnis zunutze machen, um mit Problemen fertig zu werden, die ich mit den Kollegen habe. Ich habe meine Meinung gesagt, als Caudwell zum letzten Vorstellungsgespräch kam. Einige der anderen Ärzte waren nicht glücklich über seine Einstellung als Chefarzt. Falls du dich erinnerst, haben wir die Kommission gebeten, ihn erst einmal als Herzchirurgen einzustellen und ihn dann nach einem Jahr zum Chef des Teams zu befördern, wenn alle zufrieden wären.«

»Wir haben an dem Tag darüber gesprochen. Aber er wollte den Posten nur als Chefarzt annehmen. Nur so konnten wir ihm genausoviel Geld wie die Universitätskliniken oder das Humana-Krankenhaus bieten. Und außerdem, Lotty, mußt du zugeben, daß er ein erstklassiger Chirurg ist, selbst, wenn du ihn als Mensch nicht leiden kannst.«

»Ich gebe überhaupt nichts zu.« In ihren schwarzen Augen tanzten rote Lichter. »Wenn er mich als Kollegin schon so gönnerhaft behandelt, was glaubst du, wie er dann erst mit den Patienten umgeht? Als Mediziner kannst du nicht . . .«

»Jetzt muß ich *dich* bitten, mir einen Vortrag zu ersparen«, unterbrach Max sie sanft. »Aber wenn du dich so sehr über ihn aufregst, solltest du vielleicht heute nachmittag lieber nicht auf seine Party gehen.«

»Und zugeben, daß er mich kleingekriegt hat? Niemals.«

»Na schön.« Max stand auf und legte Lotty einen Schal aus schwerem Wollbrokat um die Schultern. »Aber du mußt mir versprechen, dich ordentlich aufzuführen. Vergiß nicht, daß wir nicht privat hingehen und daß das Ganze nicht in einen Kampf der Gladiatoren ausarten soll. Caudwell will sich heute nachmittag als Gastgeber vorstellen und nicht dich heruntermachen.«

»Du mußt mir keine Anstandsregeln vorbeten: Die Herschels behandelten schon die Kaiser von Österreich, da haben die Loewenthals noch als Obst- und Gemüsehändler am Ring operiert«, sagte Lotty hochmütig.

Max lachte und küßte ihr die Hand. »Dann besinn dich auf diese hoheitlichen Herschels und benimm dich wie sie, Eure Hoheit, nicht wie dein amerikanischer Namensvetter Herschel Walker.«

Lotty lächelte zögernd. »Ich weiß zwar nicht, wer das ist, aber ich kann mir schon denken, daß er nicht viel taugt.«

»Deswegen liebe ich dich, Lotty. Du bist mit Sicherheit der einzige Mensch in ganz Amerika, der noch nie was von Herschel Walker gehört hat. Er ist ein Footballstar.«

»Ach, Football.« Lotty machte eine abschätzige Handbewegung, hakte sich dann jedoch bei Max unter und machte eine neutrale Bemerkung über ein bevorstehendes Konzert, als sie zusammen zu seinem Auto hinuntergingen.

2

Caudwell hatte sich eine Wohnung in Chicago gekauft, ohne sie vorher zu besichtigen. Ein geschiedener Mann, dessen Kinder das College besuchen, muß nur auf seinen eigenen Geschmack Rücksicht nehmen. Er bat die Kommission des Beth-Israel-Krankenhauses, ihm einen Makler zu empfehlen, und schickte diesem eine Liste mit seinen Vorstellungen: Haus aus den zwanziger Jahren direkt am Lake Michigan, gute Sicherheitsvorkehrungen, neue Wasserleitungen. Kurz darauf zahlte er 750000 Dollar für eine Achtzimmereigentumswohnung an der Scott Street mit Blick auf den See.

Da Beth Israel Dr. Charlotte Herschel ein anständiges Gehalt für ihre Dienste als Perinatalmedizinerin zahlte, hätte sie es eigentlich nicht nötig gehabt, in einer Fünfzimmerwohnung ohne Lift am Rande des Stadtzentrums zu wohnen, deshalb war es auch ein bißchen unfair von ihr, Max das Wort »Parvenü« zuzumurmeln, als sie in den Flur traten.

Max hatte nichts dagegen, daß Lotty eigene Wege ging, sobald sie aus dem Aufzug ausgestiegen waren. Ein Leben als Liebhaber von Lotty war wie der Versuch, der Gefährte eines bengalischen Tigers zu sein: Man wußte nie, wann sie zum tödlichen Schlag ausholen würde. Doch falls Caudwell vorhatte, sie selbst oder ihre Haltung zu kritisieren, müßte er mit dem Chirurgen sprechen und ihm erklären, wie wichtig Lotty für den Ruf von Beth Israel war.

Die beiden Kinder von Caudwell machten ihren obligatorischen Weihnachtsbesuch. Sie hießen Deborah und Steve, waren nur ein Jahr auseinander, beide groß, schlank und besaßen jene unnachahmliche Lässigkeit, die man sich durch eine Kindheit auf den teuren Skipisten erwerben kann. Max war nicht sehr groß, und als eines der Kinder ihm den Mantel abnahm und das andere ihn kurz und förmlich den Gästen vorstellte, spürte er, wie seine Selbstsicherheit dahinschwand. Er nahm ein Glas Spezialcuvée von einem der beiden Kinder entgegen – war das der Junge, oder war es das Mädchen, fragte er sich verwirrt – und stürzte sich ins Gedränge.

Er landete neben einer der Kuratorinnen von Beth Israel, Martha Gildersleeve, einer Frau um die Sechzig mit einem grauen Minikleid, dessen schwarze Streifen aus Federn bestanden. Sie äußerte sich geistreich über Caudwells Kunstsammlung, aber Max spürte einen aggressiven Unterton: Wohlhabende Kuratoren sehen es nicht gern, wenn das Personal mehr Geld hat als sie selbst.

Während er in angemessenen Abständen die Stirn runzelte oder mit dem Kopf nickte, wurde Max klar, daß Caudwell wußte, wie sehr das Krankenhaus Lotty brauchte. Herzchirurgen leiden nicht gerade an einem unterentwickelten Ego: Wenn man sie nach den drei führenden Medizinern der Welt fragt, können sie sich nie an die Namen der beiden anderen erinnern. Lotty war führend auf ihrem Gebiet, und auch sie war es gewohnt, ihren Kopf durchzusetzen. Da ihr Konfrontations-Stil eher an die Ardennenoffensive als an den Kaiserlichen Hof von Wien erinnerte, konnte er es Caudwell nicht verdenken, wenn er sie aus dem Krankenhaus hinausdrängen wollte.

Max trennte sich von Martha Gildersleeve, um einige der Gemälde und Figurinen zu bewundern, von denen sie gesprochen hatte. Da Max selbst chinesisches Porzellan sammelte, zog er die Augenbrauen hoch und stieß beim Anblick der ausgestellten Stücke einen tonlosen Pfiff der Bewunderung aus. Ein kleiner Watteau und ein Aquarell von Charles Demuth waren soviel wert, wie Beth Israel Caudwell als Jahresgehalt zahlte. Kein Wunder, daß Mrs. Gildersleeve so verärgert gewesen war.

»Beeindruckend, nicht wahr?«

Max drehte sich um und sah, wie Arthur Gioia sich hinter ihm auftürmte. Max war – abgesehen von Lotty – kleiner als alle anderen Belegschaftsmitglieder von Beth Israel. Doch Gioia, ein großer, muskulöser Immunologe, überragte alle. Er hatte ein Football-Stipendium für die University of Arkansas gehabt und sogar eine ganze Saison als Angreifer für Houston gespielt, bevor er mit dem Medizinstudium begann. Es waren schon zwanzig Jahre vergangen, seit er das letzte Mal Gewichte gestemmt hatte, aber sein Nacken sah immer noch aus wie ein Redwood-Stumpf.

Gioia war der Wortführer der Gruppe gewesen, die gegen die Einstellung von Caudwell votiert hatte. Max hatte damals vermutet, daß das wohl mit dem Wunsch des Medizinmannes zu tun hatte, keinen Chirurgen als nominellen Chef zu haben. Aber nach Lottys Ausbruch war er sich da nicht mehr so sicher. Er überlegte gerade, ob er den Arzt fragen sollte, wie er jetzt über Caudwell dachte, nachdem er 6 Monate mit ihm zusammengearbeitet hatte, als ihr Gastgeber zu ihm kam und ihm die Hand schüttelte.

»Tut mir leid, daß ich Sie nicht gleich gesehen habe, als Sie hereingekommen sind, Loewenthal. Gefällt Ihnen der Watteau? Gehört zu meinen Lieblingsstücken. Obwohl man als Sammler eigentlich genausowenig irgendein Stück bevorzugen sollte wie als Vater, nicht wahr, Schatz?« Die letzte Bemerkung war an seine Tochter Deborah gerichtet, die hinter Caudwells Rücken getreten war und den Arm um ihn schlang.

Caudwell sah eher wie ein viktorianischer Seebär, weniger wie ein Chirurg aus. Er hatte ein rundes, rotes Gesicht und einen weißgoldenen Haarschopf, ein herzliches Nikolauslachen und gab sich rauh und direkt. Trotz Lottys Schmähungen war er bei seinen Patienten außerordentlich beliebt. In der kurzen Zeit, die er am Krankenhaus war, hatte sich die Zahl der Herzoperationen bereits um fünfzehn Prozent erhöht.

Seine Tochter kniff spielerisch in seine Schulter. »Ich weiß, daß du keinen von uns bevorzugst, Dad, aber was deine Sammlung anbelangt, lügst du Mr. Loewenthal doch etwas vor. Na komm schon, du weißt, daß ich recht habe.«

Sie wandte sich Max zu. »Er hat ein Stück, auf das er so stolz ist, daß er es am liebsten gar nicht herzeigen würde. – Er möchte nicht, daß jemand was über seine Schwächen erfährt. Aber es ist Weihnachten, Dad, entspann dich, zeig den Leuten zur Abwechslung mal, wie du wirklich bist.«

Max sah den Chirurgen neugierig an, aber Caudwell schien sich über die vertrauliche Art seiner Tochter zu freuen. Der Sohn kam auch dazu und stimmte in die fröhlichen Überredungskünste der Tochter ein.

»Es ist wirklich Dads ganzer Stolz. Er hat es Onkel Griffen gestohlen, als Großvater starb, und hat Mutter daran gehindert, es sich unter den Nagel zu reißen, als sie sich trennten.«

Dagegen wehrte Caudwell sich nun doch mit einem sanften Knurren. »Du vermittelst meinen Kollegen einen falschen Eindruck von mir, Steve. Ich habe es Grif nicht gestohlen. Ich habe ihm gesagt, er kann den ganzen restlichen Besitz haben, wenn er mir den Watteau und die Skulptur von Pietro überläßt.«

»Natürlich hätte er sich für den Gegenwert diesen Besitz zehnmal kaufen können«, murmelte Steve seiner Schwester über Max' Kopf hinweg zu.

Deborah ließ den Arm ihres Vaters los, lehnte sich über Max und flüsterte zurück: »Und Mama auch.«

Max zog sich von diesem entsetzlichen, verwirrenden Pärchen zurück und sagte zu Caudwell: »Ein Pietro? Sie meinen Pietro D'Alessandro? Haben Sie ein Modell oder wirklich eine echte Skulptur?«

Caudwell stieß sein abgehacktes Admiralslachen aus. »Alles echt, Loewenthal. Alles echt. Eine Alabasterskulptur.«

»Eine Alabasterskulptur?« Max zog die Augenbrauen hoch. »Das kann doch nicht sein. Ich dachte, Pietro hat nur mit Bronze und Marmor gearbeitet?«

»Tja, ja«, kicherte Caudwell und rieb sich die Hände. »Das denken alle. Aber es gab tatsächlich ein paar Alabasterskulpturen in privaten Sammlungen. Ich habe mir von Fachleuten die Echtheit bestätigen lassen. Kommen Sie, schauen Sie sie ruhig an – sie wird Ihnen den Atem verschlagen. Gioia, kommen Sie auch mit«, bellte er dem Immunologen zu. »Sie sind doch Italiener. Sie interessieren sich sicher dafür, was Ihre Vorfahren so getrieben haben.«

»Eine Alabasterskulptur von Pietro?« Lottys schneidender Ton ließ Max zusammenzucken. – Er hatte nicht gemerkt, daß sie sich zu ihnen gesellt hatte. »Ich würde das Stück sehr gerne sehen.«

»Dann kommen Sie doch mit, Dr. Herschel, kommen Sie ruhig mit.« Caudwell führte sie zu einem kleinen Flur und wechselte dabei im Vorübergehen einige freundliche Worte mit den Gästen. Dann zeigte er ihnen eine Miniatur von William Hill, die ihnen sonst vielleicht entgangen wäre, und sammelte noch einige weitere Leute um sich, die sich aus un-

terschiedlichen Gründen für sein wertvollstes Stück interessierten.
»Übrigens, Gioia, ich war letzte Woche in New York. Ich habe dort einen alten Freund von Ihnen aus Arkansas kennengelernt. Paul Nierman.«
»Nierman?« Gioia machte ein ratloses Gesicht. »Ich fürchte, ich erinnere mich nicht an ihn.«
»Tja, er hat sich aber sehr wohl an Sie erinnert. Läßt Ihnen alles mögliche ausrichten – Sie müssen am Montag unbedingt bei mir im Büro vorbeikommen und sich die ganze Liste abholen.«
Caudwell öffnete eine Tür auf der rechten Seite des Flurs und führte die Gruppe in sein Arbeitszimmer. Der Raum war achteckig und aus der Ecke des Gebäudes herausgeschnitten. Die Fenster zu beiden Seiten gingen auf den Lake Michigan. Caudwell zog die lachsfarbenen Vorhänge zu, während er sprach, und erklärte ihnen, warum er den Raum als Arbeitszimmer gewählt hatte, obwohl die Aussicht ihn von der Arbeit ablenkte.
Lotty schenkte ihm keine Beachtung und ging zu einem kleinen Sockel hinüber, der ganz allein vor der Holzvertäfelung einer der hinteren Wände stand. Max folgte ihr und warf einen ehrfürchtigen Blick auf die Skulptur. Außerhalb von Museen hatte er nur selten ein so schönes Stück gesehen. Die Skulptur war etwa dreißig Zentimeter hoch und stellte eine Frau in klassischen Gewändern dar, die sich voll Pein über die Leiche eines Soldaten zu ihren Füßen beugte. Der Schmerz in ihrem schönen Gesicht war so ergreifend, daß er den Betrachter an jeden Kummer erinnerte, den er selbst schon empfunden hatte.
»Wen stellt sie dar?« fragte Max neugierig.
»Andromache«, sagte Lotty mit erstickter Stimme. »Andromache, die um Hektor trauert.«
Max warf Lotty einen überraschten Blick zu, erstaunt sowohl über ihre emotionale Betroffenheit als auch über ihr Wissen

um die Skulptur. Lotty interessierte sich sonst überhaupt nicht für Bildhauerei.
Caudwell konnte ein selbstgefälliges Grinsen nicht unterdrücken. »Schön, nicht wahr? Woher kennen Sie das Thema?«
»Ich sollte es kennen.« Lottys Stimme war vor Erregung ganz heiser. »Meine Großmutter hatte so eine Skulptur von Pietro aus Alabaster. Kaiser Joseph der Zweite hatte sie ihrem Urgroßvater für seine Bemühungen um die Konsolidierung kaiserlicher Bande mit Polen geschenkt.«
Sie packte die Skulptur, ohne auf Max' erschreckte Reaktion zu achten, und drehte sie um. »Die Reste des kaiserlichen Siegels sind immer noch zu erkennen. Und die abgeschlagene Ecke an Hektors Fuß, die die Habsburger überhaupt erst auf die Idee gebracht hat, die Skulptur wegzugeben. Wieso haben Sie dieses Stück? Wo haben Sie es gefunden?«
Die kleine Gruppe, die sich Caudwell angeschlossen hatte, stand, erschrocken über Lottys Gefühlsausbruch, schweigend bei der Tür. Gioia sah noch entsetzter aus als alle anderen. Aber Lotty war ihm selbst in bester Verfassung zuviel – er fühlte sich in ihrer Gegenwart wie ein Elefant neben einer aggressiven Maus.
»Ich habe den Eindruck, daß Sie sich von Ihren Gefühlen überwältigen lassen, Dr. Herschel.« Caudwell behielt seinen legeren Tonfall bei, so daß Lotty im Gegensatz dazu noch plumper wirkte. »Ich habe das Stück von meinem Vater geerbt, der es – völlig legal – in Europa gekauft hat. Vielleicht von – Ihrer Großmutter. Aber wahrscheinlich verwechseln Sie die Skulptur mit einer anderen, die Sie als Kind im Museum gesehen haben.«
Deborah stieß ein spitzes Lachen aus und rief ihrem Bruder mit lauter Stimme zu: »Dad hat sie Onkel Grif gestohlen, aber es sieht fast so aus, als wenn Großvater sie auch schon geklaut hat.«
»Sei still, Deborah«, bellte Caudwell streng.
Seine Tochter schenkte ihm keine Beachtung. Sie lachte wie-

der und gesellte sich zu ihrem Bruder, um das kaiserliche Siegel auf der Unterseite der Skulptur zu betrachten.
Lotty schob sie beiseite. »*Ich* soll das Siegel von Joseph dem Zweiten verwechseln?« zischte sie Caudwell an. »Oder die abgeschlagene Ecke an Hektors Fuß? Hier sieht man sogar noch den Riß, wo irgendein Banause das fehlende Stück wieder angefügt hat. Jemand, der glaubte, damit den Wert von Pietros Werk zu erhöhen. Waren Sie das, *Doktor*? Oder Ihr Vater?«
»Lotty.« Max stand neben ihr, entwand ihren zitternden Händen sanft die Skulptur und stellte sie wieder auf den Sockel. »Lotty, dies ist weder der richtige Ort noch die richtige Art, um über solche Dinge zu sprechen.«
Zornestränen glitzerten in ihren schwarzen Augen. »Zweifelst du an dem, was ich sage?«
Max schüttelte den Kopf. »Ich zweifle nicht an dir. Aber ich unterstütze dich auch nicht. Ich bitte dich, nicht in dieser Weise über diese Sache bei diesem Treffen zu sprechen.«
»Aber Max: Dieser Mann oder sein Vater ist ein Dieb!«
Caudwell schlenderte gemächlich zu Lotty hinüber und kniff ihr ins Kinn. »Sie arbeiten zuviel, Dr. Herschel. Sie haben zuviel um die Ohren. Ich glaube, die Leitung des Krankenhauses würde es begrüßen, wenn Sie ein paar Wochen Urlaub nehmen, irgendwohin fahren, wo es warm ist und Sie sich entspannen können. Wenn Sie so angespannt sind, nützen Sie Ihren Patienten nicht sonderlich viel. Was sagen Sie dazu, Loewenthal?«
Max sagte nichts von alledem, was er eigentlich sagen wollte – daß er Lotty unerträglich und Caudwell unmöglich fand. Er glaubte Lotty, daß die Skulptur ihrer Großmutter gehört hatte. Erstens wußte sie zuviel darüber. Und zweitens befanden sich viele Kunstwerke, die früher europäischen Juden gehört hatten, jetzt in Museen und privaten Sammlungen auf der ganzen Welt. Es war lediglich der vermaledeiteste Zufall, daß die Skulptur von Pietro ausgerechnet in den Händen von Caudwells Vater gelandet war.

Aber wie konnte Lotty es wagen, die Angelegenheit auf eine Art und Weise anzusprechen, die alle Anwesenden gegen sie aufbringen würde? Er konnte sie in einer solchen Situation einfach nicht unterstützen. Doch die herablassende Geste, mit der Caudwell sie ins Kinn kniff, erzeugte in ihm den Wunsch, von den Regeln des Anstandes entbunden zu sein und ihn k. o. zu schlagen – vorausgesetzt, er wäre jung und groß genug dazu gewesen.

»Ich glaube nicht, daß hier der richtige Ort und der richtige Zeitpunkt ist, um über solche Dinge zu reden«, wiederholte er so beherrscht wie möglich. »Warum beruhigen wir uns nicht lieber alle und unterhalten uns am Montag noch mal darüber?«

Lotty mußte unwillkürlich schlucken und rauschte aus dem Zimmer, ohne sich noch einmal umzudrehen.

Max weigerte sich, ihr zu folgen. Er war zu wütend auf sie, um sie an diesem Nachmittag noch einmal sehen zu wollen. Als er sich etwa eine Stunde später nach einem langen Gespräch mit Caudwell, das seine kultivierten Umgangsformen auf eine äußerst harte Probe stellte, verabschiedete, hörte er erleichtert, daß Lotty bereits lange gegangen war. Die Kunde von ihrem Ausbruch hatte sich natürlich bei den Anwesenden wie ein Lauffeuer ausgebreitet. Er fühlte sich nicht in der Verfassung, sie gegenüber der murmelnden Menge zu verteidigen, insbesondere nicht gegenüber Martha Gildersleeve, die während der Fahrt im Aufzug eine Erklärung von ihm forderte.

Er kehrte in sein einsames Haus in Evanston heim. Normalerweise freute er sich über solche Mußestunden, wenn er in seinem Arbeitszimmer Musik hören, die Schuhe ausgezogen, auf dem Sofa liegen, Geschichtsbücher lesen und dabei die Wellen des Sees zu ihm heraufschwappen hören konnte.

An diesem Abend kam er jedoch einfach nicht zur Ruhe. Sein Zorn über Lotty verband sich mit Schreckensvisionen, den

Erinnerungen an seine eigene zerrissene Familie und der Suche nach seiner Mutter in ganz Europa. Er hatte nie jemanden gefunden, der ganz genau gewußt hatte, was aus ihr geworden war, obwohl mehrere Leute ihm mit Gewißheit sagen konnten, daß sein Vater Selbstmord begangen hatte. Und über diese Gedankenfetzen lagerte sich das beunruhigende Bild von Caudwells Kindern, die mit zurückgeworfenem blondem Kopf hämisch im Chor sangen »Opa war ein Dieb, Opa war ein Dieb«, während Caudwell die Gäste aus seinem Arbeitszimmer hinausschob.

Bis zum Morgen mußte er sich so weit gesammelt haben, daß er sich Lotty und der unvermeidlichen Flut von Anrufen der erzürnten Kuratoren stellen konnte. Er mußte sich etwas ausdenken, wie er Caudwells Eitelkeit besänftigen konnte, die eher durch das Verhalten seiner Kinder verletzt war als durch das, was Lotty gesagt hatte. Und er mußte einen Weg finden, wie er beide Ärzte am Beth-Israel-Krankenhaus halten konnte. Max fuhr sich durch das graue Haar. Von Woche zu Woche brachte ihm seine Arbeit weniger Freude und mehr Schmerz. Vielleicht war es an der Zeit abzutreten, einem jungen Arzt Platz zu machen, der die Finanzen von Beth Israel sanieren würde. Lotty würde dann kündigen und somit den Spannungen zwischen ihr und Caudwell ein Ende bereiten.

Max schlief auf dem Sofa ein. Als er gegen fünf Uhr aufwachte, waren seine Gelenke vor Kälte ganz steif, und seine Augen waren verklebt von den Tränen, die er im Schlaf geweint hatte, ohne es zu merken.

Aber am Morgen war er mit einer völlig neuen Situation konfrontiert. Als er im Krankenhaus ankam, herrschte dort helle Aufregung, jedoch nicht über Lottys Gefühlsausbruch, sondern darüber, daß Caudwell nicht zu einer Operation erschienen war. Die Arbeit kam mittags fast völlig zum Erliegen, als die Kinder anriefen und berichteten, sie hätten den Chirurgen erwürgt in seinem Arbeitszimmer gefunden. Außerdem fehle die Andromache von Pietro. Und am Dienstag nahm die

Polizei Dr. Charlotte Herschel wegen des Mordes an Lewis Caudwell fest.

3

Lotty wollte mit niemandem sprechen. Sie war gegen eine Kaution von 250000 Dollar auf freiem Fuß, die Max aufgebracht hatte, doch sie hatte sich nach zwei Nächten im Bezirksgefängnis sofort in ihre Wohnung an der Sheffield Street zurückgezogen, ohne sich vorher bei ihm zu bedanken. Sie sprach nicht mit Reportern, sie schwieg bei der Polizei und weigerte sich nachdrücklich, mit der Detektivin zu reden, mit der sie schon seit Jahren eng befreundet war.

Auch Max hatte sich hinter einer undurchdringlichen Mauer des Schweigens verschanzt. Während Lotty auf unbefristete Zeit Urlaub nahm und ihre Patienten einer Reihe von Kollegen überantwortete, ging Max weiterhin jeden Tag ins Krankenhaus. Doch auch er sprach nicht mit den Reportern: Er sagte nicht einmal ›Kein Kommentar‹. Mit der Polizei redete er erst, als man ihm drohte, ihn als Hauptzeugen zu verhaften, und selbst dann mußte man ihm noch jedes Wort entwinden, als wäre sein Mund der Stein und das Wort Excalibur. Drei Tage lang hinterließ V. I. Warshawski Botschaften, die er sich weigerte zu beantworten.

Als am Freitag endlich keine Nachricht mehr von der Detektivin eintraf, als sich in der Herrentoilette kein Reporter mehr auf ihn stürzte, um ihm Fragen zu stellen, und als keine Anrufe mehr vom Staatsanwalt kamen, fühlte sich Max bei der Heimfahrt zum erstenmal wieder halbwegs entspannt. Sobald das Verfahren vorbei war, würde er in den Ruhestand gehen und nach London ziehen. Wenn er nur bis dahin durchhielt, würde schon alles – nicht unbedingt gutgehen, aber doch zumindest erträglich sein.

Er öffnete das Garagentor mit der Fernbedienung und steuerte den Wagen in die schmale Lücke. Als er ausstieg, erkannte er bitter, daß er zu optimistisch gewesen war zu glauben, daß man ihn in Frieden ließe! Er hatte die Frau nicht gesehen, die auf der Treppe von der Garage zur Küche saß und sich jetzt langsam aufrichtete, als er näher kam.

»Ich bin froh, daß Sie da sind – ich wäre fast hier angefroren.«

»Wie sind Sie in die Garage gekommen, Victoria?«

Die Detektivin grinste – auf eine Weise, die er normalerweise anziehend fand. Jetzt wirkte es bedrohlich auf ihn. »Berufsgeheimnis, Max. Ich weiß, daß Sie mich nicht sehen wollen, aber ich muß mit Ihnen sprechen.«

Er schloß die Tür zur Küche auf. »Warum sind Sie nicht einfach ins Haus, wenn Ihnen kalt war? Wenn Sie es mit Ihrem Gewissen vereinbaren können, in die Garage zu kommen, warum dann nicht gleich ins Haus?«

Sie biß sich in vorübergehendem Unbehagen auf die Lippe und sagte dann leichthin: »Meine Finger waren zu kalt. Ich habe den Dietrich nicht richtig in den Griff gekriegt.«

Die Detektivin folgte ihm ins Haus. Auch sie war ein großes Ungetüm – einsdreiundsiebzig groß, athletisch und leichtfüßig. Vielleicht mischten amerikanische Mütter ihren Kindern Hormone oder Steroide unter die Corn Flakes. Das mußte er Lotty fragen. Bei dem Gedanken zuckte er zusammen.

»Ich habe natürlich mit der Polizei gesprochen«, fuhr die sanfte Altstimme hinter ihm fort und ignorierte einfach seine bewußte Unhöflichkeit, als er sich einen Cognac einschenkte, die Schuhe aus- und die Pantoffel anzog und den Flur entlang zur Haustür trottete, um die Post zu holen.

»Ich begreife, warum sie Lotty festgenommen haben: Caudwell ist mit einer ganzen Menge Xanax betäubt worden und wurde dann erwürgt, als er seinen Rausch ausschlief. Und außerdem ist sie Sonntag nacht noch mal in sein Haus zurück. Sie will nicht sagen warum, aber einer von den Mietern hat sie identifiziert als die Frau, die ihm so gegen zehn am Lieferanteneingang begegnete, als er mit dem Hund spazierenging. Sie will nicht sagen, ob sie mit Caudwell gesprochen hat, ob er sie hereingelassen hat und ob er noch am Leben war.«

Max versuchte, ihre klare Stimme zu ignorieren. Als ihm das nicht gelang, versuchte er eine Zeitschrift zu lesen, die mit der Post gekommen war.

»Und die Kinder – die sind toll, was? Wie direkt aus einer Freakshow. Sie wollen nicht mit mir reden, aber Murray Ryerson vom *Star* haben sie ein langes Interview gegeben. Nachdem Caudwells Gäste weg waren, sind sie am Bahnhof an der Chestnut Street ins Kino und haben dann eine Pizza gegessen, dann sind sie noch zum Tanzen in die Disco an der Division Street. Sie sind so gegen zwei Uhr morgens heimgekommen – der Pförtner hat das bestätigt – und haben das Licht im Arbeitszimmer ihres Vaters gesehen. Aber sie waren nicht sonderlich erpicht darauf, ihn noch zu sehen, weil er immer irgendwie überreagierte – das ist ihr Ausdruck –, wenn sie aufgedreht waren und einen zuviel in der Krone hatten. Also haben sie nicht mehr gute Nacht gesagt. Sie haben ihn erst gegen Mittag gefunden, nachdem sie aufgestanden und ins Arbeitszimmer gegangen waren.«

V. I. war Max vom Flur zur Tür seines Arbeitszimmers gefolgt, während sie sprach. Er blieb unentschlossen stehen, weil er nicht wollte, daß sie mit ihrer hartnäckigen Preßlufthammerstimme in seinen Privatbereich eindrang. Also ging er schließlich den Flur bis zu einem selten genutzten Wohnzimmer hinunter. Er setzte sich steif auf einen der Brokatsessel und sah sie abweisend an, als sie auf der Kante des zweiten Sessels Platz nahm.

»Der schwache Punkt in der Geschichte der Polizei ist die Skulptur«, fuhr V. I. fort. Sie beäugte zweifelnd den persischen Läufer, öffnete den Reißverschluß an ihren Stiefeln und stellte sie auf die Fliesen vor dem Kamin.

»Alle Gäste, die auf der Party waren, sind sich darin einig, daß

Lotty außer sich war. Sogar Leute, die nicht in Caudwells Arbeitszimmer waren, als sie sich das Ding ansah, wissen, daß sie gesagt hat, sie würde ihn umbringen, und gedroht hatte, ihm das Skalpell aberkennen zu lassen, oder wie man das bei Chirurgen nennt. Aber wenn das tatsächlich der Fall ist, was ist dann aus der Skulptur geworden?«
Max zuckte leicht mit den Achseln, um sein völliges Desinteresse an dem Thema zu demonstrieren.
V. I. ließ nicht locker. »Nun glauben manche Leute, sie könnte sie einem Freund oder Verwandten gegeben haben, der sie für sie aufbewahrt, bis sie vor Gericht freigesprochen wird. Und diese Leute denken, daß entweder ihr Onkel Stefan hier in Chicago, ihr Bruder Hugo in Montreal oder Sie dafür in Frage kommen. Also haben die Mounties Hugos Wohnung durchsucht und überwachen seine Post. Die Polizei in Chicago nimmt sich Stefan auf ähnliche Weise vor. Und wahrscheinlich ist hier auch schon jemand mit einem Haussuchungsbefehl gewesen, stimmt's?«
Max sagte nichts, aber er spürte, wie sein Herz schneller schlug. Die Polizei in seinem Haus, eine Haussuchung? Aber würden sie ihn nicht zuerst um Erlaubnis bitten müssen? Oder nicht? Victoria wußte das sicher, aber er konnte sich einfach nicht dazu überwinden, sie zu fragen. Sie wartete einige Minuten, und als er noch immer nichts sagte, redete sie weiter. Er sah, daß es ihr immer schwerer fiel weiterzusprechen, doch er kam ihr nicht entgegen.
»Aber ich stimme diesen Leuten nicht zu. Weil ich weiß, daß Lotty unschuldig ist. Und genau deswegen bin ich hier. Nicht wie ein Aasgeier, der Ihr Unglück als Beute ansieht, wie Sie denken. Sondern um Sie dazu zu bekommen, daß Sie mir helfen. Lotty will nicht mit mir reden, und wenn es ihr so schlecht geht, will ich sie nicht dazu zwingen. Aber Sie, Max, werden doch nicht einfach hier sitzen und Däumchen drehen, während man sie wegen etwas ruiniert, das sie nicht getan hat.«

Max sah sie nicht an. Er nahm überrascht den Brandyschwenker in seiner Hand wahr und setzte ihn vorsichtig auf dem Tisch neben sich ab.
»Max!« Ihre Stimme klang erstaunt. »Ich kann das nicht glauben. Sie denken also wirklich, daß sie Caudwell umgebracht hat?«
Max errötete ein wenig, aber endlich war es ihr geglückt, ihn aus der Reserve zu locken. »Und Sie sind Gott, der alles sieht, und wissen, daß sie es nicht getan hat?«
»Ich sehe jedenfalls mehr als Sie«, fuhr V. I. ihn an. »Ich kenne Lotty zwar noch nicht so lange wie Sie, aber ich weiß, wann sie die Wahrheit sagt.«
»Also sind Sie doch Gott.« Max verneigte sich voll schwermütiger Ironie. »Sie sehen über die Fakten hinaus bis in die tiefsten Geheimnisse der Seele von Mann und Frau.«
Er erwartete einen weiteren Gefühlsausbruch der jungen Frau, doch sie sah ihn nur unverwandt an. Ihr Blick war so verständnisvoll, daß Max sein Sarkasmus plötzlich peinlich war und er mit dem herausplatzte, was er dachte.
»Was soll ich denn sonst glauben? Sie hat mir nichts gesagt, aber es besteht keinerlei Zweifel daran, daß sie Sonntag nacht noch einmal zu seiner Wohnung zurückgekehrt ist.«
Jetzt war es an V. I., sarkastisch zu sein. »Mit einem kleinen Fläschchen Xanax, das sie ihn irgendwie überredet hat zu schlucken? Und dann hat sie ihn obendrein noch erwürgt? Nein, Max, Sie kennen Lotty: Sie ist eine ehrliche Haut. Wenn sie Caudwell tatsächlich umgebracht hätte, hätte sie so etwas gesagt wie: ›Ja, ich hab' dem Mistkerl den Schädel eingeschlagen.‹ Aber statt dessen sagt sie überhaupt nichts?«
Plötzlich weiteten sich die Augen der Detektivin ungläubig. »Natürlich. Sie denkt, *Sie* haben Caudwell umgebracht. Sie tun das einzig mögliche, um sie zu beschützen – Sie schweigen. Und sie tut genau dasselbe. Was für ein bewundernswerter archaischer Ritter.«
»Nein!« erwiderte Max scharf. »Das ist nicht möglich. Wie

könnte sie so etwas glauben? Sie war so außer sich, daß es mir peinlich war, neben ihr zu stehen. Ich wollte sie nicht mehr sehen und nicht mehr mit ihr sprechen. Deswegen fühle ich mich auch so elend. Wenn ich nur nicht so stur gewesen wäre, wenn ich sie doch nur am Sonntag abend noch angerufen hätte. Wie kann sie glauben, daß ich ihr zuliebe jemanden umbringen würde, wenn ich so wütend auf sie war?«

»Warum sonst sagt sie nichts zu irgendwem?« fragte Warshawski.

»Vielleicht aus Scham«, antwortete Max. »Sie haben sie am Sonntag nicht erlebt. Aber ich. Deshalb glaube ich, daß sie ihn umgebracht hat, und nicht, weil jemand gesehen hat, wie sie wieder zu Caudwells Haus zurückgekehrt ist.«

Seine braunen Augen verengten sich bei dem Gedanken. »Ich habe Lotty schon oft wütend gesehen, öfter, als mir das lieb war, wirklich. Aber noch nie, nie habe ich sie in dieser unkontrollierten Wut erlebt. Man konnte einfach nicht mit ihr reden. Das war unmöglich.«

Die Detektivin erwiderte nichts darauf. Statt dessen sagte sie: »Erzählen Sie mir etwas über die Skulptur. Ich habe schon einige verwirrte Aussagen von Leuten gehört, die auf der Party waren, aber ich habe bis jetzt noch mit niemandem gesprochen, der im Arbeitszimmer war, als Caudwell sie Ihnen gezeigt hat. Was meinen Sie – gehörte sie früher wirklich ihrer Großmutter? Und wenn ja, wie ist Caudwell dann an sie gekommen?«

Max nickte traurig. »O ja, sie hat wirklich einmal ihrer Familie gehört, da bin ich mir sicher. Sie konnte schließlich nicht im voraus von den Details wissen, von dem Fehler am Fuß und dem kaiserlichen Siegel auf der Unterseite. Und zu der Frage, wie Caudwell an die Skulptur gekommen ist: damit habe ich mich gestern selbst ein bißchen beschäftigt. Sein Vater war nach dem Krieg als Chirurg unter Patton in der Besatzungsarmee in Deutschland. Leute in solchen Positionen hatten nach dem Krieg unendlich viele Möglichkeiten, an Kunstwerke zu gelangen.«

V. I. schüttelte fragend den Kopf.

»Sie haben sicher davon gehört, Victoria. Oder vielleicht auch nicht. Sie wissen, daß die Nazis sich alle möglichen Kunstwerke unter den Nagel rissen, die Juden in ganz Europa gehörten. Und nicht nur Juden – sie plünderten Osteuropa im großen Stil. Nach einer vorsichtigen Schätzung stahlen sie etwa sechzehn Millionen Stücke – Skulpturen, Gemälde, Altarbilder, Gobelins, seltene Bücher. Die Liste ließe sich endlos fortsetzen.«

Die Detektivin schluckte. »Sechzehn Millionen! Sie machen Witze.«

»Das ist kein Witz, Victoria. Ich wünschte, es wäre einer, aber es ist keiner. Die amerikanische Besatzungsmacht übernahm in den besetzten Gebieten so viele Kunstwerke, wie sie bekommen konnte. Theoretisch sollten sie die rechtmäßigen Besitzer finden und sie ihnen zurückgeben. In der Praxis fand man jedoch nur sehr wenige Stücke wieder, und viele von ihnen landeten auf dem Schwarzmarkt.

Man mußte lediglich behaupten, daß ein Kunstwerk weniger als 5000 Dollar wert war, und schon durfte man es kaufen. Für einen Offizier, der unter Patton diente, ergaben sich unzählige Gelegenheiten zu fabelhaften Erwerbungen. Caudwell sagte, er habe die Echtheit der Skulptur überprüfen lassen, aber natürlich gab er sich nie die Mühe, ihre Herkunft zu erforschen. Wie sollte er das auch?« schloß Max bitter. »Lottys Familie hatte eine Übertragungsurkunde vom Kaiser, aber sie war inzwischen sicherlich längst zusammen mit dem anderen Vermögen verschwunden.«

»Und Sie glauben wirklich, daß Lotty einen Mann umgebracht hätte, um die Skulptur wiederzubekommen? Schließlich konnte sie nicht erwarten, sie behalten zu können. Jedenfalls nicht, wenn sie jemanden dafür umgebracht hätte.«

»Sie sind so praktisch, Victoria. Sie sind manchmal zu lo-

gisch, um zu verstehen, warum Menschen das tun, was sie tun. Es ging nicht um eine x-beliebige Skulptur. Sicher, sie ist unbezahlbar als Kunstwerk, aber Sie kennen doch Lotty, Sie wissen, daß sie auf solche Besitztümer keinen Wert legt. Nein, die Skulptur bedeutete für sie ihre Familie, ihre Vergangenheit, ihre Geschichte, alles, was der Krieg für immer zerstört hatte. Sie dürfen nicht glauben, daß diese Dinge sie nicht belasten, nur weil sie nie darüber spricht.«
V. I. errötete über Max' Vorwurf. »Sie sollten froh sein, daß ich logisch denke. Das überzeugt mich, daß Lotty unschuldig ist. Und ob Sie's glauben oder nicht: Ich werde es beweisen.«
Max zog die Schultern auf typisch europäische Weise hoch. »Wir alle unterstützen Lotty so, wie wir können. Ich habe für die Kaution gesorgt und werde mich um einen guten Anwalt kümmern. Ich glaube kaum, daß sie Sie braucht, damit ihre innersten Geheimnisse offenbart werden.«
V. I.s graue Augen wurden plötzlich vor Zorn dunkel. »Sie täuschen sich sehr über Lotty. Ich glaube gerne, daß man den Schmerz des Krieges nie verwindet, aber Lotty lebt in der Gegenwart, und sie arbeitet in Hoffnung auf die Zukunft. Die Vergangenheit sucht sie nicht so heim und frißt sie nicht so auf wie vielleicht Sie.«
Max erwiderte nichts. Er kniff seinen breiten Mund zusammen. Die Detektivin legte ihm reumütig die Hand auf den Arm.
»Tut mir leid, Max. Das ging unter die Gürtellinie.«
Er zwang sich zu einem schwachen Lächeln. »Vielleicht haben Sie recht. Vielleicht liebe ich deshalb diese alten Dinge so sehr. Ich wünschte, ich könnte Ihnen glauben, was Sie über Lotty sagen. Fragen Sie mich, was Sie wissen wollen. Wenn Sie mir versprechen, mich allein zu lassen, sobald ich Ihnen geantwortet habe, und mich dann nicht mehr zu belästigen, beantworte ich Ihnen Ihre Fragen.«

4

Max kam seiner Pflicht nach und wohnte am Montag nachmittag den Beisetzungsfeierlichkeiten von Lewis Caudwell in der Michigan Avenue Presbyterian Church bei. Auch die Exfrau des Chirurgen sowie ihre Kinder und Griffen, der Bruder ihres Mannes, erschienen. Selbst nach drei Jahrzehnten in Amerika verwirrte das Verhalten der Einheimischen Max bisweilen noch immer: da Caudwell und seine Exfrau geschieden waren – warum trug sie trotzdem Schwarz? Sie hatte sogar einen Hut mit Schleier auf, der an Königin Victoria erinnerte.

Die Kinder führten sich leidlich gesittet auf, doch das Mädchen trug ein weißes Kleid mit schwarzen Blitzen, das in einer Disco oder an einem Urlaubsort wohl passender gewirkt hätte. Vielleicht war es ihr einziges Kleid, vielleicht auch das einzige, in dem überhaupt Schwarz vorkam, dachte Max, während er die blonde Amazone wohlwollend zu betrachten versuchte. – Schließlich war sie auf unerwartetem und schrecklichem Wege Halbwaise geworden.

Obwohl Deborah in der Stadt wie auch in der Kirche eine Fremde war, war es ihr doch gelungen, einen der Kirchensäle anzumieten und jemanden zu finden, der für Kaffee und einen leichten Imbiß sorgte. Max schloß sich dem Rest der Trauergemeinde dort nach dem Gottesdienst an.

Er fühlte sich ziemlich absurd, als er der geschiedenen Witwe kondolierte: Vermißte sie den Verstorbenen tatsächlich so sehr? Sie nahm seine höfliche Beileidsbezeugung mit melancholischer Anmut an und stützte sich leicht auf ihren Sohn und ihre Tochter. Sie umsorgten sie reichlich übertrieben, dachte Max. Neben ihrer Tochter wirkte Mrs. Caudwell so zerbrechlich und unterernährt wie ein Geist. Oder vielleicht besaßen ihre Kinder auch nur eine überschäumende Vitalität, die sich nicht einmal durch eine Beerdigung eindämmen ließ. Caudwells Bruder Griffen hielt sich so nahe bei der Witwe auf, wie die Kinder es zuließen. Er war ganz anders als der kernige, seebärige Chirurg. Max hätte sie nie für Verwandte gehalten, wenn er sie nebeneinander gesehen hätte. Griffen war groß, wie seine Nichte und sein Neffe, besaß jedoch nicht ihre Robustheit. Caudwell hatte einen dichten, weißgoldenen Haarschopf gehabt; auf Griffens gewölbtem Kopf wuchsen nur ein paar schüttere, graue Strähnen. Er wirkte schwach und nervös, und es mangelte ihm an Caudwells Leutseligkeit. Kein Wunder, daß es dem Chirurgen leichtgefallen war, die Regelung des väterlichen Nachlasses zu seinen eigenen Gunsten zu entscheiden. Max fragte sich, was Griffen wohl als Gegenleistung bekommen hatte.

Mrs. Caudwells unzusammenhängend dahinplätschernde Äußerungen ließen darauf schließen, daß sie unter dem Einfluß starker Beruhigungsmittel stand. Auch das war merkwürdig. Sie hatte seit vier Jahren nicht mehr mit dem Verstorbenen zusammengelebt und stand das Begräbnis jetzt nur mit Hilfe von Drogen durch? Oder vielleicht war es die Scham darüber, den Feierlichkeiten nur als geschiedene Frau, nicht als echte Witwe beizuwohnen? Aber warum war sie dann überhaupt gekommen?

Max ärgerte sich darüber, daß er all diese Fragen gern Victoria gestellt hätte. Sie hätte sicher irgendeine zynische Erklärung parat gehabt – Caudwells Tod bedeutete für die Witwe das Ende der Unterhaltszahlungen, und sie wußte, daß er sie im Testament nicht bedacht hatte. Oder sie hatte ein Verhältnis mit Griffen und fürchtete, sich ohne Beruhigungsmittel zu verraten. Obwohl man sich den unsicheren Griffen nur schwer als Objekt der Begierde vorstellen konnte.

Da er Victoria am Freitag gesagt hatte, er wolle sie nicht mehr wiedersehen, war es lächerlich, wenn er sich nun fragte, was sie wohl tat, ob sie tatsächlich Beweise entdeckte, die Lotty von jeglichem Verdacht befreien würden. Seit sie ihn verlassen hatte, spürte er ein kleines Flackern der Hoffnung in der Magengrube. Er versuchte immer wieder, es zu unterdrücken, aber es wollte einfach nicht ganz verschwinden.

Lotty war natürlich nicht zur Beisetzung gekommen, aber fast alle anderen Beschäftigten von Beth Israel sowie die Kuratoren waren anwesend. Arthur Gioia, der mit seinem massigen Körper den kleinen Raum fast schon allein ausfüllte, versuchte, ein taktvolles Gleichgewicht zwischen Aufrichtigkeit und Höflichkeit gegenüber der Familie des Verstorbenen zu finden. Er bemühte sich redlich.

Martha Gildersleeve trug einen Zobelmantel. An Gioias Arm wirkte sie fast wie ein kleiner, pelziger Fußball, den er unter der Achsel eingeklemmt hielt. Sie machte der Familie des Verstorbenen gegenüber intelligente, aber unpassende Bemerkungen über den weiteren Verbleib von Caudwells Kunstsammlung.

»Natürlich ist die berühmte Skulptur jetzt weg. Wie schade. Sie hätten allein mit dem Erlös dieses einen Stückes einen Lehrstuhl zu seinen Ehren einrichten können.« Sie lachte grell und sinnlos.

Max warf einen verstohlenen Blick auf seine Uhr und überlegte, wie lange er wohl noch bleiben mußte, ohne unhöflich zu wirken. Sein sechster Sinn, die perfekte Höflichkeit, die all seine Handlungen leitete, versagte hier, so daß er genauso unbeholfen war wie sonst andere gewöhnliche Sterbliche. Er schaute bei gesellschaftlichen Anlässen normalerweise nie auf die Uhr, und bei jeder früheren Beisetzungsfeier hätte er Martha Gildersleeve geschickt von ihrem Opfer abgelenkt. Doch hier stand er hilflos dabei, wie sie Mrs. Caudwell und die anderen Anwesenden gleichermaßen quälte.

Er sah erneut auf die Uhr. Seit dem letzten Blick waren gerade zwei Minuten vergangen. Kein Wunder, daß die meisten Menschen bei langweiligen Versammlungen immerzu auf die Uhr schauten: Sie konnten es einfach nicht glauben, wie langsam sich die Zeiger bewegten.

Er schob sich verstohlen zur Tür und tauschte dabei leere

Floskeln mit seinen Untergebenen und den Kuratoren aus. Offen sagte niemand etwas Negatives über Lotty, aber die Gespräche, die mitten im Satz unterbrochen wurden, wenn er sich einer Gruppe näherte, sprachen Bände.
Er war schon fast am Ausgang angelangt, als zwei Neuankömmlinge eintrafen. Die meisten Anwesenden musterten sie mit gleichgültiger Neugierde, aber Max war plötzlich von absurder Freude erfüllt. Victoria, die in ihrem schicken marineblauen Kostüm sachlich und modern aussah, lehnte in der Tür und suchte mit hochgezogenen Augenbrauen den Raum ab. Neben ihr stand ein Sergeant, den Max schon einige Male mit ihr zusammen gesehen hatte. Er war für den Fall Caudwell zuständig; dieser unangenehme Zusammenhang war wohl die Ursache dafür, daß Max sich momentan nicht an seinen Namen erinnerte.
Schließlich entdeckte V. I. Max bei der Tür und gab ihm diskret ein Zeichen. Er ging sofort zu ihr hinüber.
»Ich glaube, wir haben die Lösung«, murmelte sie. »Können Sie dafür sorgen, daß die Gäste gehen? Wir brauchen nur die Familie, Mrs. Gildersleeve und Gioia.«
»*Sie* haben die Lösung vielleicht«, knurrte der Sergeant. »Ich bin inoffiziell und mit Bedenken hier.«
»Aber Sie *sind* hier.« Warshawski grinste, und Max fragte sich, wie er diesen Blick je bedrohlich finden konnte. Beim Anblick ihres Lächelns verbesserte sich seine Laune schlagartig. »Sie wissen irgendwo ganz tief drinnen doch genau, daß es dumm war, Lotty zu verhaften. Ich werde jetzt dafür sorgen, daß Sie unglaublich klug aussehen. Und das noch dazu in der Öffentlichkeit.«
Max spürte, wie seine Höflichkeit und Weltgewandtheit zusammen mit der Freude zurückkehrten. Er fühlte sich wie eine leidende Diva, die plötzlich ihre Stimme wiederfindet. Hier eine kleine Geste, dort ein kurzes Wort, und schon verschwanden die Gäste wie die Heerscharen von Senacherib. In der Zwischenzeit führte er zuerst Martha Gildersleeve und

dann Mrs. Caudwell zu zwei Sesseln, bat den Bruder, Kaffee für Mrs. Gildersleeve zu holen, und die Tochter und den Sohn, sich um die Witwe zu kümmern.
Mit Gioia konnte er etwas rücksichtsloser verfahren. Ihm sagte er, er solle warten, weil die Polizei ihm einige wichtige Fragen zu stellen habe. Als schließlich der letzte Gast gegangen war, stand der Immunologe nervös beim Fenster und ließ das Kleingeld in seinen Taschen immer wieder klimpernd durch die Finger gleiten. Plötzlich war dieses Klappern das einzige Geräusch im Raum. Gioia wurde rot und verschränkte die Hände hinter dem Rücken.
Victoria kam mit einem strahlenden Lächeln ins Zimmer – wie eine Gouvernante, die ihren Schützlingen eine besondere Freude zu bieten hat. Sie stellte sich den Caudwells vor.
»Nach dieser Woche kennen Sie sicher Sergeant McGonnigal. Ich bin Privatdetektivin. Da ich keine rechtliche Handhabe habe, sind Sie nicht verpflichtet, meine Fragen zu beantworten. Deshalb werde ich Ihnen auch keine Fragen stellen. Ich werde Ihnen lediglich einige Fakten präsentieren. Es wäre schön, wenn ich Ihnen Dias bieten könnte, aber so, wie die Dinge stehen, werden wir uns einfach die Bilder denken müssen, während der Text dazu abspult.«
»Eine Privatdetektivin!« Steves Mund formte ein übertriebenes ›O‹. Seine Augen weiteten sich vor Erstaunen. »Wie Bogie.«
Er sprach wie immer mit seiner Schwester. Sie stieß ihr übliches spitzes Lachen aus und sagte: »Damit werden wir garantiert erste beim Aufsatzwettbewerb ›Wie ich meine Weihnachtsferien verbracht habe‹. Unser Papi ist ermordet worden. Zowie. Dann hat man sein wertvollstes Stück geklaut. Powie. Aber er hatte es vorher schon von der jüdischen Ärztin gestohlen, die ihn umgebracht hat. Yowie! Und dann als Krönung noch eine Privatdetektivin. Yowie! Zowie! Powie!«
»Deborah, bitte«, seufzte Mrs. Caudwell. »Ich weiß, daß du aufgeregt bist, aber laß das bitte jetzt, ja?«

»Ihre Kinder halten Sie jung, nicht wahr?« bemerkte Victoria. »Wie können Sie sich jemals alt fühlen, wenn Ihre Kinder ihr Leben lang sieben Jahre alt bleiben?«

»O au, sie beißt, Debbie, paß auf, sie beißt!« rief Steve aus.

McGonnigal machte eine unwillkürliche Bewegung, als wolle er dem jungen Mann eine Ohrfeige verpassen. »Miß Warshawski hat recht: Sie sind nicht verpflichtet, ihre Fragen zu beantworten. Aber Sie sind alle intelligente Menschen: Sie wissen, daß ich nicht hier wäre, wenn die Polizei ihre Überlegungen nicht sehr ernst nehmen würde. Deshalb sollten wir alle jetzt ein bißchen ruhig sein und ihr zuhören.«

Victoria setzte sich in den Sessel neben Mrs. Caudwell. McGonnigal ging zur Tür hinüber und lehnte sich gegen den Pfosten. Deborah und Steve flüsterten miteinander und stießen sich gegenseitig in die Rippen, bis einer von beiden oder beide zusammen zu quieken anfingen. Dann machten sie ein ernstes Gesicht, setzten sich und falteten wie Chorknaben mit großen, glänzenden Augen die Hände auf dem Schoß.

Griffen stand neben Mrs. Caudwell. »Du weißt, daß du nichts sagen mußt, Vivian. Ich glaube, es wäre besser, wenn du ins Hotel zurückfährst und dich hinlegst. Die Anstrengung der Beerdigung . . . und dann diese ganzen fremden Leute . . .«

Mrs. Caudwell schürzte unter ihrem Schleier tapfer die Lippen. »Das ist schon in Ordnung, Grif. Wenn ich bis jetzt alles überstanden habe, wird mich der Rest auch nicht umbringen.«

»Prima.« Victoria ließ sich von Max eine Tasse Kaffee geben. »Lassen Sie mich die Ereignisse einfach so darstellen, wie ich sie letzte Woche erlebt habe. Wie jeder in Chicago habe ich in den Zeitungen über den Mord an Caudwell gelesen und im Fernsehen Berichte darüber gesehen. Da ich einige Leute vom Beth-Israel-Krankenhaus kenne, habe ich der Angelegenheit vielleicht mehr Aufmerksamkeit geschenkt als der Durchschnittszuschauer. Ich befasse mich jedoch erst seit der Verhaftung von Dr. Herschel am Dienstag persönlich mit dem Fall.«

Sie nahm einen Schluck Kaffee und stellte die Tasse mit leisem Klappern auf den Tisch neben sich. »Ich kenne Dr. Herschel inzwischen schon fast zwanzig Jahre. Es ist unvorstellbar, daß sie einen solchen Mord begehen würde. Allen, die sie gut kennen, hätte das von vorneherein klar sein müssen. Ich mache der Polizei keinen Vorwurf, aber andere hätten es besser wissen müssen: Sie ist jähzornig. Ich sage nicht, daß ich ihr keinen Mord zutraue – unter den richtigen Umständen ist jedem von uns ein Mord zuzutrauen. Sie hätte durchaus die Skulptur nehmen und in ihrer Wut Dr. Caudwell damit den Schädel einschlagen können. Aber ich bezweifle sehr stark, daß sie erst nach Hause ging, über die Ungerechtigkeit dieser Welt nachgrübelte, ein verschreibungspflichtiges Beruhigungsmittel einpackte und wieder an die Goldküste zurückeilte, um einen Mord zu begehen.«
Max spürte, wie er bei ihren Worten ganz heiße Wangen bekam. Er wollte schon protestieren, hielt sich aber dann doch zurück.
»Dr. Herschel hat sich die ganze Woche geweigert, eine Aussage zu machen, aber als ich heute nachmittag von meiner Reise zurückkehrte, erklärte sie sich endlich bereit, mit mir zu sprechen. Sergeant McGonnigal war dabei. Sie bestreitet nicht, um zehn Uhr abends noch einmal zu Dr. Caudwells Wohnung zurückgegangen zu sein. – Sie tat es, um sich zu entschuldigen und um ihn zu bitten, die Skulptur zurückzugeben. Er antwortete nicht, als der Pförtner hinauftelefonierte. Daraufhin folgte Dr. Herschel einem Impuls und ging um das Gebäude herum, gelangte durch den Liefereingang hinein und wartete einige Zeit vor der Wohnungstür. Als er weder auf ihr Klingeln reagierte, noch nach Hause kam, kehrte sie gegen elf Uhr wieder nach Hause zurück. Die Kinder vergnügten sich inzwischen in der Stadt.«
»Sagt *sie*«, warf Gioia ein.
»Stimmt«, lächelte V. I. »Ich mache kein Hehl daraus, daß ich parteiisch bin: Ich akzeptiere ihre Version. Und das um so

stärker, als sie nur deshalb vor einer Woche noch nicht darüber gesprochen hat, weil sie selbst einen alten Freund schützen wollte. Sie glaubte, daß dieser alte Freund Caudwell ihr zuliebe umgebracht hatte, um die tödlichen Beleidigungen ihr gegenüber zu rächen. Erst, als ich sie davon überzeugt hatte, daß dieser Verdacht genauso unverdient war wie die Anschuldigungen gegen sie selbst, erklärte sie sich einverstanden, mit mir zu sprechen.«

Max biß sich auf die Lippe und beschäftigte sich damit, den drei Frauen frischen Kaffee einzugießen. Victoria wartete, bis er damit fertig war, bevor sie weitersprach.

»Als ich endlich ein genaues Bild davon hatte, was sich auf Caudwells Party zugetragen hatte, hörte ich von drei Leuten, die noch ein Hühnchen mit Caudwell zu rupfen hatten. Natürlich muß man sich immer fragen, wie groß dieses Hühnchen ist. Und genau damit habe ich das vergangene Wochenende verbracht. Vielleicht sollte ich erwähnen, daß ich zu diesem Zweck in Little Rock und in Havelock, North Carolina, gewesen bin.«

Gioia begann wieder, mit den Münzen in seiner Tasche herumzuspielen. Mrs. Caudwell sagte sanft: »Grif, ich fühle mich ein wenig schwach. Vielleicht . . .«

»Nichts wie heim, Mama«, rief Steve munter aus.

»Noch ein paar Minuten, Mrs. Caudwell«, sagte der Sergeant von der Tür aus. »Sie kann ihre Füße hochlegen, Warshawski.«

Einen Augenblick lang hatte Max Angst, daß Steve oder Deborah Victoria angreifen würden, aber McGonnigal trat zum Stuhl der Witwe hinüber, und die Kinder setzten sich wieder. Kleine Schweißperlen standen auf Griffens fast kahlem Kopf; Gioias Gesicht glänzte grünlich und wirkte jetzt auf seinem Redwood-Nacken wie Laub.

»Was mir auffiel«, fuhr Victoria ruhig fort, als hätte es keinerlei Unterbrechung gegeben, »war Caudwells Bemerkung gegenüber Dr. Gioia. Der Doktor war ganz offensichtlich beunruhigt, aber die Anwesenden waren so sehr auf Lotty und die Skulptur konzentriert, daß sie das gar nicht bemerkten.

Also fuhr ich am Samstag nach Little Rock, Arkansas, und suchte Paul Nierman auf, dessen Namen Caudwell gegenüber Gioia erwähnt hatte. Nierman und Gioia hatten vor fünfundzwanzig Jahren, als beide noch studierten, im selben Studentenwohnheim gewohnt. Und er hatte für Dr. Gioia die Anatomie- und Physiologieprüfungen im Grundstudium gemacht, als Gioia Gefahr lief, sie nicht zu bestehen. Somit konnte Gioia weiter im Footballteam bleiben.

Tja, das war natürlich unangenehm, vielleicht sogar ein Skandal. Aber offenbar hatte Gioia das Hauptstudium allein bestritten und auch alle Prüfungen selbst geschrieben. Folglich konnte ich mir nicht vorstellen, daß die Leitung des Krankenhauses wegen dieses jugendlichen Fehltrittes seine Kündigung verlangen würde. Die Frage war jedoch, ob Gioia das auch glaubte und ob er Caudwell umgebracht haben konnte, um ihn daran zu hindern, daß er seine Verfehlung publik machte.«

Victoria machte eine Pause, und der Immunologe platzte heraus: »Nein. Nein. Aber Caudwell wußte, daß ich gegen seine Einstellung war. Unser Zugang zur Medizin unterschied sich grundsätzlich. Und sobald er Niermans Namen erwähnte, wußte ich, daß er die Sache herausgefunden hatte und mich auf ewig damit quälen würde. Ich bin am Sonntag abend noch einmal zu seiner Wohnung zurückgegangen, um mit ihm darüber zu reden. Ich war hartnäckiger als Dr. Herschel und gelangte über die Küche in seine Wohnung, die er nicht abgeschlossen hatte.

Ich ging in sein Arbeitszimmer, aber er war schon tot. Ich konnte es nicht fassen. Ich hatte furchtbare Angst. Ich sah, daß er erwürgt worden war, und – nun, jeder kann sehen, daß ich Kraft genug dazu hätte. Ich konnte nicht mehr klar denken. Ich habe mich einfach aus dem Staub gemacht – seitdem renne ich eigentlich nur noch davon.«

»Sie!« rief McGonnigal aus. »Und wieso haben wir davon bis jetzt noch nichts gehört?«
»Weil Sie darauf bestanden, sich auf Dr. Herschel zu konzentrieren«, bemerkte V. I. ironisch. »Ich wußte, daß er da war, weil der Pförtner es mir gesagt hat. Und er hätte es Ihnen sicher auch gesagt, wenn Sie ihn danach gefragt hätten.«
»Das ist ja furchtbar«, mischte sich Mrs. Gildersleeve ein. »Ich werde gleich morgen bei der Krankenhausleitung die Entlassung von Dr. Gioia und Dr. Herschel beantragen.«
»Tun Sie das«, sagte Victoria herzlich. »Und sagen Sie dann auch gleich, daß Sie nur deshalb geblieben sind, weil Murray Ryerson vom *Herald Star* für mich hier in Chicago ein paar Nachforschungen angestellt hat. Soweit er herausgefunden hat, waren Sie deshalb so neidisch auf Caudwells Sammlung, weil Sie enorme Schulden haben. Ich werde Sie nicht hier in aller Öffentlichkeit bloßstellen und sagen, wofür Sie das ganze Geld verbraucht haben. Aber Sie mußten die Kunstsammlung Ihres Mannes verkaufen und eine dritte Hypothek auf Ihr Haus aufnehmen. Eine wertvolle Skulptur ohne Dokumente hätte alle Ihre Probleme gelöst.«
Martha Gildersleeve versank in ihrem Zobelmantel. »Sie wissen überhaupt nichts über die Sache.«
»Tja, Murray hat mit Pablo und Eduardo gesprochen ... Ja, mehr werde ich dazu nicht sagen. Also hat Murray nachgeprüft, ob Gioia oder Mrs. Gildersleeve die Skulptur hatte. Das war nicht der Fall, so daß ...«
»Sie waren in meinem Haus?« kreischte Mrs. Gildersleeve.
V. I. schüttelte den Kopf. »Nicht ich. Murray Ryerson.« Sie warf dem Sergeant einen entschuldigenden Blick zu. »Ich wußte, daß Sie mir nie einen Haussuchungsbefehl besorgen würden, weil Sie ja schon jemanden verhaftet hatten. Und außerdem hätten Sie ihn auch nie rechtzeitig bekommen.«
Sie sah ihre Kaffeetasse an und bemerkte, daß sie leer war. Daraufhin setzte sie sie ab. Max nahm sie vom Tisch und füllte sie zum drittenmal. Seine Fingerspitzen kribbelten vor

Nervosität; ein Teil des Kaffees landete auf seinem Hosenbein.

»Ich habe am Samstag abend von Little Rock aus mit Murray gesprochen. Als er hier nichts herausfand, machte ich mich auf den Weg nach North Carolina. Nach Havelock, wo Griffen und Lewis Caudwell aufgewachsen sind und wo Mrs. Caudwell noch immer lebt. Ich habe das Haus gesehen, wo Griffen wohnt, und mit dem Arzt gesprochen, bei dem Mrs. Caudwell in Behandlung ist, und . . .«

»Sie sind wirklich ein Superschnüffler, was«, sagte Steve.

»Superschnüffler, Superschnüffler«, sang Deborah. »Ihr eigenes Leben ist wohl nicht aufregend genug, also müssen Sie noch in der Scheiße anderer Leute wühlen.«

»Ja, die Nachbarn haben mir auch was über Sie beide erzählt.« Victoria sah sie mit verächtlicher Nachsicht an. »Sie sind ein zweiköpfiges Wolfsrudel gewesen und haben die meisten Leute in Ihrer Umgebung terrorisiert, seit Sie 3 Jahre alt sind. Aber die Bewohner von Havelock haben es immer bewundert, wie Sie sich für Ihre Mutter einsetzten. Ihrer Meinung nach hat Ihr Vater sie drogenabhängig gemacht und sie dann einfach hängenlassen. Also haben Sie nur einfach die letzte Lieblingsdroge Ihrer Mutter mitgebracht, und schon war alles bereit – Sie mußten nur noch entscheiden, wann Sie sie ihm am besten verpassen konnten. Dr. Herschels Ausbruch über die Skulptur kam Ihnen gerade gelegen. Sie hatten schon immer geglaubt, daß Ihr Vater sie Ihrem Onkel gestohlen hatte – also war es nur logisch, wenn Sie sie ihm zurückschickten und ansonsten Dr. Herschel die Geschichte ausbaden ließen.«

»Das war nicht so«, sagte Steve mit hektischen roten Flecken auf den Wangen.

»Wie war es dann, mein Sohn?« McGonnigal stand nun direkt neben ihm.

»Red nicht mit ihnen – sie legen dich rein!« kreischte Deborah. »Die Superschnüfflerin mit ihrer Bullenratte.«

»Sie – ich meine Mami, hat uns wirklich geliebt, bevor Dad sie dazu gebracht hat, diese ganze Scheiße zu nehmen. Dann ist sie weggegangen. Wir wollten bloß, daß er sieht, wie das ist. Wir haben angefangen, ihm Xanax in den Kaffee zu schütten. Wir wollten sehen, ob er eine Operation vermasselt und sich damit das Leben ruiniert. Aber dann hat er da nach dieser Scheißparty im Arbeitszimmer geschlafen, und wir haben uns gedacht, wir lassen ihn einfach die Operation gleich in der Früh verpennen. Der ewige Schlaf, wissen Sie, es war so einfach. Wir haben seine eigene Harvard-Krawatte genommen. Ich hab's so satt gehabt, ständig so Sprüche wie ›Morgenstund hat Gold im Mund‹ zu hören. Und wir haben die Skulptur an Onkel Grif geschickt. Wahrscheinlich hat die Superschnüfflerin sie da gefunden. Onkel Grif kann sie verkaufen, und dann kann Mami eine Entziehungskur machen.«
»Opa hat sie den Juden gestohlen, und Daddy hat sie Grif gestohlen, da haben wir uns gedacht, ist doch prima, wir stehlen sie von Daddy«, rief Deborah. Sie lehnte ihren blonden Kopf gegen den ihres Bruders und lachte kreischend.

Max betrachtete Lottys Beine, als sie sich auf Zehenspitzen nach dem Brandyschwenker streckte. Sie waren kurz und muskulös, weil sie damit schon seit Jahren in Höchstgeschwindigkeit von einem Ort zum anderen raste. Vielleicht waren sie nicht so grazil wie die Beine moderner amerikanischer Mädchen, aber ihm waren sie lieber. Er wartete, bis sie wieder sicher auf dem Erdboden stand, bevor er ihr seine Neuigkeit mitteilte.
»Die Kommission hat gerade Justin Hardwick zum letzten Interview für den Posten des Teamchefs eingeladen.«
»Max!« Sie wirbelte herum, und in ihren Augen funkelte bengalisches Feuer. »Ich kenne diesen Hardwick, und ich weiß, daß das bloß wieder so einer wie Caudwell ist. Er ist nur auf Kostenkürzung aus und will keine bedürftigen Patienten. Ich lasse das nicht zu.«

»Wir haben dich und Gioia und noch ein Dutzend andere, die uns so viele bedürftige Patienten bringen, daß wir wahrscheinlich die nächsten fünf Jahre nicht überstehen werden. Wir brauchen jemanden, der das Krankenhaus am Leben erhält, damit du mit ihm die Medizin so praktizieren kannst, wie du willst. Und sobald er erfährt, was mit seinem Vorgänger passiert ist, wird er sich in acht nehmen, um unsere Haustigerin nicht zu reizen.«

»Max!« Sie war gleichzeitig verletzt und erstaunt. »Ach, verstehe, das soll ein Witz sein. Ich finde das nicht witzig.«

»Meine Liebe, wir müssen lernen, darüber zu lachen.« Er trat zu ihr und legte ihr einen Arm um die Taille. »Und wo ist jetzt die Überraschung, die du mir versprochen hast?«

Sie sah ihn verschmitzt an – genau wie damals mit fünfzehn, als er sie kennenlernte. Er nahm sie fester in den Arm und folgte ihr ins Schlafzimmer. In einer Vitrine in der Ecke stand die Andromache von Pietro.

Max betrachtete ihr schönes, gequältes Gesicht. Ich verstehe deinen Kummer, schien sie ihm zu sagen. Ich verstehe deine Trauer, um deine Mutter, deine Familie, deine Geschichte, aber du mußt all das loslassen, in der Gegenwart leben und auf die Zukunft hoffen. Das ist kein Verrat. Tränen standen ihm in den Augen, doch er fragte: »Wie bist du nur zu ihr gekommen? Soweit ich weiß, wollte die Polizei sie unter Verschluß halten, bis die Anwälte Caudwells Nachlaß geregelt hätten.«

»Victoria«, sagte Lotty kurz. »Ich habe ihr mein Problem geschildert, und sie hat sie mir besorgt. Unter der Bedingung, daß ich sie nicht frage, wie sie es gemacht hat.

Die Plastik *war* Lottys Besitz. Natürlich gehörte sie ihr. Max fragte sich kurz, wie Joseph II. sie bekommen hatte. Und was hatte Lottys Urgroßvater dem Kaiser dafür wohl für einen Gefallen getan? Max sah in Lottys Tigeraugen und behielt diese Überlegungen für sich. Statt dessen untersuchte er Hektors Fuß, wo man sorgfältig den Kleber weggekratzt hatte und die abgeschlagene Ecke jetzt wieder deutlich zu sehen war.

Unter der Bettdecke

Kinsey Millhone

Sue Grafton

Ich blinzelte die Frau vor meinem Schreibtisch verwirrt an. Ich hätte schwören können, daß sie gerade gesagt hatte, im Bett ihrer Tochter liege ein toter Mann. Die Aussage an sich war reichlich merkwürdig, erst recht, wenn sie mit diesem liebreizenden Lächeln und im höflichen Konversationston vorgebracht wurde. Möglicherweise hatte ich was mißverstanden.

Es war neun Uhr morgens, an einem ganz gewöhnlichen Wochentag. Zugegeben ... ich hatte einen Kater; und das kommt höchst selten vor. Ich trinke sonst nie viel. Aber am Vorabend hatte mein Vermieter Henry Pitty seinen zweiundachtzigsten Geburtstag gefeiert. Zu irgendeinem Zeitpunkt muß die Party aus den Fugen geraten sein, denn jetzt saß ich mit einem Kopf aus Watte im Büro, kämpfte gegen Übelkeit an und versuchte, wie eine intelligente, tüchtige Privatdetektivin auszusehen; in Normalform bin ich das auch ... ehrlich!

Meine Besucherin hatte sich als Emily Culpepper vorgestellt. Das allerdings war vorläufig das einzige, was Sinn ergab. Mrs. Culpepper war klein und zierlich und verkörperte jenen alterslosen Frauentyp, der immer adrett bleibt. Sie hatte dunkles kurzes Haar, ein hübsches Gesicht und sah aus wie die perfekte Familieneigenheimbesitzerin in ihrer blaßblauen

Bluse mit dem runden Kragen, einer heidefarbenen Wolljacke und passendem Tweedrock, dünnen Strümpfen und Lederschuhen mit halbhohen zierlichen Absätzen. Ich schätzte, daß sie etwa in meinem Alter war.

Ich griff nach Block und Bleistift. »Verzeihen Sie, Mrs. Culpepper, würden Sie das bitte wiederholen?«

Das reizende Lächeln wurde starr. Sie beugte sich vor. »Machen Sie ein Protokoll?« erkundigte sie sich ängstlich. »Ich meine, kann das vor Gericht gegen mich verwendet werden?«

»Ich versuche nur zu begreifen, wovon Sie reden«, erwiderte ich. »Kann es sein, daß Sie gerade gesagt haben, im Bett Ihrer Tochter liege ein toter Mann? Ist das korrekt?« Sie nickte ernst und mit großen Augen.

Ich schrieb ›toter Mann im Bett der Tochter‹ und wußte dabei nicht recht, was ich als nächstes fragen sollte. Wenn jemand so etwas behauptet, drängen sich so viele Fragen auf. »Kennen Sie den Mann?«

»Ja, natürlich. Es ist Gerald«, antwortete sie.

Ich notierte den Namen. »Ist das Ihr Mann?«

»Mein Liebhaber«, verbesserte sie mich. »Ich bin geschieden.«

»Und wo ist im Augenblick Ihre Tochter?«

»Bei ihm . . . bei meinem Mann. Vermutlich ist sie jetzt schon wieder auf dem Heimweg. An Wochentagen muß er sie nicht nehmen. Das steht im Scheidungsurteil. Aber er war verreist, und ich dachte, das geht in Ordnung. Dieses eine Mal wenigstens.«

»Sicher«, murmelte ich, um sie wenigstens in diesem Punkt zu beruhigen. »Und wann haben Sie . . .« Ich warf einen Blick auf meine Notizen. ». . . Gerald entdeckt?«

»Gegen sechs heute morgen. Das heißt, eher so gegen zehn vor.«

»Und wie ist er . . . hm . . . gestorben?«

»Wie bitte?«

»Ich meine die Todesursache. Können Sie mir da was sagen?«

»Ach so. Ja. Er wurde erschossen.«
Ich wartete, daß sie fortfuhr, aber sie schwieg. »Und wo?«
Sie deutete auf ihr Herz.
Ich machte mir erneut eine kurze Notiz. Das war ja wie beim Zähneziehen. »Und Sie sind sicher, daß er tot ist?«
»Nicht unbedingt«, erwiderte sie zögernd. »Er war kalt. Und steif. Geatmet hat er auch nicht mehr.«
»Das müßte genügen«, bemerkte ich. »Was ist mit der Tatwaffe?«
»Eine Pistole.«
»Haben Sie sie gesehen?«
»Sie lag direkt neben ihm auf dem Bett.«
»Wissen Sie zufällig, um welche Marke es sich handelt?« Ich nahm an, daß sie bei technischen Details passen würde, doch sie hielt sich tapfer.
»Es ist eine kleine Derringer, Kaliber 5,6 Millimeter mit zwei Läufen und doppelter Sicherung. Das bedeutet, sie kann nicht von selbst losgehen, auch wenn man sie fallen läßt. Außerdem ... ist sie vernickelt mit schwarzem Griff und so breit.« Sie hielt Daumen und Zeigefinger ungefähr zwei Zentimeter auseinander.
Ich starrte sie an. »Die Pistole gehört Ihnen?«
»Ja. Ich habe sie erst letzte Woche gekauft. Deshalb war ich ja auch so entsetzt, als mir klar wurde, daß man ihn mit meiner Waffe erschossen hat. Und das auch noch in Altheas Bett! Sie ist erst vier, aber groß für ihr Alter. Althea schlägt nach der Familie meines Exmannes.«
Für mich war das Thema Gerald noch nicht ganz erledigt. »Warum haben Sie sich eine Pistole zugelegt?«
»Die war im Sonderangebot ... fünfzig Prozent billiger.«
»Haben Sie *das* der Polizei erzählt?« Emily Culpepper wurde blaß. Der veränderte Ausdruck in ihrem Gesicht gefiel mir überhaupt nicht. »Sie haben doch wohl die Polizei verständigt, oder?«
»Ehrlich gesagt, nein. Ich hätte es tun müssen. Sicher. Aber

wer hätte mir schon geglaubt? Wir hatten gestern nacht Streit. Normalerweise verliere ich nie die Beherrschung. Aber da bin ich explodiert. Ich habe ihn angebrüllt. Es war schrecklich. Ich habe geschrien, daß ich ihn umbringen würde. Wirklich! Dann kamen die Tränen, und ich bin aus dem Haus gerannt und die ganze Nacht mit dem Wagen herumgefahren.«

»Hat jemand die Drohung gehört?«

»Nur die Nachbarn auf beiden Seiten.«

Ich hatte das dringende Bedürfnis laut zu stöhnen, beherrschte mich jedoch. »Ich verstehe. Sie sind also herumgefahren. Was sonst noch? Haben Sie mit jemandem gesprochen? Kann jemand bezeugen, wo Sie wann gewesen sind?«

»Glaube ich nicht. Ich bin nur herumgefahren, um endlich den Mut zu fassen, ihm den Stuhl vor die Tür zu setzen. Wir leben seit einem halben Jahr zusammen, und es war der Himmel auf Erden. Einfach wunderbar! Ich kann mich nicht erinnern, je so glücklich gewesen zu sein.«

»Im Himmel wird niemand umgebracht«, bemerkte ich.

»Ich weiß. Aber ich hatte eben herausbekommen, daß er mich mit einer anderen Bewohnerin des Apartmenthauses betrog. Und da habe ich rot gesehen. Ich war ein Nervenbündel. Es ist nicht zu fassen! Da hat sich der Mann Tausende von Dollars von mir gepumpt, und dann muß ich feststellen, daß er mit Caroline herumbu . . . Na, Sie wissen schon, was ich meine.«

»Und das haben Sie erst gestern nacht erfahren?«

»Nein, nein. Die Affäre mit Caroline ist schon vor Wochen herausgekommen. Von der Szene mit ihr will ich gar nicht reden. Der reine Horror! Sie wurde hysterisch und ist ausgezogen. Soll sie bleiben, wo der Pfeffer wächst.«

»Hat Gerald so was schon mal gemacht?«

»Sie meinen, daß er fremdgegangen ist? Da bin ich nicht sicher. Ich nehme es an. Ja, muß er wohl. Er hat schon massenweise Frauen gehabt. Er war so was wie ein Don Juan. Wenn man ihm glauben durfte, hat er sie reihenweise betrogen. Nur hätte ich nie gedacht, daß er's auch bei mir versucht.«

»Was war an ihm denn so Tolles dran?« fragte ich. »Es macht mich immer neugierig, wenn Frauen sich in miese Typen verlieben.«
»Gerald ist . . .«
»War«, verbesserte ich sie.
»Richtig. Also er sah gut aus und so . . . war so zärtlich. Schwer zu sagen. Er war sehr liebevoll und einfühlsam. Und er war romantisch! Ich war verrückt nach ihm.«
Sie war den Tränen nahe, und ich ließ ihr Zeit, sich zu fassen.
»Und worum ging der Krach gestern abend?«
»Das weiß ich gar nicht mehr«, gestand sie. »Wir haben irgendwo noch was getrunken, und ein Wort gab das andere. Mit einer dummen Bemerkung an der Bar hat es angefangen, und plötzlich kam seine ganze Vergangenheit zur Sprache . . . diese Lorraine, nach der er vor Jahren so verrückt war; Ann-Marie, Trish, Lynn. Ständig hat er davon geredet, wie toll diese Frauen gewesen sind. Dann wurde er gemein und ich auch. Als wir in der Wohnung zurück waren, wurde es nur noch schlimmer. Als ich es nicht mehr aushalten konnte, bin ich gegangen.
Heute morgen, als ich zurückkam, dachte ich zuerst, er sei fort. Dann sah ich, daß Altheas Zimmertür offenstand. Da lag er. In ihrem Bett.«
»Was hatte er denn in dem Zimmer zu suchen?«
»Aus meinem hatte ich ihn ausgesperrt. Ich hatte gedroht, wenn er auch nur den Fuß da rein setzen würde, würde ich ihm in die Ei . . . Ich meine, ich habe gesagt, daß ich dann handgreiflich werden würde. Jedenfalls hat er wohl ein Glas und eine Flasche Bourbon mit in Altheas Zimmer genommen und dort getrunken, bis er umfiel. Ich stand im Türrahmen und habe ihm gesagt, daß er seine Sachen packen solle. Zuerst dachte ich, er stellt sich nur schlafend. Als ich fertig war, und er noch immer kein Wort sagte, habe ich die Wut gekriegt und ihn an der Schulter gerüttelt. Und da habe ich

erst gemerkt, daß er tot war. Und als ich die Decke zurückgeschlagen habe, war alles voller Blut.«
Ich schrieb mit, so schnell es ging, und merkte darüber gar nicht, daß sie geendet hatte. Als die Stille anhielt, sah ich zu ihr auf. Sie war dabei, ihre Fassung zu verlieren. Ihre Lippen zitterten, die Augen schwammen in Tränen. »Lassen Sie sich Zeit«, murmelte ich.
Sie kramte in ihrer Handtasche nach einem Taschentuch und tupfte sich die Augen trocken. Dann putzte sie die Nase und holte tief Luft. »Als ich dann die Pistole auf dem Bett entdeckte, habe ich ganz automatisch gehandelt.«
Mir schwante Böses. »Und was haben Sie gemacht?«
»Ich habe sie aufgehoben.«
»Mrs. Culpepper, ausgerechnet *das* hätten Sie nicht tun dürfen. Jetzt sind *Ihre* Fingerabdrücke auf der Waffe.«
»Ich weiß. Deshalb habe ich sie auch gleich wieder aus der Hand gelegt und bin fortgerannt. Mein Gott, ich war völlig aufgelöst.«
»Kann ich mir vorstellen«, sagte ich. »Und dann?«
»Ich habe mich in den Wagen gesetzt, bin eine Weile ziellos herumgefahren, dann habe ich angehalten, Ihre Nummer aus dem Telefonbuch herausgesucht und bin hierhergekommen.«
»Weshalb ausgerechnet zu mir?« fragte ich und versuchte, nicht allzu vorwurfsvoll zu klingen.
»Sie sind eine Frau. Ich dachte, Sie würden mich verstehen. Ich zahle jeden Preis, wenn Sie mir helfen, mich da rauszupauken. Ich meine, wenn Sie das alles der Polizei erklären . . .« Sie knetete ihr Taschentuch in den Händen und sah mich hilflos an.
Meine Augen brannten. Ich sehnte mich nach einer Roßkur mit Alka-Seltzer. Verstohlen zog ich meine Schreibtischschublade einen Spaltbreit auf und erspähte eine Packung. Was mochte passieren, wenn ich einfach eine Tablette auf der Zunge zergehen ließ wie ein Brausebonbon? Angeblich

bringt einen das glatt um, aber ich weiß nicht, ob das nicht doch ein Märchen ist. Das Gerücht kursierte während meines Examensjahrs im College, zusammen mit der Geschichte von dem Mäuseschwanz, der aus einer Limoflasche ragte. Seither habe ich ein gestörtes Verhältnis zu Limonade in der Flasche. Schließlich versuchte ich, mein angeschlagenes Denkvermögen wieder auf den vorliegenden Fall zu konzentrieren. Im stillen allerdings hoffte ich, mir Emily Culpeppers Probleme irgendwie vom Hals halten zu können; aber das war natürlich ein frommer Wunsch.

»Emily . . . ich darf Sic doch Emily nennen?«

»Gern. Aber dann sage ich Kinsey zu Ihnen.«

»Selbstverständlich«, antwortete ich. »Im Augenblick ist es das beste, ich gebe Sie in die Obhut einer Freundin . . . einer Anwältin mit Kanzlei in diesem Haus. Während Sie ihr die Geschichte schildern, fahre ich mit Ihren Schlüsseln zur Wohnung und sehe mir die Bescherung an. Dann verständige ich die Polizei. Natürlich möchten die Beamten mit Ihnen selbst reden, aber das geschieht dann wenigstens in Gegenwart eines Rechtsbeistands.«

Ich rief kurz Germaine an, sagte, worum es ging, und begleitete anschließend Emily Culpepper den Korridor entlang zu Germaines Kanzlei. Mit Emilys Wohnungsschlüssel in der Tasche lief ich dann zum Parkplatz hinunter und stieg in meinen VW.

Es war Winter in Santa Teresa, die schönste Jahreszeit in Kalifornien. Die Sonne schien, die Stadt ertrank in üppigem Grün, das Meer rauschte wie eine Waschmaschine im Schongang. Während das übrige Amerika in Regen, Matsch, Hagel und Schnee versank, waren wir in Hemdsärmeln und Shorts und spielten Volleyball am Strand; das heißt, einige wenigstens. Ich fuhr zu Emily Culpeppers Apartmenthaus und rekapitulierte dabei, was Emily in ihrer Ungeschicktheit alles auf sich geladen hatte. Es war eine ganze Menge. Nicht nur, daß sie ein Motiv für den Mord an Gerald hatte ... sie hatte ihn ganz konkret bedroht, und zwar so, daß Zeugen sie hatten hören können. Nicht nur, daß Gerald mit ihrer kleinen Derringer erschossen worden war, sie hatte das verdammte Ding auch noch angefaßt, möglicherweise bereits vorhandene Abdrücke verwischt und dafür deutlich ihre Fingerabdrücke hinterlassen. Und schließlich war sie davongelaufen, anstatt die Polizei sofort zu benachrichtigen. Die ganze Kette von Ereignissen war für Emily so belastend, daß ich mich schon fragte, ob sie mich zum Narren hielt, ob sie sich damit ein besonders schlaues (aber völlig absurdes) Alibi verschaffen wollte. Vielleicht hatte sie ihn wirklich getötet und sich diese verrückte Geschichte ausgedacht, um Spuren zu verwischen. Jedenfalls hatte sie sich so dämlich verhalten, daß es fast schon wieder gerissen schien.

Die Adresse, die Emily mir genannt hatte, führte zu einer schattigen Seitenstraße in der Nähe des Stadtzentrums von Santa Teresa. Etwa zwanzig Apartments waren hier um einen Innenhof gruppiert. Die Anlage war in jenem pseudospanischen Stil errichtet, der in dieser Gegend vorherrscht: rote Ziegeldächer, weiß verputztes Mauerwerk, Bögen und Innenhof mit Brunnen. Emily hatte das Apartment Nr. 2 im Erdgeschoß, gleich neben der Hausmeisterwohnung. Ich blickte mich um. Keine Menschenseele war zu sehen. Ich steckte den Schlüssel ins Schloß. Mich plagten Gewissensbisse, und ich war nervös. Leichen sind kein vergnüglicher Anblick, und ich war nicht sicher, was mich hinter dieser Tür erwartete.

Mein Herz klopfte heftig, und ich fühlte, wie mein Nacken feucht wurde. Obwohl Emily die Wohnung beschrieben hatte, brauchte ich einige Minuten, bis ich mich zurechtfand. Der Raum, in dem ich stand, war ein kombiniertes Wohn- und Eßzimmer. Eine langgestreckte Theke stellte die Verbindung zur dahinterliegenden Küche her. Grün und Goldgelb waren die vorherrschenden Farben, und die Pol-

stermöbel sahen bequem aus. Einige Spielsachen lagen herum, doch ansonsten sah alles sauber und ordentlich aus.
Ich durchquerte das Wohnzimmer. Links ging ein kurzer Korridor ab, der zu einem Badezimmer führte. Nach Emilys Beschreibung lag ihr Schlafzimmer links und Altheas Zimmer rechts von diesem Korridor. Beide Türen waren geschlossen. Ich ertappte mich dabei, wie ich auf Zehenspitzen den Gang entlangschlich und einen Moment vor Altheas Tür stehenblieb. Dann legte ich ein Papiertaschentuch über den Griff und öffnete.
Vorsichtig sah ich hinein: zartrosa Wände, Spielzeugregale, Stofftiere auf dem Fensterbrett, ein weißes Kinder-Himmelbett.
Und keine Leiche.
Ich starrte verdutzt auf die Tür. War ich nicht im richtigen Zimmer?
Ich probierte die gegenüberliegende Tür, doch die war, wie Emily gesagt hatte, verschlossen. Verwirrt kehrte ich in Altheas Zimmer zurück. Was wurde hier gespielt? Das Bett sah unberührt aus, die Überdecke fleckenlos weiß, die Kissen waren aufgeschüttelt. Vorsichtig zog ich die Bettdecke zurück und betrachtete prüfend das Bettuch. Von Blut keine Spur. Unter dem Leintuch lag eine Gummiunterlage, offenbar um die Matratze zu schützen, wenn Althea nachts gelegentlich ein kleines Mißgeschick passierte. Als ich schließlich auch die Gummiunterlage zurückschlug, kamen auf der Matratze weder Blutspuren noch Einschußlöcher zum Vorschein. Ich machte das Bett, strich den Überwurf glatt und schüttelte die Zierkissen auf.
Dann ging ich nachdenklich aus dem Zimmer und zum Telefon, das ich in der Küche entdeckt hatte. Ich legte auch hier ein Papiertaschentuch über den Hörer und hob ab. Die Leitung war tot. Ich verließ die Wohnung. Draußen war noch immer niemand zu sehen. Vorsichtig drückte ich mich an der Außenmauer entlang bis zu den Fenstern, die zu Emilys

Schlafzimmer gehören mußten. Die Vorhänge waren einen Spaltbreit geöffnet. Ich spähte hinein. Alles schien in bester Ordnung zu sein. Von einer Leiche keine Spur.

»Kann ich irgendwie behilflich sein?«

Ich wirbelte herum. Vor mir stand eine Frau und musterte mich argwöhnisch. Sie war Mitte Vierzig, eine welke Schönheit mit tiefen Falten um Augen und Mundwinkel.

»Mein Gott, Sie haben mich zu Tode erschreckt!« entfuhr es mir atemlos.

»Das sehe ich.«

»Hören Sie, es ist nicht *so*, wie Sie denken. Ich wollte wirklich nicht einbrechen. Emily Culpepper hat mir ihre Wohnungsschlüssel gegeben, damit ich etwas für sie überprüfe.«

»Aha. Und das wäre?« fragte sie.

»Ich bin Privatdetektivin. Hier ist mein Ausweis.«

Ich zog die in Plastik eingeschweißte Kopie meiner Lizenz mit diesem schrecklichen Foto von mir aus der Handtasche. »Ich bin Kinsey Millhone«, fuhr ich fort, tippte mit dem Finger auf die Namenszeile und überließ ihr den Ausweis zur näheren Betrachtung. Ich hoffte, sie würde so etwas sagen wie: »Das Foto ist Ihnen aber gar nicht ähnlich«, doch sie schwieg. Schließlich gab sie mir meinen Ausweis unwillig zurück. »Trotzdem haben Sie mir noch nicht erklärt, was Sie hier eigentlich suchen.«

»Die Schlafzimmertür ist verschlossen. Ich wollte nachsehen, ob vielleicht jemand drin ist. Sind Sie Emilys Nachbarin?«

»Die Hausmeisterin. Pat Norman.«

»Kennen Sie Emilys Freund Gerald?«

»Gerry. Ja. Den kenne ich.« Sie beäugte mich weiterhin mißtrauisch, so als traue sie mir zu, jederzeit eine Gummischlange aus dem Ärmel zu zaubern und sie aus purem Übermut zu erschrecken.

»Dann wissen Sie vermutlich Bescheid«, fuhr ich fort. »Emily hatte angeblich gestern Krach mit Gerald und ist dann wütend davongefahren. Heute morgen ist sie nach Hause ge-

kommen und hat Gerald im Bett ihrer Tochter vorgefunden . . . erschossen.«
»Tot?« fragte Pat entsetzt. »Großer Gott, warum hat sie denn das getan? Ist ja nicht zu fassen! Sieht Emily überhaupt nicht ähnlich.«
»Die Sache scheint komplizierter zu sein, als Sie denken. Ich konnte keine Leiche entdecken. Außerdem ist das Telefon kaputt. Könnte ich mal bei Ihnen telefonieren?«

Ich folgte Pat Norman in ihre Wohnung. Sie führte mich zum Telefon. Ich rief Germaine an und war unangenehm berührt, als Pat unverblümt lauschte. Germaine versprach, sofort mit Emily zu mir zu kommen.
Pat lud mich ein, während der Wartezeit eine Tasse Kaffee zu trinken. Ich nahm dankend an und sah mich in ihrer Wohnung um, während sie Geschirr holte. Die Aufteilung entsprach Emilys Apartment, die Möblierung war anders, doch Teppich, die Tapete in der Küche bis hin zu der Telefonnummer, die jemand mit Bleistift über dem Telefon an die Wand geschrieben hatte, waren identisch. Pat schien eine Vorliebe für Fotos zu haben, die sie mit irgendwelchen Berühmtheiten zeigten und die mit gefühlvollen Widmungen versehen waren. Sämtliche dieser »VIP's« waren mir unbekannt, aber ich nahm an, daß ich mich beeindruckt zeigen mußte. »Eine tolle Sammlung. Alle Achtung«, bemerkte ich und vermied jede konkretere Bezeichnung.
»Ich war Golfprofi . . . in meiner Jugend«, gestand sie.
»Das ist ja interessant! Und seit wann machen Sie hier die Hausverwaltung?«
»Seit zwei Jahren.«
»Und Emily? Seit wann wohnt Emily hier?«
»Seit der Trennung von ihrem Mann. Das muß jetzt ein knappes Jahr her sein. Kurz darauf ist Gerald eingezogen.« Pat zögerte. »Wenn ich ehrlich sein soll, muß ich gestehen, daß ich den Streit gestern abend mitgekriegt habe. Ich habe die Woh-

nung direkt daneben . . . und mußte praktisch alles mit anhören. Ich bin überzeugt, daß sie ihm kein Haar gekrümmt hat . . . aber gedroht hat sie ihm . . . natürlich ohne es ernst zu meinen. So wie er sich verhalten hat, könnte man es allerdings verstehen.«

»Worum ging der Streit?«

»Sicher um seine Frauengeschichten. Er nahm mit, was er kriegen konnte. Der Typ, der sich zuerst Geld leiht und dann verduftet.«

»Haben Sie irgend etwas Ungewöhnliches gehört, nachdem Emily das Haus verlassen hatte?«

»Kann ich nicht behaupten.«

»Was ist eigentlich mit dieser Caroline? Ich meine die Frau, mit der er angeblich eine Affäre hatte?«

»Angeblich? Na, Sie sind gut! Monatelang hat er mit ihr rumgemacht, bis Emily endlich dahintergekommen ist. Ich wußte längst, daß da was lief, aber ich habe den Mund gehalten. Es geht mich schließlich nichts an. Da halte ich mich lieber raus.«

»Hatte er sich auch von Caroline Geld geliehen?«

»Keine Ahnung. Caroline wohnte zwei Apartments weiter. Vergangene Woche ist sie ausgezogen. Von heute auf morgen. Ziemlich rücksichtslos.« Pat sah auf die Uhr. »Heute kommen Leute, um die Wohnung zu besichtigen. Ich will sie zum Monatsende wieder vermietet haben.«

In diesem Moment klopfte es an der Tür. Pat öffnete. Eigentlich hatte ich Germaine und Emily erwartet. Statt dessen sagte eine kleine Person: »Ist Mammi da?«

Pat warf mir einen bedeutungsvollen Blick zu. Dann antwortete sie in dem albernen Ton, den Erwachsene gern vor Kindern benutzen: »Nein, Althea. Komm doch rein. Ist dein Daddy auch da?«

»Ja. Unten im Wagen.«

Normalerweise kann ich Kinder nicht leiden. Ich bin ein Einzelkind und bei einer unverheirateten Tante aufgewachsen, für die Kinder grundsätzlich ein Ärgernis waren, und manchmal auch ich. Althea jedoch hatte eine seltsame Wirkung auf mich. Sie hatte den stämmigen Körper einer Vierjährigen und ein uraltes Gesicht. Ich konnte mir exakt vorstellen, wie sie später einmal aussehen würde. Das Mädchen hatte Pausbakken und trug eine Brille mit rosarotem Plastikgestell. Hinter den dicken Gläsern wirkten ihre grauen Augen unnatürlich groß. Ihr vollkommen glattes braunes Haar war an beiden Seiten mit pinkfarbenen Spangen zusammengefaßt, die schon herauszurutschen drohten. Ihr gesmoktes Hängerkleidchen hatte Puffärmel, deren Gummizüge sich in ihre molligen Oberarme eindrückten. Sie wirkte in sich gekehrt und humorlos. In späteren Jahren würde sie sich vermutlich zu einer jener geheimnisvollen Frauen entwickeln, denen die Männer verfielen. Arrogant und mondän würde sie allen die Herzen brechen und niemals ganz verstehen, was sie anrichtete.

»Ich sollte dem Vater Bescheid sagen«, wandte sich Pat leise an mich. Altheas Blick wanderte von Pat zu mir.

»Hallo, ich bin Kinsey«, stellte ich mich vor.

»Hallo«, erwiderte das Mädchen.

Pat lief zum Parkplatz hinaus, wo offenbar Mr. Culpepper wartete.

Althea musterte mich mit dem feierlichen Ernst einer Katze. Sie setzte sich in einen Sessel und rutschte so weit zurück, daß ihre Füße gerade noch über den Polsterrand ragten. »Wer bist du?«

»Ich bin Privatdetektivin. Weißt du, was das ist?«

Sie nickte und schob die Brille zurück.

Da ich annahm, daß sie ihr Wissen über Privatdetektive aus dem Fernsehen bezog, war ich sicher, daß ich kaum ihren Vorstellungen entsprach. Das war vermutlich auch der Grund, warum sie mich so skeptisch anstarrte.

»Ich habe nicht ins Bett gemacht«, erklärte sie unvermittelt.

»Das glaube ich dir.«

Während sie mich weiterhin unverwandt musterte, schien sie

etwas mehr Vertrauen zu mir zu fassen. »Wo wohnst du denn?« fragte sie schließlich.
»Drunten am Strand«, antwortete ich.
»Und warum bist du hier?« wollte sie wissen.
»Weil deine Mammi mich hergebeten hat.«
»Weshalb?«
»Damit ich mich ein bißchen umsehe und mit Pat rede . . .«
Althea betrachtete ihre Lederschuhe. »Soll ich dir mal was sagen?«
»Was denn?«
»Hühnerpopo«, sagte sie und ihr Gesicht verzog sich zu einem schüchternen Lächeln.
Ich lachte fast mehr über ihren Gesichtsausdruck als über den Kinderwitz, den ich als Kind selbst gern zum besten gegeben hatte. »Wie heißt dein Daddy?«
»David. Er ist netter als Gerald.«
»Kann ich mir vorstellen.«
Sie beugte sich plötzlich vor und zupfte an ihrem Schuh herum. Dann lehnte sie sich zurück und bewegte die Füße hin und her. »Wo ist meine Mutter?«
»Auf dem Weg hierher«, erwiderte ich.
Plötzlich wurde es still. Althea schnalzte mit der Zunge. Dann seufzte sie und stützte das Kinn auf die Hand. »Machst du manchmal ins Bett?«
»In letzter Zeit nicht mehr.«
»Ich auch nicht mehr. Nur Babys tun das. Und ich bin schon groß.«
Sie verstummte erneut. Wir hatten das Thema offenbar erschöpfend behandelt.
Draußen hörte ich Stimmengemurmel. Pat kehrte in Begleitung eines Mannes zurück, der sich mir als David Culpepper vorstellte. Culpepper war ein großer Mann mit Vollbart, dichtem Haar, breiten Schultern, schmalen Hüften und dem Oberkörper eines Gewichthebers. Er trug ein Flanellhemd, Jeans und Stiefel. Zum idealen Cowboy fehlte ihm eigentlich

nur noch das Pferd. »Pat hat mir schon alles erzählt«, begann er. »Ist Emily noch nicht da?«
»Sie muß jeden Augenblick kommen«, versicherte ich ihm. Wir sahen alle wie auf Kommando zu Althea, der Schocks irgendwelcher Art natürlich erspart bleiben sollten.
»Althea, Kleines«, sagte Pat prompt wie Minnie Mouse persönlich. »Geh doch noch ein bißchen auf den Spielplatz schaukeln.«
»Da war ich schon.«
»Althea!« sagte ihr Vater mit drohendem Unterton.
Althea stand mit einem hörbaren Seufzer auf und ging mit beleidigter Miene zur Tür. Kaum war sie verschwunden, wandte sich David Culpepper mir zu.
»Was ist eigentlich los?«
»Im Augenblick weiß ich auch nicht mehr als Sie«, entgegnete ich. »Ihre Frau schwört, so gegen sechs Uhr heute morgen diesen Gerald mausetot in Altheas Bett entdeckt zu haben. Ich habe bisher nicht die Spur von ihm gefunden.«
»Mein Gott! Warum sollte Emily so was behaupten, wenn's nicht stimmt?«
»Bitte, entschuldigen Sie mich«, warf Pat ein. »Gleich wollen sich Leute die leerstehende Wohnung ansehen. Ich warte lieber draußen. Sagen Sie mir, falls Sie was brauchen.« Damit nahm sie einen Schlüsselbund von der Küchentheke und ging in den Hof hinaus.
»Vielleicht sehen Sie sich Altheas Zimmer selbst mal an«, schlug ich David vor.
»Keine schlechte Idee.«
Emilys Wohnungstür war noch offen. Wir gingen durch den Wohnraum zu Altheas Zimmer. Von einer Leiche war genausowenig zu sehen wie zuvor. David untersuchte wie ich als erstes das Bett bis zur Matratze.
»War Gerald der Scheidungsgrund?« erkundigte ich mich, als er fertig war.
»Ja, das könnte man auch sagen.«

»Und was könnte man *noch* sagen?«
»Ich weiß nicht, was Sie das angeht.«
»Bitte, wenn Sie's lieber der Polizei erzählen.«
Er seufzte. »Bevor wir Althea bekamen, war Emily berufstätig. Nach der Geburt ist sie zu Hause geblieben. Offenbar hat sie das nicht gut vertragen. Wenigstens behauptet sie das. Als Althea in den Kindergarten ging, hatte sie plötzlich kaum was zu tun. Sie ist jeden Nachmittag in den Country Club gegangen. Ich dachte, sie würde sich dort großartig amüsieren. Ich wäre froh, wenn ich soviel Zeit hätte. Sie hat Tennis, Golf und Bridge gespielt. Und Gerald kennengelernt ...«
Den Rest ließ er unausgesprochen, doch es war nicht schwierig, sich alles zusammenzureimen. Emilys Verhältnis mit Gerald hatte wohl als eine Art Freizeitsex begonnen und sich dann zu einer ernsthafteren Affäre entwickelt.
»Was machen Sie eigentlich beruflich?« fragte ich.
»Ich bin Bauunternehmer. Eine ziemlich anspruchslose Arbeit«, erklärte er beinahe entschuldigend. »Mir fehlt vermutlich die nötige Romantik ... ich bin eher ein Vernunftmensch. Und viel Freizeit habe ich nie gehabt. Ich habe geschuftet, damit wir gut leben konnten.«
»Emily hat behauptet, Gerald sei ein Schuft gewesen. Er hat sie betrogen, sich Geld von ihr gepumpt. Weshalb hat sie das mit sich machen lassen?«
»Fragen Sie sie doch selbst«, entgegnete er. »Der Kerl war eine taube Nuß. Zahlen Sie mal Unterhalt und Alimente, wenn Sie genau wissen, daß Ihr Geld in die Taschen eines Mannes fließt, der Ihre Frau bumst.«
»David! Das ist eine Unverschämtheit!«
Wir drehten uns beide um. Emily Culpepper stand mit hochrotem Gesicht im Türrahmen. Hinter ihr entdeckte ich Germaine Santoni, die Anwältin aus der Kanzlei direkt gegenüber von meinem Büro. Germaine ist groß, hat dunkles, lockiges Haar und veilchenblaue Augen ... David Culpep-

per erfaßte dies alles mit einem einzigen Blick. Ich machte die Honneurs und erklärte alles zum x-tenmal.
»Aber er hat genau dort gelegen!« sagte Emily aufgeregt. »Das schwöre ich!«
»Und Ihr Zimmer? Könnten wir da mal reinsehen?« bat ich.
Ich gab Emily ihre Schlüssel zurück. Sie schloß die Schlafzimmertür damit auf. Unsicher zwängten wir uns wie Comicstrip-Figuren in das kleine Zimmer. Von einer Leiche fehlte auch hier jede Spur. David sah in den Schrank, und Emily ließ sich auf Hände und Füße nieder, um unters Bett zu gucken. Schließlich machte sie die Nachttischschublade auf. »Da ist wenigstens meine Pistole!« Sie machte Anstalten hineinzugreifen.
»Lassen Sie die Finger weg!« schrie ich sie an. »Lassen Sie das verdammte Ding bloß liegen!«
Emilys Hand zuckte zurück. »Entschuldigung«, murmelte sie. »Suchen wir weiter nach Gerald.«
Germaine nahm sich den Wäschekorb vor. Der Gründlichkeit zuliebe durchsuchte ich Altheas Zimmer und den Wäscheschrank im Flur und stellte interessiert fest, wie ordentlich dort alles war. Ich dagegen schaffte es nicht einmal, die Bettücher faltenlos zusammenzulegen, und stopfte die Handtücher meistens alle irgendwie in ein Fach hinein. Emilys Handtücher waren nach Farben geordnet, die Bettwäsche war gestärkt und gebügelt. Sie hielt sogar Platz im Regal für die Garnitur frei, die gerade in der Wäscherei war. Ich hatte den dringenden Verdacht, daß sie für die Herren sogar die Unterwäsche bügelte. Sie schien der Typ zu sein.
Ich wollte gerade in Emilys Schlafzimmer zurückkehren, als wir Pats Schreien hörten. Es klang wie in einem Horrorfilm, jedoch anhaltender. Ich hechtete aus der Wohnung und entdeckte Pat im Hof. Sie stand zwei Türen weiter, kalkweiß im Gesicht, und bewegte nur stumm die Lippen. Sie deutete dabei geradeaus. Ich drängte mich an ihr vorbei in das leere Apartment, das vormals wohl Caroline bewohnt hatte.

Auf dem Wohnzimmerfußboden war eine Leiche. Ich hoffte nur inständig, daß es auch tatsächlich Gerald war.
»Das ist er!« behauptete Pat. »Oh, mein Gott. Er ist tot. Genau wie sie gesagt hat. Ich wollte die Wohnung noch mal lüften, bevor die Mietinteressenten kommen. Die Tür war nicht verschlossen. Ich bin reingegangen . . . und da lag er.« Sie brach in Tränen aus.
Ich konnte mir nicht vorstellen, wie die Leiche hierhergekommen sein sollte. Hatte Gerald möglicherweise noch gelebt, als Emily ihn am frühen Morgen entdeckt hatte? Hatte er sich aus eigener Kraft hierhergeschleppt? Ich beugte mich über den Toten und betrachtete verständnislos das Häufchen weißen Pulvers neben Geralds rechter Hand. Das Zeug sah aus wie Waschpulver. Die Körnchen, die am rechten Zeigefinger des Toten hafteten, ließen darauf schließen, daß er noch versucht hatte, eine Nachricht zu übermitteln. Jedenfalls waren auf dem Pulver Buchstaben erkennbar.
»Was ist das denn?« fragte David hinter mir.
»Keine Ahnung«, murmelte ich. »Liest sie wie M-A-F-I-A. Mafia?«
»Großer Gott, ein Mafiamord!«
»Machen Sie sich nicht lächerlich!« schimpfte Pat und putzte geräuschvoll die Nase. »Was sollten die denn von Gerald gewollt haben?«
Ich ging in die Küche. Die Waschpulverschachtel stand vor der Spüle am Boden. Sie war leer. Es handelte sich um eine jener Portionspackungen, die man in Waschsalons aus den Automaten holen kann. Ich ließ alles so, wie es war. Die Leute von der Spurensicherung hatten sicher noch einiges damit vor.
Inzwischen war natürlich auch Emily Culpepper herübergekommen, zusammen mit Germaine und einem Paar, das ich zum erstenmal sah. Die vier standen vor der Tür. Ich sah, wie sich die fremde Frau zu Germaine hinüberbeugte und ihr ins Ohr flüsterte.
»Ist das die Wohnung, die zu vermieten ist?«

Germaine nickte und legte den Finger an die Lippen. Vermutlich wollte sie die Dame damit zum Schweigen bringen, um uns verstehen zu können.
Die Frau senkte die Stimme. »In der Annonce stand was von Einbauten. Wissen Sie, ob der Kühlschrank eine automatische Abtauvorrichtung hat?« Offenbar nahm sie an, Germaine sei die Maklerin.
Germaine schüttelte den Kopf. »Ich bin auch gerade erst hergekommen«, wisperte sie. »Im Wohnzimmer liegt eine Leiche.«
»Der frühere Mieter?«
»Jemand anders«, erwiderte Germaine.
Die Frau nickte, als ob man bei einer Wohnungssuche öfters über Leichen stolperte. Sie gab die Informationen an ihren Mann weiter, und der stellte sich sofort auf Zehenspitzen, um besser sehen zu können.
»Ich rufe von Pat aus die Polizei an«, erklärte David unvermittelt. »Faßt nichts an.« Wir starrten ihn verblüfft an. Bis auf den toten Gerald war die Wohnung leer. Und wer wollte schon eine Leiche anfassen?
Pat begann erneut leise zu schluchzen. Emily legte tröstend den Arm um sie, führte sie in den Hof und setzte sich mit ihr auf den Brunnenrand. Die Mietinteressenten hatten offenbar beschlossen, sich weiter umzusehen, und verschwanden in der Wohnung. Ich gesellte mich zu Pat und Emily auf dem Brunnenrand. Germaine ging im Hof auf und ab und rauchte eine Zigarette.
Plötzlich beugte sich Emily vor und sah mich an. »Jetzt wissen Sie, daß ich nicht verrückt bin«, sagte sie. »Ich habe ihn heute morgen gesehen. Allerdings ist mir nicht klar, wie er dorthin gekommen ist.«
»Sind Sie sicher, daß er heute morgen tot war?« fragte ich noch einmal.
»Also beschwören könnte ich das nicht.«
»Was ist mit dem Hinweis auf die Mafia? Könnte Gerald was

mit dem Mob zu tun gehabt haben?« Ich faßte es selbst kaum, daß mir Platitüden wie »Mob« so glatt über die Lippen gingen, so als sei Gerald »hingerichtet« worden, weil er einen Verbrecherboss ausgetrickst hatte. Das war absurd. Ich kam mir vor wie in einem schlechten Fernsehfilm.

Pat faßte mich am Arm. Ihre Nägel gruben sich schmerzhaft in mein Fleisch. »Jetzt fällt es mir wieder ein. Caroline hat vor zwei Tagen hier angerufen. Sie wollte vorbeikommen, um den Rest der Kautionssumme für die Hausreinigung abzuholen. Sie hatte uns nämlich keine neue Adresse hinterlassen.«

»Na und?«

»Was, wenn sie wirklich zurückgekommen ist?«

»Gestern nacht?« fragte ich.

Pat nickte heftig. »Vielleicht hat sie gehört, wie Emily Gerald bedroht hat. Sie könnte gewartet haben, bis Emily fortgefahren war, und dann selbst hineingegangen sein.«

»Hat sie von der Pistole gewußt?«

»Das wußte jeder«, erwiderte Pat.

Emily blieb skeptisch. »Ich hatte die Tür zwar nicht abgeschlossen gelassen, aber es macht trotzdem keinen Sinn. Wenn sie ihn umgebracht hat ... warum hat sie dann die Leiche in ihre Wohnung gebracht, anstatt sie in meinem Apartment zu lassen?«

»Und weshalb hätte sie Ihre Telefonleitung durchschneiden sollen?« warf ich ein. »Das Problem ist, daß wir den Hergang nicht kennen. Möglicherweise haben Sie den Mörder gestört.«

»Augenblick mal«, sagte Emily plötzlich. »Angenommen er hat versucht, die Anfangsbuchstaben des Namens seines Mörders zu schreiben . . .«

Ich sah, wie alle mit dem Mund stumm M-A-F-I-A . . . formten, um herauszufinden, wie der Name lauten konnte.

In diesem Moment kam David über den Hof. »Die Polizei ist unterwegs«, verkündete er.

»Ich gleich auch, Herrschaften«, erklärte Germaine. »Ich habe in zehn Minuten eine Besprechung in meinem Büro.«
»Aber wie soll ich mich denn verhalten?« fragte Emily. »Was ist, wenn sie mich verhören und ins Gefängnis stecken?«
»In einer Stunde bin ich wieder hier. Verweigern Sie erst mal die Aussage. Sagen Sie den Herren, daß Sie Fragen nur in Gegenwart Ihrer Anwältin beantworten.«
»Kann ich das denn?« wollte Emily naiv wissen. »Ich meine, ist das überhaupt zulässig?«
»Das steht im Gesetzbuch, schwarz auf weiß, Herzchen«, erwiderte Germaine mit mehr Geduld, als ich sie in diesem Moment aufgebracht hätte.
Ich warf ihr einen dankbaren Blick zu. Sie ging zu ihrem Wagen, der am Straßenrand parkte.
Etwas an dieser Geschichte stimmte nicht. Ich hatte wieder einmal das Gefühl, es müsse für alles eine simple Erklärung geben, vorausgesetzt ich kam darauf. Jemand zupfte an meinem Ärmel. Ich sah hinunter. Neben mir stand Althea. Sie schob ihre Hand in meine Hand. Offenbar fühlte sie sich ausgerechnet zu mir hingezogen; fast wie eine Katze, die sich unweigerlich auf dem Schoß desjenigen niederläßt, der an Katzen-Phobie leidet. Zugegeben, ich fühlte mich irgendwie geschmeichelt. Allerdings konnte ich mir nicht ganz erklären, womit ich mir dieses Vertrauen verdient hatte.
Pat entdeckte jetzt ebenfalls das kleine Mädchen.
»Oh, da ist ja Althea!« flötete sie in höchsten Tönen.
»Wir machen jetzt einen kleinen Spaziergang«, verkündete ich entschlossen, denn ich fürchtete fast, auch noch in diesen Ton zu verfallen, wenn ich noch länger hier herumhing.
Althea und ich schlenderten in einer Seitenstraße auf und ab, an einem Eingang zum Innenhof vorbei. Dabei konnte ich beobachten, daß mittlerweile zwei Beamte in Uniform eingetroffen und die potentiellen Mieter bei der Besichtigung der Waschküche angelangt waren. Die Leute von der Spurensicherung schienen sich zu verspäten, denn in der folgenden

halben Stunde standen alle nur tatenlos herum. Zuvor hatte ein Beamter die Personalien der Beteiligten aufgenommen und der andere den Tatort mit einem Seil abgesperrt.
Altheas Schweigen wurde mir allmählich doch unheimlich.
»Bist du kein bißchen neugierig?« fragte ich.
Sie schüttelte ernst den Kopf. »Wir sind vorhin nicht hier gewesen, als ich gespielt habe.«
»Was hast du gemacht?«
»Nichts.«
»Klingt langweilig«, bemerkte ich. »Und wieso hast du nichts gemacht?«
»Deshalb.«
»Und dabei bleibst du, was?« sagte ich scherzhaft. Ich sah in das ernste kleine Gesicht mit den Pausbacken, der Brille und den großen grauen Augen hinunter. Für das Kind war die Sache nicht zum Lachen, und ich wußte, daß ich nichts ins Lächerliche ziehen durfte.
»Gerald ist tot«, erklärte sie.
»Ja, sieht so aus«, antwortete ich nachdenklich.
Ich dachte an den Mann, der in ihrem Zimmer erschossen worden war, und an die leere Wohnung zwei Türen weiter. Emily mußte am Tatort aufgetaucht sein, bevor die Leiche fortgebracht werden konnte. Aber weshalb hatte man ihn ausgerechnet dort umgebracht? Und warum hatte man ihn dann fortgeschafft? Weshalb fanden sich in Altheas Bett keinerlei Spuren? Das Waschpulver auf dem Teppich und die Buchstaben fielen mir wieder ein. Es war reichlich verwirrend. Die Antwort schien greifbar zu sein. Ich blieb stehen. Zu viele Fragen wirbelten in meinem Kopf herum.
»Komm! Mal sehen, ob wir bei Pat kurz telefonieren können«, sagte ich zu Althea. Das Kind trippelte gehorsam neben mir her. Wir gingen auf den Hof und an der Waschküche vorbei.
»Warte einen Moment.« Ich streckte den Kopf zur Tür hinein. An der Wand hing tatsächlich ein Waschmittelautomat, aus

dem man kleine Portionspackungen entnehmen konnte. Es waren dieselben Schachteln, die wir in Carolines Wohnung gefunden hatten. Zumindest wußte ich jetzt, woher das Waschpulver stammte.
Am Brunnen warteten Pat und Emily noch immer auf das Eintreffen der Mordkommission mit Arzt, Fotografen und anderen Spezialisten.
»Darf ich mal bei Ihnen telefonieren?« bat ich Pat. Sie nickte.
Die Telefonnummer, die ich sowohl bei Pat als auch bei Emily an der Wand gelesen hatte, machte mich neugierig. Warum hatten sich die beiden dieselbe Nummer notiert? Was hatten sie gemeinsam ... abgesehen von der Tatsache, daß sie in einem Haus wohnten? Ich überlegte, ob die Lösung des Rätsels in dieser siebenstelligen Nummer verborgen liegen könnte.
Wir betraten Pats Wohnung. Ich ging schnurstracks zum Telefon, warf einen Blick auf die Nummer an der Wand und wählte. Das Rufzeichen ertönte zweimal, dann meldete sich eine melodische Stimme: »Beim ersten Ton des Zeitzeichens ist es zwölf Uhr null Minuten und null Sekunden.« Ich lachte schallend. Althea musterte mich verwundert.
»Was ist denn so lustig?« wollte sie wissen.
»Ach, nichts. Ich habe nur gerade was Dummes gemacht.«
Auf dem Weg zur Wohnungstür fiel mein Blick auf Pats Fotokollektion. Und plötzlich erlebte ich eines jener geistigen Erdbeben, durch die alle Zusammenhänge klar werden. Vielleicht war nicht das »Warum«, sondern das »Wer« die entscheidende Frage. »Althea, war Gerald Golfprofi?«
Das Kind nickte.
»He, Kleine«, sagte ich. »Gerade haben wir beide den Fall geknackt!«
Altheas Blick war eher besorgt als begeistert.
Als ich in den Innenhof zurückkam, war Lieutenant Dolan endlich eingetroffen. Er beriet sich mit den beiden Beamten in Uniform. David, Emily und Pat standen abwartend etwas

abseits. Über mein Auftauchen schien er überrascht, aber nicht unbedingt unangenehm berührt zu sein. Dolan ist der stellvertretende Leiter des Dezernats für Gewaltverbrechen, Mitte Fünfzig und ein kluger Kopf mit Hängebacken. Obwohl ich meistens ein Ärgernis für ihn bin, weiß er doch, daß ich ihn respektiere und niemals in seinem Revier wildere. Da ich selbst zwei Jahre im Polizeidienst gewesen bin, würde ich nie Informationen zurückhalten oder Beweismaterial unterschlagen.

»Was haben *Sie* denn mit diesem Fall zu tun?« fragte er prompt.

Ich gab ihm einen kurzen Abriß der Ereignisse. Als ich geendet hatte, steckte er die Hände in die Taschen und wippte auf den Absätzen hin und her. »Und wie ich annehme, zaubern Sie uns den Mörder auch gleich aus dem Hut.« Das war als Witz gedacht.

»Ganz richtig«, erwiderte ich. »Darf ich anfangen?«

»Ihr Auftritt, bitte!«

Ich faßte Althea an der Hand und ging in Emilys Apartment zurück. Die ganze Versammlung trabte hinter uns her in Altheas Zimmer. Ich kam mir fast ein wenig wie Hercule Poirot vor. Ich wartete, bis alle versammelt waren, auch die Wohnungshaie, die im Hintergrund lauerten und sich verstohlen umsahen. Man konnte ja nicht wissen. Vielleicht wurde Emily verhaftet, und ihr Apartment stand ebenfalls zur Disposition.

»Fangen wir ganz von vorn an«, erklärte ich. »Emily war überzeugt, daß Gerald in Altheas Bett erschossen worden ist. Als ich herkam, war die Leiche jedoch verschwunden, und es fehlte jede Spur von einem Mord.

Ich bin zu Pat rübergegangen, um zu telefonieren. Da kamen Althea und ihr Vater. Emily hatte das Kind über Nacht zu David geschickt, und er brachte sie nun zurück. Das sollten wir zumindest glauben. In Wahrheit hatte David Althea bereits wesentlich früher zurückgebracht. Er hatte Geralds Leiche

entdeckt und sofort erkannt, wie schlecht es um Emily bestellt war . . .«
»Augenblick mal«, unterbrach Dolan mich. »Weshalb sind Sie so sicher, daß die Leiche überhaupt hier gelegen hat? Sie stützen sich doch allein auf Mrs. Culpeppers Aussage, stimmt's?«
»Schon, aber die entspricht der Wahrheit«, erwiderte ich.
»Beweise?« forderte Dolan lakonisch. Er schien interessiert, aber nicht überzeugt zu sein.
Mein Herz begann nervös zu klopfen, doch ich gab mich selbstsicher. Wie schon einige Stunden zuvor zerlegte ich das Bett. Leintuch und Bezüge waren noch immer peinlich sauber, und die Matratze sah völlig unberührt aus. David knackte unruhig mit den Fingerknöcheln. Emily legte Althea beschützend die Hände auf die Schultern und zog sie an sich.
»Drehen wir die Matratze doch einfach mal um«, erklärte ich. Die beiden Polizisten in Uniform taten das mit einem geschickten Ruck. Auf der Unterseite wies die Matratze im rechten unteren Bereich ein Loch und einen dunkelroten Fleck auf.
»Wenn mich nicht alles täuscht, müßten Sie dort in der Füllung die Kugel vom Kaliber 5,6 Millimeter finden, die Gerald getötet hat.«
»Aber was haben das Waschpulver und die durchgeschnittene Telefonleitung zu bedeuten?« fragte Pat.
»Gar nichts«, erwiderte ich. »David hat sein möglichstes getan, um den Verdacht von seiner Exfrau abzulenken. Deshalb das ganze Theater. Er hat die Leiche vom Tatort weggeschafft, die Matratze umgedreht und das Bett frisch bezogen.«
»Er?« wiederholte Emily überrascht, als höre sie zum erstenmal, daß ihr Exmann überhaupt in der Lage war, ein Bett zu beziehen.
»Ja, natürlich. Mir ist aufgefallen, daß eine Garnitur im Wäscheschrank fehlt. Außerdem habe ich gemerkt, daß Althea aus irgendeinem Grund Angst hatte. David hatte sie zum

Spielplatz geschickt, aber sie hatte gesehen, wie er das Bett abzog, und fürchtete, man würde ihr vorwerfen, ins Bett gemacht zu haben.«
Althea sah von einem zum anderen. Sie merkte offenbar, daß ihr Vater in einer unangenehmen Lage war.
»David hat Althea eingeschärft, niemandem zu sagen, daß sie hier gewesen waren, und sie hat ihn wörtlich genommen«, fuhr ich fort. »Ich fand die Art, wie sie sich ausdrückte merkwürdig, bis mir klar wurde, was sie mit ›wir sind vorhin nicht hier gewesen‹, meinte.« Ich sah Althea an. »Du hast versucht, genau das zu tun, was dein Daddy dir gesagt hatte, stimmt's?«
»Und wie geht's weiter?« fragte Dolan ungeduldig.
»Tja, nachdem er die Leiche fortgeschafft hatte, hat er versucht, falsche Spuren zu legen. Er hat das Waschpulver ausgeschüttet und mit Geralds Finger Buchstaben in das Pulver gemalt. Es sollte so aussehen, als sei Gerald von wildfremden Leuten umgebracht worden. David hat offenbar zu viel Folgen von ›Hawaii-Null-Fünf‹ gesehen.«
»Blödsinn!« schnaubte David verächtlich. »Sie können nichts beweisen!«
»O doch. Ich denke schon«, widersprach ich gelassen.
»David soll Gerald umgebracht haben?« sagte Emily mit ihren großen unschuldigen Augen.
Ich schüttelte den Kopf. »Das war Pat«, erklärte ich. »Pat wie Patricia.«
Alle drehten sich gleichzeitig um und starrten Pat an; nur das Ehepaar im Hintergrund verzog keine Miene.
»Wer?« fragte der Mann seine Frau.
»Ich?« sagte Pat. »Das ist doch lächerlich. Welchen Grund sollte ich gehabt haben?«
»Das müssen Sie uns schon persönlich erklären«, fuhr ich fort. »Ich nehme an, daß Sie vor langer Zeit in Gerald verliebt gewesen waren. Damals zum Beispiel, als Sie das Haig & Haig-Turnier im Jahre 1966 gespielt haben. Sie haben mir selbst erzählt, daß Sie damals Golfprofi waren. Das Foto, das

man von Ihnen beiden beim Turnier gemacht hat, hängt in Ihrer Wohnung. Es trägt sogar seine Widmung: ›Für Trish, in ewiger Liebe – Gerry.‹ Schon als ich zum erstenmal bei Ihnen telefoniert habe, ist mir das Bild aufgefallen, aber zu diesem Zeitpunkt hatte ich Gerald ja noch nicht gesehen. Erst beim zweitenmal habe ich ihn darauf erkannt. Und dann ist mir eingefallen, daß Emily von einer ehemaligen Freundin Geralds namens ›Trish‹ gesprochen hatte.«

Dolan blickte Pat an. »Möchten Sie einen Anwalt, bevor Sie mehr sagen?«

»Ach, was hilft das schon?« entgegnete sie ungeduldig. »Der Schuft ist tot. Das ist alles, worauf's mir ankommt. Ich hatte zwar gehofft, den Mord einer anderen anhängen zu können, aber dann hat David alles verdorben. ›MAFIA‹! Mein Gott, ich habe meinen Augen nicht getraut!«

»Geschieht Ihnen ganz recht!« konterte David. »Sie haben versucht, den Verdacht auf Emily zu lenken!«

»Na und? Sie hätte auf Mord im Affekt plädieren können. Und welche Geschworenen hätten ein Püppchen wie sie schon auf den elektrischen Stuhl gebracht?«

»Aber warum haben Sie ihn denn umgebracht?« wollte Emily entsetzt wissen. »Das begreife ich nicht.«

»Auch um Gänse wie Sie vor ihm zu schützen«, entgegnete Pat. »Sie haben ja keine Ahnung, was er mir angetan hat. Ich bin zweiundzwanzig, dumm und unerfahren gewesen. Der Schuft hat mich um mein ganzes Geld erleichtert und sich mit einem Flittchen davongemacht, das weit unter mir in der Rangliste stand. Er hat mir das Herz gebrochen, meinen Aufschwung ruiniert und meine Karriere zerstört. Und dann platzt er eines Tages so mir nichts, dir nichts wieder in mein Leben! Das war zuviel für mich. Und das schlimmste: Er hat mich nicht mal wiedererkannt! Er wußte gar nicht, wer ich bin. Ich habe damals gelitten wie ein Tier. Dabei war ich ihm völlig gleichgültig. Ich war ein Niemand. Nicht mal eine nette Erinnerung. Mir war von vornherein klar, daß ich mit ihm ab-

rechnen würde. Und wenn's das letzte sein sollte, das ich auf dieser Welt tat.«
»Hört, hört«, sagte der Mann im Hintergrund und verstummte, als seine Frau ihm den Ellbogen in die Rippen stieß.
Danach löste sich die Versammlung auf. Pat wurde fortgebracht. Die anderen versuchten in der folgenden Viertelstunde, alles noch einmal zu rekapitulieren. Emily bat David, eine Weile zu bleiben. Sie war gerührt, daß er versucht hatte, sie vor dem Zugriff der Polizei zu retten. Mir war schon seit geraumer Zeit aufgefallen, daß sich meine Kopfschmerzen wieder einstellten, und ich verabschiedete mich. Althea folgte mir und beobachtete jede meiner Bewegungen. Sie postierte sich auf dem Bürgersteig, während ich in den Wagen stieg. Schließlich kurbelte ich das Fenster auf der Beifahrerseite herunter und machte ihr ein Zeichen, näher zu kommen.
»Alles in Ordnung?« fragte ich.
Althea nickte und sagte dann scheu: »Wenn ich groß bin, möchte ich werden wie du.«
»Gute Idee«, lobte ich. »Paß mal auf. Heute in zwanzig Jahren kommst du zu mir ins Büro. Dann machen wir einen Partnerschaftsvertrag.«
»In Ordnung«, sagte sie ernst und wir besiegelten die Abmachung mit einem Handschlag.

Ob sie sich wohl verändert hat?

Liz Morgan

Paula Gosling

Liz war gerade beim Bügeln, als sie es hörte.
»... im heutigen Wunschprogramm – ein Gruß an Liz Morissey, die Schwester von Peggy und Tochter von Frank und Edna, zuletzt ansässig 1974 in Darlington ...«
Mit dem Bügeleisen in der Hand stand sie in Slip und Bluse vor dem Bügelbrett, auf dem ihr blauer Rock gemächlich vor sich hin dampfte. Eigentlich hätte sie schon längst auf dem Weg ins Büro sein sollen.
Für einen Moment stand Liz wie erstarrt da.
»... wenn du zufällig gerade Radio hörst, Liz – Peggy würde sich freuen, von dir zu hören. Ruf doch einfach an – oder schreib an folgende Adresse ...«
Gut gelaunt palaverte der Ansager weiter, während Liz noch immer kaum ihren Ohren traute. Was für ein seltsames Gefühl, plötzlich wieder bei ihrem Mädchennamen genannt zu werden – und noch dazu im Radio. Inzwischen hieß sie zwar schon fast sechs Jahre Liz Morgan, aber tief in ihrem Innern lebte noch immer die kleine Lizzie Morissey, klein, zurückhaltend und bescheiden und fast vergessen.
Sie war zeit ihres Lebens ein auffallend stilles und folgsames Kind gewesen. »Die brave Bess«, wie ihr Vater sie immer genannt hatte. Und bei diesen Worten hatte er immer lächelnd das Haar verwuschelt. Als es jedoch darum ging, ob sie nun

Don heiraten sollte oder nicht, hatte sich die »brave Bess» alles andere als nachgiebig gezeigt. Und je mehr ihr Mutter und Peg ins Gewissen geredet hatten, desto fester war sie entschlossen – gerade so, als hätte sie die Angst, die anderen könnten *vielleicht* doch recht haben, noch sturer und hartnäkkiger reagieren lassen.

Schließlich hatten sie sie mit ihren Vorwürfen so sehr in die Ecke gedrängt, bis sie keinen anderen Ausweg mehr sah, als sich mit Don nach Südafrika abzusetzen. Was blauäugig, naiv und unvorstellbar dumm gewesen war.

In England war ihr Don mit seinem blendenden Aussehen wie ein Held vorgekommen. Aber zurück in Johannesburg, hatte er rasch die weniger erfreulichen Seiten seines Wesens hervorgekehrt. Sie versuchte ihn in Schutz zu nehmen und die Schuld bei sich selbst zu suchen – wie immer – und tat ihr Bestes, um ihm zu gefallen. Dann jedoch erkannte sie, daß es keineswegs ihre Schuld gewesen war. Sie war nur blind gewesen für die Verhältnisse in dem Land, in dem sie lebten, und was sie aus ihrem Mann gemacht hatten. Schließlich gab sie auf, ließ sich scheiden und kehrte nach England zurück.

Aber nicht nach Darlington. Sie war viel zu stolz, um sich von allen Seiten sagen zu lassen: »Wir haben es dir ja gleich gesagt.« Nein, darauf konnte sie gern verzichten. Sie hatte ein neues Leben angefangen und sich eine neue berufliche Karriere aufgebaut. Und jetzt stand sie kurz vor einer Beförderung – ein in jeder Hinsicht wichtiger Schritt. Sie attackierte den Rock noch einmal, knallte das Bügeleisen drauf und dachte daran, wie entschlossen sie damals gewesen war, nie klein beizugeben und niemandem ihre Niederlage einzugestehen. In dem einzigen Brief, den sie von Peg erhalten hatte, hatte sie erfahren, daß ihr Vater gestorben war (an einem »gebrochenen Herzen«, wie Peg es vorwurfsvoll formuliert hatte). Was hätte sie also noch zurück nach Hause ziehen können?

Mühsam schluckte sie den Kloß hinunter, der sich in ihrer

Kehle gebildet hatte. Irgend etwas in einem drängt *immer* nach Hause. Ganz gleich, wie stark und unabhängig man sich fühlte ...

»... Lassen wir endlich Gras über dieser alten Geschichte wachsen, sagt Peg ...« plauderte der Ansager munter weiter. Ob sie das wirklich gesagt hatte? Jedenfalls hörte es sich gar nicht nach Peg an.

Liz steckte sich eine Zigarette an und blies den Rauch in Richtung Radio. Ob sie sich wohl verändert hat? dachte sie dabei. Dann müßte sie sich schon einer Gehirnoperation unterzogen haben. Oder vielleicht hatte doch die Zeit das ihrige getan.

Sei fair.

Bei einem Altersunterschied von zehn Jahren war das Verhältnis von zwei Schwestern notgedrungen gewissen Spannungen ausgesetzt, selbst wenn die ältere *nicht* »eingebildet, hinterhältig, gemein und nachtragend« war. Unwillkürlich mußte Liz über sich selbst lächeln; nur zu gut konnte sie sich noch erinnern, wie oft sie diese Litanei, in einer Ecke ihres Schlafzimmers zusammengekauert, heruntergebetet hatte, wenn Peg mal wieder ihren Willen durchgesetzt hatte. Inzwischen war Peg allerdings schon fast vierzig. Sie *könnte* abgeklärter geworden sein.

»... wir würden uns wirklich freuen, von dir zu hören, Liz Morissey ...«

Sie ertappte sich dabei, wie sie nach dem Telefon griff. Ein letzter Widerstand in ihrem Inneren war besiegt worden, und ihre Hand griff zurück in die Vergangenheit: zum Telefon. Liz starrte auf diese Hand, wunderte sich, wieso sie ein Eigenleben führte, auf das alle ihre festen Vorsätze, ihre Wünsche und Gedanken nicht den geringsten Einfluß hatten. Diese verräterische Hand – jetzt wählte sie bereits die Nummer. Sie wollte wieder zurück nach Hause.

Die Stimme des Ansagers wurde von einer heiteren Melodie abgelöst, und Liz mußte hinüberreichen und die Lautstärke zurückdrehen, damit man sie verstehen konnte. »Hallo? Hier spricht Liz Morissey . . . ich rufe wegen des Wunschkonzerts an . . .«

»Also *ich* denke, du bist verrückt.« Dereks Stimme war ungeduldig vor Besorgnis und Zuneigung. Der Lärm des Pubs umbrandete ihren kleine Tisch wie der Ozean eine Insel und schnitt sie von der Außenwelt ab. »Du bist doch schon damals nicht mit ihr ausgekommen, wieso sollte es jetzt klappen? Außerdem könnte es ziemlich unerfreulich werden, die ganze Vergangenheit wieder aufzuwärmen.«

»Irgendwie klang sie verändert. Wirklich. Sie hörte sich an, als ob ihr tatsächlich etwas an mir gelegen wäre«, sagte Liz und fischte mit spitzen Fingern einen Kartoffelchip aus seiner Tüte. Er entriß ihr die unnützen Kalorien, nahm ihre Hand und biß zärtlich in ihren Finger. Liz lächelte ihn an. Es überraschte sie immer wieder, wenn er solche Dinge tat; kleine Zärtlichkeiten und witzige Einfälle. Man konnte kaum glauben, daß jemand, der wirklich so stark und so zäh war, diese Zärtlichkeit in sich hatte. Aber bei Derek war es so – normalerweise stimmte er sie damit um. Aber nicht heute abend. Sie war fest entschlosen, sich nicht von ihrem Vorhaben abbringen zu lassen – egal, was er sagen würde.

Egal, was *irgend jemand* sagen würde.

»Sie wollte wissen, ob ich noch verheiratet wäre und ob ich Kinder hätte. Sie ist verheiratet, hat aber keine Kinder. Und ob es mir gutginge, und . . . na ja . . . was sonst noch alles dazugehört.«

Peg hatte ihr auch erzählt, daß Mutter tot war. Liz hatte geweint, nachdem sie den Hörer aufgelegt hatte, weil Peg sagte, daß Mutter erst vor einem Jahr oder so gestorben war. Wenn Liz nach Hause zurückgekehrt *wäre,* hätte vielleicht alles anders kommen können. Sie hatte ihre Mutter trotz allem sehr geliebt. Und »trotz allem« bedeutete, daß sie genau wußte, daß sich ihre Mutter nur aus purem Egoismus gegen ihre

Heirat ausgesprochen hatte. Mutter hatte die liebe, kleine Liz unter ihren Fittichen behalten wollen. Aber die liebe, kleine Liz war ihr wie ein Melonenkern durch die Finger geglitten und war mit dem Freund ihrer älteren Schwester durchgebrannt, um zu heiraten.

O Liz, lächelte sie sich zu – du kleiner Wilddieb.

Niemand hätte auch nur im Traum an so etwas gedacht – bis es zu spät war. Im Grunde genommen hatte sie es ja sogar selbst nicht glauben können – man konnte es einfach nicht *glauben*, daß jemand wie Don die kleine graue Maus Liz der charmanten damenhaften Peg vorziehen könnte. Als er sie im Sturm eroberte, war es nicht Liebe gewesen, was sie für ihn empfunden hatte, es war ungläubiges Erstaunen.

»*Natürlich* wollte sie genauestens über alles Bescheid wissen«, sagte Derek. »Ich hoffe nur, zu deinem eigenen Besten, daß du nicht . . .«

»Ich muß es tun, Derek«, sagte Liz. Sie stand abrupt auf, weil sie nicht wollte, daß er ihre sorgfältig aufgebauten Verteidigungswälle durchbrach. »Ich will mir nicht mehr länger den Kopf darüber zerbrechen, *warum* . . . ich will es *wissen.*«

»Dann laß mich wenigstens mitkommen«, sagte er zum hundertsten Mal.

Sie zögerte einen Moment. »Nein, das geht nicht. Sie hat gefragt, ob ich jemanden mitbringen wollte, und ich habe gesagt, ich käme allein. Ich kann doch jetzt nicht plötzlich mit einem zusätzlichen hungrigen Maul auftauchen, das gestopft werden muß.« Sie mußte lachen. »Vor allem nicht mit einem, das so unersättlich ist wie deines.«

»Ich muß bei Kräften bleiben, um auf dich aufzupassen«, sagte er zu ihr und sah sie ernst an, und nur in seinen Augen blitzte ein Lächeln auf. »Dann komm jetzt endlich. Ich bringe dich im Wagen hin.«

Das große Haus im neo-georgianischen Stil, das in einer ruhigen Vorstadtgegend lag, war schon etwas anderes als die ärmliche Sozialwohnung in der falschen Gegend von Darlington, wo sie als Kinder aufgewachsen waren. Als Liz über die elegant geschwungene Auffahrt auf die Eingangstür zuging, hörte sie hinter der hohen Hecke, die den Vorgarten von der Straße abschirmte, das Motorengeräusch von Dereks Rover in der Ferne verschwinden.

Die Eile, mit der die blank polierte Eingangstür aufging, verriet ihr, daß Peg bereits auf sie gewartet hatte. Vielleicht hatte sie sogar am Fenster gelauert und sie beobachtet, als sie auf das Haus zukam.

»Liz ... mein *Schatz* ...«

Peg hat zugenommen, war Liz' erster Gedanke, als ihre Schwester sie an sich drückte. Sie konnte sich nicht erinnern, von Peg je zuvor umarmt worden zu sein. Über ihre Schulter hinweg fiel ihr Blick auf die in Schwarz und Weiß geflieste Diele, die Gemälde und Antiquitäten, die elegant geschwungene Treppe. Das muß es wohl sein, was diese Veränderung bewirkt hat, dachte Liz. Dieser ganze Reichtum.

»Tag, Peg.« Sie starrten sich einen Augenblick lang an, dann lächelte Peg. »Komm, meine Liebe, ich will dir Robert vorstellen. Es gibt so viel zu erzählen nach so langer Zeit.«

Im geschmackvoll eingerichteten Wohnzimmer stand Robert Cornwall auf und streckte ihr seine Hand entgegen. Groß, attraktiv, gut gekleidet in seiner Kaschmirjacke und dem maßgeschneiderten Seidenhemd war Robert Cornwall offensichtlich der Trostpreis, den Peg gefunden hatte, nachdem sie den schicken Don an ihre jüngere Schwester verloren hatte. Und Robert hat tatsächlich eine Menge Trost zu bieten gehabt, dachte Liz.

»Schau mal einer an«, begrüßte sie Robert herzlich. »Peg hat mir gesagt, daß du hübsch bist, Liz. Und das stimmt. Willkommen zu Hause.«

»Ja, willkommen zu Hause«, fiel Peg mit einem strahlenden Lächeln mit ein. »Und ich will doch sehr hoffen, daß du dieses Haus künftig auch tatsächlich als dein Zuhause betrachten wirst. Schließlich haben wir mittlerweile niemanden mehr außer uns dreien.«

Liz wollte schon Derek erwähnen, verschob es aber doch auf später. »Blut ist ja auch dicker als Wasser«, sagte sie, gleichzeitig fragte sie sich insgeheim, woher in Dreiteufelsnamen sie die Dreistigkeit genommen hatte, *das* zu sagen. Aber Peg nickte nur lächelnd. Offensichtlich sah sie sich durch diese Bemerkung nur noch mehr in dem klischeehaften Bild bestärkt, das sie sich von ihrer jüngeren Schwester zeitlebens gemacht hatte. Linkisch, phantasielos, unscheinbar und schüchtern. Noch immer die alte brave Bess, die da nach Hause gekommen ist, schienen Pegs Blicke zu sagen.

Robert machte sich nützlich, ging zu dem kostbaren alten Schrank und suchte aus einer beeindruckenden Auswahl von Flaschen etwas zu trinken aus. Nichts so Geschmackloses hier wie eine Bar oder ein Tablett mit Getränken. O nein, hier nicht. Hier war alles diskret verborgen.

»Auf unseren Gast«, sagte Robert und reichte Liz einen Gin Tonic. »Und auf zu Hause.« Sie hoben alle ihre Gläser, nahmen einen Schluck und saßen dann da und warteten darauf, daß jemand das peinliche Schweigen durchbrach. Robert räusperte sich.

»Wie ich von Peg höre, hast du mittlerweile eine Stellung im öffentlichen Dienst. Ist das richtig?«

»Ja.«

»Aber doch hoffentlich nicht beim Finanzamt«, fuhr Robert mit einem jovialen Lachen fort.

»Nein, in dieser Hinsicht hast du nicht das geringste von mir zu befürchten«, erwiderte Liz amüsiert. »In steuerlicher Hinsicht zumindest. Ich weiß nicht, was du *sonst* damit gemeint haben könntest.« Das sollte ein Scherz sein. Nach kurzem Zögern beschlossen die beiden, es als solchen aufzufassen, und lächelten gezwungen zurück.

»Robert ist im Grundstücksgeschäft tätig«, flocht Peggy an

dieser Stelle mit solchem Nachdruck ein, daß man annehmen mußte, ihm gehöre halb Mayfair.
»Wie faszinierend«, sagte Liz und meinte es auch fast so. »Erzähl mir von Mutter«, wandte sie sich wieder ihrer Schwester zu. »Mußte sie . . .«
»Es ging alles ganz schnell«, erklärte Peg hastig. »Sie mußte nicht lange leiden. Ein Herzinfarkt.«
»Oh.« Eigentlich hatte Liz etwas ganz anderes fragen wollen. Aber trotzdem sollte ihr auch diese Antwort recht sein.
»Wirklich ein Jammer – diese . . . äh . . . unangenehme alte Geschichte«, schaltete sich Robert wieder in die Unterhaltung ein und stellte sein Glas vorsichtig auf dem Untersetzer ab, der auf dem kleinen Beistelltisch neben seinem Sessel lag. Gleichzeitig holte er eine dünne Zigarre hervor. »Ich finde es zutiefst bedauerlich, wenn sich die Mitglieder einer Familie wegen einer geringfügigen Meinungsverschiedenheit über Jahre hinweg einfach aus den Augen verlieren, bloß weil jeder zu stolz ist zuzugeben, daß er einen Fehler gemacht hat . . .«
»Tja, ich habe *tatsächlich* einen Fehler gemacht«, gab Liz zu. »Don war einfach überwältigend, und ich war noch so jung und unerfahren . . .«
»Ja«, stimmte ihr Peg rasch bei. »Er übte auf Frauen tatsächlich eine sehr starke Wirkung aus. Was mich betrifft, habe ich ihm allerdings, ehrlich gestanden, nie *wirklich* über den Weg getraut.«
Überrascht sah Liz ihre Schwester an. Nur zu gut hatte sie noch das gehässige Zischen ihrer Stimme im Ohr, als sie in jener Nacht sie damals angefaucht hatte: »Ich werde dich immer dafür hassen. Das werde ich dir nie vergessen . . .«
»Natürlich waren wir nicht einmal sicher, ob du überhaupt wieder nach England zurückgekehrt warst«, fuhr Robert währenddessen fort. »Aber da ich viel unterwegs bin, höre ich am Autoradio oft das Wunschkonzert, und irgendwann schlug ich dann Peg vor, daß sie versuchen sollte, auf diesem Weg

Kontakt mit dir aufzunehmen. Natürlich kannte sie diese Sendung gar nicht. Sie hört immer nur das Dritte Programm – nicht wahr, meine Liebe?«
»Ich kann nun mal dieses ständige Gefasle und diesen Krach, der heutzutage als Musik bezeichnet wird, nicht ausstehen«, bemerkte Peg leichthin. Als Liz sie daraufhin genauer musterte, sah sie, daß trotz des lockeren Tonfalls eine unübersehbare Verkrampfung über ihrem runden Gesicht lag, besonders um den Mund. Während sie immer wieder wie eine verkappte Alkoholikerin kleine Schlucke von ihrem Glas nahm, zuckten ihre Blicke verstohlen zu Liz herüber. Plötzlich entdeckte sie einen Wollfussel auf ihrem Rock. Sie zupfte ihn ab und rollte ihn zwischen ihren sorgfältig manikürten Fingern. »Natürlich war ich nicht gerade begeistert von der Idee, unsere Differenzen sozusagen über den Rundfunk auszuposaunen, aber da ich dabei unseren Mädchennamen verwendet habe, dürfte das Ganze wohl nicht sonderlich tragisch gewesen sein. Zumindest kann auf diese Weise das Ganze niemand mit uns in Verbindung bringen.« Sie sah ihre Schwester an und lächelte. »Sicher warst du ziemlich überrascht, als du die Durchsage gehört hast.«
»Allerdings.«
»Wir wußten ja nicht mal, ob du *diesen* Sender überhaupt hörst«, sagte Peg in einem Ton, als überstiege es ihr Vorstellungsvermögen, wie jemand so etwas freiwillig tun könnte. »Aber es bestand ja auch die Möglichkeit, daß einer deiner Bekannten die Durchsage gehört und dir davon erzählt hätte. Waren deine Freunde überrascht, als du es ihnen erzähltest?«
Liz errötete. »Nein. Ehrlich gesagt . . .«
Robert lachte schallend los. »Vermutlich hast du es ihnen noch gar nicht erzählt. Völlig zu Recht, übrigens. Sicher wolltest du dich erst vergewissern, ob mit uns überhaupt Staat zu machen ist, nicht wahr? Genauso hätte ich es an deiner Stelle übrigens auch gemacht. Solche Familienangelegenheiten sollte man erst mal etwas vorsichtig angehen. Hätte ja auch

sein können, daß du dich unseretwegen hättest schämen müssen.« Sein Lachen baute eindeutig auf ihr Einverständnis, daß genau das Gegenteil der Fall war.

»Umgekehrt hätte es doch genauso sein können«, warf Liz zaghaft ein.

Doch Peg beugte sich vor und tätschelte ihr die Hand. »Aber nicht doch, meine Kleine. Ich war mir ganz sicher, daß du noch immer ganz wie früher sein würdest. Nett und schüchtern – wie immer. Ich hoffe, du hast deine Scheidung einigermaßen verwunden. Ich *wußte,* daß er nicht der Richtige für dich sein konnte. Du warst schon immer so sensibel.«

Heulsuse hast du mich damals immer genannt, dachte Liz. Sie sah in die strahlend blauen Augen und den dezent aufgetragenen Lidschatten darüber. Kein Zweifel, Peg war sehr gekonnt geschminkt und ausstaffiert, aber ab und zu zeigte sich ihre Nervosität. Sollte sie sich wirklich Sorgen um sie gemacht haben? Liz konnte sich das schwerlich vorstellen. Nicht bei Peg. Peg hatte sich noch nie Sorgen um andere gemacht. Peg war nun mal Peg – damit mußten sie sich einfach abfinden. Peg setzte ihren Willen durch. Peg hatte *immer* ihren Willen durchgesetzt.

In den kurzen Phasen peinlichen Schweigens, die im Lauf ihrer Unterhaltung immer wieder eintraten, wurde Liz zunehmend deutlicher bewußt, daß dies hier nicht klappen würde. Peg hatte sie nur deshalb wiedersehen wollen, um ihr in aller Deutlichkeit unter die Nase zu reiben, daß sie letztendlich die Siegerin und Liz die Verliererin war. Die Unterschiede waren noch immer da, und daran würde sich auch nichts ändern. Liz konnte sich nicht vorstellen, daß sie je mit Derek hierherkommen würde oder umgekehrt. Sie *konnte* es nicht. Sie hatten nichts gemeinsam, hatten sich nichts zu sagen. Als sich dann Robert auch noch des langen und breiten über die gegenwärtige wirtschaftliche Lage ausließ, konnte sie sich nur mit Mühe ein Lachen verkneifen, wenn sie sich Dereks Kommentare dazu vorstellte. Derek war so verdammt respektlos.

»Ist Mutter in Darlington begraben?«

Sie starrten sie an. »Aber ja, natürlich«, antwortete Peg schließlich. »In dem Friedhof hoch oben über dem Fluß. Sie ist neben Daddy begraben. Bei den Whitbys.« Ihr Ton klang selbstzufrieden, nachdem sie sich von Liz' überraschender Frage erholt hatte.

Die Whitbys. Liz schnitt ein Gesicht. Mutter hatte sich wegen ihrer Herkunft schon immer für etwas Besseres gehalten. Ihr ganzes Leben lang hatte sie Vater sehr deutlich spüren lassen, daß er sich glücklich schätzen könnte, eine Whitby zur Frau zu haben. Und dann die sonntäglichen Besuche in diesem Mausoleum von einem Haus, wo die letzten Whitbys – zwei unverheiratete Tanten und ein Onkel – lebten. Unverheiratet und ungeliebt waren ihre düsteren Hallen und düsteren Leben ständig angefüllt mit eingebildeten Zurücksetzungen, Verzweiflung, Verschwörungen und bösen Gemeinheiten. Sie besuchten sie natürlich nur wegen »des Erbes«. Onkel Haven hatte angeblich mehrere Millionen auf dem Konto.

»Sind sie denn inzwischen alle tot?« fragte Liz.

»Ja, alle«, nickte Peg mit einem bitteren Lachen. »Und ihr angeblicher Reichtum war nichts als Getue. Sie waren arm wie die Kirchenmäuse – alle miteinander. Kein Wunder, daß sie nie ausgegangen sind und immer nur in diesen fürchterlichen alten Kleidern rumgelaufen sind. Ihr angeblicher Reichtum war nichts als ein leeres Gerücht. Am Ende mußte Robert sogar für Onkel Havens Bestattungskosten aufkommen. Kannst du dir das vorstellen?«

»Das war schließlich das mindeste, was ich tun konnte«, spielte Robert den Großzügigen. »Ich finde, eine Familie sollte zusammenhalten. Deshalb habe ich Peg auch den Vorschlag gemacht, über diese Radiosendung wieder Kontakt mit dir zu bekommen. Auf wen, außer seine Familie, kann man schließlich schon zählen, wenn es wirklich mal hart auf hart geht?«

Auf eine ganze Menge, dachte Liz – aber vielleicht ist dir das bisher noch verborgen geblieben. »Vielleicht sollte ich demnächst mal nach Darlington fahren, um ihrem Grab einen Besuch abzustatten. Um endgültig Abschied von ihr zu nehmen.«

»Willst du dir das wirklich antun«, schniefte Peg. »Das ist doch *vollkommen* unnötig.«

»Trotzdem werde ich es wohl tun«, erklärte Liz entschieden. »Ich werde mir gleich nächste Woche ein paar Tage Urlaub nehmen und nach Darlington hochfahren. Hättest du nicht Lust mitzukommen, Peg?«

»Ich? Um Himmels willen, nein – nie im Leben.« Dabei warf sie ihrem Mann einen Blick zu. »Das heißt, ich habe verschiedene Sitzungen des Kirchenvorstands und außerdem . . .«

»Peg ist nämlich schwer beschäftigt«, warf Robert an dieser Stelle sanft ein. »Aber sie *will* es ja auch nicht anders – nicht wahr, Liebling? Wohltätige Organisationen und so. Was sehe ich da? Dein Glas ist ja leer, Liz. Ich werde dir gleich nachschenken.«

Zwanzig Minuten später sah Peg auf ihre Schwester, die zusammengesunken in einer Ecke des Sofas lag. »Ich dachte schon, es würde nicht funktionieren – obwohl sie als Kind schon von einem Aspirin völlig hinüber war.«

»Die Leute ändern sich eben«, bemerkte Robert.

»Nicht Liz. Sie ist noch immer die harmlose kleine Kuh, die sie schon damals war. Ach, wie schön es ist, wieder eine richtige Familie zu haben«, äffte Peg sie höhnisch nach. »Aber nicht mehr lange, Schwesterherz. Nicht mehr lange.«

»Wieso haßt du sie eigentlich so?« fragte Robert. Er schlüpfte aus seiner Strickjacke, legte sie ordentlich zusammen und hängte sie über die Sessellehne.

»Das geht dich nichts an«, fuhr ihn Peg unwirsch an. »Sieh lieber zu, daß du sie hier wegschaffst. Sie können jeden Augenblick nach Hause kommen, und ich muß erst noch saubermachen.« Sie wischte hektisch über eine feuchte Stelle auf dem Sofa, wo Liz das Glas aus der Hand geglitten war. »Nicht auszudenken, wenn die Cornwalls jetzt hereinmarschiert kämen ...«

Durch das verlassene Industriegelände führte ein träge dahinströmender Kanal. Die Lichter der Stadt tauchten die tiefhängenden Wolken in ein fahles Orange, das sich trübe auf der öligen Wasseroberfläche spiegelte. Dicht am Ufer trieb ein schwarzer Müllbeutel mit irgend jemandes Gartenabfällen. Oder Schlimmerem.

Robert ließ erleichtert die schwere Last von seinen Schultern gleiten und wischte sich mit dem Taschentuch den Schweiß von der Stirn. Liz war zwar eher klein, aber doch schwerer, als er vermutet hatte. Aber irgend jemand mußte die Drecksarbeit schließlich tun – besonders wenn der Lohn so groß war! Im Gegensatz zu Peg tat es *ihm* allerdings leid.

Er kniete auf dem schmalen Weg am Ufer des Kanals nieder und zog Liz die Schuhe aus. Er hatte mal gelesen, daß sie vorher immer die Schuhe auszogen. Dann nahm er den Zettel aus seiner Jackentasche – die letzte Seite eines Briefs aus Südafrika, nicht datiert und ganz in Liz' Handschrift. Nie beantwortet, aber lange aufbewahrt. Clevere Peg. Zu schade, daß sie Geld oder ihre Zunge nicht auch so leicht festhalten konnte wie solches Zeugs wie den Brief, dachte er. Oder Haß. Der Brief war ideal. ». . . Es tut mir leid, Dir solchen Kummer bereitet zu haben ... Bitte versuche mir zu verzeihen ... Liz.«

Er überlegte, wen man wohl als das ›Du‹ ansehen würde. Den Chef? Einen Freund? Jedenfalls würde der oder die Betreffende überrascht sein. Die Leute waren bei einem Selbstmord *immer* überrascht. Man suchte immer nach einer Erklärung dafür – ganz gleich, wie weit hergeholt sie auch sein mochte. »Ich hatte keine Ahnung, daß er (sie) so unglücklich war. Eigentlich wirkte er (sie) doch ganz normal.«

Wie sonst hätten sie auch mit dem Vorwurf weiterleben sollen, einen Menschen, der ihnen nahestand, vernachlässigt oder mißverstanden zu haben? Deshalb suchte man die Gründe woanders. Sie (er) war überarbeitet (oder gelangweilt), von schrecklichen Gewissensbissen geplagt (oder ein Opfer der Umstände), gehemmt (oder zu freizügig), krank (oder neurotisch), überängstlich (oder seltsam sorglos) und so weiter (oder und so weiter).

Ach ja.

Er zog ihr den Mantel aus, steckte den Brief in die Brusttasche und legte ihn, ordentlich zusammengefaltet, auf ihre Schuhe. Schaudernd sah er sich um. Gespenstisch summend, ragten die Skelette der Hochspannungsmasten wie die Gestalten stummer Beobachter in den Nachthimmel auf. In den weitläufigen Fabrikanlagen ringsum herrschte tödliche Stille. Das wertlose Gerümpel, das hier herumlag, war es nicht wert, bewacht zu werden. Hin und wieder brachte ein Windstoß die Hochspannungsleitungen ins Schwirren, und das schmutzig ölige Wasser dümpelte träge gegen das Ufer des Kanals.

Er hob sie hoch und trug sie an den Rand des Wassers. Ihr Atem ging langsam und schwer. Ihr Körper wies keinerlei Spuren von Gewaltanwendung auf. Und die Mixtur aus Gin und Schlaftabletten in ihrem Magen hätte nicht ausgereicht, sie zu töten. Viele Selbstmörder tranken sich vorher Mut an.

Sie hatte gesagt, daß sie niemandem von ihrem Wiedersehen mit Peg erzählt hatte. Aber selbst wenn dem so gewesen wäre und wenn Liz dem Betreffenden sogar Name und Adresse genannt hätte, würde das keine Hilfe sein. Mr. und Mrs. Cornwall würden nichts wissen. Und was ist mit dem Haushälterehepaar, das für sie arbeitet? würde die Polizei vielleicht fragen (falls sie der Sache überhaupt nachging)? Und Cornwalls würden sagen: Um Himmels willen, wo denken Sie hin. Robert und Margaret Ashby sind *wunderbare* Hausangestellte.

Sein Mund verzog sich. Sie *waren* wirklich wunderbare Hausangestellte gewesen. Lächelnd und höflich nickend, hatten sie jahrelang mit ansehen müssen, wie sich die Cornwalls

teuer kleideten, teure Urlaubsreisen unternahmen und teure Einladungen gaben – und dann mit Peg um jeden Penny ihres Gehalts und der Haushaltsausgaben herumfeilschten. Aber das alles hatten sie ohne ein Wort der Klage hinuntergeschluckt – schließlich war ihnen ja auch gar keine Wahl geblieben, nachdem Pegs Mutter in dieser Geschichte mit dem Scheck gegen Robert Partei ergriffen hatte. Diese alte Hexe.
Mit zusammengebissenen Zähnen versuchte er die nötige Verbitterung in sich heraufzubeschwören, um diese scheußliche Angelegenheit hinter sich zu bringen. Mein Gott, wenn Liz tatsächlich nach Darlington gefahren *wäre*, hätte sie herausgefunden, daß ihre Mutter in einem Pflegeheim durchaus noch am Leben war. Und dann hätte sie auch (natürlich entsprechend verzerrt) die ganze Geschichte über den Scheck erfahren – und von den Millionen auf Onkel Havens Bankkonto. Und er und Peg hätten endgültig das Nachsehen gehabt. Die Zeit war knapp, als sie erfahren hatten, daß Pegs Mutter unheilbar an Krebs erkrankt war. Möglicherweise hätte die alte Frau noch kurz vor ihrem Tod ihr Testament geändert, wenn es zur Aussöhnung mit Liz gekommen wäre. Nach der dummen Geschichte mit dem gefälschten Scheck hatte es Pegs ganzer Überredungskünste bedurft, sie zur Beibehaltung der alten Regelung zu bewegen – das hieß eine gleichmäßige Aufteilung des Erbes an beide Töchter. In ihrem altmodischen Familiensinn hatte die alte Schachtel darauf bestanden, daß auch eine verlorene Tochter bei der Verteilung des Erbes berücksichtigt werden sollte. Er selbst hätte sich auch mit einer halben Million zufriedengegeben. Aber Peg mußte natürlich alles haben. Er hatte keine Ahnung, was eigentlich zwischen den beiden Schwestern vorgefallen war, aber offensichtlich war es für Peg Anlaß genug, einen Mord dem Teilen vorzuziehen.
Er zerrte Liz' Beine über den Rand des Kanals.
Die Leute vom Rundfunk waren ja *so* entgegenkommend gewesen, um die einsame Miss Morissey mit ihrer seit langem

verschollenen Schwester zusammenzuführen. Sie ließen Peg die Telefonnummer ihrer Schwester zukommen. Mehr konnten sie nicht für sie tun. Von diesem Punkt an blieb es ganz Peg überlassen, ob sie ihre Schwester anrief oder nicht. Aber sie hätten es natürlich gern gesehen, wenn sie angerufen hätte. Sentimentalität war ein hervorragendes Betäubungsmittel gegen Argwohn. Wie schön für sie, das Gefühl zu haben, in einer bösen Welt eine gute Tat begangen zu haben. Robert lächelte im Dunkeln. Und wie schön für uns.

Er zerrte Liz' reglosen Körper ganz an den Rand des Kanals.

In ein paar Tagen würden sie bei den Cornwalls kündigen und dann »verschwinden«. Sie würden nach Darlington zurückkehren und der alten Dame Händchen halten, bis sie das Zeitliche segnete. Das Ganze war nur eine Frage der Zeit. Und dann würden sie ganz überrascht sein, wenn sich auf die Nachforschungen der Nachlaßverwalter herausstellte, daß die lange verschollene Schwester Selbstmord verübt hatte. Wie tragisch.

Robert holte tief Luft und machte sich daran, Liz über den Rand des Kanals zu schieben. Um ganz sicher zu gehen, würde er sie noch eine Weile unter Wasser drücken. Wenn sie im schlammigen Untergrund versank, konnte es Tage dauern, bis ...

Jemand Großes und Starkes und sehr Wütendes packte seinen Arm, und Liz glitt ins schmutzige Wasser. Entsetzt sah er sie um sich schlagen und ans Ufer schwimmen. Sie war bei Bewußtsein! Und ein Polizist half ihr heraus! Ein zweiter brüllte ihm etwas von »Mordversuch« und »Verhaftung!« entgegen.

Robert war wie gelähmt durch den abrupten Übergang von dunkler Stille in lärmerfülltes Scheinwerferlicht. »Aber ... ich habe doch versucht, sie zurückzuhalten – es muß ein Mißverständnis sein!« stammelte er.

Liz stand inzwischen nässetriefend am Ufer und starrte ihn finster an. »Die einzige, die sich hier getäuscht hat, bin *ich*«, stieß sie zähneklappernd hervor. »Ich dachte, ihr würdet noch ein paar Tage warten, bevor ihr mich umbringen würdet.«

»*Ich* nicht«, murmelte Derek und stieß Robert in die Arme eines der Polizeibeamten, die er über Funk angefordert hatte. »Deshalb bin ich noch einmal zurückgekommen, um nach dem Rechten zu sehen. Nur gut, daß du mir hinter seinem Rücken ein Zeichen gegeben hast, als er dich aus dem Haus schaffte, sonst wäre ich sofort eingeschritten. Wie die Dinge allerdings jetzt stehen . . .«

»Aber das Ganze war doch gar nicht meine Idee«, winselte Robert. »Sie hat mir gesagt . . .«

Liz betrachtete ihn mit angewidertem Blick. Typisch Peg, sich diese pathetische Sorte herauszusuchen; nur Fassade und kein Inhalt, leicht zu kommandieren. Die ungewohnte Aufmerksamkeit, mit der er sie beim Trinken beobachtet hatte, hatte sie gewarnt, daß der Drink mit irgendeinem Mittel versetzt sein könnte. Damit die beiden nicht argwöhnisch wurden, hatte sie zwar ein paar Schlucke davon getrunken, aber den Rest hatte sie zwischen die Sofakissen kippen können. Wenn ihr Verdacht unbegründet gewesen wäre, hätte das lediglich einen kleinen Fleck zur Folge gehabt. Aber sie hatte recht gehabt. Die Wut hatte ihr rasch wieder zu einem klaren Kopf verholfen.

»Hast du im Ernst gedacht, ich würde auf Pegs Getue hereinfallen?« fragte sie. »Und hat sie *wirklich* geglaubt, ich würde daherkommen, brav wie ein Lamm, dankbar für die Krümel vom Tisch meiner reichen Schwester? Ich *hoffte*, daß sie sich verändert hatte, aber ich kenne Peg, kenne sie schon lange. Sie war nie großzügig und immer nachtragend. Wenn sie mich nach so langer Zeit plötzlich wieder sehen wollte, mußte es dafür einen triftigen Grund geben – und wahrscheinlich keinen guten Grund. Peg hat sich nicht verändert, aber *ich*! Deshalb habe ich mich erst in Darlington und dann auch hier nach ihr erkundigt. Solche Nachforschungen sind schließlich Teil meines Jobs. *Ihr* hättet euch besser nach *mir*

erkundigen sollen, bevor ihr euer kleines Spiel in Szene setztet!«
Als sie ihn abführten, wankte Liz und stolperte leicht. Derek ging zu ihr und warf grinsend einen Blick auf ihre verdreckten Kleider. Vom Saum ihres Rockes tropfte das Kanalwasser, ihre Strümpfe waren von Ölflecken und aufgeweichten Wasserpflanzen übersät. Ein Schuh war für immer verloren.
»Finden Sie nicht, daß es langsam an der Zeit ist, sich ein paar trockene Sachen anzuziehen, Inspektor Morgan? Ich weiß, daß du nächste Woche zum Zivilfahnder bei der Kripo befördert wirst, aber findest du nicht auch, daß deine Vorstellung von unauffälliger Kleidung etwas zu weit geht?«

Ein seltsamer Scherz

Miss Marple

Agatha Christie

»Und das«, sagte Jane Helier abschließend mit großer Geste, »ist Miss Marple!«

Jane war Schauspielerin und verstand sich darauf, Wirkung zu erzielen. Dies war unverkennbar der Höhepunkt, die Krönung der Schlußszene. In ihrem Ton mischten sich zu gleichen Teilen Ehrfurcht und Triumph. Seltsamerweise war die so großartig Eingeführte nur eine freundliche, betulich aussehende alte Jungfer. Die Augen der beiden jungen Leute, die eben dank Janes freundlicher Vermittlung ihre Bekanntschaft gemacht hatten, verrieten Ungläubigkeit und einen Anflug von Bestürzung. Sie waren ein gutaussehendes Paar: Charmian Stroud, das Mädchen, schlank und dunkel – Edward Rossiter, der Mann, ein hellhaariger, liebenswürdiger junger Hüne.

»Oh!« stieß Charmian ein wenig atemlos hervor. »Wir freuen uns sehr, Sie kennenzulernen.« Doch in ihren Augen lag Zweifel. Sie warf einen raschen, fragenden Blick zu Jane Helier.

»Liebling«, sagte Jane mit Überzeugung, »sie ist einfach fabelhaft. Überlaßt nur alles ihr! Ich habe euch versprochen, sie herzuholen, und da ist sie.« Zu Miss Marple gewandt fügte sie hinzu: »Sie können ihnen bestimmt helfen. Für *Sie* ist das ein Kinderspiel.«

Miss Marple richtete ihre freundlichen, porzellanblauen Augen auf Mr. Rossiter.
»Möchten Sie mir nicht sagen«, bat sie, »worum es hier eigentlich geht?«
»Jane ist eine Freundin von uns«, warf Charmian ungeduldig ein. »Edward und ich sind in einer argen Klemme. Jane sagte, wenn wir zu ihrem Fest kämen, würde sie uns mit jemandem bekannt machen, der uns . . . der bereit wäre . . .«
Edward kam ihr zu Hilfe. »Jane hat uns erzählt, daß Sie eine wahre Meisterdetektivin sind, Miss Marple.«
Die Augen der alten Dame blitzten, doch sie wehrte bescheiden ab. »Aber nein, nein! Nichts dergleichen. Doch wenn man auf dem Dorf lebt, wie ich, dann kann man gar nicht umhin, die Menschen kennenzulernen. Sie haben mich neugierig gemacht. Erzählen Sie mir von Ihren Schwierigkeiten.«
»Die Sache ist ziemlich banal, fürchte ich – es geht nur um einen vergrabenen Schatz«, erklärte Edward.
»Tatsächlich? Aber das klingt ja höchst aufregend.«
»Ich weiß. Wie *Die Schatzinsel.* Nur fehlt unserem Problem das übliche romantische Beiwerk. Keine Karte, auf der die Fundstelle durch einen Totenschädel mit gekreuzten Knochen gekennzeichnet ist: keinerlei Richtungsangaben wie vier Schritte nach links, west-nordwest. Es ist ein ganz prosaisches Problem – wo sollen wir graben?«
»Haben Sie denn überhaupt schon einen Versuch gemacht?«
»Das kann man wohl sagen! Wir haben ungefähr zwei Morgen Land umgegraben. Wir brauchen nur noch Gemüse anzupflanzen, dann haben wir den schönsten Nutzgarten.«
»Möchten Sie wirklich die ganze Geschichte hören?« fragte Charmian ziemlich unvermittelt.
»Aber natürlich, mein Kind.«
»Dann suchen wir uns doch ein stilles Eckchen. Kommt!« Sie ging voraus durch den mit Menschen gefüllten, rauchgeschwängerten Raum, und sie folgten ihr die Treppe hinauf in einen kleinen Salon im zweiten Stockwerk. Als sie sich ge-

setzt hatten, begann Charmian ohne Umschweife: »Also, die Sache ist so! Die Geschichte dreht sich um Onkel Matthew. Er war unser Onkel – oder vielmehr Großonkel. Er erreichte ein wahrhaft biblisches Alter. Edward und ich waren seine einzigen Verwandten. Er hatte uns gern und erklärte immer, wenn er eines Tages sterben sollte, würde er uns sein Geld hinterlassen. Nun ist er also im vergangenen März gestorben und verfügte, daß sein gesamtes Vermögen zu gleichen Teilen an Edward und mich gehen sollte. So, wie ich das jetzt erkläre, klingt es ziemlich kaltschnäuzig. Ich will nicht sagen, daß wir uns freuten, als er starb. Wir hatten ihn nämlich wirklich gern. Aber er war vor seinem Tod schon ziemlich lange krank gewesen.
Kurz und gut, das gesamte Vermögen, das er uns hinterließ, war praktisch gar nichts. Und das war, offen gesagt, ein ziemlicher Schlag für uns, nicht wahr, Edward?«
Der liebenswürdige Edward stimmte zu. »Ja«, erklärte er, »wir hatten nämlich ein bißchen mit dem Geld gerechnet. Ich meine, wenn man weiß, daß man etwas Geld zu erwarten hat, dann – na ja, dann strampelt man sich nicht unbedingt ab, um selbst etwas auf die Beine zu bringen. Ich bin beim Militär, und abgesehen von meinem Sold habe ich keine großen Besitztümer. Charmian hat keinen Penny. Sie arbeitet als Spielleiterin bei einem Repertoiretheater; das ist interessant, und es macht ihr Spaß, aber reich werden kann man dabei nicht. Für uns stand fest, daß wir eines Tages heiraten würden, aber die finanzielle Seite machte uns keine Sorgen, weil wir beide wußten, daß wir irgendwann ganz hübsch was erben würden.«
»Und jetzt stehen wir da«, sagte Charmian. »Das schlimmste ist, daß wir wahrscheinlich *Ansteys* – das ist der Familienbesitz, und Edward und ich lieben ihn – verkaufen müssen. Die Vorstellung ist uns beiden unerträglich. Aber wenn wir Onkel Matthews Geld nicht finden, dann müssen wir ihn verkaufen.«

»Charmian«, mischte sich Edward ein, »zum entscheidenden Punkt sind wir immer noch nicht gekommen.«
»Hm, ja, dann erzähl du doch weiter.«
Edward wandte sich an Miss Marple. »Sehen Sie, es ist folgendermaßen. Mit zunehmendem Alter wurde Onkel Matthew immer mißtrauischer. Es kam so weit, daß er niemandem mehr vertraute.«
»Sehr klug von ihm«, stellte Miss Marple fest. »Die Verderbtheit der menschlichen Natur ist unglaublich.«
»Kann sein, daß Sie recht haben. Jedenfalls war Onkel Matthew dieser Auffassung. Er hatte einen Freund, der sein Geld bei einem Bankkrach verlor; ein anderer seiner Freunde wurde von einem betrügerischen Anwalt um sein Vermögen gebracht, und er selbst verlor einiges Geld, als er in eine Schwindelfirma investierte. Am Schluß jedenfalls pflegte er des langen und breiten zu erklären, das einzig Sichere und Vernünftige wäre es, sein Geld in Goldbarren anzulegen und die Dinger zu vergraben.«
»Aha«, sagte Miss Marple. »Mir geht ein Licht auf.«
»Ja. Einige seiner Freunde widersprachen ihm, hielten ihm vor, daß er auf diese Weise keine Zinsen bekommen würde, aber er behauptete, das spielte keine Rolle. Das Gescheiteste wäre es, pflegte er zu sagen, den Großteil seines Geldes in einer Pappschachtel unter dem Bett zu verwahren oder im Garten zu vergraben.«
»Und als er starb«, fuhr Charmian fort, »hinterließ er kaum etwas in Wertpapieren, obwohl er schwerreich war. Deshalb glauben wir, daß er sein Geld tatsächlich vergraben hat.«
»Wir stellten nämlich fest«, hakte Edward wieder ein, »daß er von Zeit zu Zeit einen Teil seiner Wertpapiere verkauft und hohe Geldsummen abgehoben hatte. Kein Mensch weiß, was er mit dem Geld gemacht hat. Wir halten es deshalb für wahrscheinlich, daß er sich tatsächlich an seine Prinzipien gehalten und Goldbarren gekauft hat, die er dann im Garten vergrub.«

»Er hat nicht mit Ihnen gesprochen, bevor er starb? Er hat keine Papiere hinterlassen? Keinen Brief?«

»Das ist ja das, was uns verrückt macht. Nichts. Er war mehrere Tage lang bewußtlos, aber dann erholte er sich noch einmal kurz. Er sah uns beide an und lachte leise – es war ein schwaches, dünnes Lachen. ›Ihr beide seid jetzt gut gestellt, meine hübschen Täubchen‹, sagte er. Dann berührte er seine Augen und machte sie ganz weit auf, so als blickte er in weite Ferne, und zwinkerte uns zu. Kurz danach ist er gestorben.«

»Er berührte seine Augen und machte sie ganz weit auf«, wiederholte Miss Marple nachdenklich.

»Sagt Ihnen das etwas?« fragte Edward eifrig. »Mir fiel dabei eine Arsène-Lupin-Geschichte ein, wo etwas im Glasauge eines Mannes verborgen war. Aber Onkel Matthew hatte kein Glasauge.«

Miss Marple schüttelte den Kopf. »Nein – auf Anhieb fällt mir dabei nichts ein.«

»Jane hat mir erklärt«, bemerkte Charmian enttäuscht, »Sie würden uns augenblicklich sagen, wo wir graben sollen.«

Miss Marple lächelte. »Zaubern kann ich leider nicht. Ich habe Ihren Onkel nicht gekannt, ich weiß nicht, was für ein Mensch er war, und ich kenne weder das Haus noch das umliegende Gelände.«

»Und wenn Sie es kennenlernen würden?« fragte Charmian.

»Nun, die Sache muß doch eigentlich ganz einfach sein, meinen Sie nicht?« gab Miss Marple zurück.

»Einfach!« rief Charmian. »Dann kommen Sie doch mit nach *Ansteys.* Da werden Sie sehen, wie einfach es ist.«

Möglich, daß ihre Einladung nicht ernst gemeint war, doch Miss Marple sagte sogleich ganz lebhaft: »Das ist aber wirklich nett von Ihnen, mein Kind. Ich habe mir immer schon gewünscht, einmal auf Schatzsuche gehen zu können. Und noch dazu«, fügte sie mit einem strahlenden Lächeln hinzu, »wenn die Liebe mit im Spiel ist.«

»Da sehen Sie's!« sagte Charmian mit dramatischer Geste. Sie hatten soeben einen ausgedehnten Rundgang durch das Gelände von *Ansteys* beendet. Sie waren durch den Gemüsegarten gewandert, der von tiefen Gräben durchzogen war. Sie waren durch das Wäldchen spaziert, wo um jeden größeren Baum herum die Erde ausgehoben worden war, und hatten traurig den mit Erdhügeln gesprenkelten Rasen betrachtet, der einst glatt und wohlgepflegt gewesen war. Sie waren oben in der Mansarde gewesen, wo alte Schiffskoffer und Truhen durchwühlt worden waren. Sie waren in den Keller hinuntergestiegen, wo Steinplatten aus dem Boden gerissen worden waren. Sie hatten Wände nachgemessen und abgeklopft, und Miss Marple hatte jedes antike Möbelstück begutachten müssen, von dem zu vermuten war, daß es ein Geheimfach enthielt.

Auf einem Tisch im Arbeitszimmer lag ein Stapel von Papieren – alle Unterlagen, die der verstorbene Matthew Stroud hinterlassen hatte. Nicht ein Dokument war vernichtet worden, und Charmian und Edward zog es immer wieder zu ihnen hin. Ernsthaft hatten sie schon unzählige Male die Rechnungen, Einladungen und Geschäftsbriefe durchgesehen, in der Hoffnung, einen Hinweis zu entdecken, der ihnen bis dahin entgangen war.

»Fällt Ihnen ein Ort ein, wo wir noch nicht gesucht haben?« fragte Charmian hoffnungsvoll.

Miss Marple schüttelte den Kopf.

»Ich habe den Eindruck, daß Sie beide sehr gründlich zu Werke gegangen sind, mein Kind. Vielleicht, wenn ich das einmal sagen darf, allzu gründlich. Meiner Meinung nach sollte man immer einen Plan haben. Mir fällt in diesem Zusammenhang meine Freundin, Mrs. Eldritch, ein. Sie hatte ein wirklich nettes kleines Dienstmädchen, das das Linoleum immer auf Hochglanz bohnerte; aber sie war so gründlich, daß sie den Boden im Badezimmer zu heftig bohnerte, und als Mrs. Eldritch aus der Wanne stieg, da rutschte die Matte un-

ter ihren Füßen weg, und sie stürzte äußerst unglücklich und brach sich das Bein. Es war wirklich sehr dumm, weil die Badezimmertür natürlich abgeschlossen war. Der Gärtner mußte erst eine Leiter holen und durch das Fenster einsteigen. Schrecklich peinlich für Mrs. Eldritch, wie Sie sich vorstellen können.«
Edward trat nervös von einem Fuß auf den anderen.
»Verzeihen Sie«, sagte Miss Marple hastig. »Ich komme immer so leicht vom Hundertsten ins Tausendste, ich weiß. Aber eines erinnert einen eben an das andere. Und manchmal ist das eine Hilfe. Ich wollte damit eigentlich nur sagen, wenn wir uns vielleicht bemühen, unser Gehirn anzustrengen, und uns überlegen, ob es nicht einen Ort gibt . . .«
»Tun Sie das, Miss Marple«, fiel ihr Edward gereizt ins Wort. »In meinem Gehirn und in Charmians ist inzwischen nur noch gähnende Leere.«
»Sie Ärmster. Natürlich – für Sie ist das alles höchst verdrießlich. Wenn Sie nichts dagegen haben, sehe ich diesen Haufen da einmal durch.« Sie wies auf die Papiere auf dem Tisch. »Das heißt natürlich, wenn nichts Persönliches darunter ist. Ich möchte nicht den Eindruck erwecken, daß ich schnüffle.«
»Nein, nein, sehen Sie sich die Papiere ruhig an. Ich fürchte nur, Sie werden da auch nichts finden.«
Sie setzte sich an den Tisch und arbeitete sich mit Methode durch den Stoß von Unterlagen. Automatisch sortierte sie die Papiere in mehrere ordentliche kleine Häufchen. Als sie das letzte Blatt aus der Hand gelegt hatte, saß sie ein paar Minuten lang stumm da und starrte auf die säuberlichen Häufchen, die vor ihr lagen.
Nicht ohne einen Anklang von Boshaftigkeit fragte Edward: »Nun, Miss Marple?«
Mit einem kleinen Zusammenzucken fuhr Miss Marple aus ihrer Versunkenheit.
»Entschuldigen Sie. Das war äußerst nützlich.«

»Sie haben etwas entdeckt, das von Belang ist?«
»Nein, nein, das nicht, aber ich glaube jetzt zu wissen, was für ein Mensch Ihr Onkel Matthew war. Ich habe den Eindruck, er war meinem eigenen Onkel Henry ziemlich ähnlich. Er hatte eine Schwäche für recht banale Scherze. Ein Junggeselle offensichtlich – würde mich interessieren, wieso – vielleicht eine frühe Enttäuschung? Bis zu einem gewissen Grad genau und methodisch, aber mit einer Abneigung dagegen, sich festzulegen – das ist bei vielen Junggesellen so.«
Hinter Miss Marples Rücken tippte sich Charmian an die Stirn. Sie ist plemplem, gab sie Edward zu verstehen.
Miss Marple erzählte derweilen munter weiter von ihrem verstorbenen Onkel Henry.
»Er hatte eine Vorliebe für Wortspiele. Und es gibt Leute, die Wortspiele einfach hassen. Solche Wortspiele können natürlich auch enervierend sein. Er war ebenfalls ein mißtrauischer Mensch. Dauernd verdächtigte er die Hausangestellten, ihn zu bestehlen. Manchmal war das natürlich tatsächlich der Fall, aber nicht immer. Und dieses Mißtrauen verschlimmerte sich immer mehr. Der Arme war am Ende so weit, daß er das Personal verdächtigte, sein Essen zu vergiften. Er aß nur noch harte gekochte Eier. In ein hartes Ei könnte niemand etwas hineinmanipulieren, sagte er immer. Und dabei war er früher ein so lebensfroher Mensch. Wie hat er seinen Kaffee nach dem Essen immer genossen! ›Dieser Kaffee schmeckt nach Meer‹, pflegte er zu sagen, womit er wissen lassen wollte, daß er mehr haben wollte, verstehen Sie.«
Edward hatte das Gefühl, daß er aus der Haut fahren würde, wenn er sich noch weitere Anekdoten über Onkel Henry anhören müßte.
»Junge Menschen hatte er gern«, fuhr Miss Marple fort, »aber er hatte eine Vorliebe dafür, sie zu necken. Er machte sich zum Beispiel einen Spaß daraus, eine Tüte Bonbons an einen Platz zu legen, wo die Kinder sie zwar sehen, aber nicht erreichen konnten.«

Charmian vergaß alle Höflichkeit und sagte: »Er muß ein gräßlicher Mensch gewesen sein.«
»Aber nein, mein Kind, nur ein verschrobener alter Junggeselle, der an Kinder nicht gewöhnt war. Und dumm war er ganz und gar nicht. Er hatte immer ziemlich viel Geld im Haus, und deshalb ließ er einen Safe einbauen. Er machte großen Wirbel darum, erklärte allen, die es hören wollten, wie sicher der Safe sei. Das Resultat war, daß eines Nachts Einbrecher kamen, und sie schnitten doch tatsächlich ein Loch in den Safe.«
»Recht geschehen«, bemerkte Edward.
»Aber der Safe war leer«, erklärte Miss Marple. »In Wirklichkeit bewahrte er nämlich sein Geld an einem ganz anderen Ort auf – hinter einer mehrbändigen Ausgabe frommer Sprüche und Predigten in der Bibliothek. Solche Bücher zögen die Leute nie aus den Regalen, sagte er.«
»He!« unterbrach Edward aufgeregt. »Das ist ein Gedanke! Vielleicht in der Bibliothek.«
Doch Charmian schüttelte nur verächtlich den Kopf.
»Glaubst du, daran hätte ich nicht gedacht? Letzten Dienstag, als du in Portsmouth warst, habe ich sämtliche Bücher durchgesehen. Eines nach dem anderen habe ich herausgenommen und geschüttelt. Da ist nichts.«
Edward seufzte. Dann raffte er sich zusammen und versuchte, den enttäuschenden Gast auf möglichst taktvolle Art loszuwerden.
»Es war sehr freundlich von Ihnen, mit uns hier herunterzukommen und zu versuchen, uns zu helfen. Es tut mir leid, daß nichts dabei herausgekommen ist. Ich fürchte, wir haben Ihnen nur die Zeit gestohlen. Aber ich hole jetzt gleich den Wagen heraus, dann können Sie den Zug um fünfzehn Uhr dreißig ...«
»Aber nein«, unterbrach ihn Miss Marple. »Wir müssen doch noch das Geld finden, oder nicht? Sie dürfen die Flinte nicht ins Korn werfen, Mr. Rossiter. Man muß für den Erfolg arbeiten.«

»Soll das heißen, daß Sie – daß Sie es weiter versuchen wollen?«
»Genau genommen«, gab Miss Marple zurück, »habe ich noch gar nicht begonnen. ›Erst fange man einen Hasen‹, wie Mrs. Beaton in ihrem Kochbuch schreibt – ein prächtiges Buch, aber sündteuer; die meisten Rezepte beginnen mit den Worten: Man nehme einen halben Liter Sahne und ein Dutzend Eier. Hm, Augenblick, wo war ich gleich? Ach, ja. Also, den Hasen haben wir sozusagen gefangen – wobei der Hase natürlich Ihr Onkel Matthew ist. Nun müssen wir uns nur noch überlegen, wo er das Geld versteckt hätte. Das müßte eigentlich ganz einfach sein.«
»Einfach?« echote Charmian.
»Gewiß, mein Kind. Ich bin überzeugt, er hätte das nächstliegende getan. Ein Geheimfach – das ist mein Tip.«
»Goldbarren kann man nicht in einem Geheimfach verstekken«, stellte Edward trocken fest.
»Nein, natürlich nicht. Aber es gibt keinen Anlaß anzunehmen, daß das Geld in Goldbarren steckt.«
»Er hat doch immer gesagt . . .«
»Ja, mein Onkel Henry hat auch immer von seinem Safe gesprochen. Ich vermute deshalb stark, daß das nur ein Täuschungsmanöver war. Diamanten – die ließen sich leicht in einem Geheimfach unterbringen.«
»Aber wir haben doch in allen Geheimfächern nachgesehen! Wir haben extra einen Schreiner kommen lassen, der sich die Möbel angesehen hat.«
»Tatsächlich? Das war sehr klug von Ihnen. Ich würde sagen, daß der Schreibtisch Ihres Onkels am ehesten in Frage kommt. Ist das der hohe Sekretär dort an der Wand?«
»Ja. Ich zeige Ihnen alles.«
Charmian ging zu dem Sekretär. Sie zog die Klappe herunter. Dahinter befanden sich viele kleine Fächer und Schubladen. Sie zog ein kleines Türchen in der Mitte auf und drückte auf eine Feder in der Schublade links davon. Der Boden des Mit-

telfachs glitt mit einem feinen Knacken nach vorn. Charmian zog ihn heraus. Darunter befand sich ein nicht sonderlich tiefes Fach. Es war leer.

»So ein Zufall!« rief Miss Marple. »Mein Onkel Henry hatte genau den gleichen Schreibtisch. Nur war seiner aus Walnuß, und der hier ist aus Mahagoni.«

»Auf jeden Fall«, bemerkte Charmian, »ist das Fach leer, wie Sie sehen können.«

»Ich nehme an«, gab Miss Marple zurück, »Ihr Schreiner war ein junger Mann. Nicht allzu bewandert. Die Leute jener Zeit waren sehr raffiniert, wenn sie geheime Verstecke einbauten. Es gibt da häufig ein Geheimfach im Geheimfach.«

Sie zog eine Nadel aus ihrem fest gedrehten grauen Haarknoten. Nachdem sie sie geradegebogen hatte, senkte sie ihre Spitze in eine winzige Öffnung auf einer Seite des Geheimfachs, die wie ein Wurmloch aussah. Mit ein wenig Mühe zog sie eine kleine Schublade heraus. In ihr lagen ein Bündel vergilbter Briefe und ein zusammengefaltetes Blatt Papier.

Edward und Charmian stürzten sich gleichzeitig auf den Fund. Mit zitternden Fingern faltete Edward das Blatt Papier auseinander. Gleich darauf schleuderte er es mit einem Ausruf des Zorns von sich.

»Ein Kochrezept! Für Wiener Kaiserschmarren!«

Charmian löste das Band, das die Briefe zusammenhielt. Sie zog einen heraus und warf einen Blick darauf.

»Liebesbriefe!«

Miss Marple war hingerissen.

»Wie interessant! Vielleicht erfahren wir jetzt den Grund, weshalb Ihr Onkel nie geheiratet hat.«

Charmian las vor: »Mein liebster Matthew, ich muß gestehen, die Zeit ist mir lang geworden, seit ich Deinen letzten Brief erhalten habe. Ich versuche, mich ganz den Aufgaben zu widmen, die mir auferlegt sind, und sage mir oft, wie glücklich ich mich preisen kann, Gelegenheit zu haben, so viel von der Welt zu sehen. Als ich damals nach Amerika reiste, hätte ich mir allerdings nicht träumen lassen, daß ich eines Tages auf diese fernen Inseln verschlagen werden würde.«

Charmian brach ab. »Woher kommt der Brief? Oh! Aus Hawaii!«

Sie fuhr fort: »Diese Eingeborenen hier sind leider noch weit entfernt davon, erleuchtet zu werden. Sie befinden sich noch in einem Zustand der Nacktheit und der Wildheit und bringen fast ihre ganze Zeit damit zu, zu schwimmen und zu tanzen und sich mit Blumenkränzen zu schmücken. Mr. Gray hat einige von ihnen zum Glauben bekehrt, aber es ist mühsame Arbeit, und er und Mrs. Gray sind oft sehr entmutigt. Ich gebe mir alle Mühe, sie aufzuheitern und zu ermutigen, aber auch mir ist oft traurig ums Herz. Den Grund kannst Du Dir wohl denken, mein lieber Matthew. Ja, die Trennung ist eine schwere Prüfung für ein liebendes Herz. Die Beteuerungen Deiner unwandelbaren Liebe und Zuneigung haben mich sehr getröstet. Mein Herz gehört jetzt und immer Dir, mein lieber Matthew.

Ich grüße Dich aus der Ferne und bitte Dich, mir zu glauben, daß ich Dir immer gut sein werde. Deine Dich liebende Betty Martin.

P.S. Ich schicke den Brief wie immer an unsere gemeinsame Freundin Matilda Graves. Ich hoffe, der Himmel wird mir diese kleine List verzeihen!«

Edward stieß einen Pfiff aus.

»Eine Missionarin! Das also war Onkel Matthews Liebe. Ich möchte wissen, warum die beiden nie geheiratet haben.«

»Sie scheint in der ganzen Welt herumgekommen zu sein«, bemerkte Charmian, während sie die Briefe durchsah. »Mauritius – alle möglichen Länder der Erde. Sie ist wahrscheinlich am Gelben Fieber gestorben oder so was.«

Ein leises Lachen riß die beiden jungen Leute aus ihren Betrachtungen. Miss Marple war offenbar sehr erheitert. »Na so was!« sagte sie. »Wer hätte das gedacht!«

Sie überflog gerade das Rezept für den Wiener Kaiserschmarren. Als sie die fragenden Blicke der jungen Leute bemerkte, las sie vor: »›Wiener Kaiserschmarren. Man nehme sechs Eier, einen Viertelliter Milch, zwei Löffel Zucker, zweihundert Gramm Mehl, Salz. Eigelb und Zucker, Salz und Milch verrühren. Das Mehl dazu, Eischnee vorsichtig unterheben, zuletzt eine Handvoll Sultaninen. Das Ganze in der Pfanne goldbraun backen und kleine Stücke abstechen. Fertig ist der Schmarren!‹ Was sagen Sie dazu?«

»Viel zu süß«, erklärte Edward unwirsch.

»Nein, nein, das schmeckt sicher köstlich – aber wie denken Sie über das *Ganze*?«

Ein Licht der Erleuchtung erhellte plötzlich Edwards Gesicht.

»Glauben Sie, es ist eine verschlüsselte Botschaft?« Er nahm das Blatt mit dem Rezept. »Schau her, Charmian, das könnte es sein. Es gibt doch sonst keinen Grund, ein Kochrezept in einer Geheimschublade zu verstecken.«

»Genau«, bestätigte Miss Marple, »das ist sehr bedeutsam.«

»Ich weiß, was es sein könnte«, ließ sich Charmian vernehmen. »Unsichtbare Tinte. Machen wir das Papier doch mal heiß. Schalt die Heizplatte ein.«

Edward tat es, doch keine Spuren einer Geheimschrift zeigten sich unter Einwirkung der Wärme.

Miss Marple hüstelte. »Wissen Sie, ich glaube wirklich, Sie machen es sich zu schwer. Das Rezept ist gewissermaßen nur ein Hinweis. Das Wichtigste sind meiner Ansicht nach die Briefe.«

»Die Briefe?«

»Insbesondere«, sagte Miss Marple, »die Schlußformel. Sie ist bei allen Briefen gleich.«

Doch Edward hörte nur mit halbem Ohr zu.

»Charmian«, rief er aufgeregt. »Komm her! Miss Marple hat recht. Schau – die Umschläge sind alt, das stimmt. Aber die Briefe selbst wurden viel später geschrieben.«

»Genau«, sagte Miss Marple wie zuvor.

»Sie sind nur auf alt gemacht. Ich möchte wetten, daß Onkel Matthew sie selbst geschrieben hat . . .«
»Ganz recht«, meinte Miss Marple.
»Die ganze Geschichte ist erfunden. Es hat nie eine Missionarin gegeben. Das kann nur eine verschlüsselte Botschaft sein.«
»Meine Lieben, es ist wirklich nicht nötig, die ganze Sache so kompliziert zu sehen.«
Zum erstenmal zollten sie ihr ungeteilte Aufmerksamkeit.
»Wie meinen Sie das, Miss Marple?« erkundigte sich Charmian.
»Ich meine, mein Kind, daß Sie das Geld in diesem Augenblick in Ihren Händen halten.«
Charmian starrte auf die Briefe.
»Die Schlußformel, mein Kind. Sie verrät alles. Das Rezept ist, wie gesagt, nur ein Hinweis. Was ist es denn in Wirklichkeit? Am Schluß steht es klar und deutlich. Ein Schmarren! Mit anderen Worten, Quatsch! Es ist also klar, daß die Briefe das Wichtige sind. Die Schlußformel, die in allen Briefen die gleiche ist: Ich grüße Dich aus der Ferne und werde Dir immer gut sein! Und das nun im Zusammenhang mit dem, was Ihr Onkel tat, kurz bevor er starb. Er berührte seine Augen, sagten Sie, und machte sie weit auf, als blickte er in die Ferne. Na bitte – da haben Sie's. Das ist der Hinweis auf die Lösung des Rätsels.«
»Sind wir verrückt, oder sind Sie es?« fragte Charmian.
»Aber mein Kind, Sie kennen doch gewiß das Sprichwort: Warum in die Ferne schweifen, sieh, das Gute liegt so nah!«
Edward stieß einen unterdrückten Schrei aus und blickte auf den Brief in seiner Hand.
»Ich grüße Dich aus der Ferne und bin Dir immer gut!«
»Richtig, Mr. Rossiter. Die Briefe wurden von Ihrem Onkel geschrieben, und ich könnte mir denken, daß er viel Spaß dabei gehabt hat. Die Schrift auf den Umschlägen ist, wie Sie ebenfalls bemerkten, viel älter – die Umschläge können gar nicht zu den Briefen gehören, weil der Poststempel auf dem,

den Sie in der Hand halten, von achtzehnhunderteinundfünfzig ist.«
Sie machte eine Pause.
»Achtzehnhunderteinundfünfzig«, sagte sie dann mit Nachdruck. »Das erklärt doch wohl alles.«
»Mir nicht«, versetzte Edward.
»Ja, natürlich«, meinte Miss Marple. »Mir würde es wahrscheinlich auch nichts sagen, wenn nicht mein Großneffe Lionel wäre. Ein leidenschaftlicher Briefmarkensammler. Von ihm habe ich erfahren, daß ein ganz phantastischer neuer Fund zur Versteigerung gekommen sei. Ich erinnere mich besonders an eine Briefmarke, die er erwähnte – eine blaue Zwei-Cent-Marke von achtzehnhunderteinundfünfzig. Sie erzielte an die fünfundzwanzigtausend Dollar, glaube ich. Stellen Sie sich das vor! Ich denke mir, daß auch die anderen Marken besonders seltene und wertvolle Exemplare sind.«
Edward stöhnte. Er ließ sich in einen Sessel fallen und schlug die Hände vor sein Gesicht.
»Was ist denn los?« fragte Charmian.
»Nichts. Mir ist nur eben der entsetzliche Gedanke gekommen, daß wir diese Briefe taktvoll verbrannt hätten, wenn nicht Miss Marple gewesen wäre.«
»Ja, ja«, meinte Miss Marple. »Ich erinnere mich, daß Onkel Henry einmal seiner Lieblingsnichte zu Weihnachten eine Ein-Pfund-Note schickte. Er steckte sie in eine Weihnachtskarte, klebte die Karte zusammen und schrieb darauf, ›In Liebe und mit den besten Wünschen. Leider reicht es in diesem Jahr nicht zu mehr.‹
Das arme Ding war ziemlich verärgert über seinen scheinbaren Geiz und warf die Karte in ihrem Zorn gleich ins Feuer; da mußte er ihr natürlich noch einen Schein schicken.«
Edwards Gefühle Onkel Henry gegenüber hatten eine schlagartige Wandlung durchgemacht.
»Miss Marple«, sagte er, »ich hole jetzt eine Flasche Champagner, und dann trinken wir auf das Wohl Ihres Onkel Henry.«

Der Lippenstift

Louise Baring

Mary Roberts Rinehart

Ich ging nach der Gerichtsverhandlung zur Feststellung der Todesursache zu Fuß nach Hause. Mutter war wieder im Wagen gefahren. Sie hatte ziemlich elend ausgesehen; allerdings hatte sie seit Elinors Tod nie anders ausgesehen. Nicht, daß sie Elinor besonders gemocht hätte. Sie hat ein Schema, nach dem die Menschen in Konformisten und in Nonkonformisten eingeteilt werden. Die Konformisten zahlen ihre Rechnungen am ersten des Monats, gehen zur Kirche – zur Episkopalkirche natürlich –, geraten niemals durch irgendeinen Zufall in irgend etwas anderes hinein, als in die Gesellschaftskolumnen der Zeitungen, und betrachten die Ehe als das *sine qua non* für jedes weibliche Wesen über zwanzig.
Meine Cousine Elinor Hammond hatte über all diese Dinge ganz offen gespottet. Sie war fröhlich durchs Leben spaziert, so als hätte sie sich jeden Morgen beim Erwachen überlegt, was wohl an diesem Tag den größten Spaß machen könnte, während sie ihre langen wunderschönen Gliedmaßen zwischen den seidenen Bettüchern rekelte – oh, wie Mutter diese Bettücher geärgert hatten! – und dem armen müden alten Fred in seinem Ankleidezimmer zurief: »Laß uns ein paar Leute zum Cocktail einladen, Fred!«
»Alles, was du möchtest, Darling.«
So war es immer, alles, was Elinor sagte, fand Freds Zustim-

mung. Er betete sie an. Während ich an jenem Tag heimging, erinnerte ich mich noch mal an seine Miene während der Gerichtsverhandlung. Er hatte ganz verstört ausgesehen.
»Sie kennen keinen Grund, weshalb Ihre – weshalb sich Mrs. Hammond das Leben genommen haben sollte?«
»Absolut keinen.«
»Und ihre gesundheitliche Verfassung war auf keinen Fall so, daß sie ihre Angst ausgelöst haben könnte?«
»Ganz und gar nicht. Sie schien immer bei bester Gesundheit gewesen zu sein.«
»Sie hat Dr. Barclay konsultiert.«
»Sie war erschöpft. Sie hat zu viel getan«, sagte er unglücklich.
So also war der Stand der Dinge. Elinor war entweder aus dem Fenster von Dr. Barclays Wartezimmer im zehnten Stock gestürzt oder herausgesprungen, und der Untersuchungsrichter glaubte ganz eindeutig, daß sie gesprungen war. Der Doktor hatte sie an jenem Tag überhaupt nicht gesehen, nur die Sprechstundenhilfe.
»Es war sonst niemand im Warteraum«, bezeugte sie. »Der Doktor war mit einem Patienten beschäftigt. Mrs. Hammond setzte sich ans Fenster und nahm ihren Hut ab. Dann zündete sie sich eine Zigarette an und griff nach einer Zeitschrift. Ich kehrte daraufhin in mein Büro zurück, um ein paar Aufzeichnungen abzuschreiben. Ich habe sie erst wiedergesehen, als ...«
Sie war ein hübsches kleines Ding. Sie sah blaß aus.
»Erzählen Sie uns, was als nächstes passiert ist!« sagte der Untersuchungsrichter freundlich.
»Etwa fünf Minuten später hörte ich die andere Patientin gehen. Sie kam aus dem Sprechzimmer. Es gibt da eine Tür, die direkt auf den Flur hinausführt. Wir haben diese Vorkehrung getroffen, damit – nun, damit die Patienten sich nicht begegnen. Als er den Summer betätigte, ging ich ins Wartezimmer, um Mrs. Hammond zu holen. Sie war nicht da. Ich sah ihren

Hut, aber ihre Tasche war weg. Ich dachte, sie sei auf die Toilette gegangen. Dann« – sie hielt inne und schluckte – »dann hörte ich die Leute auf der Straße schreien und blickte aus dem Fenster.«

Der Richter ließ ihr ein bißchen Zeit. Sie kramte ein Taschentuch hervor und betupfte ihre Augen.

»Was würden Sie sagen – in welcher psychischen Verfassung war sie an jenem Morgen, Miss Comings? War sie deprimiert?«

»Sie schien mir sehr vergnügt«, meinte sie.

»Das Fenster neben ihr stand offen?«

»Ja. Ich konnte es nicht glauben, bis ich . . .«

Er entließ sie, da sie nunmehr ganz unverhohlen weinte und es klar war, daß sie alles, was sie wußte, berichtet hatte.

Als Dr. Barclay aufgerufen wurde – er war spät an der Reihe –, war ich überrascht. Ich hatte einen älteren Mann erwartet, aber er war höchstens Ende Dreißig und sah ziemlich gut aus. Da ich Elinor gekannt hatte, machte ich mir so meine Gedanken. Sie hatte eine Vorliebe für hübsche Männer gehabt – mit Ausnahme von Fred, der keineswegs gut aussah. Neben mir hörte ich meine Mutter recht damenhaft verächtlich schnauben.

»So ist es recht!« sagte sie. »Elinor hat so dringend einen Psychiater benötigt, wie ich ein drittes Bein.«

Doch der Doktor konnte dem, was uns bereits bekannt war, nur noch wenig hinzufügen. Er hatte Elinor an jenem Morgen überhaupt nicht gesehen. Als er den Summer betätigte und niemand zu ihm kam, war er ins Wartezimmer hinübergegangen. Miss Comings hatte sich aus dem Fenster gebeugt. Plötzlich begann sie zu schreien. Glücklicherweise war in diesem Moment eine gewisse Mrs. Thompson erschienen und hatte sich ihrer angenommen. Er war auf die Straße hinuntergegangen, aber der Krankenwagen war schon da gewesen.

Bis zu diesem Zeitpunkt hin sprach er ziemlich offen. Als er

jedoch gefragt wurde, aus welchem Grund Elinor ihn aufgesucht hatte, wurde er verschlossen, einsilbig.
»Ich habe viele Patientinnen wie Mrs. Hammond«, erklärte er. »Frauen, die auf Kosten ihrer Nerven leben. Mrs. Hammond hat das seit Jahren getan.«
»Das ist alles? Sie hat keine besonderen Schwierigkeiten erwähnt?«
Er lächelte schwach.
»Wir haben alle Schwierigkeiten«, sagte er. »Einige bilden wir uns ein, einige übertreiben wir, einige sind real. Aber ich würde sagen, daß Mrs. Hammond ein ungewöhnlich normaler Mensch war. Ich hatte ihr empfohlen, daß sie zur Erholung etwas wegfahren sollte. Ich glaube, sie hatte es vorgehabt.«
Sein Ton war knapp und professionell. Falls Elinor sich zu ihm hingezogen gefühlt hatte, so war es augenscheinlich eine einseitige Affäre gewesen. Fred beobachtete ihn indessen gespannt.
»Sie sind nicht zu dem Schuß gekommen, daß sie an Selbstmord dachte?«
»Nein. Zu keiner Zeit.«
Das war alles, was sie von ihm erfahren konnten. Was Elinor sich eingebildet und was sie übertrieben hatte, verhehlte er ihnen. Tatsächlich verstand er sich so aufs Herumreden und Ausweichen, wie ich es selten erlebt hatte. Die Beziehung zu seinen Patientinnen und Patienten sei besonders vertraulich, behauptete er. Wenn er irgend etwas von Bedeutung wüßte, würde er es sagen, aber er wüßte nichts.
Mutter stupste mich heimlich an, als er geendet hatte.
»Wahrscheinlich war er in sie verliebt«, sagte sie. »Er hat einen Schock erlitten. Das steht fest.«
Er setzte sich in unsere Nähe, und ich beobachtete ihn. Ich sah, wie er nach einer Zigarette greifen wollte, dann den Gedanken fallenließ und aufhorchte, als der nächste Zeuge aufgerufen wurde. Es war die Mrs. Thompson, die sich um die

Sprechstundenhilfe gekümmert hatte. Sie nahm sich in dem Familien- und Freundeskreis Elinors seltsam unpassend aus. Sie war eine große, mütterlich aussehende Frau, die ungeniert schwitzte und sich mit einem kleinen faltbaren Fächer Luft zufächelte.

Sie stellte sofort klar, daß sie keine Patientin war.

»Ich mache einmal in der Woche die Wohnung für ihn sauber«, erklärte sie. »Er hat einen Japs, aber der macht nicht sauber. An jenem Tag brauchte ich einen kleinen Vorschuß, und deshalb ging ich zu ihm.«

Sie war nicht gleich hereingekommen, sondern hatte nur geschaut und Elinor gesehen. Also wartete sie auf dem Flur, wo ein kleines Lüftchen ging. Sie hatte den letzten Patienten, eine Frau, die Praxis durch die Tür des Sprechzimmers verlassen und mit dem Aufzug hinunterfahren sehen. Etwa eine Minute später hörte sie die Sprechstundenhilfe schreien.

»Sie lehnte aus dem Fenster und schrie sich die Seele aus dem Leib«, berichtete sie. »Dann kam der Doktor hereingerannt, und wir legten sie auf eine Couch. Sie sagte, jemand wäre hinausgefallen, aber sie sagte nicht, wer es war.«

Danach befragt, wie lange sie auf dem Flur gestanden hatte, antwortete sie, sie glaubte, etwa eine Viertelstunde. Sie war sicher, daß während dieser Zeit kein anderer Patient die Praxis betreten hatte. Sie hätte jeden bemerken müssen.

»Sind Sie dessen ganz sicher?«

»Nun, ich wartete auf einen günstigen Augenblick, um mit dem Doktor zu sprechen. Ich habe ziemlich genau aufgepaßt. Und ich habe mich nie mehr als ein paar Schritte von der Tür entfernt.«

»Sie haben etwas gefunden, das Mrs. Hammond gehört hat, nicht wahr? Im Wartezimmer?«

»Ja, Sir. Ich habe ihre Handtasche gefunden.«

Wie es schien, hatte die Tasche hinter dem Heizkörper vor dem Fenster gelegen.

»Ich habe auch gefunden, daß es ein seltsamer Aufbewah-

rungsort war, wenn sie das vorhatte – was sie getan hat.« Und sie setzte naiv hinzu: »Ich habe sie der Polizei übergeben, als sie erschien.«
So war das also. Elinor hatte ihre Tasche, nachdem sie ihren Hut auf den Tisch gelegt hatte, hinter den Heizkörper fallen lassen, bevor sie aus dem Fenster gesprungen war. Irgendwie ergab das keinen Sinn für mich, und später natürlich erst recht nicht.
Das Urteil lautete: Selbstmord im Zustand der Unzurechnungsfähigkeit und geistigen Umnachtung. Das Fenster war untersucht worden, aber vor dem Fenster befand sich der Heizkörper, und man schien allgemein der Meinung zu sein, daß ein Sturz ausgeschlossen werden müßte. Selbstverständlich sprach niemand von Mord. Angesichts von Mrs. Thompsons Zeugenaussage erschien Mord unmöglich.
Fred lauschte dem Urteil mit ausdruckslosem, leerem Blick. Seine Schwester Margaret, die neben ihm saß und tiefe Trauer trug, nahm ihre Tasche auf und erhob sich. Und Dr. Barclay blickte starr geradeaus, so als würde er es nicht hören. Dann stand er auf und ging hinaus, und während ich Mutter in den Wagen setzte, sah ich ihn davonfahren; er hatte noch immer diesen merkwürdigen starren Ausdruck.
Ich war ganz schön wütend, als ich nach Hause spazierte. Ich hatte Elinor immer gern gehabt, auch wenn sie mir, wie Mutter ziemlich geschmacklos behauptete, Fred unter der Nase weggeschnappt hatte. Die nackte Tatsache war, daß Fred Hammond mich nie mehr wahrgenommen hat, nachdem er ihr zum erstenmal begegnet war. Er hatte sie von Anbeginn angebetet, und sein weißes Gesicht und die betäubte Miene bei der Gerichtsverhandlung ließen das Rätsel nur noch größer erscheinen.
Diese Dummköpfe! dachte ich. Als wenn Elinor jemals aus diesem Fenster gesprungen wäre! Selbst wenn sie in Schwierigkeiten gewesen wäre, hätte sie es niemals auf diese Weise getan. Es gab so viele weniger gräßliche Methoden: Schlafta-

bletten oder Freds Automatic oder ihr schicker neuer Wagen und Kohlenmonoxyd-Gas. Aber ich weigerte mich, zu glauben, daß sie es überhaupt getan hatte. Es war ihr stets egal gewesen, was die Leute dachten. Ich erinnerte mich an unsere beinahe letzte Begegnung. Jemand hatte eine »Party der unterdrückten Wünsche« gegeben, und Elinor war mit einem riesigen roten Buchstaben »A« auf dem Oberteil ihres weißen Satinkleides erschienen.

Mutter bekam fast einen Anfall, als sie es sah.

»Ich hoffe, Elinor«, sagte sie, »daß dein scharlachroter Buchstabe nicht die Bedeutung hat, die er zu haben scheint.«

Elinor hatte gelacht.

»Was vermutest du, Tante Emma?« fragte sie. »Würdest du denn schwören, daß du niemals in deinem Leben . . .«

»Das reicht, Elinor!« sagte Mutter. »Ich bin nur froh, daß meine liebe Schwester nicht mehr am Leben ist und das sehen kann.«

Sie war sehr fröhlich gewesen in jener Nacht, und der kleine Zusammenstoß mit meiner Mutter hatte ihr Spaß gemacht. Vielleicht war das einer der Gründe, warum ich sie gemocht hatte. Sie war Mutter gewachsen. Ja, das war sie. Sie war nicht die einzige Tochter, die zu Hause und von Zuwendungen lebte, die von Zeit zu Zeit immer wieder zu versiegen drohten. Und sie hatte Frohsinn und Fröhlichkeit in meine kleine Welt gebracht. Selbst ihre Flirts – und sie war zu allerliebst, um nicht viele zu haben – waren stets heitere, unbeschwerte Affären gewesen, auch wenn Mutter das nie geglaubt hatte.

Sie trank Tee, als ich nach Hause kam. Steif saß sie hinter dem Teetablett und sah mich prüfend an.

»Ich begreife nicht, warum dich all das so bekümmert, Louise. Du siehst schrecklich aus«, bemerkte sie. »Was geschehen ist, ist geschehen. Schließlich hat sie Fred ein miserables Leben beschert.«

»Sie hat ihn glücklich gemacht und jetzt ist sie tot«, sagte ich

knapp. »Allerdings glaube ich nicht, daß sie sich selbst aus dem Fenster gestürzt hat.«
»Dann ist sie hinausgefallen.«
»Das glaube ich auch nicht«, erklärte ich kurz.
»Unsinn! Was glaubst du dann?«
Ich hatte genug. Ich ließ sie sitzen und ging hoch in mein Zimmer. Es war überflüssig, daß Mutter mir sagte, daß ich zum Davonlaufen aussah. Das konnte ich selbst feststellen. Ich setzte mich an meinen Frisiertisch und rubbelte mir etwas Creme ins Gesicht, aber meine Gedanken rasten im Kreis. Jemand hatte Elinor getötet und war ungestraft davongekommen. Doch wer konnte sie so gehaßt haben, daß er so etwas tat? Eine eifersüchtige Ehefrau? Das war möglich. Sie hatte es verstanden, einer Frau den Mann auszuspannen und so lange mit ihm herumzutändeln, bis sie seiner überdrüssig war. Doch in letzter Zeit hatte sie so etwas nicht getan. Für ihre Verhältnisse war sie ziemlich ruhig gewesen.
Sicher, eine Menge Leute hatten sie nicht leiden können. Es war so ihre Art, sie rücksichtslos zu behandeln, ihre höchst sensiblen Gefühle zu ignorieren oder sich über sie lustig zu machen. Nie hatte sie indessen jemanden absichtlich beleidigt. Sie sagte, was sie zu sagen hatte, und manchmal war das nichts Angenehmes. Selbst zu Fred. Aber er hatte ihr nie deswegen gegrollt. So war er nun mal.
Ich konnte das Hammond-Haus von meinem Fenster aus sehen, und der Gedanke, daß Fred jetzt dort allein saß, war mir unerträglich. Nicht, daß ich ihn je geliebt hätte – auch wenn Mutter das gehofft hatte.
Ich kleidete mich um und ging zum Abendessen hinunter, doch war ich immer noch in Ungnade gefallen. Ich hatte auch keinen Hunger. Glücklicherweise war es Mutters Bridge-Abend, und nachdem sie mit ihren drei Busenfreundinnen am Tisch Platz genommen hatte, gelang es mir, durch die Küche aus dem Haus zu schlüpfen. Annie, die Köchin, richtete Sandwiches her und schnitt Kuchen auf.

»Was diese alten Damen essen können, übertrifft einfach alles«, sagte sie resigniert.
Ich trug ihr auf, sie sollte, falls man nach mir verlangte, sagen, ich sei zu Bett gegangen, und verließ das Haus. Freds Haus stand nur zwei Blocks weit entfernt und wie unseres auf eigenem Grund und Boden. Als ich die Auffahrt betrat, sah ich einen Mann dort stehen, der das Haus anstarrte. Ich mußte ihn überrascht haben, denn er drehte sich abrupt um und sah mich an. Es war Dr. Barclay.
Er schien mich jedoch nicht zu erkennen. Vermutlich hatte er mich überhaupt nicht bei der Gerichtsverhandlung bemerkt. Er berührte leicht seinen Hut und ging auf die Straße hinaus. Einen Moment später hörte ich seinen Wagen davonfahren. Doch falls er vorher im Haus gewesen war, so erwähnte es Fred zumindest nicht. Ich klingelte, und er öffnete persönlich die Tür. Er schien erleichtert, mich zu sehen.
»Ich dachte, es wäre schon wieder die verdammte Polizei«, sagte er. »Komm herein! Ich habe das Personal zu Bett geschickt. Sie sind alle ziemlich am Ende.«
Wir gingen in die Bibliothek. Sie sah aus, als hätte seit einem Monat niemand mehr dort Staub gewischt. Elinors Haus hatte immer diesen Eindruck gemacht – war stets voller Menschen, Zigarettenqualm und benützter Highball-Gläser gewesen. Aber wenigstens hatte es Leben ausgestrahlt. Jetzt – nun, jetzt tat es das nicht. Daher war ich fast überrascht, ihre Handtasche auf dem Tisch liegen zu sehen. Fred sah meinen Blick.
»Die Polizei hat sie heute zurückgegeben«, sagte er. »Möchtest du etwas trinken?«
»Einen kleinen White Rock. Darf ich hineinsehen, Fred?«
»Tu dir keinen Zwang an!« sagte er teilnahmslos. »Es ist nichts drin, was nicht dorthin gehört. Keine Mitteilung, falls du danach suchst.«
Ich öffnete die Handtasche. Sie war vollgestopft, wie üblich: Eine Puderdose, Rouge, ein Portemonnaie für Kleingeld, ein

kleines Notizbuch, ein mit Lippenstift verschmiertes Taschentuch, ein winziges Parfümfläschchen, ein paar Stoffmuster, an denen eine Karte befestigt war, auf der stand: *Der passende Schuh.* In einem mit Reißverschluß abgeteilten Fach waren einige Rechnungen.

Fred beobachtete mich über den Rand seines Glases hinweg mit rotgeränderten, tiefliegenden Augen.

»Ich hab's dir ja gesagt. Nichts.«

Ich durchsuchte die Tasche noch einmal, ohne jedoch das zu finden, was eigentlich hätte da sein müssen, machte die Tasche dann wieder zu und legte sie auf den Tisch zurück. Fred schenkte mir sowieso keinerlei Aufmerksamkeit. Er starrte auf ein Foto Elinors in einem Silberrahmen auf dem Schreibtisch.

»Dieser ganze Polizeiquatsch«, sagte er. »Warum können sie sie nicht einfach in Ruhe lassen? Sie ist jetzt eingeschlafen – und sie hat nie genügend Schlaf bekommen. Sie war wunderschön, nicht wahr, Lou?«

»Ja, das war sie in der Tat«, sagte ich aufrichtig.

»Die Leute haben gequatscht. Margaret hat gefunden, daß sie töricht und extravagant war.« Er blickte zu dem Schreibtisch in der Ecke hinüber, auf dem sich, wie es schien, ungeöffnete Rechnungen türmten. »Vielleicht war sie es wirklich, aber was, zum Teufel, kümmerte mich das?«

Er beobachtete mich mit verstörtem Blick, schien irgendeine Stellungnahme zu erwarten. So sagte ich: »Du mußtest sie nicht bestechen, Fred. Sie hat dir gehört. Sie war dir treu ergeben.«

Er schenkte mir ein zaghaftes Lächeln, wie ein ängstlicher kleiner Junge, den man beruhigt hatte.

»Ja, sie war es, Lou«, sagte er. »Ich war nicht nur ihr Mann. Ich war auch ihr Vater. Sie hat mir alles erzählt. Warum mußte sie zu diesem verdammten Doktor gehen . . .«

»Hast du denn nicht gewußt, daß sie dort hinging, Fred?«

»Erst als ich eine Rechnung von ihm fand«, gestand er grimmig. »Ich habe ihr gesagt, ich könnte ihr einen Erholungsurlaub verschreiben lassen, statt daß sie stundenlang bei diesem jungen Schnösel da herumsitzt. Aber sie hat nur gelacht.«

Er redete weiter, so als wäre er froh, einen Zuhörer zu haben. Er hatte sie glücklich gemacht. Sie war zwar manchmal ihre eigenen Wege gegangen, aber sie war immer zu ihm zurückgekehrt. Das Urteil des Untersuchungsrichters hielt er für eine Ungeheuerlichkeit. »Sie ist gefallen. Sie war immer leichtsinnig, was große Höhen anbelangte.« Im übrigen hatte er noch keine weiteren Pläne gemacht, außer daß Margaret kommen und bleiben würde, bis er von hier fortging. Und als hätte sie die bloße Erwähnung herbeigerufen, spazierte Margaret in diesem Augenblick herein.

Ich hatte Margaret Hammond nie gemocht. Sie war eine große, knochige Frau, älter als Fred, und sie nickte mir nur kurz zu.

»Ich habe beschlossen, heute abend zu kommen«, sagte sie. »Es gefällt mir nicht, daß du allein bist. Und morgen möchte ich eine Inventur im Haus vornehmen. Ich würde gern Vaters Porträt haben, Fred.«

Er zuckte zusammen. Es hatte schon immer seit Freds Hochzeit ausgedehnte Streitigkeiten wegen des Porträts des alten Joe Hammond gegeben. Elinor hatte sich eigentlich nichts daraus gemacht, aber weil Margaret es immer gewollt hatte, hielt sie daran fest. Ich sah zu Margaret hin. Wahrscheinlich kam sie am ehesten als echte Feindin Elinors in Frage. Sie war sehr gegen die Ehe gewesen und hatte sich immer über Elinors unbeschwertes, extravagantes Leben geärgert. Selbst jetzt schweifte ihr Blick unwillkürlich zum Schreibtisch hinüber, auf dem sich die Rechnungen türmten.

»Ich sollte das wohl lieber für dich in Ordnung bringen«, sagte sie. »Wir müssen herausfinden, wie deine Lage ist.«

»Ich weiß, wie meine Lage ist.«

Er erhob sich, und sie standen einander gegenüber, Fred mit

dem Rücken zum Schreibtisch, als wollte er selbst jetzt noch Elinor vor Margarets neugierigen Blicken schützen.
Sie hob die Schultern und ließ das Thema fallen. Doch ich war ziemlich überzeugt, als ich das Haus verließ, daß sie die Nacht am Schreibtisch verbringen würde. Fred würde erschöpft und übermüdet einschlafen, würde sich in den Schlaf retten, und Margaret würde zum Schreibtisch hinunterschleichen. Vielleicht fand sie die Rechnung von Dr. Barclay und zeigte sie Fred am Morgen.
»So hat sie also ihre Zeit verbracht! Und du hast dafür bezahlt!«
Es war warm in jener Nacht. Ich ging langsam nach Hause und hoffte, daß die Bridge-Partie noch nicht vorüber war. Doch wie es schien, war dies eine Nacht der unerwarteten Begegnungen für mich. Ich hatte fast den halben Weg zurückgelegt, als ich bemerkte, daß mir jemand folgte. Das heißt, jemand ging mit leisen Schritten hinter mir. Ich spürte, wie sich meine Haare aufstellten, während ich stehenblieb und mich umdrehte. Aber es war nur ein Mädchen. Auch sie war stehengeblieben. Dann kam sie auf mich zu und sprach mich mit Namen an.
»Sie sind Miss Baring, nicht wahr?«
»Ja. Sie haben mich halb zu Tode erschreckt.«
»Tut mir leid. Ich habe Sie heute aus der Gerichtsverhandlung kommen sehen, und ein Reporter hat mir Ihren Namen genannt. Sie sind bei den Hammonds gewesen, nicht wahr?«
»Ja. Wieso?«
Sie schien unsicher zu sein, stand reglos da, tändelte nur mit ihrer Handtasche herum. Sie war ziemlich jung und entschieden verlegen.
»Waren Sie eine Freundin von Mrs. Hammond?« fragte sie.
»Sie war meine Cousine. Warum?«
Sie schien einen Entschluß zu fassen, wenn sie sich auch Zeit dazu nahm, ihre Handtasche öffnete, eine Zigarette herausholte und sie anzündete, ehe sie antwortete.

»Weil ich glaube, daß sie aus dem Fenster gestoßen wurde«, sagte sie herausfordernd. »Ich arbeite in einem Büro auf der anderen Straßenseite und sah aus dem Fenster. Natürlich wußte ich nicht, wer sie war.«
»Wollen Sie sagen, daß Sie gesehen haben, wie es passiert ist?« fragte ich ungläubig.
»Nein. Aber ich habe sie am Fenster gesehen, kurz bevor es passiert ist, und sie hat sich die Lippen geschminkt. Als ich wieder hinaussah, lag sie – lag sie bereits unten auf dem Pflaster.« Das Mädchen schauderte und warf die Zigarette weg. »Ich glaube nicht, daß eine Frau Lippenstift benutzen würde, bevor sie so etwas tut, glauben Sie das?«
»Nein«, sagte ich. »Wieviel Zeit verging zwischen dieser Beobachtung und dem Moment, da Sie sie unten liegen sahen?«
»Kaum eine Minute.«
»Und Sie sind sicher, daß es Mrs. Hammond war?«
»Ja. Sie hatte ein grünes Kleid an, und mir ist ihr Haar aufgefallen. Sie hatte keinen Hut auf. Ich – nun ja, ich bin heute abend noch mal hingegangen, um zu sehen, ob der Lippenstift irgendwo auf dem Pflaster liegt. Doch ich konnte ihn nicht finden. Die Straße war voller Menschen. Außerdem kann ihn auch jemand aufgehoben haben. Es ist drei Tage her. Aber ich bin ziemlich sicher, daß sie ihn noch in der Hand hatte, als sie stürzte.«
Das war es gewesen, was ich Fred nicht gesagt hatte: daß Elinors goldener Lippenstift aus der Handtasche fehlte.
Ich sah auf meine Uhr. Es war erst elf, und Mutter war sicher noch eine weitere Stunde beschäftigt.
»Wir könnten hingehen und noch mal nachschauen«, schlug ich vor. »Macht es Ihnen etwas aus?«
Sie hatte nichts dagegen. Sie war ein stilles, besonnenes Mädchen und überzeugt, daß Elinor sich nicht selbst umgebracht hatte. Aber sie wollte nicht, daß ihr Name genannt wurde. Ja, sie wollte ihren Namen nicht einmal mir sagen.
»Nennen Sie mich einfach Smith«, sagte sie. »Ich möchte

nichts mit dieser Sache zu tun haben. Ich habe eine Stellung, die ich behalten möchte.«
Ich habe sie nie mehr wiedergesehen, und wahrscheinlich wird sie nie erfahren, daß sie den ersten Anstoß zur Lösung dieses Falles gab, es sei denn, sie liest das hier. Ich habe den Lippenstift nämlich in jener Nacht gefunden. Er lag im Rinnstein, und ein Dutzend Autos mußten darübergefahren sein. Er war platt gewalzt, doch nachdem ich den Dreck abgewischt hatte, war Elinors Monogramm deutlich zu entziffern.
Miss Smith sah es und atmete schwer.
»Dann hatte ich also recht«, sagte sie.
In der nächsten Minute hatte sie einen Bus angehalten, war eingestiegen, und ich habe sie, wie bereits gesagt, nie mehr gesehen.
Ich schlief schlecht in jener Nacht. Ich hörte, wie die Bridge-Partie unten endete und wie die Wagen davonfuhren. Als Mutter hochkam, öffnete sie meine Tür, aber ich hatte das Licht ausgemacht und meine Augen geschlossen, anders vermochte ich mich ihr nicht zu entziehen. Ich wußte jetzt, daß ich mich mit einem Mord zu befassen hatte, und es schien mir bedeutungslos, ob sie an jenem Abend zwei Dollar gewonnen oder verloren hatte. Nachdem sie sich zur Ruhe begeben hatte, stand ich noch einmal auf und versteckte den zerquetschten Lippenstift im Futter meiner Hutschachtel.
Es war schon spät, als ich am nächsten Morgen in Dr. Barclays Praxis kam. Die Tür zum Wartezimmer war nicht versperrt, und ich ging hinein. Niemand war im Zimmer, und so trat ich ans Fenster und blickte hinaus. Ich versuchte mir vorzustellen, ich würde mich gleich hinunterstürzen, und überlegte, ob ich wohl vorher einen Lippenstift benützen würde oder nicht. Doch mir wurde nur schwindelig und weich in den Knien, und als die Sprechstundenhilfe hereinkam, hätte ich mich am liebsten an ihr festgehalten.

Falls sie mich erkannte, so ließ sie sich das nicht anmerken. »Ich glaube nicht, daß Sie einen Termin haben, oder?« sagte sie.

»Nein. Tut mir leid. Ist das notwendig?«

Sie sah mich an, als hätte ich nichts Geringeres denn eine Majestätsbeleidigung begangen, und als ich ihr meinen Namen nannte, schien sie eher noch mißtrauischer zu werden. Sie erklärte sich indessen bereit, Dr. Barclay mitzuteilen, daß ich da war, und nach einer kurzen Wartezeit führte sie mich ins Sprechzimmer.

Der Doktor stand auf, als er mich hereinkommen sah. Ich legte bloß Elinors Lippenstift vor ihn auf den Schreibtisch und setzte mich.

»Ich glaube nicht, daß ich verstehe«, sagte er und starrte darauf.

»Mrs. Hammond stand am Fenster Ihres Wartezimmers und hat nur eine Minute vor ihrem Sturz diesen Lippenstift benutzt.«

»Verstehe.« Er sah ihn sich noch mal an. »Ich vermute, Sie wollen damit sagen, daß er mit ihr hinuntergefallen ist.«

»Ich will sagen, daß sie sich nie im Leben umgebracht hat, Doktor. Glauben Sie denn, daß sich eine Frau kurz bevor sie Selbstmord begeht, die Lippen schminken würde?«

Er lächelte gequält.

»Mein liebes Mädchen«, sagte er, »wenn Sie so viel von der menschlichen Natur gesehen hätten wie ich, dann würde Sie so etwas nicht überraschen.«

»Dann ist also Elinor Hammond mit einem Lippenstift in der Hand aus Ihrem Fenster gesprungen. Und Sie haben gestern abend das Hammond-Haus beobachtet und sich aus dem Staub gemacht, als ich auf der Bildfläche erschien. Wenn das irgendeinen Sinn ergibt . . .«

Er war bestürzt. Offensichtlich hatte er mich nicht wiedererkannt. Er lehnte sich zurück und betrachtete mich, als würde er mich zum erstenmal sehen.

»Aha! Dann waren Sie das also in der Auffahrt.«
»Ganz recht.«
Er schien daraufhin zu einem Entschluß zu kommen. Er beugte sich wieder vor.
»Vermutlich ist es besser, wenn ich es Ihnen erzähle und mich drauf verlasse, daß Sie es für sich behalten. Es hat mir nicht gefallen, wie Mr. Hammond bei der Gerichtsverhandlung ausgesehen hat. Davon verstehe ich was. Ich habe Angst gehabt, er könnte sich – nun, daß er sich eine Kugel durch den Kopf jagen könnte.«
»Sie könnten es nicht verhindern, indem Sie in der Auffahrt stehen«, bemerkte ich skeptisch.
Er lachte ein klein wenig, was ihn nicht ganz so professionell aussehen ließ, mehr wie ein menschliches Wesen. Dann wurde er wieder ernst.
»Also, Miss Baring«, sagte er, »was auch immer Mrs. Hammond zugestoßen ist, ich versichere Ihnen, daß ich es nicht getan habe. Und was meine Anwesenheit vor dem Haus anbetrifft, so habe ich Ihnen die Wahrheit gesagt. Ich überlegte gerade, wie ich wohl hineinkomme, als Sie erschienen. Seine Schwester hatte mich angerufen. Sie hat sich Sorgen gemacht.«
»Ich würde mich nicht zu sehr auf das verlassen, was Margaret Hammond sagt. Sie hat Elinor wie die Pest gehaßt.«
Mit diesen Worten stand ich auf und nahm den Lippenstift wieder an mich. Auch er erhob sich und musterte mich ernst.
»Sie sind eine sehr junge attraktive Frau, Miss Baring. Warum lassen Sie die Sache nicht auf sich beruhen? Schließlich können Sie sie damit nicht wieder lebendig machen. Das wissen Sie doch auch.«
»Ich weiß, daß sie sich auf keinen Fall selbst umgebracht hat«, erklärte ich störrisch und ging hinaus.
Im Grunde war ich eigentlich weniger überrascht, als ich hätte sein müssen, als ich Margaret im Wartezimmer vorfand. Sie stand ganz dicht vor dem geöffneten Fenster, aus

dem Elinor gestürzt war, und einen schrecklichen Augenblick lang glaubte ich, sie würde gleich selbst springen.
»Margaret!« sagte ich in scharfem Ton.
Sie zuckte zusammen und wandte sich um. Ihr Gesicht war totenbleich. Sie nahm nie Make-up. Doch war ich überrascht, daß ihr mein Anblick einen so tödlichen Schrecken eingejagt hatte. Sie riß sich indessen zusammen.
»Oh, du bist es, Louise!« sagte sie. »Du hast mich erschreckt.« Sie sank abrupt auf einen Stuhl nieder und wischte sich mit einem Taschentuch übers Gesicht. »Sie muß ausgerutscht sein und das Gleichgewicht verloren haben, Lou. Das kann ganz leicht passieren. Sieh selbst!«
Aber ich schüttelte den Kopf. Ich hatte nicht die Absicht, mich aus dem Fenster hinauszubeugen. Nicht mit Margaret im Rükken. Sie behauptete, sie wäre gekommen, um für Fred Elinors Rechnung zu bezahlen, und ich fragte nicht weiter. Trotzdem schauderte ich, als ich mit dem Fahrstuhl nach unten fuhr, denn irgendwie hatte sie etwas Merkwürdiges an jenem Tag an sich gehabt. Frauen in ihrem Alter geraten manchmal derartig aus dem Gleichgewicht, daß sie sogar wahnsinnig werden. Ich hatte ein wenig Schwierigkeiten, meinen Wagen zu starten, und so kam es, daß ich sie noch aus dem Gebäude herauskommen sah. Und dann tat sie etwas, was mich veranlaßte, stehenzubleiben und sie zu beobachten. Es gab gar keinen Zweifel. Sie suchte im Rinnstein herum und den Bürgersteig ab. Also wußte sie, daß Elinors Lippenstift mit ihr zusammen hinuntergefallen war. Oder hatte sie ihn auch in der Handtasche vermißt?
Sie sah mich nicht. Sie winkte ein Taxi herbei und stieg ein. Ihre große Gestalt, tief in Trauer, war in der sommerlich hell gekleideten Menge nicht zu übersehen. Ich weiß nicht, warum ich ihr an diesem Tag gefolgt bin, außer vielleicht, weil sie meine einzige Verdächtige war. Auch wenn ich zu jenem Zeitpunkt noch nicht wirklich daran glaubte, daß sie Elinor getötet hatte. Ich wußte nur: Jemand hatte es getan.

Ich folgte ihr also. Das Taxi fuhr und fuhr. Ich fing an, mir ziemlich albern vorzukommen, als es durch die Geschäftsviertel rollte und dann hinaus in die Wohnbezirke der Stadt gelenkt wurde. Hier herrschte nicht mehr so viel Verkehr, und ich mußte weiter zurückbleiben. In einer dünn besiedelten Straße hielt das Taxi schließlich, und Margaret stieg aus. Sie entdeckte weder mich noch meinen Wagen. Sie starrte auf ein Fachwerkhaus mit einer schmalen Veranda, das etwas von der Straße zurückversetzt war. Während ich sie beobachtete, stieg sie die Stufen hoch und klingelte.

Fast eine Stunde hielt sie sich im Innern des Hauses auf. Ich begann mich so idiotisch wie noch nie zu fühlen. Es gab so viele mögliche Gründe, warum sie hier sein konnte. Gründe, die nichts mit Elinor zu tun haben mußten. Doch als sie endlich herauskam, schoß ich erstaunt in die Höhe.

Die Frau, die sie auf der Veranda verabschiedete, war eindeutig die Mrs. Thompson von der Gerichtsverhandlung.

Als das Taxi an mir vorbeifuhr, bückte ich mich, aber ich glaube, Margaret hat den Wagen nicht mal gesehen. Noch Mrs. Thompson. Sie ging nicht gleich wieder ins Haus hinein, sondern setzte sich auf die Veranda und fächelte sich mit ihrer Schürze Luft zu; und dort saß sie auch noch, als ich die Stufen zu ihr hochstieg.

Sie sah mehr überrascht denn ängstlich aus. Vermutlich hatte sie mich nicht bei der Gerichtsverhandlung gesehen. Sie rührte sich nicht.

»Ich hoffe, Sie haben nicht irgend etwas zu verkaufen«, sagte sie, nicht unwirsch. »Wenn doch, dann können Sie sich Ihre Zeit sparen.«

Es schien fast unmöglich, sie mit einem Verbrechen in Verbindung zu bringen. Mit irgendeinem Verbrechen. Wenn eine Frau erst einmal die Fünfzig erreicht hat, ist alles, was sie darstellt und ist, unauslöschlich in ihr Gesicht geschrieben. Das heißt, nicht nur in ihr Gesicht; man kann es auch an ihren Händen ablesen, an der Kleidung, die sie trägt, und an der

Art, wie sie sie trägt. Sie gehörte zu den Frauen, die früh morgens aufstanden und für eine große Familie das Frühstück bereiteten. Wahrscheinlich wusch sie auch selbst. Ihre Fingerknöchel waren angeschwollen und rot, als würden sie zu häufig in heißem Wasser stecken.
Sie musterte mich scharf.
»Ich verkaufe nichts«, erklärte ich. »Darf ich mich setzen und mit Ihnen reden?«
»Worüber?« Jetzt war sie mißtrauisch. »Ich muß Mittagessen machen. Die Kinder werden gleich von der Schule heimkommen.«
Sie stand auf, und ich spürte, ich würde mich beeilen müssen.
»Über einen Mord«, sagte ich knapp. »Es gibt da so etwas wie Begünstigung, und ich glaube, Sie wissen etwas, was Sie bei der Hammond-Gerichtsverhandlung nicht gesagt haben.«
Ihr rosiger Teint wurde etwas bläßlicher.
»Es war kein Mord«, sagte sie. »Das Urteil . . .«
»Ist mir wohlbekannt. Trotzdem glaube ich, daß es Mord war. Was hat sonst Mrs. Hammonds Schwägerin hier getan, wenn es kein Mord war?«
Sie schien bestürzt, faßte sich jedoch rasch.
»Ich habe sie noch nie zuvor gesehen«, erklärte sie. »Sie kam, um mir für meine Zeugenaussage zu danken. Weil diese gezeigt hat, daß das arme Ding sich selbst . . .«
»Und um Sie dafür zu bezahlen, denke ich?«
Sie lief rot an vor Wut.
»Niemand hat mir irgend etwas gezahlt«, sagte sie. »Und jetzt sollten Sie wohl lieber gehen. Wenn Sie glauben, daß irgend jemand mich bestechen kann, zu lügen, so irren Sie sich. Mehr habe ich nicht zu sagen.«
Sie ging ins Haus und schlug die Tür hinter sich zu. Ich fuhr in die Stadt zurück, höchst verwirrt über die ganze Geschichte. Sagte sie die Wahrheit? Oder gab es da irgend etwas, das sie bei der Verhandlung verschwiegen hatte? Auf jeden Fall war ich überzeugt, daß der Doktor mehr wußte, als er

ausgesagt hatte. Aber wozu etwas verbergen? Irgendwie hatte ich langsam das Gefühl, von einer Art Verschwörung eingekreist zu sein, und dieses Gefühl war ziemlich angst-einflößend.

Ich kam an jenem Tag zu spät zum Lunch, und Mutter war aufgebracht.

»Ich begreife einfach nicht, warum du, obwohl du nichts zu tun hast, ständig zu den Mahlzeiten zu spät kommst«, sagte sie.

»Ich hatte eine Menge zu tun, Mutter«, teilte ich ihr mit. »Ich hatte mich mit Elinors Ermordung beschäftigt.«

Sie stieß einen kleinen schrillen Schrei aus, wie es einer Dame zukam.

»Ermordung?« sagte sie. »Natürlich wurde sie nicht ermordet. Wer sollte denn so etwas tun?«

»Nun, Margaret zum Beispiel. Sie hat sie immer verabscheut.«

»Frauen in Margarets Position begehen keine Verbrechen«, erklärte sie dogmatisch. »Ich weiß wirklich nicht, was mit dir los ist, Louise. Deine Freunde zu verdächtigen . . .«

»Sie ist keine Freundin von mir. Aber Elinor war eine.«

»Dann willst du also alle möglichen Skandalgeschichten in die Welt setzen. Mord, du liebe Güte! Ich warne dich, Louise, wenn du an dieser verrückten Idee festhältst, wirst du dich in sämtlichen Zeitungen wiederfinden. Und ich werde endgültig meine Zuwendungen einstellen.«

Mit dieser gräßlichen Drohung entfernte sie sich, und ich verbrachte den Nachmittag damit, zu überlegen, was Dr. Barclay und die Thompson wußten oder vermuteten, und ließ mir bei Elinors Friseur meine Haare waschen und legen.

Die Mädchen dort waren überaus bereit, über sie zu reden, und die, die mein Haar frisierte, erzählte mir etwas, was ich nicht gewußt hatte.

»Ich habe hier auf sie gewartet«, sagte sie. »Und sie war immer so pünktlich. Natürlich kam sie nicht und . . .«

»Heißt das, Sie haben sie hier an dem Tag, an dem es passiert ist, erwartet?«
»Richtig«, bestätigte sie. »Sie war für vier Uhr bestellt. Als ich auf meinem Heimweg in die Zeitung schaute, konnte ich es einfach nicht glauben. Sie war immer so fröhlich gewesen. In den letzten Wochen war sie allerdings nicht mehr ganz dieselbe, aber natürlich hätte ich niemals im Traum daran gedacht . . .«
»Seit wann hatten Sie eine Veränderung an ihr wahrgenommen?« fragte ich.
»Warten Sie – ich glaube, es war um Ostern herum. Ich erinnere mich, daß sie einen neuen Hut trug, der mir gefiel, und sie hat ihn mir auf der Stelle geschenkt. Ging hier barhäuptig hinaus. Ich rannte mit dem Hut hinter ihr her, doch sie wollte ihn nicht zurücknehmen. Und sie hat eine komische Bemerkung gemacht, wenn ich jetzt so daran denke. Sie hat gesagt, manchmal wären neue Hüte gefährlich.«
Vielleicht sah ich besser aus, als ich den Friseurladen verließ, doch mein Gehirn kämpfte weiter gegen Windmühlen an. Warum waren neue Hüte gefährlich? Und weshalb hatte Elinor sich seit Ostern verändert?
Fred war an jenem Abend bei uns zum Dinner. Zumindest saß er am Tisch und schob sein Essen mit der Gabel auf dem Teller herum. Margaret war nicht gekommen. Er sagte, sie wäre mit Kopfschmerzen zu Bett gegangen, und er sprach die meiste Zeit über Elinor.
Es war natürlich entsetzlich. Selbst Mutter machte eine unglückliche Miene.
»Ich wünschte, du würdest etwas essen, Fred«, sagte sie. »Versuch doch die ganze Geschichte zu vergessen! Es führt zu nichts, alles wieder und wieder durchzugehen. Du hast sie sehr glücklich gemacht. Vergiß das nie!«
Irgendwann während des Essens fragte ich ihn, ob im Frühling irgend etwas geschehen wäre, was Elinor durcheinandergebracht hatte.

Er starrte mich an.
»Im Frühling? Wann?«
»Um Ostern herum«, erklärte ich. »Ich fand, sie hatte sich seitdem verändert. Als ob es ihr nicht gutginge oder so.«
»Ostern?« wiederholte er. »Ich erinnere mich an nichts, Lou. Außer daß sie um diese Zeit herum anfing, zu diesem verfluchten Psychiater zu gehen.«
»Warum ist sie zu ihm hingegangen, Fred?« fragte Mutter. »Falls sie irgendwelche Hemmungen hatte, so habe ich diese nie bemerkt.«
Falls das ein Stachel gewesen sein sollte, so hatte er ihn nicht bemerkt. Er verzichtete schließlich aufs Essen und zündete sich eine Zigarette an.
»Du hast ihn gesehen«, sagte er. »Er ist ein gutaussehender Teufel. Vielleicht hat sie Spaß daran gehabt, ihn anzuschauen. Es wäre eine Abwechslung gewesen – nach mir.«
Bald danach ging er nach Hause. Trotz seiner früheren Proteste glaubte ich, daß er sich über das gute Aussehen des Doktors geärgert hatte und über Elinors Besuche bei ihm. Und ich überlegte, ob er wohl in seinem Innern versuchte, eine Art Schutzmechanismus gegen sie einzurichten, um sie alles andere als perfekt in Erinnerung zu behalten, und dadurch das tragische Gefühl des Verlustes abzuschwächen.
Ich schlief schlecht. Immer wieder sah ich Freds Gesicht vor mir. Und so kam ich am nächsten Morgen zum Frühstück zu spät. Mutter hielt viel von lächelnden Morgengesichtern über dampfenden Kaffeetassen, und der einzige Grund, warum ich mal erwogen hatte, Fred zu heiraten, war ein Frühstückstablett im Bett. Doch wenigstens hatte sie die Zeitung schon gelesen, und so griff ich danach.
Ganz versteckt auf einer der hinteren Seiten entdeckte ich eine kurze Notiz, nur ein oder zwei Absätze lang, in der mitgeteilt wurde, daß in der Nacht zuvor auf Mrs. Thompson geschossen worden war.
Ich konnte es nicht glauben.

Ich las die Notiz wieder und wieder. Mrs. Thompson war nicht tot, aber ihr Zustand war kritisch. Die Polizei hatte von der Familie lediglich in Erfahrung bringen können, daß sie allein auf der vorderen Veranda gesessen hatte, als es passierte. Niemand hatte den Schuß gehört, oder falls doch, so hatten sie geglaubt, es wäre ein üblicher Auspuff-Knall. Ihr Mann hatte sie auf dem Boden der Veranda liegend vorgefunden, als er von einer Versammlung der Freimaurerloge heimkehrte. Das war so gegen elf Uhr gewesen. Sie war bewußtlos, als er sie fand, und wie das Krankenhaus mitteilte, war sie noch zu kraftlos, um eine Aussage zu machen. Die Kugel hatte ihren Brustkorb durchschlagen.
Also hatte sie etwas gewußt, die Ärmste. Etwas, das sie gefährlich gemacht hatte. Und ich sah wieder Margaret vor mir, wie sie die Stufen des kleinen Hauses in der Charles Street emporstieg; und wie sie Elinors Lippenstift auf der Straße suchte. Margaret, die Elinor gehaßt hatte und die jetzt uneingeschränkt über Fred herrschen konnte, das Porträt des alten Joe Hammond besaß, Elinors seidene Bettwäsche und – das fiel mir plötzlich ein – auch Freds Automatic, die endlose Jahre hindurch in seiner Schreibtischschublade gelegen hatte.
Ich glaube, es war die Selbstladepistole, die letztlich den Ausschlag gab. Sie und die verletzte Mrs. Thompson, die vielleicht sterben würde. Sie hatte so – mütterlich ausgesehen, als sie auf ihrer kleinen Veranda gesessen hatte, mit ihren von der harten Arbeit geschwollenen Händen, und seitlich im Hof trockneten die Kindersachen auf einer Wäscheleine. Sie hatte einen Vorschuß gebraucht und war in die Praxis des Doktors gekommen, um ihn sich zu holen, und dort war etwas vorgefallen, an das sie sich von Anfang an oder erst später wieder erinnert hatte.
Jedenfalls ging ich an jenem Nachmittag zu unserem zuständigen Polizeirevier und bat einen Mann hinter einem hohen Schreibpult, mir zu sagen, wer der diensthabende Beamte sei.

Er aß gerade einen Apfel und hörte auch nicht auf, ihn zu essen.
»Worum geht's?« fragte er und musterte mich gleichgültig.
»Es ist eine Privatsache.«
»Er ist beschäftigt.«
»Na schön«, sagte ich, »wenn er zu beschäftigt ist, um sich um einen Mord zu kümmern, dann werde ich in die Stadt ins Polizeipräsidium gehen.«
Er schien nur geringfügig interessiert.
»Wer ist ermordet worden?«
»Das werde ich *ihm* erzählen.«
Ein Officer kam vorbei, und er sprach ihn an.
»Die junge Lady hier hat 'nen Mord zur Hand«, sagte er. »Könnten mal schauen, ob der Captain beschäftigt ist.«
Der Captain war nicht beschäftigt, aber er war auch nicht weiter interessiert. Als ich ihm erzählte, es ginge um Elinor Hammond, erwiderte er, er hätte gehört, der Fall wäre abgeschlossen und überhaupt hätte sich die Geschichte nicht in seinem Distrikt zugetragen. Und da Mrs. Thompson ebenfalls nicht zu seinem Distrikt gehörte und er offensichtlich zu glauben schien, daß ich entweder nicht ganz bei Verstand war, oder Publicity suchte, gab ich es schließlich auf. Der Mann hinter dem Schreibpult grinste mir zu, als ich beim Hinausgehen an ihm vorüberkam.
»Wollen Sie, daß wir den Leichnam abholen?« fragte er.
»Ich würde Sie nicht mal darum bitten, einen toten Hund abzuholen«, teilte ich ihm verbittert mit.
Aber der Erfolg blieb doch nicht aus. Ich fuhr den Rest des Nachmittags herum und überlegte, was ich tun konnte. Als ich nach Hause kam, traf ich Mutter vollkommen entrüstet in der Diele an.
»Ein Polizist ist da, der dich sprechen will«, zischte sie mir zu. »Was hast du getan, um Himmels willen?«
»Wo ist er?«
»Im Wohnzimmer.«

»Ich möchte gern allein mit ihm sprechen, Mutter«, sagte ich. »Ich habe gar nichts getan. Es geht um Elinor.«
»Ich glaube, du bist verrückt«, sagte sie wütend. »Es ist alles vorbei. Sie ist in Schwierigkeiten geraten und hat sich umgebracht. Sie war schon immer für Schwierigkeiten prädestiniert und hat das Unglück herausgefordert. Du wirst nur noch selbst eingesperrt werden.«
Ich konnte sie nicht zurückhalten. Sie folgte mir ins Zimmer, und noch ehe ich mit dem Detective sprechen konnte, erzählte sie ihm auch schon, daß ich mich in den letzten Tagen seltsam benommen hätte und daß sie einen Arzt rufen und mich ins Bett stecken würde. Er lächelte. Er war ein tüchtig aussehender Mann, der Mutter mehr oder weniger abwimmelte.
»Ich schlage vor, wir lassen sie selbst reden«, sagte er. »Sie scheint mir durchaus dazu fähig zu sein. Nun, Miss Baring, was bedeutet all dieses Gerede über Mord?«
Und so erzählte ich ihm – Mutter unterbrach mich immer wieder protestierend – von Elinor und dem Lippenstift, von ihrem Termin beim Friseur, kurz nachdem sie tot auf dem Bürgersteig gelegen hatte, und teilte ihm meine Überzeugung mit, daß Mrs. Thompson etwas wußte, was sie nicht ausgesagt hatte.
»Ich schließe daraus, daß Sie glauben, daß Mrs. Hammond sich nicht selbst umgebracht hat. Stimmt das?«
»Sieht es denn so aus?« fragte ich.
»Wer hat es dann getan?«
»Ich glaube, es war ihre Schwägerin.«
Mutter fiel fast in Ohnmacht. Sie stand auf und sagte, sie hätte genug Unsinn gehört und ich wäre hysterisch. Aber der Detective rührte sich nicht vom Fleck.
»Lassen Sie sie in Frieden«, sagte er mürrisch. »Was ist mit dieser Schwägerin?«
»Ich habe sie gestern in Dr. Barclays Praxis getroffen«, erklärte ich. »Sie bestand darauf, daß Elinor aus dem Fenster ge-

fallen wäre. Sie behauptete, der Fußboden wäre rutschig und sie wollte, daß ich es selbst teste.« Ich zündete mir eine Zigarette an und stellte überrascht fest, daß meine Hände zitterten. »Vielleicht klingt es albern – aber sie weiß von dem Lippenstift. Sie hat ihn auf der Straße gesucht.«
Doch erst meine nächste Feststellung ließ ihn wirklich aufhorchen.
»Ich glaube, daß sie an dem Tag, an dem Elinor getötet wurde, in der Praxis war«, sagte ich. »Und ich glaube, daß die Thompson das gewußt hat. Und ich glaube, daß sie gestern abend zu ihr hinausgefahren ist und auf sie geschossen hat.«
»Geschossen hat?« wiederholte er scharf. »Ist das die Frau draußen von der Charles Street? Die jetzt im Krankenhaus ist?«
»Ja.«
Er musterte mich ruhig.
»Warum glauben Sie, daß Miss Hammond auf sie geschossen hat?« fragte er. »Das ist ja eine ziemlich kühne Behauptung.«
»Weil sie gestern morgen bei ihr war, um mit ihr zu sprechen. Sie war eine Stunde dort. Ich weiß es. Ich bin ihr gefolgt.«
Mutter schreckte erneut auf. Mein Benehmen war ihr unerklärlich. Ich war streng behütet aufgezogen worden. Sie hatte ihr Bestes für mich getan. Und was Margaret anbelangte – sie hatte gestern abend mit Kopfschmerzen zu Bett gelegen. Es würde nicht schwierig sein, das zu beweisen. Die Hausangestellten ...
Er wartete geduldig und erhob sich dann. Seine Miene war ausdruckslos.
»Ich möchte Ihnen einen kleinen Rat geben, Miss Baring«, sagte er. »Überlassen Sie die Sache uns! Wenn Sie recht haben und ein Mord und ein Mordversuch stattgefunden haben, dann ist das unser Job. Wenn Sie sich irren, dann ist auch kein Schaden angerichtet worden. Jedenfalls bis jetzt noch nicht.«
Mutter legte sich zu Bett an jenem Nachmittag, während ich

am Telefon wartete. Doch als er mich endlich anrief, brachten mich seine Neuigkeiten nicht einen Deut weiter. Mrs. Thompson hatte das Bewußtsein wiedererlangt und eine Aussage gemacht. Sie wußte weder, wer auf sie geschossen hatte, noch warum. Und sie beteuerte, daß Margaret sie nur besucht hatte, um ihr für ihre Zeugenaussage zu danken, die eindeutig bewiesen hätte, daß Elinor entweder aus dem Fenster gestürzt oder hinuntergesprungen war. Und man hatte ihr weder Geld gegeben noch angeboten.

Doch da war noch etwas. Anscheinend war Mrs. Thompson seit der Gerichtsverhandlung beunruhigt gewesen und hatte Margaret angerufen und sie gefragt, ob es denn von Bedeutung wäre ... Kurzum, es hatte tatsächlich jemand die Praxis des Doktors betreten, während sie im Korridor gestanden hatte.

»Aber es war jemand ganz Normales«, sagte er. »Es war genau die Person, die niemand jemals richtig wahrnimmt. Der Postbote.«

»Der Postbote?« echote ich mit dünner Stimme.

»Genau. Ich habe mich mit ihm unterhalten. Er hat Mrs. Hammond an jenem Morgen in der Praxis gesehen. Er erinnert sich gut an sie. Sie hatte den Hut abgenommen und las in einer Zeitschrift.«

»Hat er Mrs. Thompson gesehen?«

»Er hat sie nicht bemerkt, aber sie hat ihn auf jeden Fall gesehen.«

»Dann ist also er gestern abend zu ihr gegangen und hat auf sie geschossen?«

Er lachte.

»Er war gestern abend mit seiner Familie im Kino. Und denken Sie daran, Miss Baring – das mit dem Schuß kann auch ein Unfall gewesen sein. Viele Menschen laufen heutzutage mit Waffen herum.«

Na prost Mahlzeit! Elinor hatte Selbstmord begangen, und Mrs. Thompson war von jemandem angeschossen worden,

der einfach nur so in der Gegend herumgeballert hatte. Das glaubte ich nun mal nicht. Und ich glaubte es sogar noch weniger, nachdem mich Dr. Barclay an jenem Abend besucht hatte.
Ich hatte allein zu Abend gegessen. Mutter lag immer noch im Bett und weigerte sich, mich zu sehen. Ich kam mir wie ein Waisenkind vor. Ich lauschte den Kriegsnachrichten im Rundfunk und überlegte gerade, ob ich wohl genug über Krankenpflege lernen konnte, um irgendwohin zu gehen, da führte ihn das Hausmädchen herein. Augenscheinlich war er nicht sicher, ob er willkommen war, denn er machte eine recht verlegene Miene.
»Tut mir leid, daß ich so hereinplatze«, sagte er. »Ich werde Sie nicht lange belästigen.«
»Dann kommen Sie also nicht in ärztlicher Funktion?«
Er sah überrascht aus.
»Natürlich nicht. Warum?«
»Weil meine Mutter glaubt, daß ich den Verstand verliere«, erklärte ich ziemlich ungestüm. »Elinor Hammond ist tot –, laß sie also in Frieden ruhen. Mrs. Thompson ist angeschossen worden, aber weshalb sich darum beunruhigen? Denk an die Zeitungen! Denk an den Familiennamen! Bitte, keinen Skandal! Keine ...«
»Mir scheint«, sagte er, »Sie befinden sich in einer ziemlich schlechten Verfassung, nicht wahr? Wir wär's, wenn Sie zu Bett gingen. Ich werde später mit Ihnen reden.«
»Man schickt mich also zu Bett«, bemerkte ich böse. »Das wäre hübsch einfach, nicht wahr? Jemand kommt ungeschoren mit einem Mord davon. Vielleicht sogar mit zwei Morden. Und jeder versucht mich zum Schweigen zu bringen. Sogar die Polizei!«
Das versetzte ihm einen Schock.
»Sie sind bei der Polizei gewesen?«
»Warum nicht? Weshalb sollte die Polizei nicht eingeweiht werden? Nur weil Sie nicht wollen, daß bekannt wird, daß je-

mand aus einem Fenster Ihrer Praxis hinausgestoßen wurde ...«

Er war wütend. Er hatte sich nicht gesetzt, und ich machte auch keine Anstalten, ihn dazu aufzufordern. Wir mußten wie zwei Kampfhähne mit gespreiztem Gefieder ausgesehen haben, zum Kampf bereit. Aber er versuchte, sich zusammenzureißen.

»Hören Sie, Sie mischen sich da in Dinge ein, die Sie nicht verstehen. Gütiger Gott, warum können Sie sich nicht raushalten aus dem Fall?«

»Es gab überhaupt keinen Fall, bis ich einen daraus gemacht habe«, sagte ich wütend. »Ich begreife das nicht – warum versucht mich jeder fernzuhalten?« Vermutlich habe ich dann die Kontrolle über mich verloren. Die Art, wie er mich beobachtete, ließ mich explodieren. »Woher weiß ich, daß es nicht *Sie* gewesen sind? Sie könnten es gewesen sein. Entweder Sie oder der Postbote. Doch der war im Kino!«

»Der Postbote?« wiederholte er und starrte mich an. »Was soll das heißen – der Postbote?«

Es war wohl seine erstaunte Miene, die mich zum Lachen brachte. Ich lachte und lachte. Ich konnte nicht mehr aufhören. Und dann weinte ich auch noch. Und auch damit konnte ich nicht aufhören. Ich konnte mich tatsächlich selbst schreien hören, und plötzlich schlug er mir ohne Vorwarnung ins Gesicht.

Mein Kopf flog zurück, und er mußte mich auffangen. Aber der Anfall war vorüber. Ich löste mich von ihm und sagte ihm, er sollte das Haus verlassen. Er rührte sich jedoch nicht vom Fleck. Zwar sah er nicht mehr wütend aus, vielmehr schien er ziemlich zufrieden mit sich zu sein, aber das war mir egal.

»So ist's recht!« sagte er. »Im nächsten Moment hätten Sie die Nachbarschaft auf dem Hals gehabt. Sie gehen jetzt lieber zu Bett, und ich werde Ihnen aus der Apotheke Schlaftabletten herüberschicken.«

»Ich würde aber gar nichts nehmen, was Sie mir schicken, da können Sie sicher sein«, sagte ich bitterböse.
Darauf ging er nicht ein. Statt dessen befreite er den Teppich von meiner Zigarette, die emsig damit beschäftigt war, ein Loch in ihn hineinzubrennen – gütiger Gott, Mutter! –, und ließ sie in den Aschenbecher fallen. Dann beugte er sich – ich raste vor Wut – zu mir herab und klopfte mir auf die Schulter.
»Sie können's mir glauben oder nicht«, sagte er, »aber ich kam nicht her, um Sie zu attackieren. Vielmehr wollte ich Sie nur bitten, nachts nicht allein auf die Straße zu gehen, bis ich Ihnen sage, daß Sie es wieder dürfen.« Er ergriff seinen Hut. »Es ist mir Ernst mit dem, was ich sage. Verlassen Sie dieses Haus nicht allein am Abend, Miss Baring! Keinen Abend!«
»Seien Sie doch nicht lächerlich!« Ich war immer noch wütend. »Weshalb sollte ich abends nicht rausgehen?«
Er mochte mich von Minute zu Minute weniger, das konnte ich sehen.
»Weil es gefährlich sein könnte«, sagte er kurz. »Und ganz besonders möchte ich, daß Sie sich von dem Hammond-Haus fernhalten. Es ist mir wirklich Ernst, und ich hoffe, daß Sie vernünftig genug sind, meinem Rat zu folgen.«
Er schlug die Haustür hinter sich zu, als er ging, und ich verbrachte die nächste halbe Stunde mit dem Versuch, das Brandloch im Teppich zu glätten und den Doktor wie die Pest zu hassen. Ich war immer noch zornig, als das Telefon in der Diele klingelte. Es war Margaret.
»Ich vermute, daß wir den Besuch der Polizei heute abend dir zu verdanken haben«, sagte sie. »Um Himmels willen – warum kannst du uns nicht in Frieden lassen? Wir haben so schon genügend Schwierigkeiten, auch ohne deine Bemühungen, alles noch schlimmer zu machen.«
»Na schön. Dann möchte ich dich nur Folgendes fragen«, erwiderte ich unbekümmert. »Warum hast du gestern morgen Mrs. Thompson besucht? Und wer hat gestern abend auf sie geschossen?«

Sie antwortete nicht. Sie japste irgendwie nach Luft, dann legte sie auf.
Eine halbe Stunde später brachte der Gehilfe des Apothekers die Schlaftabletten. Ich ging damit in die Küche und ließ sie in den Kohleherd fallen. Annie beobachtete mich erstaunt. Ich erinnere mich, daß sie für Mutter gerade heiße Milch machte, und sie erzählte mir, daß Clara, die Köchin der Hammonds, am Abend da gewesen war.
»Sie sagt, es ginge seltsam dort drüben zu«, berichtete sie. »Jemand hat gestern nacht den Ofen angemacht, und heute morgen war es so heiß im Haus, daß man sich nicht drin aufhalten konnte.«
Ich hörte ihr nicht groß zu. Ich war immer noch ziemlich mitgenommen. Dann sah ich, wie Annie aufblickte. Fred stand auf der Küchenveranda und lächelte erschöpft und entschuldigend.
»Darf ich hineinkommen?« fragte er. »Ich war spazieren und habe das Licht gesehen.«
Er sah schon mal besser aus, dachte ich. Margaret wäre im Bett und es wäre so einsam im Haus, erklärte er. Dann fragte er Annie, ob sie ihm eine Tasse Kaffee machen würde.
»Ich schlafe sowieso nicht viel«, sagte er. »Es ist schwer, sich daran zu gewöhnen. Und es ist heiß im Haus. Ich habe mich von einem Haufen Zeug befreit. Habe es verbrannt.«
Damit war also die Ofen-Geschichte erklärt. Ich hoffte, Annie hatte es gehört.
Als er ging, ging ich mit ihm hinaus und beobachtete, wie er sich auf den Heimweg machte. Dann wandte ich mich um und ging die Auffahrt wieder hoch. Ich war schon in der Nähe des Hauses, als es passierte. Ich erinnere mich an das Rascheln im Gebüsch und daß ich stehenblieb, um nachzusehen, wo das Geräusch herkam. Aber den Schuß habe ich nicht gehört. Etwas traf mich am Kopf. Ich fiel, und von da an weiß ich absolut nichts mehr, bis ich Mutters Stimme hörte. Ich lag in meinem Bett und hatte einen Verband um

den Kopf, der so schmerzte, daß mir ganz schwindelig davon war.
»Ich habe sie gewarnt«, sagte Mutter mit erstickter Stimme. »Allein schon diese Idee, auszugehen, wenn Sie ihr extra sagen, es nicht zu tun!«
»Ich habe mein Bestes getan«, erklärte eine männliche Stimme. »Aber Sie haben eine sehr eigensinnige Tochter, Mrs. Baring.«
Es war Dr. Barclay. Er stand neben dem Bett, als ich die Augen öffnete. Wahrscheinlich war ich noch immer ganz durcheinander, denn ich erinnere mich, daß ich mit schwacher Stimme sagte: »Sie haben mich geschlagen.«
»Was Ihnen mächtig gutgetan hat«, entgegnete er lebhaft. »Jetzt sehen Sie nur, wo Sie gelandet sind! Und Sie haben noch Glück, daß Sie da liegen.«
Inzwischen konnte ich ihn besser sehen. Er sah sehr sonderbar aus. Sein eines Auge war fast zugeschwollen, und sein Kragen hing schmutzig und schlapprig um seinen Hals. Ich starrte ihn an.
»Was ist passiert?« fragte ich. »Sie haben gekämpft?«
»Mehr oder weniger.«
»Und was ist das hier um meinen Kopf?«
»Das ist die Belohnung für Ihre Mißachtung meiner Befehle«, sagte er.
Da begann ich mich zu erinnern, an das Rascheln im Gebüsch und daß jemand mich umgelegt hatte.
Er fühlte ruhig meinen Puls.
»Sie haben sich an einer Seite Ihres Kopfes eine sehr hübsche Verzierung von einer Kugel zugezogen«, erklärte er kühl. »Ich mußte Ihre Haare ein ganz klein wenig abrasieren« – vermutlich jammerte ich daraufhin, denn er fühlte nicht mehr meinen Puls, sondern griff nach meiner Hand –, »aber grämen Sie sich nicht deswegen. Zwar war es sehr hübsches Haar, doch es wird wieder wachsen. Danken Sie lieber Gott, daß Sie noch da sind!«

»Wer ist es gewesen? Wer hat auf mich geschossen?«
»Der Postbote, natürlich«, sagte er und ließ mich wütend und zornig allein im Zimmer zurück.
Danach schlief ich. Ich nahm an, er hatte mir irgendwas eingegeben. Auf jeden Fall hörte ich das Ende der Geschichte erst am nächsten Morgen. Mutter war restlos auf ihn abgefahren, und er durfte erst zu mir herein, nachdem mein bester Seiden-Bettbezug auf dem Bett lag und ich von kleinen Kopfkissen eingerahmt war. Doch auch dann sah ich im Handspiegel noch schrecklich aus, mit dem Kopfverband und dem gelblichgrauen Teint. Das schien ihm jedoch nichts auszumachen. Groß und lächelnd – sein rechtes Auge war inzwischen purpurfarben und total geschlossen – kam er hereinspaziert und erklärte, ich würde gräßlich aussehen.
»Sie haben selbst auch schon besser ausgesehen«, teilte ich ihm mit.
»Oh, das da!« meinte er und betastete sein Auge behutsam. »Ihre Mutter hat gestern abend ein mit Butter beschmiertes silbernes Messer draufgelegt. Wirklich eine nette Person, Ihre Mutter. Wir haben uns gut verstanden.«
Er bat mich, seine Aufmachung zu entschuldigen, aber er wäre noch nicht zu Hause gewesen. Er war die ganze Nacht mit der Polizei beschäftigt. Er meinte, daß er jetzt heimgehen und sich gründlich reinigen würde. Da war ich endgültig am Ende meiner Geduld angelangt.
»Sie werden sich nicht eher hier aus diesem Zimmer wegbewegen, bevor ich nicht weiß, was hier vorgeht«, keifte ich. »Ich werde allein nur vor Aufregung gleich Fieber bekommen.«
Er legte mir eine große Hand auf die Stirn.
»Kein Fieber«, sagte er. »Es ist nur Ihr Detektivgehirn, das verrückt spielt. Also gut. Wo soll ich beginnen?«
»Mit dem Postboten.«
Und dann erzählte er. Im Laufe des Frühlings war Elinor mit einer seltsamen Geschichte zu ihm gekommen. Sie behauptete, sie würde verfolgt werden. Es machte sie nervös. Das

heißt, sie hatte ziemliche Angst. Der Mann, der sie beobachtete, wo immer sie auch hinging, schien die Uniform eines Postboten zu tragen. Wenn sie beim Lunch in einem Restaurant saß – zum Beispiel mit einem, wie sie es nannte, männlichen Freund –, hätte er draußen vor einem Fenster gestanden. Er wäre an allen möglichen Orten aufgetaucht. Natürlich klang es absurd, aber sie schwor, daß es wahr wäre.

Mir kam eine schwache Erleuchtung.

»Glauben Sie, es war dieser Mann, den die Thompson in Ihre Praxis hat gehen sehen, wie sie sich erinnerte?«

»Sie hat ihn bereits identifiziert. Der echte Briefträger war schon früher da gewesen. Er hatte Mrs. Hammond auf einem Stuhl sitzen und in einer Zeitschrift lesen sehen. Aber er war weg, bevor die Thompson kam. Den, den sie gesehen hat, war der – nun, der, der Elinor getötet hat.«

Ich glaube, ich wußte es, bevor er es mir sagte. Und mir war ganz elend zumute.

»Es war Fred, nicht wahr?«

»Ja, es war Fred Hammond.« Er griff nach meiner Hand. »Es war schlimm, meine Liebe«, sagte er. »Ich war besorgt deswegen. Ich versuchte sie zu überreden, wegzugehen, aber Sie haben sie ja gekannt. Sie wollte es nicht. Vor gar nicht langer Zeit trug sie dann auf einer Party ein Kleid mit einem scharlachroten Buchstaben ›A‹ vorne drauf, und das hatte ihm vermutlich den Rest gegeben.«

»Das ist verrückt!« keuchte ich. »Er hat sie angebetet.«

»Er war besessen von ihr. Ja, er liebte sie. Aber er hatte Angst, er könnte sie verlieren. Würde sie verlieren. Und er hat sie wahnsinnig beneidet.« Er sah leicht verlegen drein. »Im nachhinein glaube ich, daß er besonders auf mich neidisch war.«

»Aber wenn er sie wirklich geliebt hat . . .«

»Liebe und Haß liegen sehr nahe beieinander. Und es ist auch durchaus möglich, daß er das Gefühl hatte, sie würde niemals ganz ihm gehören, so lange nicht – nun, so lange nicht, bis sie kein anderer mehr haben konnte.«

»Und deshalb hat er sie getötet!«
»Er hat sie getötet«, bestätigte er langsam. »Er wußte, daß niemand auf den Postboten achtgibt. Also kam er in meine Praxis hinein und . . .«
Er stand auf und trat ans Fenster. Ich setzte mich benommen im Bett auf.
»Aber er war krank«, sagte ich. »Man kann ihn nicht auf den elektrischen Stuhl schicken.«
»Niemand wird ihn auf den elektrischen Stuhl schicken«, sagte er düster. »Doch vergessen Sie nicht, meine Liebe, er ist dort besser dran, wo er jetzt ist. Vielleicht hat er inzwischen schon seine Frau gefunden. Ich denke, das hat er gehofft.« Er zögerte. »Ich war zu spät dran, gestern abend. Ich habe ihn noch rechtzeitig geschnappt, als er auf Sie schoß, aber er hat richtig zu kämpfen angefangen, und irgendwie hat er sich losgerissen und sich dann selbst erschossen.«
Er fuhr ruhig fort, zu erzählen. An Freds Schuld war nicht zu zweifeln, sagte er. Mrs. Thompson hat im Krankenhaus ein Foto von ihm gesehen und ihn als den Postboten identifiziert, den sie in die Praxis hatte hineingehen und, kurz nachdem sie die Sprechstundenhilfe hatte schreien hören, wieder hatte herauskommen sehen. Und die Kugel, mit der auf sie geschossen worden war, stammte aus Freds Waffe. Und Margaret – die arme Margaret – hatte seinem geistigen Gesundheitszustand schon lange mißtraut.
»Sie ist gestern zu mir gekommen, nachdem sie erfahren hatte, daß auf Mrs. Thompson geschossen worden war. Sie wollte, daß er in eine Heil- und Pflegeanstalt eingewiesen wird, aber sie wurde hysterisch, als ich die Polizei erwähnte. Vermutlich hätte es sowieso nicht zu einer Anklage ausgereicht. Da Mrs. Thompson offensichtlich stirbt und die Uniform weg ist . . .«
»Weg? Wo ist sie hin?«
»Er hat sie im Ofen verbrannt. Wir haben letzte Nacht ein paar verkohlte Knöpfe und dergleichen gefunden.«

Ich lag still da und versuchte nachzudenken.
»Warum hat er versucht, Mrs. Thompson umzubringen?« fragte ich. »Was wußte sie?«
»Sie erinnerte sich nicht nur daran, einen Postboten in meine Praxis hineingehen und wieder herauskommen gesehen zu haben, kurz bevor Miss Comings schrie. Sie hat ihn auch beschrieben. Und Margaret ist nach Hause gegangen und hat das Haus durchsucht.
Sie hat die Uniform in einer Truhe in der Mansarde gefunden. Da wußte sie es.
Sie ist zusammengebrochen. Sie konnte Fred nicht gegenübertreten. Und so hat sie sich in ihrem Zimmer eingesperrt und zu überlegen versucht, was sie tun konnte. Aber sie hatte Fred an jenem Tag erzählt, daß sie Mrs. Thompson besuchen gehen würde, und sie glaubt, er hat vielleicht gewußt, daß sie die Uniform gefunden hatte. Irgend etwas könnte ihn beunruhigt haben. Sie weiß es nicht, und ich weiß es auch nicht. Wir wissen nur, daß er in jener Nacht das Haus verließ, seinen Wagen herausholte und die einzige Zeugin zu töten versuchte, die gegen ihn auftreten konnte. Ausgenommen Sie natürlich.«
»Ausgenommen ich?«
»Ausgenommen Sie«, wiederholte er gelassen. »Ich habe Sie zu warnen versucht, falls Sie sich noch erinnern. Ich kam hierher, und Sie haben mich rausgeworfen.«
»Aber warum? Er mochte mich immer. Weshalb versuchte er mich zu töten?«
»Weil Sie keine Ruhe gaben«, erklärte er. »Weil Sie von dem Moment an, da Sie hartnäckig behaupteten, Elinor wäre ermordet worden, eine Gefahr darstellten. Und weil Sie Margaret gestern abend am Telefon gefragt haben, warum Sie Mrs. Thompson besucht und wer auf sie geschossen hat.«
»Sie glauben, daß er mitgehört hat?«
»Ich weiß, daß er gelauscht hat. Vor seiner Schwester hatte er keine Angst. Sie wäre für ihn gestorben, nur um ihn zu be-

schützen, und er wußte das. Aber da waren Sie – dynamitgeladen – und stellten solche Fragen! Da hat Margaret mich zu Ihnen geschickt, damit ich Sie warne.«
Ich nehme an, daß ich rot wurde.
»Es tut mir leid«, sagte ich schuldbewußt. »Ich bin natürlich die ganze Zeit über eine Närrin gewesen.«
Er zwinkerte mit dem einen ihm noch verbliebenen Auge.
»Das würde ich nun nicht gerade behaupten«, meinte er. »Durch Ihren Starrsinn ist der Fall tatsächlich gelöst worden. Nicht, daß ich starrsinnige Frauen gern habe«, fügte er hinzu. »Sanft und gütig ist meine Devise.«
Es war gar nicht so einfach, ihn wieder zu den Ereignissen der vergangenen Nacht zurückzuführen. Er schien sie vergessen zu wollen. Doch schließlich gab er zu, daß er schon den ganzen Abend über das Hammond-Haus beobachtet hatte, und als Fred an unsere Küchentür kam, war er ebenfalls draußen gewesen. Doch Fred hatte einen ruhigen Eindruck gemacht. Er hatte seinen Kaffee getrunken und sich eine Zigarette angezündet. Und dann war ich mit ihm auf die Straße hinausgegangen.
»Gütiger Gott!« stieß er hervor. »Wenn ich je jemandem hätte auflauern und ihn zusammenschlagen wollen . . .«
Doch anfangs hatte es so ausgesehen, als wäre alles in Ordnung. Fred war die Straße hinuntergegangen und auf sein Haus zugesteuert, und er war ihm im Schutze der Hecke gefolgt. Aber dann verlor er ihn aus den Augen, und es wäre fast zu spät gewesen.
Er wußte, daß Fred wieder zurückgegangen war. Fred hatte seinen Revolver angehoben, um auf mich zu schießen, als Barclay ihn packte.
Plötzlich weinte ich. Es war alles so schrecklich. Elinor am Fenster und Fred hinter ihr – Mrs. Thompson, die sich nach harter Tagesarbeit erholt, und Fred, der auf sie schießt – und ich . . .
Er holte ein schmutziges Taschentuch hervor und trocknete meine Tränen.

»Lassen Sie's gut sein!« sagte er. »Jetzt ist alles vorüber, und Sie sind eine sehr mutige junge Frau, Louise Baring. Verderben Sie nicht den guten Eindruck!«
Er stand ziemlich abrupt auf.
»Ich glaube, Sie haben jetzt genug von Mord und plötzlichen Todesfällen«, sagte er leichthin. »Was Sie jetzt brauchen, ist Ruhe. Ich gebe Ihren Fall ab. Es wird bald jemand erscheinen, der Ihren Kopf verbindet.«
»Warum können Sie das nicht machen?«
»Ich bin kein Arzt dafür.«
Ich blickte zu ihm auf. Er sah abgehärmt und abgespannt aus; und er war dreckig; er mußte sich dringend rasieren, und das grauenvolle Auge verfärbte sich von Minute zu Minute mehr. Aber er war groß und stark und gesund. Eine Frau würde sicher bei ihm aufgehoben sein, dachte ich. Jede Frau. Doch natürlich würde sie ihm niemals ihre Träume mitteilen können.
»Ich verstehe nicht, warum Sie sich nicht um mich kümmern können«, sagte ich. »Wenn ich schon kahlköpfig bin, dann ist es mir lieber, wenn Sie das sehen. Schließlich sind Sie ja verantwortlich dafür.«
Er grinste. Dann neigte er sich zu meiner Überraschung zu mir herab und küßte mich zart auf eine Wange.
»Das habe ich schon immer tun wollen, seit Sie diesen Lippenstift vor mich auf den Schreibtisch geknallt haben«, sagte er. »Und jetzt hören Sie, bitte, um Himmels willen damit auf, Detektiv zu spielen, und konzentrieren Sie sich darauf, daß wieder ein paar Haare auf dieser Seite Ihres Kopfes wachsen. Denn ich habe vor, mich eine beträchtliche Zeit in Ihrer Nähe aufzuhalten.«
Als ich hochsah, stand Mutter in der Tür. Sie strahlte.

Auftritt Susan Dare

Susan Dare

Mignon G. Eberhart

Susan Dare beobachtete den dünnen blauen Rauchfaden, der träge aus dem langen Hals einer Tigerlilie aufstieg. Michela war also auch geflohen. Sie befand sich jedoch nicht auf der langen Veranda, die offen und leer unter dem klaren, heller werdenden Licht des aufgehenden Mondes lag, und auf dem silbrig schimmernden Rasen, der sanft zum Kiefernwald abfiel, regte sich nichts.

Susan wartete einen Moment lauschend auf das Klappern von Michelas hohen Absätzen, hörte jedoch nichts. Sie schob die Vase mit den Tigerlilien auf der niedrigen Fensterbank zur Seite, ließ die Samtvorhänge hinter sich zusammenfallen und hockte sich in die so entstandene kleine Nische. Es war wohltuend und beruhigend, auf diese Weise von dem Haus mit seinen unterschwelligen Feindseligkeiten abgeschirmt zu sein und sich der stillen Nacht hingeben zu können.

Schade, dachte Susan, gerade jetzt abreisen zu müssen. Aber nach diesem Abend konnte sie nicht bleiben. Man muß als Gast schließlich klug genug sein zu verschwinden, wenn sich in der Familie der Gastgeberin eine schwierige Situation entwickelt. Ihr Blick fiel wieder auf den dünnen Rauchfaden, der sich aus der Lilie emporschlängelte, und sie wünschte, Michela würde es lassen, ihre Zigarettenstummel in Blumen zu deponieren, auch wenn sie das noch so witzig fand.

Von irgendwoher drang der gedämpfte Klang von Stimmen zu Susan, und sie zog sich noch tiefer in ihre kleine Nische und die friedliche Nacht zurück. Es war ein unerfreuliches Abendessen gewesen, und ungefähr eine Stunde würde sie noch aushalten müssen, ehe sie sich mit Anstand empfehlen konnte. Nett von Christabel, ihr das Gästehaus zu überlassen; das grüne Häuschen drüben hinter dem Haus, durch die Hecke und den gewundenen schmalen Weg hinauf. Christabel Frame war die vollendete Gastgeberin, und Susan hatte bei ihr eine Woche voller Ruhe und Behagen genossen.
Aber dann war Randy Frame, Christabels jüngerer Bruder, zurückgekehrt.
Und fast gleichzeitig waren Joe Bromfel und seine Frau Michela angekommen und mit ihnen etwas, das alles Behagen zerstört hatte. Das alte Haus der Familie Frame mit den schlanken Säulen, den hohen Fenstern und großzügigen schattigen Räumen war das gleiche wie immer – die milde südliche Luft, die dunstigen blauen Hügel, der stille Kiefernwald und die von Blumen gesäumten Wege. Nichts hatte sich verändert. Dennoch war plötzlich alles anders.
Auf der anderen Seite der grünen Samtvorhänge rief jemand ungeduldig: »Michela ... Michela ...«
Es war Randy Frame. Susan rührte sich nicht, und sie war sicher, daß die lang herabwallenden Vorhänge selbst ihre silbernen Schuhspitzen verbargen. Er stand wahrscheinlich an der Tür zur Bibliothek, und sie konnte ohne hinzusehen sein rotes Haar, die geschmeidige junge Gestalt und das ungeduldige magere Gesicht vor sich sehen. Ungeduldig, mit Michela zusammenzusein. Ach, du Idiot, dachte Susan. Merkst du denn nicht, was du Christabel antust?
Sie hörte seine schnellen Schritte auf dem Parkettboden des Foyers, dann war es wieder still, und Susan selbst machte eine heftige Bewegung der Ungeduld. Weil die Männer der Familie Frame angeblich alle rothaarig, ritterlich, aufbrausend und leichtsinnig waren, außerdem unglaublich dumm

und egoistisch (fand Susan), hatte sich Randy diesem Klischee ohne Frage angepaßt. Teile des Gesprächs beim Abendessen kamen Susan ins Gedächtnis. Sie hatten sich über die Fuchsjagd unterhalten – ein unverfängliches Thema, sollte man meinen, in den Bergen von Carolina. Doch irgendwie – durch Michela vielleicht? – war das Gespräch auf einen Stallknecht gekommen, der von einem der Frames erschossen worden war. Das war vor langer Zeit geschehen, war praktisch vergessen und hatte mit der heutigen Generation der Frames nichts zu tun. Dennoch hatte Christabel hastig versichert, es sei ein Unfall gewesen; schrecklich! Sie hatte bleich ausgesehen. Und Randy hatte gelacht und erklärt, bei den Frames wäre es Sitte, erst zu schießen und dann zu fragen, und in der obersten Schublade des Buffets läge immer ein Revolver.
»Hier ist sie!« rief jemand, und die Vorhänge wurden mit einem Ruck aufgezogen. Randys leicht erhitztes Gesicht zeigte Enttäuschung, als er Susan sah. »Ach«, sagte er. »Ich dachte, du wärst Michela.«
Andere kamen gemächlich aus dem Foyer herein, und eine Stunde der Höflichkeit wollte noch durchgestanden werden. Seltsam, wie plötzlich und unerklärlich die Atmosphäre steif und gespannt geworden war!
Randy hatte sich schon abgewandt und ging ohne ein weiteres Wort davon. Tryon Welles, der mit Christabel durch das Zimmer kam, lächelte Susan freundlich entgegen.
»Susan Dare«, sagte er. »Bei der Betrachtung des Mondes, während sie in aller Stille den nächsten Mord plant.« Kopfschüttelnd wandte er sich Christabel zu. »Ich glaube dir einfach nicht, Christabel. Wenn diese junge Dame überhaupt schreibt, was ich bezweifle, dann höchstens innige kleine Gedichte, die von Rosen und Mondenschein handeln.«
Christabel lächelte schwach und setzte sich. Mars, dessen breites Gesicht glänzte, trug das Kaffeetablett herein. Joe Bromfel, der, dunkel und massig, in seinem Smoking zu schwitzen schien, blieb einen Moment an der Tür stehen, um

einen Blick durch das Foyer zu werfen, dann kam er ins Zimmer.

»Wenn Susan Gedichte schreibt«, bemerkte Christabel scherzhaft, »dann ist das ihr Geheimnis. Du täuschst dich, Tryon. Sie schreibt . . .« Christabel zögerte. Ihre schlanken Hände schienen zu suchen, hingen wie unschlüssig über dem Tablett, und der große Amethyst an ihrem Ringfinger schimmerte in violetten Lichtern. Dann ergriff sie nach dieser kaum merklichen Pause eine der zerbrechlichen alten Tassen und schenkte aus der großen silbernen Kanne ein. »Sie schreibt Mordgeschichten«, fuhr sie ruhig fort. »Herrlich schauerliche mit vernünftigen Lösungen. – Zucker, Tryon? Entschuldige, ich hab's vergessen.«

»Ein Stück. Aber ist die Tasse nicht für Miss Dare?«

Tryon Welles lächelte immer noch. Er war als letzter der Gäste eingetroffen, ein gepflegter grauer Mann mit schmalen Augen, rosigen Wangen und einer freundlichen Art. Auffallend an ihm war höchstens seine Pedanterie bei der farblichen Abstimmung seiner Kleidung. Zum grauen Tweed trug er genau die richtigen Grüntöne – grüne Krawatte, grünes Hemd und ein vorsichtiger grüner Streifen in den grauen Socken. Er war unmittelbar nach seinem Anruf aus der Stadt hergekommen, mit dem er Christabel mitgeteilt hatte, daß er Geschäftliches mit ihr besprechen müsse, und er hatte keine Zeit mehr gehabt, sich vor dem Abendessen umzuziehen.

»Kaffee, Joe?« fragte Christabel. Sie ging sehr routiniert mit dem feinen Porzellan um. Sehr routiniert und sehr anmutig, und Susan hatte keine Ahnung, woher sie wußte, daß Christabels Hände zitterten.

Joe Bromfel wandte sein dunkles, volles Gesicht wieder dem Foyer zu, sah nichts und nahm den Kaffee von Christabel entgegen. Sie vermied es, ihm direkt in die Augen zu sehen. Susan war schon aufgefallen, daß sie das häufig tat.

»Mit vernünftigen Lösungen«, meinte Tryon Welles nachdenklich. »Haben Morde denn vernünftige Lösungen?«

Seine Frage blieb in der Luft hängen. Christabel antwortete nicht, und Joe Bromfel schien sie nicht gehört zu haben.
»Bestimmt«, sagte Susan. »Schließlich mordet man doch nicht nur – na ja, nur um zu morden.«
»Nur zum Spaß, meinen Sie?« fragte Tryon Welles und kostete von seinem Kaffee. »Nein, das sicher nicht. Nun, wie dem auch sei«, fuhr er fort, »es ist angenehm zu wissen, daß Ihr Interesse an Mord rein theoretischer Natur ist.«
Er glaubte wahrscheinlich, leichte, heitere Konversation zu machen, dachte Susan. Er schien nicht zu merken, daß das Wort *Mord* jedesmal, wenn er es aussprach, wie ein schwerer Stein in die Stille des Zimmers fiel. Sie wollte gerade das Gespräch in andere Bahnen lenken, als Michela und Randy aus dem Foyer hereinkamen; Randy lachte, und Michela lächelte. Beim Klang von Randys Lachen drehte sich Joe Bromfel schwerfällig nach den beiden um. Außer Randys Lachen war nichts zu hören in dem langen, von Bücherwänden ausgekleideten Raum. Randy hielt Michela bei der Hand, und sie schwangen beide die Arme wie zwei fröhliche Kinder. Aber draußen im Park, dachte Susan, hat er sie wahrscheinlich geküßt und dabei fest an sich gedrückt.
Michelas Lider lagen weiß und schwer über erstaunlich flachen dunklen Augen. Das glatte dunkle Haar war in der Mitte gescheitelt und im weißen, ziemlich feisten Nacken zu einem strengen Knoten gedreht. Ihr Mund war tiefrot. Sie kam, wie Susan wußte, vom Land, war von einer romantischen Mutter auf den Namen Michela getauft worden und bemühte sich seither, diesem ausgefallenen Namen gerecht zu werden. Ganz gleich wie, dachte Susan, die Randy am liebsten bei den großen abstehenden Ohren gepackt und geschüttelt hätte.
Michela hatte sich zu einem Sessel gewandt und zeigte Susan ihren nackten Rücken. Die dünne rote Linie mit dem Knick, von der Manschette eines Männerarms hinterlassen, die sich in das cremeweiße Fleisch gedrückt hatte, war nicht zu übersehen. Auch Joe Bromfel hatte sie gesehen. Er konnte gar

nicht anders. Susan starrte in ihre Kaffeetasse und wünschte inbrünstig, Joe Bromfel hätte den Abdruck von Randys Manschette nicht bemerkt, und fragte sich gleich darauf, warum sie das so inbrünstig wünschte.

»Kaffee, Michela?« fragte Christabel, und in ihrer Stimme war etwas, das Susan nicht ertragen konnte. Sie hatte plötzlich genug.

Ziemlich hastig stand sie auf. »Christabel, sei mir nicht böse – ich habe noch etwas zu schreiben . . .«

»Aber natürlich.« Christabel zögerte. »Warte, ich begleite dich zum Häuschen.«

»Laß dich von uns nicht aufhalten, Christabel«, meinte Michela träge.

Christabel wandte sich Tryon Welles zu und kam seinem Angebot, sie und Susan zu begleiten, geschickt zuvor.

»Ich bin gleich wieder da, Tryon«, sagte sie mit Entschiedenheit. »Wenn ich zurück bin – sprechen wir.«

Ein klares Bild prägte sich Susan ein: das große schöne Zimmer, die warmen Inseln weichen Lichts unter den verteilt stehenden Lampen, die schwimmenden Schatten, die sie umgaben; Michelas gelbes Satinkleid und Randys rotes Haar; Joe, ein schweigender Koloß, der die beiden mit grüblerischem Ausdruck beobachtete; Tryon Welles, gepflegt, grau und immer jovial; und Christabel, den Kopf mit dem glänzenden roten Haar hocherhoben, wie sie leichtfüßig und anmutig in Wolken mauvefarbenen Chiffons dahinschritt. Auf halbem Weg blieb sie stehen, nahm die Zigarette, die Tryon ihr anbot, und beugte sich über die Flamme seines Feuerzeugs, in deren Licht der Amethyst an ihrem Finger aufglühte.

Dann gingen Susan und Christabel über die leere Veranda und wandten sich zur Terrasse.

Ihre Füße machten kein Geräusch im weichen Gras. Über dem Seerosenteich hingen die Blumendüfte süß und schwer in der Nachtluft.

»Hast du gestern abend den Ochsenfrosch gehört?« fragte

Christabel. »Er scheint sich auf Dauer im Teich niedergelassen zu haben. Ich weiß nicht, was ich tun soll. Randy will ihn erschießen, aber das möchte ich nicht. Sein Gequake die ganze Nacht ist natürlich lästig, aber Ochsenfrösche haben auch ein Recht zu leben.«
»Christabel«, sagte Susan und bemühte sich, nicht brüsk zu sein, »ich muß bald abreisen. Ich habe – eine Menge Arbeit . . .« Christabel blieb stehen und drehte sich nach ihr um. Sie waren an dem Durchgang in der Lorbeerhecke, an dem der Weg anfing, der sich zum Häuschen hinaufwand.
»Spar dir die Vorwände, Susan«, sagte sie verständnisvoll. »Es sind die Bromfels, nicht wahr?«
Ein Geräusch schnitt Susan die Antwort ab – ein unheimliches Heulen, das wie eine schrille Klage klang. Es schwoll an und fing sich in den mondbeschienenen Hügeln. Susan schrie unterdrückt auf.
Christabel sagte hastig: »Das sind nur die Hunde, die den Mond anheulen.«
»Erheiternd klingt das nicht gerade«, meinte Susan. »Es verstärkt eher . . .« Sie brach ab. Beinahe hätte sie gesagt, es verstärke das Gefühl der Isolation.
Christabel war schon in den Weg eingebogen. Hier war es dunkler, ihre Zigarette war nur noch als rotglühender Punkt zu erkennen. »Wenn Michela noch mal eine Zigarette in die Blumen steckt, bring' ich sie um«, sagte Christabel leise.
»Was . . .«
»Ich sagte, ich bring' sie um«, wiederholte Christabel. »Das werde ich natürlich nicht tun. Jedoch, du hast ja selbst gesehen, wie die Dinge liegen, Susan. Es ist ganz offensichtlich. Erst hat sie Joe genommen – vor Jahren. Jetzt will sie Randy.«
Susan war froh, daß sie Christabels Gesicht nicht sehen konnte. Sie murmelte etwas von Faszination und Randys Jugend.
»Er ist einundzwanzig«, versetzte Christabel. »Nicht jünger als ich damals war, als ich Joe – als ich Joe heiraten wollte.

Deswegen war Michela überhaupt nur hier, weil sie zur Hochzeit eingeladen war und zu den vielen Festen vorher.«
Sie gingen ein paar Schritte schweigend weiter, ehe Christabel hinzufügte: »Und am Tag vor der Hochzeit verschwanden sie zusammen.«
»Hat Joe sich verändert?« fragte Susan.
»Im Aussehen, meinst du?« wollte Christabel wissen, die sofort verstand. »Ich weiß nicht. Vielleicht. Innerlich muß er sich verändert haben. Aber davon mag ich nichts wissen.«
»Kannst du sie nicht einfach weiterschicken?«
»Randy würde ihnen folgen.«
»Tryon Welles«, schlug Susan ohne viel Hoffnung vor. »Vielleicht könnte er helfen. Ich weiß allerdings nicht, wie. Er sollte vielleicht mal mit Randy reden.«
Christabel schüttelte den Kopf. »Randy würde nicht auf ihn hören. Schon aus Opposition nicht. Außerdem mag er Tryon nicht. Er hat sich zuviel Geld von ihm leihen müssen.«
Bitterkeit war so gar nicht Christabels Art. Einer der Hunde fing wieder an zu heulen, und die anderen fielen kameradschaftlich ein. Susan fröstelte.
»Dir ist kalt. Geh jetzt lieber hinein«, sagte Christabel. »Danke, daß du mir zugehört hast. Und – ich glaube, es ist am besten, wenn du fährst, Susan. Ich wollte dich zum Trost hierbehalten. Aber . . .«
»Nein, nein, ich bleibe, ich wußte ja nicht . . .«
»Du hast doch keine Angst allein in dem Haus? Die Hunde würden sofort anschlagen, wenn ein Fremder aufs Grundstück käme. Gute Nacht«, sagte Christabel und war verschwunden.
Das kleine Gästehaus war warm und gemütlich und sehr friedlich, dennoch mußte sich Susan in den Schlaf lesen, und die Tatsache, daß es das Buch eines konkurrierenden Autors war, das sie schließlich schläfrig machte, war ihr kaum eine Genugtuung.
Der Morgen war dunstig und kühl. Es war vielleicht halb

zehn Uhr, als Susan die Haustür öffnete, den dichten weißen Nebel sah und umkehrte, um ihre Gummistiefel zu holen. Tryon Welles, dachte sie flüchtig, als sie sich kurz im Spiegel sah, würden heute morgen keine blumigen Komplimente einfallen. In ihrem braunen Wollkostüm, das helle Haar glatt und streng, und mit der Brille auf der Nase war sie in der Tat einer kühlen und unzugänglichen kleinen Eule nicht unähnlich.

Der Pfad war naß, die Lorbeerblätter glänzten feucht, die Hügel waren ferne graue Schatten. Das Haus stand weiß und still im Dunst; Susan sah niemanden.

Aber da geschah es. Ein vom Nebel kaum gedämpfter Knall durchschlug die Stille.

Susans erster Gedanke war, daß Randy den Ochsenfrosch erschossen hatte. Aber der Teich lag ein Stückchen weiter unten, und dort war niemand zu sehen. Außerdem war das Geräusch aus dem Haus gekommen. Ihre Schritte im durchweichten Gras waren schwerfällig und langsam – die Stufen waren glitschig, die Steinplatten feucht. Dann war sie endlich im Haus. Das breite Foyer durchschnitt das ganze Haus, und hinten, fast am Ende, sah Susan Mars, der mit halb erhobenen Armen davonlief und dabei irgend etwas rief. Er verschwand, und ein Instinkt zog Susan zu der Tür links, die in die Bibliothek führte.

Auf der Schwelle blieb sie wie gelähmt stehen.

In dem grünen Damastsessel auf der anderen Seite des Raumes, in dem sie selbst am vergangenen Abend gesessen hatte, kauerte zusammengesunken, halb über die Armlehne hängend, ein Mann. Es war Joe Bromfel. Er war erschossen worden. Es gab keinen Zweifel daran, daß er tot war.

Zu seinen Füßen lag eine Zeitung, die seinen Händen entglitten war. Die Samtvorhänge hinter ihm waren zugezogen.

Susan strich sich das Haar aus dem Gesicht. Sie konnte keinen klaren Gedanken fassen. Sie mußte auf die Fußbank neben der Tür gesunken sein, denn dort war sie, als Mars mit starrem Gesicht und Randy, so weiß wie sein Pyjama, ins Zimmer gerannt kamen. Sie sprachen aufgeregt miteinander und untersuchten einen Revolver, den Randy vom Boden aufgehoben hatte. Dann erschien von irgendwoher Tryon Welles, blieb neben ihr stehen, stieß einen Ruf der Ungläubigkeit aus und lief ebenfalls zur anderen Seite des Raums. Danach kam Christabel, und auch sie blieb auf der Schwelle stehen und verwandelte sich unter Susans Augen in eine Fremde, die grau und wie geschrumpft wirkte und in einem schrecklichen Ton »Joe, Joe!« sagte.

Nur Susan sah und hörte sie. Michela, die aus dem Foyer hereingelaufen kam, sprach als erste die Frage aus. »Ich hab was gehört – was war das? Was . . .« Sie drängte sich an Christabel vorbei.

»Sieh nicht hin, Michela.«

Aber Michela sah hin, ruhig und aufmerksam. Dann glitt der Blick ihrer flachen dunklen Augen durch den ganzen Raum, und sie fragte: »Wer hat ihn erschossen?«

Einen Moment lang herrschte nur entsetztes Schweigen.

Schließlich räusperte sich Mars und sagte zu Randy: »Ich weiß nicht, wer ihn erschossen hat, Mister Randy. Aber ich hab gesehen, wie's passiert ist. Ich hab die Hand gesehen . . .«

»Die Hand?« schrie Michela auf.

»Ruhig, Michela«, sagte Tryon Welles. »Wie meinen Sie das, Mars?«

»Mehr kann ich nicht sagen, Mr. Welles. Ich bin grad rausgekommen, weil ich hier staubwischen wollte, und ich hab genau da an der Tür gestanden, als ich den Schuß hörte. Und ich hab die Hand gesehen und den Revolver. Und dann . . . ich weiß nicht mehr, was ich dann getan hab.« Mars wischte sich die Stirn. »Ich glaub, ich bin losgelaufen, um Hilfe zu holen, Mr. Welles.«

Wieder trat Schweigen ein.

»Wessen Hand war es, Mars?« fragte Tryon Welles behutsam.

Mars sah sehr alt aus. »Ich weiß nicht. Ehrlich, Mr. Welles, ich weiß es nicht.«
Randy mischte sich ein. »War es eine Männerhand?«
»Ja, ich glaub, vielleicht schon«, antwortete der alte Diener unsicher. »Aber ich weiß es nicht genau, Mister Randy. Ich hab nur . . . ich hab nur den roten Ring gesehen.«
»Einen roten Ring?« rief Michela. »Was soll das . . .«
Mars sah sie abweisend an. »Ja, einen roten Ring, Mrs. Bromfel«, sagte er mit Würde. »Er funkelte. Und er war rot!«
Randy lachte plötzlich auf. »Aber es gibt im ganzen Haus keinen roten Ring. Keiner von uns hat eine Vorliebe für Rubine . . .« Er brach abrupt ab. »Tryon, sollten wir ihn nicht . . . tragen wir ihn doch zum Sofa. Wir können ihn doch nicht einfach so . . . das ist ja unwürdig.«
»Ja, du hast recht.« Tryon Welles näherte sich dem Toten. »Hilf mir, Randy . . .«
Der junge Mann zitterte, und plötzlich fand Susan die Sprache wieder. »Das dürfen Sie nicht. Sie dürfen nicht . . .« Sie brach ab. Die beiden Männer sahen sie erstaunt an. Auch Michela hatte sich nach ihr umgedreht. Nur Christabel machte keine Bewegung. »Sie dürfen das nicht tun«, wiederholte Susan. »Es ist doch . . . Mord.«
Das Wort traf sie alle in seiner ganzen Tragweite. Tryon Welles zuckte die Achseln.
»Sie hat natürlich völlig recht«, bemerkte er. »Ich hatte das ganz vergessen, wenn ich es überhaupt gewußt habe. Wir müssen die Polizei holen, den Arzt, den Coroner.«
Wäre Tryon Welles nicht gewesen, das erkannte Susan später, so wäre wildes Chaos ausgebrochen. Er nahm die Zügel ruhig und sicher in die Hand, schickte Randy nach oben, sich anzukleiden, telefonierte, sorgte dafür, daß der Tote zugedeckt wurde, befahl Mars, ihnen heißen Kaffee zu bringen. Er war hier und dort und überall; oben und unten, kümmerte sich um alles, empfing schließlich draußen den Sheriff – energisch, umsichtig, tüchtig. Susan saß während der ganzen

Zeit wie betäubt neben Christabel auf dem kleinen zweisitzigen Sofa im Foyer, während Michela rastlos vor ihnen hin und her wanderte, den Telefongesprächen zuhörte, heißen Kaffee trank, alles mit finsteren Blicken beobachtete. Ihr rotweiß gemustertes Kostüm, die blutroten Armbänder und Ohrringe wirkten knallig und fehl am Platz in diesem Haus, in dem ein Mensch gewaltsam zu Tode gekommen war.

Christabel war immer noch wie erstarrt, saß steif und aufrecht, trank automatisch ihren Kaffee und sprach kein Wort. In dem Amethyst an ihrem Finger spielte das Licht, und das war das einzig Lebendige an ihr.

Susan fand allmählich aus ihrer Betäubtheit und Verwirrung heraus. Schrecken und Entsetzen waren noch da und dazu ein schmerzhaftes Mitgefühl. Sie sah Randy die breite Treppe herunterkommen, für den Tag gekleidet und frisch gekämmt, und sie bemerkte, daß er nicht mehr bleich und verschreckt aussah, sondern er war voller Tatkraft, auf eine trotzige Art gewappnet für das, was kommen würde. Und es würde wahrscheinlich einiges auf sie zukommen, dachte Susan.

Genauso war es.

Fragen über Fragen. Der Arzt war freundlich; der Coroner war es nicht; der Sheriff war rein sachlich. Und alle fragten sie ohne Pause. Keine Zeit zum Überlegen. Keine Zeit, etwas zu begreifen. Zeit nur, so gut wie möglich zu antworten.

Allmählich schälten sich gewisse bedeutsame Fakten heraus, nur wenige allerdings.

Der Revolver gehörte Randy. Er war aus der obersten Schublade des Buffets genommen worden, wann, wußte niemand. »Alle wußten, daß er sich immer dort befand«, erklärte Randy mürrisch. Die Fingerabdrücke auf der Waffe würden sich als die von Randy und Mars erweisen, da die beiden sie aufgehoben und untersucht hatten.

Über den Mord wußte niemand etwas, und niemand hatte ein Alibi ... außer Liz, dem Dienstmädchen, und Minnie, der Köchin, die zusammen in der Küche gewesen waren.

Christabel hatte in ihrem Zimmer Briefe geschrieben. Sie hatte den Schuß zwar gehört, aber geglaubt, es wäre nur Randy gewesen, der den Ochsenfrosch erschossen hatte. Als sie kurz danach Randy und Mars die Treppe hinunterlaufen hörte, war sie ebenfalls heruntergekommen. Nur um sich zu vergewissern, daß es das auch gewesen war.
»Was glaubten Sie denn, was es sonst sein könnte?« fragte der Sheriff, und Christabel antwortete steif, das wüßte sie nicht.
Randy hatte noch geschlafen, als Mars ihn holte. Er hatte den Schuß überhaupt nicht gehört. Er und Mars waren zur Bibliothek hinuntergelaufen. Mars hatte, wie sich zeigte, die Hintertreppe von der Küche aus nach oben genommen.
Tryon Welles war den Hang vor dem Haus zum Briefkasten hinuntergegangen und befand sich auf dem Rückweg, als er den Schuß hörte. Aber das Geräusch war gedämpft gewesen, und er hatte nicht einmal geahnt, was geschehen war. Erst bei seinem Eintritt in die Bibliothek hatte er es erfahren. An dieser Stelle schuf er eine kleine Sensation. Er zog nämlich einen Ring vom Finger, hielt ihn so, daß alle ihn sehen konnten, und fragte Mars, ob das der Ring sei, den er an der Hand des Mörders gesehen habe. Die Sensation war von kurzer Dauer; der große, klare Stein war so grün wie seine elegante Krawatte.
»Nein, Sir«, antwortete Mars. »Der Ring, den ich gesehen hab, war rot. Ich hab ihn ganz deutlich gesehen. Er war rot.«
»Das hier«, erklärte Tryon Welles, »ist ein nicht ganz lupenreiner Smaragd. Ich habe gefragt, weil ich hier offenbar der einzige bin, der einen Ring trägt. Aber ich denke, um der Gerechtigkeit willen sollten alle unsere Sachen durchsucht werden.«
Worauf der Blick des Sheriffs zu dem großen violetten Stein an Christabels Hand glitt. Doch er sagte freundlich, das werde getan werden, und bat dann Mrs. Michela Bromfel zu berichten, was sie über den Mord wisse.
Mrs. Bromfel erklärte mit einiger Hitze, gar nichts zu wissen.

Sie habe einen Spaziergang im Wald gemacht, erklärte sie trotzig und warf dabei Randy einen schrägen Blick zu, der daraufhin blutrot wurde. Sie hatte den Schuß gehört, aber nicht gewußt, daß es ein Schuß gewesen war. Dennoch war sie neugierig geworden und zum Haus zurückgekehrt.
»Das Fenster hinter dem Toten geht zum Wald hin«, stellte der Sheriff fest. »Haben Sie jemanden bemerkt, Mrs. Bromfel?«
»Keine Menschenseele«, antwortete Michela bestimmt.
Ob sie die Hunde hätte anschlagen hören. Der Sheriff schien zu wissen, daß sich die Zwinger gleich hinter dem Kiefernwäldchen befanden.
Nein, Michela hatte die Hunde nicht gehört.
Irgend jemand zeigte Anzeichen von Ungeduld, und der Sheriff hüstelte und sagte völlig überflüssigerweise, es sei also kein Landstreicher auf dem Gelände, und dann ging das Verhör weiter. Schleppte sich endlos dahin, und noch immer wußte keiner, wie Joe Bromfel den Tod gefunden hatte. Und als der Sheriff sie endlich alle entließ und mit dem Coroner über die Leichenschau sprach, kam einer seiner Männer, um über das Resultat der Nachforschungen zu berichten. Es befand sich niemand im Haus, der nicht hierhergehörte; man hatte keine Fußabdrücke gefunden, die Fenstertür hinter dem Toten war angelehnt gewesen; im ganzen Haus gab es keinen Ring mit einem roten Stein.
»Das heißt, wir haben jedenfalls keinen gefunden«, sagte der Mann.
»Gut«, meinte der Sheriff. »Das wär's für erste, Herrschaften. Aber ich wäre Ihnen dankbar, wenn Sie heute hier im Haus bleiben würden.«
Ihr Leben lang erinnerte sich Susan mit aller Deutlichkeit an diesen langen, bedrückenden Tag. Nach jenen ersten Augenblicken des Entsetzens und der Ungläubigkeit schien er ihr einen auf bizarre Weise völlig normalen Verlauf zu nehmen, als müsse nach diesem ersten Ereignis alles andere zwangs-

läufig folgen, alle Geschehnisse in durchaus logischer Ordnung. Auch der Zwischenfall am Nachmittag, an sich so trivial, aber später so bedeutsam, war wenig überraschend, so normal wie nur möglich. Ihre Begegnung mit Jim Byrne nämlich.

Es ereignete sich am Ende des langen, qualvollen Nachmittags, den Susan mit Christabel verbrachte. Sie spürte, daß Christabel, auch wenn sie immer noch wie zu Eis erstarrt schien, für ihre Anwesenheit dankbar war. Doch zwischen ihnen lagen Dinge in der Luft, die nicht ausgesprochen, aber auch nicht ignoriert werden konnten, und Susan war froh, als Christabel endlich ein Beruhigungsmittel nahm und nach einer Weile einschlief ...

Es war niemand zu sehen, als Susan sich auf Zehenspitzen aus Christabels Zimmer schlich und die Treppe hinunterging. Nur hinter der geschlossenen Tür der Bibliothek hörte sie Stimmen.

Als sie endlich im Freien war und über die Terrasse über dem Seerosenteich ging, holte sie tief Luft. Das also war Mord. Die Tatsache erschreckte sie zunächst vielleicht. Der Schrekken vor dem Mord an sich kam zuerst – die primitive Angst vor der losgelassenen Bestie. Darauf folgte die Furcht des zivilisierten Wesens, die Furcht vor dem Gesetz nämlich, und das hastige Bemühen, sich selbst in Sicherheit zu bringen.

An der Hecke bog sie ab und blickte zurück. Das Haus stand weiß und stattlich wie seit Generationen inmitten des Parks da. Aber friedlich war es nicht mehr, es war jetzt im Zugriff von Gewalt. Von Mord. Aber es blieb würdevoll und stattlich und seinen schutzspendenden Ritualen verhaftet, an denen auch Christabel weiterhin festhalten würde, so, wie sie das seit Jahren tat.

Christabel. Hatte sie ihn getötet? War sie darum so elend? Oder war sie es, weil sie wußte, daß Randy ihn getötet hatte? Oder gab es vielleicht einen ganz anderen Grund?

Susan bemerkte den Mann erst, als sie fast unmittelbar vor

ihm stand, und sie schrie unwillkürlich kurz auf, obwohl sie sonst nicht zur Nervosität neigte. Er saß auf der kleinen Veranda des Gästehauses, den Hut tief in der Stirn, den Jackenkragen hochgeschlagen, und schrieb wie ein Besessener in einem Schreibblock, den er auf den Knien hatte. Bei ihrem Schrei fuhr er hoch, drehte sich herum und zog den Hut.

»Darf ich Ihre Schreibmaschine benutzen?« fragte er.

Seine ungewöhnlich klaren blauen Augen waren sehr lebendig. Seinem Gesicht mangelte es auf sympathische Weise an Ebenmaß. Er hatte einen Mund, der gern zu lachen schien, ein Kinn, das sagte, daß er sich von niemandem etwas gefallen ließ, und eine hohe Stirn. Das Haar begann sich ein wenig zu lichten, zeigte aber noch kein Grau, und seine Hände waren überraschend fein gebildet und schön. Gelobt sei, was hart macht, dachte Susan. Aber innerlich ist er hochsensibel. Irischer Herkunft. Was tut er hier?«

Laut sagte sie: »Ja.«

»Gut. Ich kann nicht schnell genug schreiben, und ich möchte die Story heute abend noch rausgeben. Ich habe auf Sie gewartet, wissen Sie. Man hat mir erzählt, daß Sie schreiben. Mein Name ist Byrne – James Byrne. Ich bin Reporter. Für Sonderberichte zuständig. Eigentlich bin ich zur Zeit im Urlaub. Ich schreibe für ein Blatt in Chicago.«

Susan öffnete die Tür zum kleinen Wohnzimmer.

»Da steht die Maschine. Brauchen Sie Papier? Es liegt daneben.«

Er stürzte sich auf die Schreibmaschine wie ein Hund auf einen Knochen. Sie sah ihm eine Weile zu, höchst erstaunt über die Geschwindigkeit und Flüssigkeit, mit der er schrieb. Ein Zögern schien er nicht zu kennen.

Dann machte sie Feuer im Kamin und setzte sich und ließ sich vom Schein der Flammen und vom rhythmischen Geklapper der Maschine beruhigen. Zum ersten Mal an diesem Tag begannen die Ereignisse – vermerkt und weggepackt an dem Ort, an dem Beobachtungen eben gespeichert werden – auf-

zustehen und sich zu formieren und in einer gewissen Ordnung an ihr vorüberzuziehen. Doch es war ein finsterer und makabrer Zug, und er machte Susan angst. Sie war froh, als Jim Byrne sprach.
»Übrigens«, sagte er plötzlich, »mir wurde gesagt, daß Sie Louise Dare heißen. Stimmt das?«
»Susan.«
Er sah sie an. Hörte auf zu tippen.
»Susan. Susan Dare«, wiederholte er nachdenklich. »Sie können doch nicht die Susan Dare sein, die die Kriminalromane schreibt?«
»Doch«, erwiderte Susan zurückhaltend, »die Susan Dare kann ich sein.«
Sein Gesicht drückte Ungläubigkeit aus. »Aber Sie . . .«
»Wenn Sie jetzt sagen«, unterbrach ihn Susan, »daß ich nicht aussehe, als würde ich Kriminalromane schreiben, dürfen Sie meine Schreibmaschine nicht mehr benutzen.«
»Sie stecken wohl mittendrin in der ganzen Bescherung«, meinte er fragend.
»Ja«, antwortete Susan. »Und nein«, fügte sie hinzu und sah dabei ins Feuer.
»Legen Sie sich nur nicht fest«, sagte Jim Byrne trocken. »Sagen Sie nichts Unbedachtes.«
»Aber ich meine es genauso, wie ich es sagte«, erklärte Susan. »Ich bin hier zu Gast. Ich bin mit Christabel Frame befreundet. Ich habe Joe Bromfel nicht ermordet. Und die anderen Leute im Haus liegen mir überhaupt nicht. Ich wünschte höchstens, ich hätte sie nie gesehen.«
»Aber an Christabel Frame liegt Ihnen sehr viel«, sagte Jim Byrne vorsichtig.
»Ja«, antwortete Susan ernst.
»Ich hab die ganze Geschichte schon raus«, erklärte Jim Byrne leise. »Es war nicht schwer. Jeder hier weiß über die Frames Bescheid. Ich kann nur nicht verstehen, warum sie Joe erschossen hat. Ich an ihrer Stelle hätte Michela umgelegt.«

»Was ...« Susan sah dem Reporter fassungslos in die klaren blauen Augen.
»Ich sagte, ich an ihrer Stelle hätte Michela erschossen. Sie ist doch diejenige, die den ganzen Ärger macht.«
»Aber es war doch nicht ... es kann doch nicht ... Christabel würde niemals ...«
»O doch, sie kann«, widersprach Jim Byrne in müdem Ton. »Die Menschen sind zu den verrücktesten Taten fähig. Christabel könnte morden. Ich verstehe nur nicht, warum Sie Joe ermordet haben soll und nicht Michcla.«
»Michela«, bemerkte Susan mit gesenkter Stimme, »hätte ein Motiv.«
»Richtig, sie hat ein Motiv. Ab mit dem Ehemann. Und Randy Frame hatte auch eines. Das gleiche. Und die Leute hier in der Gegend nennen ihn einen typischen roten Frame – impulsiv, leichtsinnig, in einer Tradition rücksichtslosen Draufgängertums erzogen.«
»Aber Randy hat geschlafen ... oben ...«
Er unterbrach sie. »Ja, ja, das weiß ich alles. Und Sie kamen von der Terrasse ins Haus, und Tryon Welles war unten, um die Post zu holen, und Miss Christabel Frame saß in ihrem Zimmer und schrieb Briefe, und Michela machte einen Waldspaziergang. Nicht einer von Ihnen hat ein Alibi. So wie Haus und Park angelegt sind, wären Sie, Tryon Welles und Michela nicht füreinander sichtbar gewesen. Jeder hätte mit Leichtigkeit durch die Fenstertür verschwinden und Sekunden später mit Unschuldsmiene durch das Foyer wieder hereinkommen können. Das weiß ich alles. Wer war das hinter dem Vorhang?«
»Ein Landstreicher«, sagte Susan mit kleiner Stimme. »Ein Einbrecher.«
»Nichts da!« fiel Jim Byrne ihr mit Geringschätzung ins Wort. »Dann hätten die Hunde gebellt wie verrückt. Es war einer von Ihnen. Aber wer?«
»Ich weiß es nicht«, wiederholte Susan. »Ich weiß es nicht.«

Ihre Stimme schwankte, sie merkte es selbst und versuchte, sich zu beruhigen.
Jim Byrne merkte es auch und war plötzlich erschrocken. »Moment mal! Moment mal!« rief er. »Machen Sie doch nicht so ein Gesicht. Fangen Sie nicht an zu weinen. Nicht.«
»Ich weine ja gar nicht«, sagte Susan. »Aber Christabel hat es nicht getan.«
»Sie meinen«, verbesserte Jim Byrne verständnisvoll, »Sie möchten nicht, daß Christabel es getan hat. Hm?« Er sah auf seine Uhr, sagte, »o Mann«, schob seine Papiere zusammen und sprang auf. »Ich mach Ihnen einen Vorschlag. Nicht Ihnen zuliebe, nur um – na ja, eben so. Ich laß einen Teil von meinem Bericht bis morgen liegen, wenn Sie versuchen wollen zu beweisen, daß Ihre Christabel ihn nicht umgelegt hat.«
Susan runzelte verblüfft die Stirn.
»Sie verstehen mich nicht«, stellte Jim Byrne vergnügt fest. »Also passen Sie auf: Sie schreiben Kriminalgeschichten. Ich habe ein paar davon gelesen. Nicht übel«, fügte er eilig hinzu. »Jetzt haben Sie eine Gelegenheit, sich an einem realen Kriminalfall zu versuchen.«
»Aber ich will überhaupt nicht . . .«
Er hob gebieterisch die Hand. »O doch, Sie wollen«, widersprach er. »Sie müssen sogar. Denn Ihre Christabel sitzt in der Patsche. Sie kennen doch den Ring, den sie trägt . . .«
»Wann haben Sie den gesehen?«
»Ach, spielt das eine Rolle?« rief Jim Byrne ungeduldig. »Reporter sehen alles. Das Wichtige ist der Ring.«
»Aber es ist ein Amethyst«, protestierte Susan.
»Ja«, stimmte er zu. »Es ist ein Amethyst. Und Mars hat einen roten Stein gesehen. Er sah ihn, wie sich herausgestellt hat, an der rechten Hand. An der Hand, die den Revolver hielt. Und Christabel trägt ihren Ring an der rechten Hand.«
»Aber es ist doch ein Amethyst«, wiederholte Susan.
»Hm«, meinte Jim Byrne, »es ist ein Amethyst. Und vor kurzem sagte ich zu Mars: ›Wie heißt eigentlich die Kletter-

pflanze da?‹ Und er sagte: ›Die rote, meinen Sie, Sir? Das ist eine Clematis.‹«

Er machte eine kleine Pause. Susan war beklommen.

»Die Blüten waren natürlich violett«, sagte Jim Byrne. »Amethystfarben.«

»Aber er hätte Christabels Ring sofort erkannt«, entgegnete Susan.

»Vielleicht«, meinte Jim Byrne. »Und vielleicht wünscht er jetzt, er hätte nie ein Wort von dem roten Ring gesagt. Ihm steckte wahrscheinlich noch der Schreck in den Gliedern, als er ihn erwähnte. Er hat noch keine Gelegenheit zum Nachdenken gehabt.«

»Aber Mars, er würde eher den Mord selbst auf sich nehmen . . .«

»Nein«, widersprach Jim Byrne trocken. »Nein, das würde er nicht tun. Das klingt zwar gut, aber so was kommt nicht vor. Niemand nimmt den Mord eines anderen auf sich. Wenn es sich um einen vorsätzlichen Mord handelt und nicht um eine Schlägerei im Suff, bei der alles mögliche passieren kann, gibt es immer ein Motiv. Und es ist immer ein starkes, ganz persönliches und eigennütziges Motiv, vergessen Sie das nicht. Ich muß mich jetzt auf die Socken machen. Also, soll ich meine kleine Geschichte von der Clematis reinschicken?«

»Nein!« rief Susan erstickt. »Nein, noch nicht.«

Er nahm seinen Hut. »Danke für die Schreibmaschine. Nehmen Sie Ihren Grips zusammen und machen Sie sich an die Arbeit. Mit Morden müßten Sie sich doch eigentlich auskennen. Wir sehen uns.«

Die Tür fiel hinter ihm zu. Nach einer langen Zeit ging Susan zum Schreibtisch, nahm sich ein Blatt gelbes Manuskriptpapier und einen Bleistift und begann zu schreiben: »Personen; mögliche Motive; Hinweise; Fragen.«

Seltsam, dachte sie, war nicht, wie anders die Wirklichkeit war als ihre Nachahmung, sondern wie ähnlich sie ihr war. Wie schrecklich ähnlich!

Sie saß noch über ihre Arbeit gebeugt, als es laut klopfte. Sie erschrak so, daß ihr der Bleistift aus der Hand fiel. Aber es war nur Michela Bromfel, die Hilfe suchte.
»Meine Knie!« sagte sie gereizt. »Christabel schläft anscheinend, und die Frauen in der Küche haben Angst vor ihrem eigenen Schatten.« Sie hielt inne und kratzte sich erst am linken, dann am rechten Knie. »Haben Sie nicht ein Mittel für meine Beine? Ich werd fast verrückt. Mückenstiche sind es nicht. Ich hab keine Ahnung, was es ist. Da, sehen Sie!«
Sie setzte sich, zog ihren weißen Rock hoch, rollte die dünnen Strümpfe hinunter und zeigte den fleckigen roten Streifen, der sich gleich oberhalb des Knies um ihr Bein zog.
Susan hätte beinahe gelacht. »Ach, das ist nichts Schlimmes«, sagte sie. »Das sind nur Herbstmilben, warten Sie, ich hole Ihnen eine medizinische Creme.«
»Herbstmilben?« wiederholte Michela verständnislos. »Was ist denn das?«
Susan ging ins Badezimmer. »Kleine Tierchen«, rief sie. Wo hatte sie die Creme hingestellt? »Bis morgen ist das wieder weg.« Ah, da war sie. Sie nahm die Dose und kehrte durch das Schlafzimmer ins Wohnzimmer zurück. An der Tür machte sie abrupt halt. Michela stand am Schreibtisch. Sie blickte auf, sah Susan, und ihre flachen dunklen Augen flackerten.
»Oh«, sagte sie. »Schreiben Sie eine Geschichte?«
»Nein«, antwortete Susan, »das ist keine Geschichte. Hier ist die Creme.«
Michela besaß wenigstens Anstand genug, unter Susans Blick verlegen zu werden. Ruckartig zog sie ihre Strümpfe hoch, packte den Cremetopf und zog ab. Ihre roten Armbänder klirrten, und ihre Fingernägel leuchteten, als hätte sie sie in Blut getaucht. Von den wenigen Leuten, die als Mörder Joe Bromfels in Frage kamen, dachte Susan, wäre ihr Michela die liebste Kandidatin gewesen.
Eine vage Erinnerung regte sich plötzlich, oder genauer gesagt, eine Erinnerung an eine Erinnerung; die Erinnerung,

daß sie einmal etwas ganz Bestimmtes gewußt hatte, das ihr jetzt nicht mehr einfiel. Das war quälend. Es ließ sie nicht los. Es trieb gewissermaßen am Rand ihres Bewußtseins und ließ sich nicht einfangen.

Schließlich machte sich Susan ganz bewußt frei davon und kehrte zu ihrer Arbeit zurück. Christabel und der Amethyst. Christabel und die Clematis.

Es war dunkel und immer noch dunstig feucht, als Susan zum Herrenhaus hinunterging. An der Lorbeerhecke traf sie Tryon Welles.

»Oh, hallo«, sagte er. »Wo waren Sie denn?«

»Im Häuschen«, antwortete Susan. »Ich konnte ja nichts tun. Wie geht es Christabel?«

»Liz sagte mir, daß sie noch schläft – ein Glück. Gott, war das ein Tag! Sie sollten aber wirklich nicht alleine in der Dunkelheit hier herumlaufen. Ich begleite Sie zum Haus.«

»Sind der Sheriff und die anderen weg?«

»Keine Ahnung. Ich hörte auch nichts davon, daß sie irgendwelche Hinweise gefunden haben. Sie baten mich zu bleiben.« Er paffte ein-, zweimal hastig an seiner Zigarette und fuhr dann ungehalten fort: »Das kommt mir ziemlich ungelegen. Es geht um ein Geschäft, bei dem die Zeit wichtig ist. Ich bin Makler, ich müßte eigentlich noch heute abend nach New York zurück.« Er brach den begonnenen Satz unvermittelt ab und sagte: »Oh – Randy«, als Randy aus der Dunkelheit auftauchte. »Komm, bringen wir Miss Dare bis zur Treppe.«

»Hat sie Angst vor dem berüchtigten Landstreicher?« fragte Randy und lachte unangenehm. Er hatte getrunken. Susan fühlte sich unbehaglich. Nüchtern war Randy unberechenbar genug; wenn er getrunken hatte, war er vielleicht gefährlich. Konnte sie etwas mit ihm anfangen? Nein, das überließ sie besser Tryon Welles. »Aber vor dem Landstreicher braucht niemand Angst zu haben. Joe ist nicht von einem Landstreicher getötet worden. Und das wissen auch alle. Ihnen kann nichts passieren, Susan, es sei denn, Sie wissen etwas. Wissen Sie etwas, Susan?«

Er packte sie beim Ellbogen und schüttelte drängend ihren Arm. »Sie ist ein stilles Wasser, Tryon. Sie sieht alles und sagt nichts. Ich wette, sie hat Beweise genug, um uns allen den Strick zu drehen. Beweise, ja. Das ist es, was wir brauchen.«

»Randy, Sie sind betrunken«, sagte Susan scharf. Sie schüttelte seine Hand ab, aber als sie in sein mageres Gesicht sah, das so bleich und angespannt war, tat er ihr plötzlich leid. »Gehen Sie ruhig, machen Sie Ihren Spaziergang«, sagte sie freundlicher. »Es wird schon alles in Ordnung kommen.«

»Es wird nie mehr so wie früher«, sagte Randy. »Nie mehr, wissen Sie warum, Susan?«

Er ist sehr betrunken, dachte Susan. Es ist schlimmer, als ich dachte.

»Weil Michela ihn nämlich erschossen hat. Jawohl!«

»Randy, red keinen Unsinn.«

»Laß mich in Ruhe, Tryon. Ich weiß, was ich sage. Und Michela«, erklärte er schlicht, »widert mich an.«

»Jetzt komm, Randy.« Diesmal nahm Tryon Welles Randy beim Arm. »Ich kümmere mich schon um ihn, Miss Dare.«

Das Haus war verlassen und wirkte kalt. Christabel schlief noch, Michela war nirgends zu sehen. Susan bat Mars schließlich, ihr das Abendessen ins Gästehaus zu bringen, und ging still durch die dichter werdende Dunkelheit zurück.

Aber die Angst ging mit ihr.

Sie war allein auf der stillen Terrasse, allein auf dem dunklen Pfad, und doch hatte sie das unheimliche Gefühl, nicht allein zu sein. War der Mord vielleicht wie ein böser Geist, der mit schwarzem Schwingenschlag darauf lauerte, ein zweites Mal herabzustoßen?

»Unsinn«, sagte Susan laut. »Unsinn«, und rannte den Rest des Weges.

Im Häuschen erwartete sie Michela. »Macht es Ihnen etwas aus«, fragte sie, »wenn ich heute nacht hier schlafe? Es sind ja zwei Betten da. Ich . . .« sie zögerte, »ich habe nämlich Angst.«
»Wovor?« fragte Susan. »Oder vor wem?«
»Ich weiß nicht, vor wem«, antwortete Michela. »Und auch nicht vor was.«
Es wurde einen Moment bedrückend still, dann zwang sich Susan, gleichmütig zu sagen: »Sie können gern bleiben, wenn Sie nervös sind. Hier passiert nichts.« Wirklich nicht? Hastig fügte sie hinzu: »Mars bringt mir das Abendessen hierher.«
Michela machte mit ihren drallen weißen Händen eine Bewegung der Ungeduld. »Sagen Sie meinetwegen, es sei Nervensache, obwohl ich weiß Gott keine Nerven habe, aber wenn Mars mit dem Essen kommt, dann vergewissern Sie sich erst, daß er es wirklich ist, ehe Sie die Tür aufmachen, ja? Obwohl – ich weiß nicht. Ich hab auf jeden Fall meinen Revolver mitgebracht. Er ist geladen.«
Sie griff in ihre Tasche, und Susan setzte sich mit einem Ruck kerzengerade. Susan, die sich mit Schußwaffen so gut und genau auskannte, daß sie jedem Polizeibeamten, der davon erfahren hätte, allein schon deshalb verdächtig erschienen wäre, fühlte sich in ihrer Gegenwart dennoch nicht recht wohl.
»Was ist?« fragte Michela. »Angst?«
»Überhaupt nicht«, versetzte Susan. »Aber ich glaube, ein Revolver ist überflüssig.«
»Hoffen wir es«, sagte Michela und starrte düster ins Feuer.
Danach sprachen sie kaum noch etwas miteinander. Die einzige Abwechslung an diesem unheimlichen Abend war das Erscheinen Mars' mit dem Essen.
Später am Abend allerdings hatte Michela doch noch etwas zu sagen. »Ich habe Joe nicht getötet!« erklärte sie abrupt. Und nach einer weiteren langen Schweigepause fragte sie: »Hat Christabel Sie gefragt, wie sie ihn töten könnte, ohne gefaßt zu werden?«
»Nein!«

»Oh.« Michela warf ihr einen merkwürdigen Blick zu. »Ich dachte, sie hätte es vielleicht von Ihnen planen lassen. Weil Sie sich doch mit Mord und so bestens auskennen.«
»Nein, das hat sie nicht getan«, sagte Susan mit Nachdruck. »Und ich plane niemals Morde für meine Freunde, damit Sie es wissen. So, und jetzt geh ich schlafen.«
Michela folgte ihr und legte den Revolver auf den Nachttisch zwischen den beiden Betten.
Wenn schon die letzte Nacht voll dunkler Befürchtungen gewesen war, so wurde diese zu einem wahren Alptraum. Susan wälzte sich rastlos hin und her und war sich mit Unbehagen bewußt, daß auch Michela wach war und keine Ruhe finden konnte.
Schließlich aber mußte sie doch eingeschlafen sein, denn sie fuhr plötzlich mit der Gewißheit hoch, daß sich im Zimmer etwas bewegt hatte. Dann sah sie am Fenster die dunklen Umrisse einer Gestalt. Es war Michela.
Susan ging zu ihr. »Was tun Sie da?«
»Pscht«, flüsterte Michela, das Gesicht an die Scheibe gedrückt.
Susan spähte hinaus, konnte aber nichts erkennen.
»Da draußen ist jemand«, flüsterte Michela. »Und wenn er sich noch einmal bewegt, schieße ich.«
Susan merkte plötzlich, das das eiskalte Ding an ihrem Arm der Revolver war.
»Das werden Sie nicht tun«, sagte Susan und riß Michela die Waffe aus der Hand. Michela fuhr mit einem Fauchen herum, und Susan sagte scharf: »Legen Sie sich wieder hin. Da draußen ist niemand.«
»Woher wissen Sie das?« fragte Michela trotzig.
»Ich weiß es nicht«, antwortete Susan, über sich selbst erstaunt und den Revolver fest in der Hand. »Aber ich weiß, daß Sie hier nicht herumschießen werden. Wenn hier jemand schießt«, versetzte sie energisch, »dann bin ich das. Los, gehen Sie zu Bett.«

Aber noch lange, nachdem Michela eingeschlafen war, saß Susan mit dem Revolver in der Hand aufrecht im Bett und lauschte.
Als es Morgen wurde, tauchte aus dem Gewirr bedrückender Gedanken die flatterhafte kleine Erinnerung an eine Erinnerung wieder auf, um sie zu quälen. Etwas, das sie gewußt hatte und nun nicht mehr wußte. Diesmal versuchte sie, ihre Gedanken so genau wie möglich zurückzuverfolgen, um das Irrlicht vielleicht auf dem Weg der Assoziation zu erhaschen. Sie hatte an den Mord und die möglichen Verdächtigen gedacht; daß Randy und Christabel und Tryon Welles übrigblieben, wenn Michela Joe nicht erschossen hatte. Und sie wollte nicht, daß Christabel es getan hatte; es durfte nicht Christabel gewesen sein. Bleiben Randy und Tryon Welles. Randy hatte ein Motiv, Tryon Welles hingegen nicht. Tryon Welles trug einen Ring, Randy trug keinen. Aber der Stein in dem Ring war ein Smaragd. Der Stein in Christabels Ring jedoch war von der Farbe, die Mars als rot bezeichnete. Rot – wie hätte er dann Michelas scharlachrotes Armband genannt? Rosa? Aber es war ein Armband. Sie riß sich zusammen, um diesem lästigen Phantom einer Erinnerung auf der Spur zu bleiben. Es war etwas ganz Triviales, aber etwas, das sie nicht ans Licht ziehen konnte. Und es war etwas, das sie brauchte. Das sie jetzt brauchte.
Sie erwachte und entdeckte mit Entsetzen, daß ihre Wange behaglich auf dem Revolver ruhte. Sie legte ihn rasch etwas zur Seite und sah mit Beklommenheit, daß es Tag geworden war und sich die Probleme nicht mehr aufschieben ließen. Zuerst Christabel.
Michela war immer noch schweigsam und verdrossen. Auf dem Weg über die Terrasse betrachtete Susan die Clematis, die sich in ihrem Spalier in die Höhe rankte. Sie war voller violetter Blüten – dunkel wie die Farbe des Amethyst.
Christabel war in ihrem Zimmer. Sie hatte ein Frühstückstablett auf den Knien und starrte mit leerem Blick zum Fenster

hinaus. Sie wirkte um Jahre älter; wie innerlich geschrumpft. Ihre Bereitschaft, Susans Fragen zu beantworten, war rührend, aber ihre Antworten waren keine Hilfe. Susan ließ sie schließlich allein, da sie das Gefühl hatte, daß Christabel nur Einsamkeit wünschte. Doch Susan ging mit Widerstreben. Bald würde Jim Byrne zurückkehren, und sie hatte ihm nichts zu berichten, nichts als Vermutungen. Randy erschien nicht zum Frühstück. Es wurde ein dunkles und ungemütliches Mahl. Dunkel, weil Tryon Welles etwas von Kopfschmerzen murmelte und das Licht ausschaltete, und ungemütlich, weil es gar nicht anders möglich war. Michela hatte sich umgezogen, sie trug wieder Rot. Der neckende Schatten einer Erinnerung trieb durch Susans Gedanken und löste sich auf, ehe sie ihn festhalten konnte.
Nach dem Frühstück wurde Susan ans Telefon gerufen. Jim Byrne sagte ihr, daß er in einer Stunde da sein würde.
Auf der Terrasse gesellte sich Tryon Welles zu ihr und fragte: »Wie geht es Christabel?«
»Ich weiß es nicht«, meinte Susan bekümmert. »Sie wirkte wie – betäubt.«
»Ich wollte, ich könnte ihr helfen«, sagte er. »Aber ich sitze selbst in der Klemme. Ich kann nichts tun. Wegen des Hauses, meine ich. Hat sie es Ihnen nicht gesagt?«
»Nein.«
Er sah sie an, überlegte und fuhr bedächtig zu sprechen fort. »Sie hätte nichts dagegen, daß Sie es wissen. Sehen Sie – ach Gott, es ist beinahe tragisch einfach. Aber ich kann es nicht ändern. Es ist so: Randy hat sich Geld von mir geliehen – immer wieder. Er hat es mit vollen Händen ausgegeben. Ohne Christabels Wissen hat er Haus und Grundstück als Sicherheit angeboten. Jetzt weiß sie es natürlich. Ich stecke im Augenblick selbst in geschäftlichen Schwierigkeiten und mußte meine Rechte auf das Haus geltend machen, um eine Hypothek aufnehmen zu können, die mir helfen würde, die nächsten Monate zu überbrücken. Verstehen Sie jetzt?«

Susan nickte. War es dann vielleicht diese Tatsache, die Christabel so erschütterte?
»Es ist furchtbar«, beteuerte Tryon Welles. »Aber was bleibt mir anderes übrig? Und dann noch Joes Tod . . .« Er hielt inne, nahm sich zerstreut eine Zigarette aus seinem Etui und knipste sein Feuerzeug an. Die kleine Flamme leuchtete klar und hell. »Es ist – die Hölle«, sagte er paffend. »Für Christabel, meine ich. Aber was habe ich für eine Wahl? Ich muß mein Geschäft retten.«
»Natürlich«, sagte Susan langsam. »Das verstehe ich.«
Und ganz plötzlich, während sie noch das Feuerzeug anblickte, verstand sie tatsächlich. Es war so einfach, so wunderbar einfach. Sie sagte: »Haben Sie für mich auch eine Zigarette?« und war erstaunt, wie ruhig ihre Stimme klang.
Es war ihm peinlich, daß er ihr keine angeboten hatte. Er kramte das Etui wieder heraus und gab ihr dann Feuer. Susan blieb lange über die kleine Flamme geneigt. Schließlich hob sie den Kopf, sagte »Danke« und fügte ganz so, als hätte sie das alles geplant, hinzu: »Wären Sie so nett und würden Randy wecken, Mr. Welles, und ihn zu mir schicken? Jetzt gleich?«
»Aber gern«, sagte er. »Sie sind im Gästehaus?«
»Ja«, antwortete Susan und floh.
Sie saß über ihren Aufzeichnungen, als Jim Byrne eintraf. Er war frisch und munter, wie Susan gleich merkte, bereit, wohlwollend zu sein. Er rechnete also mit ihrem Mißerfolg.
»Na«, fragte er freundlich, »haben Sie den Mörder entdeckt?«
»Ja«, antwortete Susan.
Jim Byrne mußte sich plötzlich setzen.
»Ich weiß, wer Joe Bromfel getötet hat«, fuhr sie fort, »aber ich weiß nicht, warum.«
Jim Byrne zog ein Taschentuch heraus und tupfte sich leicht die Stirn. »Wie wär's«, meinte er, »wenn Sie mich einweihen?«
»Randy wird jeden Moment kommen«, sagte Susan. »Aber es

ist alles ganz einfach. Verstehen Sie, der letzte Hinweis war nur der Beweis. Ich wußte, daß Christabel Joe nicht getötet haben konnte. Erstens ist sie unfähig, auch nur einer Fliege etwas zuleide zu tun; und zweitens hat sie ihn immer noch geliebt. Und ich wußte auch, daß Michela es nicht getan hatte. Die ist nämlich in Wirklichkeit feige. Außerdem hatte sie ein Alibi.«

»Was?«

»Ja. Sie war an dem Morgen wirklich lange Zeit im Kiefernwäldchen. Ich vermute, sie hat auf Randy gewartet, der verschlafen hatte. Ich weiß, daß sie dort war, weil sie von Milben ganz zerfressen war, und die gibt's nur in dem Wäldchen.«

»Vielleicht war sie aber am Tag vorher dort.«

Susan schüttelte entschieden den Kopf. »Nein, ich kenne diese kleinen Biester. Der Juckreiz hält einen Tag an, dann ist es vorbei. Und am Nachmittag war niemand im Wäldchen außer den Leuten des Sheriffs.«

»Dann bleiben also Randy und Tryon Welles.«

»Ja«, bestätigte Susan. Jetzt, da es zu handeln galt, fühlte sie sich elend und schwach. Würde sie mit ihrer Aussage einen Mitmenschen auf den langen, erniedrigenden Weg schicken, der nur tragisch enden konnte?

Jim Byrne wußte, was ihr durch den Kopf ging. »Denken Sie an Christabel«, sagte er leise.

»Oh, ich weiß«, erwiderte Susan bedrückt.

Von der Veranda war das Geräusch schneller Schritte zu hören.

»Sie wollten mich sprechen, Susan?« fragte Randy.

»Ja, Randy«, antwortete Susan. »Bitte sagen Sie mir, ob Sie bei Joe Bromfel Schulden haben.«

»Woher wissen Sie das?« fragte Randy.

»Haben Sie ihm einen Schuldschein gegeben oder so was.«

»Ja.«

»Und was haben Sie als Sicherheit angeboten?«

»Das Haus –, es gehört mir allein.«

»Welches Datum trug der Schuldschein? Antworten Sie mir, Randy.«
Er hob den Kopf. »Sie haben wohl mit Tryon gesprochen«, sagte er trotzig. »Also gut, er war früher datiert als der Schuldschein, den ich Tryon gegeben habe. Ich konnte nicht anders. Ich hatte mich verspekuliert. Ich brauchte unbedingt . . .«
»Das Haus gehörte also in Wirklichkeit Joe Bromfel?« Susan war innerlich ganz kalt. Christabels Haus. Christabels Bruder.
»Äh – ja, wenn man's genau nimmt.«
Jim Byrne war leise aufgestanden.
»Und nach Joes Tod gehört es Michela, falls sie von dieser Sache weiß und auf ihrem Recht besteht«, fuhr Susan fort.
»Ich weiß nicht«, entgegnete Randy. »Daran habe ich nie gedacht.«
Jim Byrne wollte etwas sagen, aber Susan brachte ihn zum Schweigen.
»Nein«, sagte sie müde, »er hat wirklich nicht daran gedacht. Und ich weiß, daß Randy Joe nicht getötet hat. So wichtig war ihm Michela nicht, daß er das getan hätte. Tryon Welles hat Joe getötet. Er mußte Joe zum Schweigen bringen und den Schuldschein verschwinden lassen, um selbst Ansprüche auf das Haus geltend machen zu können. Randy, hatte Joe den Schuldschein hier bei sich?«
»Ja.«
»Er wurde aber nicht bei ihm gefunden.«
»Es wurde überhaupt nichts dergleichen gefunden«, warf Jim Byrne ein.
»Nach der Entdeckung des Mordes«, sagte Susan, »und vor dem Eintreffen des Sheriffs waren nur Sie und Tryon Welles in der oberen Etage. Nur Sie beide hatten Gelegenheit, Joes Zimmer zu durchsuchen und den Schuldschein zu vernichten. Waren Sie derjenige, der das getan hat, Randy?«
»Nein, nein!« Randy bekam eine dunkelrote Gesichtsfarbe.

»Dann muß Tryon Welles ihn gefunden und vernichtet haben.« Sie runzelte die Stirn. »Irgendwoher muß er gewußt haben, daß der Schuldschein hier war. Ich weiß nicht, woher; vielleicht hatte er deswegen eine Auseinandersetzung mit Joe, bevor er ihn erschoß, und Joe sagte ihm in seiner Arglosigkeit, wo der Schein zu finden war. Er hatte keine Zeit, Joe selbst zu durchsuchen. Aber er wußte . . .«

»Vielleicht«, stammelte Randy, »hab ich's ihm gesagt. Ich wußte, daß Joe ihn in seiner Briefmappe hatte. Er . . . er sagte es mir. Aber es wäre mir nicht in den Sinn gekommen, ihn an mich zu nehmen.«

»Eine amtliche Eintragung existierte nicht?« fragte Jim Byrne.

»Nein«, antwortete Randy beschämt. »Ich – er versprach mir, daß es unter uns bleiben würde.«

»Es würde mich interessieren«, sagte Susan, während sie Randy in das unglückliche Jungengesicht blickte, »wie Tryon Welles Sie zum Schweigen bringen sollte.«

»Na ja«, murmelte Randy nach einer kleinen Pause, »ich weiß, ich hab mich nicht gerade ehrenhaft benommen. Aber Sie brauchen nicht auch noch Salz in die Wunde zu streuen. Ich hätte das nie gedacht, ich dachte an – Michela. Daß sie es getan hätte. Ich habe meine Lektion bekommen. Und wenn er den Schuldschein vernichtet hat, wie wollen Sie das alles dann beweisen?«

»Durch Ihre Aussage«, versetzte Susan. »Und außerdem haben wir ja noch den Ring.«

»Den Ring?« wiederholte Randy, und Jim Byrne beugte sich gespannt vor.

»Ja«, sagte Susan. »Ich hatte es vergessen, aber dann fiel mir ein, daß Joe Zeitung gelesen hatte, als er erschossen wurde. Die Vorhänge hinter ihm waren geschlossen. Folglich muß die Lampe neben seinem Sessel gebrannt haben, sonst hätte er nicht lesen können. Sie brannte aber nicht mehr, als ich in die Bibliothek kam. Der Mörder hat sie also ausgemacht, ehe

er floh. Und seitdem hat er sorgfältig darauf geachtet, elektrisches Licht zu meiden.«
»Was reden Sie da?« rief Randy verwirrt.
»Er mußte den Ring weiterhin tragen«, sagte Susan. »Zu seinem Glück trug er ihn am ersten Abend nicht – die Farbe hätte wohl nicht zu seiner grünen Krawatte gepaßt. Aber heute morgen hab ich es gesehen.«
»Was denn nur?« fragte Randy gereizt und ungeduldig.
»Daß der Stein gar kein Smaragd ist«, antwortete Susan. »Es ist ein Alexandrit. Im Licht des Feuers wechselte er die Farbe.«
»Ein Alexandrit?« rief Randy aufgebracht. »Was ist das?«
»Das ist ein Edelstein, der bei künstlichem Licht rötlichviolett leuchtet und bei Tageslicht smaragdgrün«, erklärte Jim Byrne kurz. »Diese Steine sind selten und teuer. Teuer«, wiederholte er langsam. »Dieser hier hat ein Leben gekostet.«
»Aber wenn Michela von dem Schuldschein weiß«, unterbrach Randy, »dann wird Tryon vielleicht auch sie töten.« Er brach ab, versank einen Moment in Nachdenklichkeit, nahm sich dann eine Zigarette. »Soll er«, sagte er leichthin.
Es war also Tryon Welles gewesen, der in der Nacht herumgeschlichen war. Er war sich vielleicht unsicher gewesen, wieviel Michela wußte, sicher aber seiner Fähigkeit, mit ihr und Randy, der bei ihm so tief in der Kreide stand, fertig zu werden.
»Michela weiß im Moment nichts«, sagte Susan langsam. »Und wenn Sie mit ihr sprechen, Randy, wird sie sich vielleicht mit einer Barabfindung zufriedengeben. Irgendwie müssen Sie dieses Haus für Christabel zurückerwerben, Randy, und zwar auf ehrliche Weise.«
»Aber jetzt!« sagte Jim Byrne vergnügt, »kommt erst mal der Sheriff zum Zug. Und meine Story.«
An der Tür blieb er stehen und drehte sich noch einmal nach Susan um. »Darf ich später wiederkommen und Ihre Schreibmaschine benutzen?«
»Ja«, sagte Susan Dare lächelnd.

Kein gewöhnlicher Montag

Sarah Brady

Charlotte Armstrong

Mrs. Sarah Brady erwachte im Hause ihres Neffen Jeff im Gästezimmer, und einen Augenblick lang freute sie sich ganz einfach auf das saubere, unbeschriebene Blatt des neuen Tages. Aber dann fand sie die Verbindung zur Vergangenheit und Zukunft. Ach ja. Ihre Schwester Alice war am Montag gestorben und Mittwoch beerdigt worden. Heute war Samstag, und ihre Tochter Del würde abends kommen und sie morgen mit nach Hause nehmen.

Nun, da sie wußte, wo sie war, schickte Mrs. Brady ein Stoßgebet zum Himmel und stellte ihre mageren alten Füße auf den Boden.

Im Hause war es sehr still. Seit Tagen war das schon so; jeder bewegte sich langsam mit leiser Melancholie, gemildert durch gegenseitige Rücksichtnahme. Mrs. Brady hatte das Gefühl, als ob ihre Abreise der Auftakt zu einer Besserung der Stimmung sein würde. Und dieser Gedanke gefiel ihr nicht besonders.

Sie trottete ins Gästebadezimmer, um sich zu waschen und fachmännisch ihren Gesundheitszustand zu begutachten. Mrs. Brady hatte ein schwaches Herz, aber sie lebte schon lange damit und kam ganz gut zurecht. Sie versuchte immer noch, so wenig Medikamente wie möglich zu nehmen. Daher öffnete sie das Medikamentenschränkchen und betrachtete das Fläschchen mit ihren Tabletten, rührte es jedoch nicht an.

Nein, dachte sie, eigentlich war es besser, ohne Tablette den Vormittag durchzuhalten – zumindest, um zu sehen, wie sie sich dabei fühlte. Sie zog sich rasch an und machte sich auf den Weg in die Halle.

Es würde ein herrlicher Sommertag werden, was das Wetter betraf.

Die Tür zum riesigen vorderen Schlafzimmer stand weit offen, und das leere, ordentlich gemachte Bett ihrer Schwester erinnerte sie daran, daß die arme Alice tot war. Mrs. Brady prüfte den leisen Schock, den sie wie immer bei diesem Gedanken verspürte. Er war nicht eigentlich schwächer geworden, aber er war jetzt von anderer Art. Er schien sich vom Gefühl in ihren Verstand verschoben zu haben. Ja, sie war jetzt fähig, die Bedeutung vom Verfall der Materie, dem Verlust einer Gegenwart, dem Vergehen einer Kraft mit dem Verstand zu erfassen.

Mrs. Brady merkte, daß sie leicht die Stirn runzelte, als sie die Treppe weiter hinunterstieg und durch die Halle nach hinten ins Frühstückszimmer ging.

Heute war sie den letzten Tag hier. War es auch ihre letzte Chance? Hatte sie Grund dazu, verletzt zu sein, oder wie immer sie das unbehagliche Gefühl nennen sollte, das sie empfand?

Henny, Köchin, Haushälterin und Mädchen für alles, erschien sofort mit ihrem Orangensaft. Sie war eine große, grobknochige Frau mittleren Alters mit einem goldenen Kreuz auf der Brust. In ihren Augen lag noch immer ein trauriger, wachsamer Ausdruck. Sie hatte sich seit Alices Tod sehr zusammennehmen müssen, zu sehr.

Henny war dazu übergegangen, sehr behutsam mit Mrs. Brady umzugehen und sie zu behandeln, als ob *sie* eine Kranke sei. Mrs. Brady und Henny waren schon seit vielen Jahren gute Freunde. Zwischen den beiden hatte sich eine Art

burschikose Vertraulichkeit entwickelt, zu der es gehörte, daß Henny so tat, als ob Mrs. Bradys Anwesenheit eine große Last für sie sei und sie sie jedesmal, wenn sie zu Besuch da war, am liebsten wieder weggewünscht hätte.
Vielleicht war der gewohnte Ton im Augenblick nicht sehr taktvoll. Aber die ständige Fürsorglichkeit, mit der man sie umgab, ärgerte Mrs. Brady, die nie darum gebeten hatte und die ihr jetzt ganz besonders mißfiel.
Als Henny ihr die Eier brachte, sagte Mrs. Brady: »Man kann sich nur schwer daran gewöhnen, daß Alice nicht mehr in ihrem Zimmer ist. Sie ist so lange da oben gewesen. Wann ist sie eigentlich das letzte Mal heruntergekommen und irgendwo hingegangen?«
»Ich weiß es nicht mehr, Miss Sarah.« Henny versuchte offensichtlich, ihr auszuweichen.
»Stimmt es, daß Sie sie zum letzten Mal am Montag nach dem Lunch sahen?«
»Ja, Ma'am«, sagte Henny unglücklich.
»Ich nämlich auch. Karen fand, wir sollten ihr nicht sagen, daß wir in die Stadt fahren wollten. Ich habe nicht mal mehr mit ihr gesprochen.«
»Nein, nein, Sie sollten sich deswegen keine Vorwürfe machen. Schließlich haben Sie den ganzen Vormittag bei ihr verbracht.« Henny schien sie beschwichtigen zu wollen, was so gar nicht zu ihrer sonstigen Art paßte. »Sie konnten es ja nicht wissen. Miss Del wird zum Dinner hier sein, nehme ich an?«
»Ja. Henny . . .?«
»Ihre Eier werden kalt, Miss Sarah.«
»Henny«, wiederholte Mrs. Brady unerbittlich. »Gibt es irgend etwas, das man mir verschweigt?«
Henny sah sie erschrocken an. Sie rollte die Augen, und ihre Hände umklammerten das goldene Kreuz. »Ich weiß nicht, was Sie meinen. Ich will nur einfach nicht darüber sprechen, und ich finde, Sie sollten es auch nicht tun.«

»Warum, um alles in der Welt, soll ich nicht darüber sprechen?«
»Ich finde ... das Leben geht eben weiter«, murmelte Henny. »Und wozu soll es gut sein, wenn man darüber spricht. Die Arme! Ich meine ... sie ist jetzt sicher besser dran.«
Henny sah zu Boden und stürzte durch die Schwingtür in die Küche.
Mrs. Brady begann, ihre Eier zu essen, und dachte dabei über den Widerspruch zwischen dem goldenen Kreuz und der Angst vor dem Tod nach – falls es das war, das Henny loswerden wollte, indem sie tot sein als »besser dran sein« bezeichnete.
Nun, Mrs. Brady selbst war nicht begeistert von dem Gedanken, sterben zu müssen, aber sie akzeptierte die Tatsache, daß es unvermeidlich war. Ihrer Meinung nach war es eine Anmaßung zu sagen, die arme Alice sei besser dran. Vielleicht war es so, vielleicht aber auch nicht.
Vielleicht fühlte Henny sich schuldig, weil sie an jenem anscheinend völlig normalen Nachmittag in ihr Zimmer im zweiten Stock hinaufgegangen war, um wie gewöhnlich ihr kleines Schläfchen zu machen, und nicht mal symbolisch dem Engel des Todes Widerstand geleistet hatte, indem sie vor der Gefahr auf der Hut gewesen war.
Niemand hatte damit gerechnet, daß Alice sterben würde. Nicht am Montag.
Der Schock? Vielleicht leide ich immer noch unter dem Schock, dachte sie, aber sie glaubte es nicht.
Bobby Conley schlenderte herein.
»Guten Morgen«, sagte seine Großtante. »Keine Schule heute?«
»Nein«, sagte Bobby, indem er sich in seiner jungenhaften Art auf seinen Stuhl schwang, was mehr einer schwierigen sportlichen Übung als einem einfachen Hinsetzen glich. »Aber ich klemm' mich am besten gleich hinter die Bücher.«

Bobby war zwanzig und ging aufs College. Im Augenblick nahm er an Sommerkursen in der Stadt teil.
»Del kommt heute und holt mich ab«, sagte Mrs. Brady.
Bobby grunzte, daß er das wisse. Henny kam mit seinem Saft und einem Berg Toast herein. Brady goß ihm Kaffee ein.
»Was hältst du davon, daß deine Eltern in Deutschland und Frankreich leben wollen?« fragte sie ihn.
»Das ist okay«, sagte Bobby. »Ich werde ja sowieso im College sein.«
»Und Suzanne wieder im Internat. Du wirst also auf sie aufpassen können.«
Bobby warf ihr einen Blick zu, als wollte er sagen, wie altmodisch es war, zu denken, daß irgend jemand auf irgend jemand aufpassen sollte. »Ja, sicher«, sagte er duldsam.
Seine Schwester Suzanne stürmte herein. Sie sah mit den riesigen Lockenwicklern rund um ihr kleines Gesicht gespenstisch aus. »Ich will nichts essen, Henny. Ich faste.«
Mrs. Brady warf einen verstohlenen Blick auf ihre bloße Taille zwischen den beiden Stückchen Stoff, die ihr so winzig schienen, daß sie glaubte, eine stärkere Brise könnte sie davonblasen. Aber sie sagte nichts. Sie hatte keinen wirklichen Kontakt zu diesen jungen Leuten. Sie schienen sie gern gemocht zu haben, als sie noch kleiner gewesen waren, doch jetzt war sogar Susie mit ihren fünfzehn Jahren ihr entwachsen. Sie gingen ihre eigenen Wege, und natürlich sollten sie das auch. Mrs. Brady fand, daß sie es besser hatten als ihr Vater in seiner Jugend.
Sarah Brady hatte sich für ihren Neffen Jeffrey immer irgendwie verantwortlich gefühlt, weil sie besser als jeder andere wußte, mit welcher Belastung er durchs Leben ging. Die arme Alice hatte geglaubt, schön zu sein sei alles, was der liebe Gott von ihr verlangte, und daß sie schon mit Anfang Dreißig Witwe war, könne nur auf irgendeinem lächerlichen Irrtum beruhen. Das konnte ihr doch nicht passieren! Die arme Alice, die keine eigenen Interessen besaß, jedoch über eine

Menge Geld verfügte, hatte bei dem einzigen Zeitvertreib Zuflucht gesucht, der ihr verlockend erschien: Sie hatte sich eine schwache Gesundheit zugelegt. Sarah verstand das, soweit es da etwas zu verstehen gab. Alice war der goldhaarige Liebling gewesen, das verhätschelte Schoßkind, während sie selbst, die drei Jahre jüngere Sarah, die »Intelligente« war. Und die Glücklichere, dachte Mrs. Brady. Vielleicht war es besser, Glück zu haben, als gut auszusehen. Sie lächelte vor sich hin und seufzte.

Alices einziges Kind, Jeffrey, hatte sein ganzes Leben lang unter der Fuchtel seiner Mutter gestanden. Aber Jeffreys Kinder schien die arme Alice, ob lebendig oder tot, wenig zu bekümmern.

»Du warst am Montag den ganzen Tag am Strand, Susie«, sagte Mrs. Brady nachdenklich. »Aber du, Bobby, bist zum Mittagessen nach Hause gekommen und hast anschließend in deinem Zimmer gelernt, das gegenüber dem deiner Großmutter liegt.«

Sie sahen sich an wie zwei Eulen.

»Ich habe sie nicht gestört«, sagte Bobby kauend.

Es war Henny gewesen, die Alice gefunden und den Doktor gerufen hatte, nach ihrem üblichen »kleinen Schläfchen«.

»Und sie hat dich auch nicht gestört, wie?« meinte Mrs. Brady.

Suzanne sah sie mit runden Augen an. »Man durfte ihr einfach nicht erzählen, daß man irgendwo hinging.«

Mrs. Brady fühlte sich betroffen. Oder hatte das Mädchen ihren Vater gemeint?

Aber Susie dachte an sich selbst. »Ich habe ihr nie was gesagt, wenn ich an den Strand ging. Sie hätte sich nur aufgeregt, wegen der Haie.« Sie zuckte eine braune Schulter. »Oder wegen fehlender Anstandsdamen.«

»Sie wußte ja nicht mal, daß ich einen Sommerkurs mache«, sagte Bobby, »um meine Zensuren ein bißchen aufzumöbeln. Sie hätte sich nämlich auch deswegen aufgeregt.«

»Nein, es war nicht leicht, ihr etwas zu sagen«, gab Mrs. Brady gedankenvoll zu. »Das war es nie. Ich bin da ganz anders. *Ich* rege mich auf, wenn ich glaube, daß man vor mir Geheimnisse hat.«

Sie sahen sie beide an. Skeptisch? Amüsiert? Mitleidig? Oder mit einer Spur von Verwunderung?

Aha, dachte Mrs. Brady, der Tod ist ihnen nicht so gleichgültig, wie sie tun. »Sie hat also nicht geschrien? Oder geklingelt? Du hast nicht das geringste gehört?«

»Nein«, sagte Bobby, »keinen Mucks.« Dann wandte er ihr sein Gesicht zu und sagte schnell: »Ich wollte das nicht so ... es tut mir leid.« Und einen einzigen kurzen Moment lang sah Mrs. Brady in das Gesicht eines ängstlichen, erschrockenen Jungen.

Doch jetzt kam Karen herein und sagte: »Guten Morgen alle miteinander.« Sie war sehr leise hereingekommen. Sie legte ihre Hand auf die Schulter des jungen Mädchens. Suzanne saß ganz still da. Dann fuhr Karen leicht über das Haar ihres Stiefsohns. Bobby verzog keine Miene.

Mrs. Brady dachte bei sich, sie wollen ihre Gefühle nicht zeigen.

Henny kam, um die Hausfrau in ihrer üblichen ergebenen Art zu bedienen. Dies war jetzt Karens Haus. Sie war eine hübsche Frau Anfang Dreißig, zierlich, wohlproportioniert, mit sanftem freundlichem Wesen. Sie war Krankenschwester gewesen und vor sechs Jahren als Pflegerin für Alice engagiert worden. Karen und ihre Patientin hatten sich angefreundet, und als der verwitwete Sohn der Patientin die Pflegerin heiratete, schien das – abgesehen von allem andern – auch ein nützliches und praktisches Arrangement zu sein. Karens Selbstbeherrschung und ihre freundliche, nette Art, die durch ihre Ausbildung als Krankenschwester vielleicht noch ausgeprägter geworden war, hatten einen heilsamen und beruhigenden Einfluß auf ihre Umgebung. Sie war die einzige Person, überlegte Mrs. Brady, die der armen Alice immer den

ihr gebührenden Tribut an Mitgefühl hatte zukommen und sich, soviel sie wußte, nie dazu hatte hinreißen lassen, ihr mehr oder weniger unmißverständlich zu sagen: »Um Gottes willen, so reiß dich doch endlich zusammen!« Als die jungen Leute gegangen waren, schenkte sich Mrs. Brady noch eine Tasse Kaffee ein, die sie eigentlich gar nicht mehr wollte und auch nicht trinken sollte. Sie sagte zu Karen: »Ich habe so ein komisches Gefühl. Ich weiß nicht genau, wieso. Aber ich fahre morgen ungern weg, ohne zu wissen, was eigentlich los ist. Wieso habe ich den Eindruck, daß ihr mir eine Sonderbehandlung zukommen laßt – so ähnlich wie Alice?«
»Nun, Tante Sarah«, sagte Karen lächelnd, »natürlich genießt du eine Sonderbehandlung. Wir haben dich eben alle gern. Denk ja nicht, uns wäre nicht bewußt, daß du deine einzige Schwester verloren hast. Es ist wirklich schlimm, daß das ausgerechnet während deines Besuches passieren mußte. Die arme Alice hat sich jedesmal so auf dein Kommen gefreut.«
Hat sie das wirklich getan, überlegte Mrs. Brady. Sie merkte, daß sie unruhig mit den Füßen scharrte. Normalerweise schätzte sie Karens beruhigende Art, aber heute gefiel sie ihr irgendwie nicht.
»Ich hoffe, du bist nicht unglücklich, weil wir beide am Montag unseren kleinen Ausflug gemacht haben«, sagte Karen freundlich. »Es gab keinen Grund, weshalb wir nicht hätten fahren sollen. Es waren genug Leute im Haus. Wir dürfen uns deswegen keine Vorwürfe machen, nicht wahr?«
Mrs. Brady überlegte. Nein, dachte sie, ich habe kein schlechtes Gewissen.
»Wenn du erst zu Hause bist«, sagte Karen gerade, »und wieder etwas zu tun hast, wird alles weitergehen wie immer, das weiß ich bestimmt.« Karens Stimme war butterweich. »Aber jetzt sag mir bitte, was Del besonders gern ißt. Ich werde mich mit dem Dinner danach richten.«
»Nichts Bestimmtes«, sagte Mrs. Brady ziemlich kurz. »Sie ißt, was man ihr vorsetzt.« Sie merkte plötzlich, wie froh sie

war, ihre Tochter wiederzusehen. »Genauso wie ich«, fügte sie hinzu. »Normalerweise.«
»Liebe Tante Sarah«, erklärte Karen freundlich, »als ob du uns je die geringste Mühe gemacht hättest. Aber ich glaube, Jeffrey hat es von uns allen am schwersten getroffen. Meinst du nicht auch, daß wir versuchen müssen – einfach weiterzuleben, bis die Zeit unsere Wunden heilt? Jeffrey will die Stellung in Europa annehmen. Ich habe ihn dazu ermutigt. Hältst du das nicht auch für sehr vernünftig? Daß er von diesem Hause wegkommt, wird gut für ihn sein. Eine andere Umgebung und neue Eindrücke helfen ihm sicher darüber hinweg.«
»Ja, natürlich ist es vernünftig, daß er das Angebot annimmt«, sagte Mrs. Brady. »Ich fand das schon immer und habe es ihm, wie du weißt, auch gesagt.«
»Er gibt so viel auf dein Urteil«, antwortete Karen. »Und ich auch. Es ist bestimmt nur der Schock. Ich finde, wir sollten uns jetzt gleich in die Arbeit stürzen. Du wirst wohl heute mit Pakken beschäftigt sein, nehme ich an.«
Ja, dachte Mrs. Brady, das wird mich ganze zwanzig Minuten beanspruchen. Sie wußte selbst nicht, wieso sie so gereizt war. Karen entschuldigte sich, sie wollte ihre Einkaufsliste machen, und Mrs. Brady ging nach oben. Sie ging durch das große, hübsch möblierte Haus, das nun bald veröden würde. Der Haushalt würde aufgelöst werden, Jeffrey und Karen würden ins Ausland gehen, die Kinder in ihre Schulen. Was Henny wohl machen wird, überlegte sie. Aber Henny war ein Juwel, sie konnte für sich selbst sorgen. So was wie sie war so wertvoll geworden wie eine seltene Antiquität.
Mrs. Bradys Gedanken wanderten zum Montag zurück. Sie konnte einfach nicht anders.
Montag nach dem Lunch hatte Karen sie eingeladen, mit ihr in die Stadt zu fahren, während Alice sich ausruhte. Mrs. Brady, die Stadtbummel liebte, wann immer sie sich frisch genug dazu fühlte, hatte erfreut eingewilligt.
Sie war hinauf in ihr Zimmer gegangen, um ihre Sachen zu ho-

len, hatte mit Vergnügen entdeckt, daß sie selbst eine dringende Besorgung zu machen hatte, die ihr Mitkommen rechtfertigte, und war dann am Zimmer ihrer Schwester vorbeigegangen. Karen, die mit einem Tablett in den Händen in der Tür stand, hatte mahnend den Finger an die Lippen gelegt. Alice sollte nicht wissen, daß sie wegfuhren. Mrs. Brady hatte vermutet – und tat es immer noch –, daß sie sich andernfalls mindestens fünf Minuten lang Alices Klagen hätten anhören müssen, daß sie selber nicht mitkonnte oder daß man sie allein ließ.

Deshalb hatte Sarah nur einen Blick in ihr Zimmer geworfen, den Kopf ihrer Schwester gesehen und ihr Haar – immer noch golden, wenn auch gefärbt – und den zierlichen Bogen ihrer schönen Nase, die ihre eigene noch gröber als unbedingt nötig wirken ließ, hatte flüchtig ihr Bett gesehen, das parfümiert war und bedeckt mit den tausend kleinen Dingen, die Alice zu ihrem Wohlbefinden brauchte, und hatte ihre Schwester sagen hören, »ich möchte jetzt ruhen«, in gleichzeitig klagendem und gebieterischem Ton, der auszudrücken schien: Ich habe das Recht, immer und jederzeit das zu tun, was ich möchte, denn ich bin ja so krank.

Mrs. Brady erinnerte sich, wie Karen gesagt hatte, daß Henny sich nicht zu bemühen brauche und sie selbst das Tablett hinuntertragen würde, und wie Henny auf die Treppe zugestürzt war. Daß Bobby bäuchlings auf dem Bett lag, den Kopf über ein Buch auf dem Fußboden gehängt. Wie dann der Wagen leise aus der Einfahrt geglitten war. Und sie erinnerte sich an Karens halb trauriges, halb mutwilliges Lächeln, als sie – endlich frei – durch die kleine Stadt in Richtung Zentrum fuhren. Mrs. Brady hatte sich fröhlich überlegt, was für Einkäufe sie guten Gewissens machen konnte, denn sie lebte ziemlich bescheiden, in einem kleinen Apartment nicht weit vom Hause ihrer Tochter Del entfernt, und Karen hatte von einer neuen Bettdecke für Suzanne und Socken für Bobby gesprochen und über ihren Termin beim Zahnarzt.

»Es macht dir doch nichts aus, auf mich zu warten, Tante Sarah?«
»Ich würde eigentlich lieber allein ein bißchen bummeln und dann mit dem Bus zurückfahren.«
»Aber es sind drei Blocks zu Fuß von der Bushaltestelle bis nach Hause.«
»Die schaffe ich schon. Außerdem habe ich eine kleine Besorgung zu machen.«
»Kann ich das nicht für dich erledigen?«
»Nein, nein.«
»Gut . . . wenn du darauf bestehst.«
Und so hatte Mrs. Brady sich damit vergnügt, im Warenhaus Bettdecken zu begutachten und Ratschläge in puncto Socken zu erteilen, und war dann, nachdem Karen sie unterwegs zu ihrem Zahnarzt kurz vor dessen Haus abgesetzt hatte, ihre eigenen Wege gegangen. Sie hatte ihre kleine Besorgung, die ihrem Ausflug so etwas wie ein Ziel gab, erledigt und anschließend einen Schaufensterbummel bis zur Bushaltestelle gemacht.
Als sie nach Hause kam, war Dr. Clarke schon da, und Henny weinte. Bobby saß stumm im Wohnzimmer, mit trockenen Augen. Jeffrey war benachrichtigt worden, und Alice war tot. Fast im selben Moment, als sie ihr Schlafzimmer erreichte und eine Tablette gegen den Schock und die Belastung für ihr Herz nahm, hatte sie Karen die Treppe heraufrennen gehört. Und dann hatte sie von unten Jeffreys Stimme gehört. Sie war hinuntergelaufen, um Beistand zu leisten, war damit beauftragt worden, nach Suzanne Ausschau zu halten und ihr die Nachricht schonend beizubringen – und der Montag hatte aufgehört, ein gewöhnlicher Montag zu sein.
Mrs. Brady schüttelte den Kopf. Die bohrenden Zweifel blieben. Sie konnte sich nicht von dem Gedanken frei machen, daß man ihr etwas verschwieg.
Sie marschierte ins Bad und nahm eine Tablette, um sich zu stärken. Sie rüstete sich für eine lange Fahrt. Sie wollte mit

ihrem Neffen allein sprechen. Sie hatte es noch nicht getan – nicht, seitdem es passiert war.
Es war schon fast elf, als Mrs. Brady endlich mit dem Bus bei Jeffreys Büro ankam. Sie sagte der Dame am Empfang, wer sie sei, und konnte nicht umhin, sich geschmeichelt zu fühlen, als Jeffrey aus seinem Allerheiligsten gestürzt kam. »Tante Sarah, was zum Teufel tust du denn hier?« Er war groß und in letzter Zeit etwas dicklich um die Taille geworden. Seine Haare wurden schon grau. Sein langes Gesicht zeigte einen ständigen leicht besorgten Ausdruck. Er war ein ruhiger Mann, leicht zu beeinflussen, dankbar, wenn man ihm seinen Frieden ließ.
»Dies ist meine letzte Chance, dich allein zu sprechen, Jeff.«
»Möchtest du hereinkommen?« der sorgenvolle Ausdruck vertiefte sich. »Oder noch besser, wir trinken unten im Drugstore eine Tasse Kaffee.«
»Fein.« Sie würde es nicht riskieren, noch einen Kaffee zu trinken. Auf gar keinen Fall. Sie fuhren mit dem Aufzug hinunter und nahmen in einer ledergepolsterten Nische Platz. Das Lokal war ihr vertraut. Der Besitzer kannte sie. Mrs. Brady hatte bis vor zehn Jahren selbst in der Stadt gewohnt. Das Mädchen hinter der Snackbar war freundlich. Mrs. Brady fühlte sich wohl. Sie bestellte ein Stück Sandtorte.
Indem sie das Gesicht ihres Neffen prüfend betrachtete, sagte sie: »Jeff, es stimmt. Der armen Alice gefiel der Plan nicht. Wir beide wußten, daß sie dagegen sein würde. Es tut mir leid, daß dein letztes Gespräch am Montag mit ihr so unfreundlich verlief. Aber ich möchte dir sagen, daß ich deine Entscheidung, nach Europa zu gehen, immer noch für richtig halte, und daß es auch richtig war, es ihr zu sagen.«
»Aber natürlich, Tante Sarah«, meinte er, ohne sie anzusehen. »Das weiß ich. Mach dir deswegen keine Sorgen.«
»Für Alice wäre bestens gesorgt gewesen, nach all den Vorkehrungen, die du für sie getroffen hattest, und sie wäre nicht unglücklicher gewesen als sonst.«

»Der Meinung bin ich auch. Bitte, Tante Sarah, du darfst auch nicht eine Minute lang denken, daß jemand dir einen Vorwurf macht – wegen deinem Rat oder sonst irgend etwas.«
»Ach, Jeff.« Seine Tante wurde ungeduldig. »Natürlich machst du mir keinen Vorwurf. Ich verstehe nicht, warum du überhaupt von Vorwürfen sprichst. Zufällig weiß ich, daß der liebe Gott die Welt regiert und mich bisher noch nicht beauftragt hat, es an seiner Stelle zu tun. Und dich auch nicht.«
Er lächelte sie an. »Mir geht es gut, Tante Sarah«, sagte er herzlich. »Ich brauche nur ein wenig Zeit, das ist alles.«
»Ich fahre morgen.«
»Ich bin froh . . .« begann er und verstummte hastig.
Ja, er war froh, daß sie abfuhr. Es bestätigte nur, was Mrs. Brady bereits geahnt hatte. Nun ja, vielleicht war sie wirklich so etwas wie eine Plage. Schließlich war Jeff ein erwachsener Mann. Er brauchte sein Tantchen nicht, um ihm den Rücken zu stärken. Oder zumindest sollte er das nicht. Die Zeit würde vergehen, und die Wunden würden heilen. Was für Wunden eigentlich? In Wahrheit war es doch so, daß eine Bürde von Jeff und seiner Familie genommen worden war. Die ewigen Heimlichtuereien hatten endlich ein Ende. Ein frischer Wind würde wehen.
Aber bisher wehte er noch nicht. Fühlte die Familie sich schuldig? Vielleicht deswegen, weil sie ein bißchen zu erleichtert war? Und zu bald?
Nein, sie spürte immer noch, daß sie, Sarah Brady, zu behutsam behandelt wurde. Sie hätte auch nicht den winzigsten Beweis dafür nennen können – aber sie spürte in allen Knochen, daß man ihr etwas vormachte. So weit war es mit Sarah Brady also gekommen! Und es gefiel ihr ganz und gar nicht. Immer war es Alice gewesen, der etwas vorgemacht worden war. Ihr ganzes Leben lang. Übrigens verfuhr Alice mit dem Rest der Welt ebenso. Wenn man sich nicht genauso verhielt, wie sie es wollte, bestand sie ganz einfach darauf, daß es so schien – zumindest innerhalb ihrer Reichweite. Und sie hatte immer

gewonnen, weil es bequemer war. Alices Reichweite war ja so klein.
Aber nicht mit mir, überlegte Sarah. Nein, mit mir nicht!
»Ich habe mir schon gedacht, daß du froh bist, wenn ich wegfahre«, sagte sie freimütig.
»Nicht etwa meinetwegen«, antwortete Jeffrey zu schnell. »Aber ich möchte, daß du etwas zu tun hast und vergißt. Du mußt dein eigenes Leben leben, Tante Sarah.« Er lächelte, aber ihr gefiel weder sein Aussehen noch der Klang seiner Stimme. »Sonst bist du es immer gewesen, die mir gesagt hat, daß ich mein eigenes Leben leben soll.«
Vergessen? dachte Sarah, innerlich wütend. Nicht mal die arme Alice verdient es, so rasch vergessen zu werden. Außerdem ist das auch gar nicht möglich. Alice war, wie sie war, und sie wird ein Teil unseres Lebens bleiben.
»Ach, ich rede viel«, antwortete sie. »In Freud und Leid bin ich immer ein Mensch gewesen, der alles loswerden mußte, was er auf dem Herzen hatte. Und im Augenblick habe ich das quälende Gefühl, daß es irgend etwas gibt, das ich sagen müßte – oder tun oder wissen.«
»Du brauchst nur so zu bleiben, wie du bist«, sagte Jeff etwas töricht. Er tätschelte ihre Hand. »Ich freue mich darauf, Del wiederzusehen. Wird es ihr nicht zuviel, an einem Tag dreihundert Meilen zu fahren und morgen noch einmal?«
»So etwas macht Del nichts aus«, sagte Mrs. Brady leichthin. Ihr war klar, daß ihr Neffe sie loswerden wollte.
Sie lehnte Jeffs Angebot, sie mit einem Taxi zurückzubringen zu lassen, unter dem Vorwand ab, daß die Busfahrt ihr Spaß mache. An ihren guten Tagen stimmte das auch, aber im Augenblick fühlte sie sich nicht so wohl, wie sie eigentlich sollte. Als Jeff ihr zum Abschied einen Kuß auf die Stirn gab und in gespielt munterem Ton sagte: »Und beunruhige dich ja nicht länger«, war sie ganz im Gegenteil davon überzeugt, daß es sehr wohl einen Grund zur Beunruhigung gab.
Sie stand auf der Straße und vertauschte in Gedanken ein

Wort mit einem anderen. »Vormachen?« Nein. Man »schonte« sie. Nun, sie, Sarah Brady, würde sich nicht gefallen lassen, daß man sie schonte. Jetzt nicht und nie – nicht, wenn sie es verhindern konnte.

Mrs. Brady kehrte in den Drugstore zurück und sah im Telefonbuch nach, aber es gab mehrere Dr. Clarkes. Sie hatte keinen Anhaltspunkt, welcher der richtige sein konnte. Aber der Besitzer half ihr. »Kann ich etwas für Sie tun, Mrs. Brady?«

»Bitte, Mr. Fredericks, wissen Sie zufällig, welcher Dr. Clarke meine Schwester behandelte?«

»Aber sicher. Dr. Josephus Clarke. Möchten Sie seine Telefonnummer wissen?«

»Nein, seine Adresse«, sagte sie nachdenklich.

»Er praktiziert im selben Haus, in dem früher Ihr Arzt, Dr. Crane, seine Praxis gehabt hatte.«

»Ach wirklich? Vielen Dank.« Mrs. Brady wußte jetzt, wohin sie sich wenden sollte.

Der Drugstorebesitzer sprach weiter. »Der Tod Ihrer Schwester tut mir sehr leid. Eine lange Krankheit vermutlich?«

Wollte auch er auf delikate Weise andeuten, daß es Grund zum Aufatmen gab?

Mrs. Brady betrat das Wartezimmer des Arztes und kam sich wie ein schäbiger Spitzel vor. Das Mädchen, bei dem sie sich anmeldete, schien ziemlich verwirrt, weil sie keine Patientin war. Mrs. Brady würde warten müssen, bis alle angemeldeten Patienten fertig waren. Das würde fast zwei Stunden dauern.

Also setzte sie sich hin und blätterte in alten Zeitschriften, sah die Patienten kommen und gehen und grübelte darüber nach, wie man eine Frage stellen sollte, wenn es eigentlich die Frage selbst war, die man wissen wollte? Falls es überhaupt eine gab. Endlich kam sie an die Reihe. »Ich bin Mrs. Conleys Schwester, Sarah Brady.«

»Wir haben uns«, sagte der Arzt, »unter traurigen Umständen kennengelernt. Was kann ich für Sie tun, Mrs. Brady?« Er war sehr zuvorkommend.

»Ich weiß es nicht. Vielleicht können Sie mir sagen, wieso meine Schwester am Montag starb.«
»Wieso . . .? Ich versteh Sie nicht ganz.«
»Ich meine, hätten wir damit rechnen müssen?«
»Nein, natürlich nicht«, antwortete der Arzt. »Verstehe, verstehe. Sie haben das Gefühl, Sie hätten an ihrer Seite sein sollen! Das ist ein ganz normales Gefühl, aber ich kann Ihnen versichern, daß es jeder Grundlage entbehrt.« Er war wirklich sehr nett. Großmütig und freundlich.
»Wie ich hörte, behandelten Sie sie bereits eine ganze Weile?« tastete sie sich vor.
Dr. Clarke sagte mit traurigem Lächeln: »Ich habe getan, was ich konnte, Mrs. Brady.«
»Natürlich haben Sie das«, sagte sie heftig. »Ich bin nicht hier, um anzudeuten, daß Sie es nicht getan hätten. Aber woran ist meine Schwester gestorben? Vielleicht hätte ich es besser so ausdrücken sollen.«
»Wie soll ich Ihnen das erklären?« Er schien seine Worte sorgfältig abzuwägen. Er beobachtete sie. Ziemlich wachsam. »Laienhaft ausgedrückt . . . könnte man vielleicht von Herzversagen sprechen . . . Ich weiß zwar nicht recht, was Sie so beunruhigt, Mrs. Brady, aber ich kann Ihnen mit Bestimmtheit versichern, daß es keinen Grund gibt. Mit solchen Dingen muß man immer rechnen.«
»Herr Dr. Clarke, ich bin nicht wie meine Schwester!«
Er ging nicht auf die Bemerkung ein. »In seinem Kummer bildet man sich alles mögliche ein«, fuhr er fort. »Aber wenn man, wie Sie, etwas Sorge mit dem Herzen hat, sollte man ein wenig Gelassenheit lernen.«
»Ich habe einen sehr guten Arzt«, sagte sie scharf, »der mir beigebracht hat, wie ich mit meinem Herzen umgehen muß.«
»Davon bin ich überzeugt.«
»Vielleicht kennen Sie ihn. Es ist Dr. Crane.«
»Dem Namen nach. Er hat einen sehr guten Ruf«, schnurrte er. »Und Sie sehen auch sehr gut aus.«

Mrs. Brady schüttelte sich insgeheim. Sie hatte das Gespräch völlig verpatzt. Nicht so der Doktor. Er machte ihr etwas vor, sehr geschickt! Er war sie losgeworden. Wie Jeff.
Mrs. Brady fand sich an der vertrauten Bushaltestelle wieder. Vermutlich hatte sie ihn auf die Palme gebracht, wie man so schön sagte. Ich, dachte Sarah Brady, bin wirklich ein miserabler Detektiv. Es lag ihr eben nicht, hinter dem Rücken anderer Leute herumzuschnüffeln. So was war nie ihre Art gewesen, und sie wußte nicht, wie man es richtig anfing. Bis jetzt hatte sie jedenfalls nicht das geringste erfahren.
Moment mal, vielleicht doch. Dr. Clarke hatte gewußt, daß sie ein schwaches Herz hatte. Wieso hatte man ihm das erzählt? Ah, jetzt war sie sicher, daß man sie schonte und ihr etwas vormachte, und es fing an, sie gleichzeitig zu freuen und zu ärgern.
Die drei Blocks bis zum Hause legte sie beinahe laufend zurück. Der Ärger spornte sie an, und sie hatte noch genügend Kraft übrig, um ihre Sachen im Eiltempo einzupacken. Dann kam Del in die Einfahrt gebraust. Und als Del kam, die mit ihren langen Beinen immer noch wie ein tolpatschiger junger Hund wirkte, schien sich die Atmosphäre merklich zu entspannen. Sie war jetzt eine junge Mutter mit ihrem eigenen Haushalt. Aber Del lehnte es ab, irgend etwas anderes als fröhlich zu sein. Sie hatte es nicht nötig, taktvoll zu sein. Durch sie konnte man sich unmöglich beleidigt fühlen. Del war so klar wie Quellwasser.
»Es tut mir leid, daß ich nicht zu Tante Alices Beerdigung kommen konnte«, sagte sie. »Aber Georgie hatte die Windpocken. Sally ist nicht vor Dienstag fällig. Also bin ich hier. Hallo, Kinder!«
Bobby und Suzanne betrachteten Del mit einer Art mißtrauischem Entzücken. Das Abendessen verlief beinahe unbeschwert.
Danach fing Del an zu gähnen. Sie sagte, sie gehe neuerdings mit den Hühnern zu Bett. Warum dagegen ankämpfen? Ihre

Kinder wären jeden Tag bei Morgengrauen wach. Doch Mrs. Brady wollte nicht, daß Del von ihrer Seite wich, bis sie gesagt hatte, was sie zu sagen hatte. Sie würde den Schleier zerreißen. Der Ärger war immer noch da. Er spornte sie immer noch an.

Also sagte sie – ziemlich abrupt – zu der Versammlung im Wohnzimmer: »Ich werde keine andere Gelegenheit mehr haben. Darum frage ich euch hier und jetzt, was in diesem Hause vorgeht. Ich habe den ganzen Tag herumgeschnüffelt, um herauszufinden, was man mir verbirgt. Aber ich bin kein Detektiv. Deswegen *frage* ich jetzt. Warum habt ihr Geheimnisse vor mir? Womit habe ich verdient, daß ihr mir eine solche Beleidigung antut und mir die Wahrheit vorenthaltet?«

»Aber Mama!« sagte Del überrascht.

Jeff sah seine Tante an, sein Gesicht rötete sich. Die anderen schienen den Atem anzuhalten. »Es tut mir leid«, sagte er steif, »wenn du dich durch uns beleidigt fühlst, Tante Sarah. Das ist das letzte, was wir alle möchten.«

»Oh, Tante Sarah«, sagte Karen schmerzlich berührt, »wieso ist es eine Beleidigung, wenn man sich bemüht, nicht dauernd über traurige Dinge zu reden?«

»Ich rede nicht über traurige Dinge, nur weil sie traurig sind«, sagte Sarah. »Ich weiß, daß Alice euch alle dazu erzogen hat – ihr traurige Dinge vom Leib zu halten. Aber ich mag so was nicht – ganz gleich, um was es sich handelt.«

Jeff sah ganz geschlagen aus, und seine Frau legte ihre Hand auf sein Knie. »Ach, Tante Sarah«, sagte sie sanft, »es tut mir so leid, daß du das Gefühl hast. Ich wünschte, es wäre nicht so. Bitte, Del!« Sie blickte hilfesuchend Del an.

»Ich weiß nicht, wovon Mama eigentlich spricht«, erklärte Del.

»Ich auch nicht«, sagte Suzanne schroff von dem Sitzkissen, auf dem sie thronte.

Mrs. Brady verfolgte unbeirrt ihren Kurs. »Ich will wissen, warum ihr mich alle mit Samthandschuhen anfaßt. Um es klar zu sagen, ich wünsche zu wissen, was hier am Montag genau passiert ist.«

»Kinder«, sagte Karen, »sie hat einen Schock bekommen, sie ...«

Aber Bobby saß plötzlich kerzengerade auf seinem Stuhl. »Ich weiß, was sie meint«, sagte er.

Mrs. Brady nickte ihrem unerwarteten Verbündeten zu. Karens Hände flatterten abwehrend. Doch jetzt sagte Jeffrey: »Die Sache ist die, daß wir nicht ganz sicher sind, was passiert ist. Wenn wir uns dazu entschlossen haben, dir nichts von einer bestimmten Möglichkeit zu sagen, dann, weil es sehr schmerzlich ist, daran zu denken, und weil sie keineswegs zutreffen muß.«

»Da siehst du es«, meinte Karen. »Und es ist doch ganz bestimmt keine Beleidigung, wenn man versucht, nett zu sein. Del, meine Liebe, möchtest du noch etwas essen oder trinken, bevor du zu Bett gehst?«

Del sagte fröhlich: »So leicht läßt sie sich nicht abschütteln.«

Jeffrey antwortete gequält: »Nein, das fürchte ich auch.«

»Ich glaube, es ist besser, wenn du es uns erzählst, Daddy«, meinte Bobby.

Suzanne rief ärgerlich: »Glaubst du, wir könnten es nicht verstehen?«

Jeffrey hob den Kopf. »Also gut. Es besteht die Möglichkeit, daß Mutter sich das Leben genommen hat.«

»Weiß der Doktor es nicht?« fragte Del und unterbrach das Schweigen, das der Schock ausgelöst hatte. Ihr Gesicht zeigte sachliches Interesse.

»Nein«, sagte Karen. »Er vermutet, daß sie zuviel von ihrer Medizin genommen hat. Zufällig. Oder aus Unkenntnis. Er weiß nämlich nicht, daß sie sich an dem betreffenden Tag ziemlich aufgeregt hat.«

Bobby sprang auf seine Füße. »Ach komm, Dad! Du weißt verdammt gut, daß Großmutter sich im Grund nichts daraus machte. Du hast ihr gesagt, daß du nach Europa willst – na

und? Sie wußte genau, daß es ihr Spaß machen würde, eine Herde Pflegerinnen herumzuscheuchen und jedem zu erzählen, daß du sie im Stich gelassen hättest. Jawohl, das ist die Wahrheit!« Er schaute sich kriegerisch um.
»Sie war gräßlich verwöhnt«, meinte Suzanne. »Das wissen wir alle. Aber nichts auf der Welt hätte sie umgehauen.«
»Das ist wirklich nicht nett von euch«, warf Karen ein. »Ihr tut eurem Vater sehr weh damit. Wir wollen es ihm doch nicht noch schwerer machen. Bitte!«
»Ich verstehe gar nicht, warum ihr cuch alle so aufregt!« rief Del.
»Da seht ihr. Del ist vernünftig.«
»Jawohl, vernünftig«, sagte Mrs. Bardy bissig. »Bis jetzt habt ihr noch nichts gesagt, aus dem man ein Geheimnis hätte machen müssen. Ihr glaubt also, daß sie aus irgendeiner Stimmung heraus absichtlich zuviel Tabletten eingenommen hat, und der Doktor glaubt es nicht. Ich kann absolut nicht einsehen, warum ihr mir etwas vorlügen wollt.«
»Wir wissen es nicht mit Bestimmtheit«, sagte Karen. »Warum hätten wir dich damit beunruhigen sollen?«
Mrs. Brady antwortete mit lauter Stimme: »Warum nicht? Ich lebe noch.«
Ihr Neffe sah sie an. »Bitte verzeih, Tante Sarah. Wir hätten es dir sagen sollen. Ich glaube, du weißt, daß ihre Herztabletten die gleichen waren wie deine, nur schwächer – genau gesagt, kaum mehr als Beruhigungspillen. Karen hat es dir doch erzählt, nicht wahr? An dem Tag, als du deine Sachen ausgepackt hast.«
»Ja.«
»Mutter ging allem Anschein nach am Montag in dein Zimmer, nahm dein Fläschchen mit den Tabletten, schlüpfte ins Bett und schluckte zu viele davon. Sie hat sie selber genommen, daran besteht kein Zweifel. Als der Doktor gegangen war . . .« Jeff geriet ins Stottern. »Als wir es entdeckten . . .« Er preßte die Hände an die Augen. »Es war wegen Bobby, weil

er nicht gesehen hatte, daß sie durch die Halle ging, und deinetwegen, Tante Sarah, weil du mir geraten hattest, Mutter zu sagen, daß ich weggehen wollte . . . wir sahen keinen Grund – da wir es ja nicht mal mit Sicherheit wußten –, weshalb ihr euch mit Zweifeln herumquälen solltet.«

»Mit denen du dich jetzt herumquälst«, antwortete Mrs. Brady. Dann schloß sie den Mund und versuchte, ihr rebellierendes Herz zu bändigen.

»Es ist gut möglich – sogar wahrscheinlich«, sagte Jeff und bemühte sich, es selbst zu glauben, »daß sie vergessen oder nicht gewußt hatte, daß deine Tabletten soviel stärker waren als ihre. Es ist möglich, daß sie nur noch wenig eigene hatte . . .«

Del sagte erschrocken: »Mama!«

Sarah Brady war in ihren Sessel zurückgesunken. Sie saß zusammengeschrumpft wie ein kleiner alter Affe da, und daß ihr Herz rebellierte, sahen jetzt alle.

Ihre Tochter kam zu ihr herüber und sagte noch einmal: »Mama!«

»Hol meine Handtasche – die Tabletten«, murmelte Mrs. Brady mit steifen Lippen.

Karen klatschte in die Hände und rief: »Henny, bringen Sie ein Glas Wasser, schnell!«

Dann stand sie neben Mrs. Brady und fühlte ihr mit geübten Fingern den Puls. Sarah atmete so langsam und tief, wie sie konnte.

»Nun hört mir mal alle zu!« rief Bobby. »Selbst wenn ich sie wirklich gesehen hätte – was nicht der Fall war –, hätte ich doch gar nicht gewußt, daß ich etwas hätte unternehmen müssen. Ein großer Quatsch, mir das nicht zu erzählen.«

»Wenn Großmutter sich umbringen wollte«, meinte Suzanne, »dann hätte sie es auf jeden Fall getan. Wie, ist da doch ganz egal. Aber ich glaube niemals, daß sie es tat.«

Henny kam herein, und Del kehrte mit der Tasche zurück. Mrs. Brady schluckte eine Tablette, trank etwas Wasser nach

und seufzte. Einen Augenblick sagte sie: »Woher wißt ihr, daß sie *meine* Tabletten genommen hat?«
»Oh, Miss Sarah«, jammerte Henny, »warum mußten Sie das unbedingt herausbekommen? *Ich* habe das Fläschchen unter ihrem Bett entdeckt – nachdem der Doktor gegangen war.«
»Und wer«, fragte Mrs. Brady mit erhobener Stimme, ohne aufzublicken, »hat es zurück in mein Zimmer gebracht?«
»Ich«, sagte Henny. »Mrs. Karen hat es erkannt. Sie sagte – Mr. Conley fühlte sich so schrecklich –, beide meinten, je weniger darüber gesprochen würde, desto besser. Ich wollte auch nicht, daß Sie es sich zu Herzen nehmen.« Henny war dem Weinen nahe. »Wir müssen alle darum beten, daß Miss Alice nicht eine solche Sünde begangen hat!«
Mrs. Brady schüttelte den Kopf. »Jeff, hast du die Flasche, *meine* Flasche, am Montag gesehen?«
»Ja, das habe ich.« Ihr Neffe beugte sich besorgt über sie. »Mach dir bitte keine Sorgen, Tante Sarah – denk nicht mehr daran. Wir hätten es dir nicht sagen dürfen.«
Mrs. Brady fühlte, wie ihr Herz sich etwas beruhigte. »Das kann ich nicht«, sagte sie. »Ich kann nicht einfach nicht mehr dran denken. Mein Fläschchen war in der Stadt, als Alice starb – ich *weiß*, daß es dort war!«
»Aber nein«, sagte Jeff. »Es tut mir leid, Tante Sarah. Das kann nicht stimmen – es war unter Alices Bett.«
»Ich war überrascht«, sagte Mrs. Brady mit stärkerer Stimme, »als ich mittags feststellte, daß ich nur noch so wenig Tabletten hatte. Aber ich habe Dr. Cranes Rezept ständig bei mir. Als Karen und ich uns trennten, weil sie zum Zahnarzt wollte, ging ich bei Mr. Fredericks' Drugstore vorbei.«
In der Stille, die folgte, sah sie nur Karen an.
»Dann muß sie –« sagte Karen, »die arme Alice muß . . .«
Mrs. Brady seufzte wieder. Nein. Mit Sicherheit nicht. Die tote Alice konnte kein Fläschchen unter ihr Bett gelegt haben. Sie sagte ohne Zorn: »Ich nehme an, du hättest dir nicht so viel Mühe gegeben, sie zu überreden, daß sie mich ›schon-

ten‹, wenn du schließlich nicht doch noch Mr. Fredericks' Namen und das Datum vom Montag auf dem Etikett bemerkt hättest. Ach, Karen, ich sagte dir doch, daß ich eine Besorgung zu machen hätte!«

Keiner sagte ein Wort.

»Wann hat Henny es dort gefunden, wo du es hingelegt hast?« drängte Mrs. Brady. »*Nachdem* ich es aus dem Drugstore zurückgebracht hatte, natürlich. Aber zu der Zeit war Alice bereits an dem gestorben, was du ihr eingegeben hattest. Hast du es mittags getan? Als du ihr Tablett holtest? Bevor wir in die Stadt fuhren?«

»Nein«, sagte Jeff. »Nein, nein!«

»Wenn es noch ein Geheimnis gibt«, meinte Tante Sarah traurig, »dann nur heraus damit.«

Nach einer Weile sagte Karen trotzig: »Sie ist tot und begraben. Jetzt können wir nach Europa. Wir können zur Abwechslung einmal leben.« Ihr Gesicht sah plötzlich fleckig aus. »Sie hätte ein solches Theater gemacht. Jeff hätte es nicht ausgehalten und nachgegeben wie immer. Sie war zu nichts nutze, nicht mal mit sich selbst wurde sie fertig. Das wißt ihr alle. *Ich* war diejenige, die sie ertragen mußte, den ganzen Tag lang, jeden Tag. Ihr könnt es Barmherzigkeit nennen.«

Doch niemand nannte es Barmherzigkeit. Die beiden Kinder hatten sich dicht neben ihren Vater gestellt. Henny ging und trat hinter sie. Jeffrey Conley starrte seine zweite Frau mit entsetzten Augen an.

»Tut, was ihr wollt«, rief Karen wütend, »aber denkt vorher lieber nach. Wozu soll es gut sein, daß die Wahrheit ans Licht kommt?«

Im Zimmer blieb alles still. Keiner sagte etwas.

Mrs. Brady trank noch einen kleinen Schluck Wasser, obwohl ihr Herz jetzt regelmäßig klopfte. Sie hatte das vertraute Gefühl innerer Sicherheit wiedergewonnen, aus dem sie ihre Kraft bezog.

»Das Wesen der Wahrheit«, sagte sie, »liegt darin, daß es sie wirklich gibt. Das hat mich die arme Alice gelehrt.«
Es war Del, die sagte: »Ich rufe die Polizei an – es muß sein. Ich werde es tun.«
Arme Karen.

Es war einmal

Kate Fansler

Amanda Cross

Dies sei die einzige wahre Geschichte, die sie je gehört habe, pflegte Kate Fansler immer zu sagen, die auch zu Recht mit folgenden Worten begann. »Es war einmal.« Kate, die den Anfang dieser Geschichte niemals gehört hatte, sagte, sie sei so klar und deutlich vor ihrem inneren Auge sichtbar, wie es nur bei einem persönlichen Erlebnis der Fall sein könne – so scharf in jeder Einzelheit, so unmittelbar verfügbar, wie es nur die menschlichen Sinne zustande brächten.

Die Familie, der alles widerfuhr, trug den Namen Grant, und sie hielten sich gerade in ihrem Sommerdomizil in New England auf. »All sein Vermögen zählend, saß im Kontor der König; im Salon saß die Königin und aß Brot und Honig.« Das heißt, der Vater, wie wir ihn in dieser Geschichte nennen wollen, war in die Stadt gegangen, um sich Zeitungen zu holen. Er hatte Geld investiert und wollte jetzt die Börsennachrichten studieren. Die Mutter, eine Professorin an einem College, saß oben in ihrem Arbeitszimmer und schrieb scheinbar an einem Artikel über den Gebrauch von Phantasie, den sie für eine Konferenz vorzubereiten hatte. In Wirklichkeit aber las sie gerade einen Roman von Thomas Hardy – was, wie sie später geradezu prophetisch sagte, sie ihrer körperlichen und geistigen Verfassung schuldig war. Die Kinder spielten im Garten ein chaotisches, aber heiteres volleyballähnliches Spiel.

Es waren vier Kinder, drei Buben und ein Mädchen, alle zwölf Jahre alt. Das Mädchen und einer der Jungen waren Zwillinge, die anderen beiden Jungen waren Schulfreunde, die über das Wochenende herausgekommen waren. Die beiden waren ebenfalls Zwillinge, aber sie waren eineiige Zwillinge und auch sonst ganz grundverschieden von ihren Gastgebern, die zweieiige Zwillinge waren. Das Badminton-Set hatten sie von ihrer Gastgeberin als Geschenk erhalten. Sie waren für zwei Wochen eingeladen worden, um ihren Eltern einen Gefallen zu tun.

Ein anderer Grund für die Einladung war, daß die hier wohnenden Zwillinge als zu selbstbewußt eingestuft wurden und deshalb ein wenig Motivation von außen nötig hatten. Es hatte einen ganzen Tag in Anspruch genommen, die Befestigungspfosten aufzustellen, und einen weiteren, um mit den Schlägern und den Federbällen zu üben. Der Vater hatte darauf hingewiesen, daß sie mit demselben Netz auch Volleyball spielen könnten, und hatte schon am darauffolgenden Nachmittag einen Volleyball besorgt.

Da waren die vier jetzt. Sie hatten das Spiel gelernt und jetzt spielten sie es begeistert und schrien sehr viel dabei – das Mädchen konnte es so gut wie die Buben und es war auch größer als die Zwillinge, die auf Besuch waren –, als plötzlich einer der Gastzwillinge (sie mit Namen zu versehen, würde sich nicht lohnen, denn sie verabschieden sich bald aus der Geschichte) laut rief: »Schaut mal! Ein Baby!«

Und so werden die vier diese Szene in Erinnerung haben und den Rest ihres Lebens zum besten geben. Ein Baby, das eine Windel und ein Hemdchen trug und sonst gar nichts, wakkelte aus den Büschen, die das Grundstück säumten, und über den Rasen auf die Kinder zu. Das kleine Kind war vielleicht eineinhalb Jahre alt und schien erst kurze Zeit zuvor das Laufen gelernt zu haben. Es schwankte mit dem unsicheren Gang, der für Kleinkinder charakteristisch ist, auf sie zu und lachte. Es streckte die Arme aus, wahrscheinlich, um so das Gleichgewicht zu halten, doch es schien, als wollte es die Kinder in die Arme nehmen. Und was noch unglaublicher wirkte, war, daß es auf ganz wunderbare Weise wie ein Baby gluckste und kleine Freudenschreie ausstieß, als es ihnen entgegenstolperte.

Die Volleyballspieler rannten über den Rasen auf das kleine Kind zu. Jeder Erwachsene, auch ein zwölf Jahre altes Mädchen, das noch mit der Puppenstube spielte und von sich im Hochzeitskleid träumte, hätte das Baby hochgehoben. Diese Kinder stellten sich einfach nur neben es hin – welche zwei Buben die Hände des Babys ergriffen, konnte später nicht mehr herausgefunden werden, vielleicht haben sie sich dabei auch abgewechselt – und bewegten sich, dem Baby Ermutigung zusäuselnd, langsam auf das Haus zu. Dann rannte das Mädchen voraus – es erlaubte einem der Jungen, das Händchen des Babys zu nehmen, zumindest bestand es auf dieser Darstellung –, um ihre Mutter zu alarmieren. »Mama!« rief es. »Ein Baby ist aus den Büschen gekommen!«

Die Professorin, die gerade las, wie Clym Yeobrights Mutter starb, hatte Schwierigkeiten dabei, in den Sommernachmittag von New England zurückzukehren. »Was sagst du da?« soll sie danach verärgert gesagt haben. (Die Geschichte ist schon so oft nacherzählt worden, daß es Teile gibt, die man für ›authentisch‹ halt, und andere Teile, über deren Authentizität man sich noch streitet.) Sie wurde von ihrer Tochter an das Fenster gezerrt – zuerst hatte sie sich gleich wieder auf das Buch konzentriert, so als ob ihre Tochter lediglich gesagt hätte: »Ein Elefant mit Flügeln ist auf dem Rasen gelandet« –, wo sie Augenzeugin davon wurde, wie das kleine Kind sich allmählich dem Hause näherte. Seine Hände wurden dabei von zwei aufmerksamen Jungen gehalten.

»Wo ist es denn hergekommen?« fragte sie nicht ungerechtfertigt.

»Direkt aus den Büschen«, antwortete ihre Tochter. Die Professorin rannte nach unten und hinaus auf die Straße. Es war

nichts von einem Auto oder einem Menschen zu sehen. Ihr Haus stand am Ende einer unbefestigten Straße, und so wäre jedes Auto und jeder Mensch problemlos zu sehen gewesen. »Hast du ein Auto gehört?« fragte die Professorin. Zu diesem Zeitpunkt war sie schon an dem Baby angelangt und streckte die Arme aus: das Baby lief schnurstracks in sie hinein. Die Professorin hielt das Baby und roch es und legte ihre Wange an die des Babys, was sie schon ein Jahrzehnt nicht mehr gemacht hatte – nun, schließlich hatte sie zwei gehabt, die (was sie natürlich nur sich selbst und der Mutter der Zwillinge, die auf Besuch da waren, eingestand) die Arbeit verdoppelten, während sie die intensiven Gefühle einer Mutter und eines Babys, die allein auf der ganzen Welt waren, halbierten.
»Wir haben nichts gehört«, sagten die Kinder übereinstimmend und sprangen um sie herum. »Natürlich hätten wir das Auto gehört, wenn eines dagewesen wäre.« Dies war nicht zu bestreiten, so daß die Professorin in diesem Punkt nicht nachhaken mußte. Irgend jemand muß die Straße entlanggekrochen sein, das Baby in Richtung der Kinder, wenn auch wackelig, in Marsch gesetzt haben und dann wieder verschwunden sein.
»Woran haben Sie gedacht, als Sie das Baby sahen und diese Geschichte gehört haben?« wurde die Professorin oft gefragt. »Ich dachte an Moses«, gab sie stets zur Antwort. »Und natürlich an Silas Marner.«
Die zweite Theorie erwies sich im großen und ganzen als die passendere. Das Baby war ein Mädchen, was sie entdeckten, nachdem der Vater, als er mit seinen Zeitungen zurückkam, gleich wieder in die Stadt geschickt worden war, um Windeln und Babynahrung zu besorgen. Die Mutter durchsuchte mit drei Kindern – das vierte mußte unten auf das Baby aufpassen – den Dachspeicher und fand auch ein tragbares Kinderbett, das sie noch aus früheren Jahren besaßen und für den Fall behalten hatten, daß vielleicht einmal kleine Kinder zu Besuch kamen. Nachdem der Vater zurückgekehrt war, sie die Win-

deln gewechselt und das Baby gefüttert hatten, setzten sie sich alle an den Tisch und besprachen die neue Situation. Die Eltern genehmigten sich ein alkoholhaltiges Getränk.

»Wir könnten eine Annonce aufgeben«, sagte eines der Kinder. »Oder wir machen einen Anschlag, wie das die Leute machen, die einen Hund oder eine Katze verloren haben.« Alle lachten darüber, aber wie die Eltern schon sehr schnell feststellen konnten, kam niemand auf eine bessere Idee. Und dann schaute der Vater die Professorin an und sagte: »Geraldine und Tom.«

»Natürlich«, sagte die Mutter und die zum Haus gehörigen Zwillinge. »Aber«, fragten die Kinder, »könnten wir sie nicht behalten?«

»Unser Bedarf ist gedeckt«, sagte die Professorin glücklich. »Außerdem«, fügte sie hinzu, »wenn wir noch ein Kind hätten haben wollen, dann hätten wir es schon längst. Unsere Familie ist komplett.«

»Dann also Geraldine und Tom«, sagten die zum Hause gehörigen Zwillinge, ohne ihrer Mutter wirklich zu widersprechen. »Aber«, so fügte das Mädchen der Zwillinge noch an, »sie scheint uns auserkoren zu haben.«

»Das liegt daran, weil wir auf dem Rasen gespielt haben«, sagte ihr Zwillingsbruder. »Wo Kinder auf einem Rasen spielen, da scheint man sich hingezogen zu fühlen.«

»Das müssen wir Geraldine und Tom erzählen«, sagte der Vater.

Und genau das war der Punkt, wo der ›Es war einmal vor langer Zeit‹-Teil der Geschichte aufhörte. Die Professorin schickte sich sogleich an, Geraldine und Tom anzurufen, die sofort von New York herauffuhren und das Baby anschauten, als wäre es in der Tat vom Himmel gefallen. »Nein, es war *ganz* anders«, behaupteten die Kinder. Und dann mußten sie die Geschichte noch einmal erzählen, und dann folgte die erste von unzähligen Wiederholungen. Und danach versuchten sich noch die Anwälte und Richter und Sozialarbeiter,

und dann folgte der lange, langsame Weg durch die Instanzen der Gerichtsbarkeit.
Geraldine und Tom, die möglicherweise auch als die Rayleys bekannt sind, waren Freunde der Grants. Tom war Rechtsanwalt in einer Sozietät und fünf Jahre zuvor Teilhaber derselben geworden, denn er war wahnsinnig erfolgreich und überarbeitet. Geraldine führte eine elegante Boutique. Anders als diejenigen Paare, die erst in den späten dreißigern feststellen, daß sie eigentlich ein Kind haben möchten, hatten die Rayleys eigentlich immer eines gewollt, doch es hatte einfach nie damit geklappt. Erst vor kurzem, nachdem sie Ärzte konsultiert hatten und erfuhren, daß es im Grunde unerklärlich war, daß es nie funktionierte, hatten sie sich entschlossen, ein Kind zu adoptieren. Doch hier bekamen sie riesige Probleme: sie waren zu alt und gehörten nicht derselben Religionsgemeinschaft an, um nur die wichtigsten Gründe zu nennen, die die Stellen betonten, die für Adoptionen zuständig waren. Die anderen Märkte, die es gab, um Babys zu bekommen, hatten sie nicht abgegrast. Tom gehörte zu den Menschen, die alles ankotzte, was mit Illegalität oder grauen Schattengeschäften zu tun hatte. Er war eine Person beinahe vernichtender Rechtschaffenheit und Integrität, was, wie die Grants sich gegenüber immer wieder bestätigten, für einen Rechtsanwalt in der großen Industrie recht sonderbar war, so gern die Grants die Rayleys auch hatten.
Geraldines und Toms Wunsch, ein Baby zu bekommen, schien in dem Maße zu wachsen, wie die Jahre vorüberzogen – fast so, wie die Professorin nicht müde wurde, zu sagen, wie der Bauch einer Mutter wuchs, wenn sie tatsächlich ein Baby erwartete. Hernach sollen viele Leute angeführt haben, wie einfältig die Grants doch gewesen wären. Sie hatten ein kleines Kind, das ihnen aus dem Nichts zugewatschelt war. Sie hatten Freunde, die sich nichts sehnlicher wünschten als ein Baby. Was konnte denn naheliegender sein, als die zusammenzubringen, die sich ewig gesucht hatten, während die ge-

richtliche Suche nach der Herkunft des Kindes noch im Gange war?
»Aber«, so sagten die Leute später immer wieder, die die Geschichte hörten, »wie wären die Rayleys dann enttäuscht gewesen, wenn die Mutter des kleinen Kindes gefunden worden wäre?!«
»Mehr konnten wir auch nicht tun«, pflegte die Professorin zu sagen, wenn dieses Argument strapaziert wurde. »Wir schienen uns alle so zu benehmen, als befänden wir uns in einem Märchen. Nun, wir befanden uns in einem Märchen. Und es hat ja auch geklappt, also haben wir das Richtige getan, *quod erat demonstrandum*.«
Denn die Rayleys erhielten das Baby, nachdem sie lange Jahre hatten erfahren müssen, wie langsam der Amtsschimmel eines Rechtsstaates wiehert. Sie adoptierten das Kind rechtmäßig, doch zuvor hatten sie es schon an der besten Schule New Yorks angemeldet. Dort war auch Geraldine zur Schule gegangen. Ihre ersten Jahre als eine Rayley verbrachte sie in einem exzellenten Kindergarten. Das kleine Kind, das sie auf den Namen Caroline getauft hatten, blieb das Kind, was es immer zu sein schien – ein lachendes, glückliches Kind. Je älter es wurde, desto ernster wurde es und desto unzufriedener schien es damit zu sein, das Leben eines reichen Kindes zu führen. Doch diese Stimmung kam bei ihm auf überaus seltsame Weise zum Ausdruck. Glücklicherweise waren seine Eltern, wie man es eigentlich hätte erwarten können von einem Mann wie Tom, der eiserne Prinzipien verfolgte, und von einer Frau, die die beiden in jeder erdenklichen Art unterstützte, keine Advokaten kindsbezogener, materieller Ausschweifungen. Caroline erhielt nur ein kärglich bemessenes Taschengeld und mußte Rechenschaft ablegen darüber, wie sie ihre Abende verbrachte. Ihre Eltern besaßen eine liberale Grundüberzeugung, und trotz aller Schrekkensmeldungen, die täglich darüber hereinkamen, wie ausschweifend die Heranwachsenden leben würden, kamen

Caroline und ihre Eltern im Leben blendend aus. Sie besuchte zuerst ein College und dann eine Universität. Es dauerte nicht lange, dann wurde sie Dozentin an einer Universität in New York. Dort war es natürlich, wo sie Kate Fansler kennenlernte.

Es war jedoch nicht Caroline, sondern ihr Vater Tom Rayley, der das erste Mal in aller Ausführlichkeit mit Kate über jene erstaunliche Szene auf dem Rasen, die sich dreißig Jahre zuvor abgespielt hatte, redete. Caroline und Kate hatten sich angefreundet, was unter Vollprofessoren und jüngeren, aufstrebenden Dozentinnen beileibe nichts Aufregendes ist. Wie Kate oft zu sagen pflegte, ist diese Freundschaft eine ungleiche Sache, sie kann auch gar nicht vorgeben, eine solche zu sein, wenn ein Partner in dieser freundschaftlichen Beziehung eine derartige – direkte oder indirekte – Macht über das Schicksal des anderen Partners hat. Trotz alledem paßten sie gut zueinander. Kate erreichte so langsam den schwierigen Punkt im Leben, da man sich, während man älter wird, immer stärker mit den Ideen und Hoffnungen der jungen Menschen identifiziert als mit denen der eigenen Zeitgenossen. Kates Altersgenossen schienen immer konservativer und ängstlicher zu werden, während sie immer radikaler und wagemutiger wurde. Das will nicht besagen, daß Kate aus dem Holz geschnitzt war, aus dem Revolutionäre gemacht sind. Vielleicht gerade wegen ihres begüterten Lebens und ihrer grenzenlosen Gleichgültigkeit – entweder weil sie sie besaß, oder weil sie sie nicht begehrte – gegenüber vielen materiellen Dingen im Leben, schien sie sich nicht abzuschotten gegen verwirrende Ideen oder umstürzlerische Gedanken. Dasselbe konnte von Tom Rayley mit Sicherheit nicht behauptet werden. Er kam voller Angst zu Kate, wenngleich er nicht bestimmen konnte, wovor er eigentlich Angst hatte. Die Angst komme, so versuchte er zu erklären, in seinem Alter geradezu unabwendbar.

»Ich bin gerade sechzig geworden«, sagte er. »Das entwürdigt und erniedrigt einen Mann. Außerdem«, fügte er dunkel an, »fängt der Körper an, auseinanderzufallen. Ich habe nie große Probleme mit mir gehabt, doch plötzlich habe ich das seltsame Gefühl, daß ich mich wahnsinnig anstrengen muß, daß mir die Zähne nicht ausfallen. Ich habe eine komische Krankheit, deren Namen man kennt, die man aber nicht heilen kann. Außerdem habe ich mittlerweile eine Krankheit, die man degenerative Arthritis nennt, was wohl eine andere Bezeichnung für hohes Alter sein muß. Und als ich den Laborbericht von meinem Arzt erhielt, befand sich nicht nur mein Cholesterinspiegel in schwindelerregender Höhe, nein, das Laboratorium hatte auch festgestellt, daß das ›Blutserum trübe erscheint‹, was den Doktor nicht im geringsten beunruhigte, mir aber doch überaus ominös erschien. Und vor allem hätte ich es viel lieber, wenn Caroline nicht weggehen würde, um mit ihrer neugefundenen Mutter oder Vater in einer unbekannten Ortschaft zu leben, wo es viele fremde Sitten und eine tiefe Abneigung gegen die Konventionen des Lebens gibt.«

Kate und Tom Rayley hatten sich kennengelernt, als Caroline Kate zu sich nach Hause zum Abendessen eingeladen hatte. Geraldine führte wie Tom ein Leben, in dem eine strenge Kontrolle der Gefühle und das Vermeiden jeglicher Unsauberkeit, ob buchstäblicher oder psychologischer Natur, von überragender Bedeutung war. Aufgrund ihrer Intelligenz waren sie blendende Gesprächspartner.

Besonders Geraldine bot amüsante und aufschlußreiche Berichte über die internationale Welt der Mode und die Immobilienkreise Manhattans, womit natürlich auch die Mode und alle anderen Bereiche des Lebens aufs engste verknüpft waren.

Tom schien zu der Sorte Menschen zu gehören, die bereitwillig jede Art von Informationen in sich aufnahmen, während sie von sich selber so wenig wie möglich preisgaben. Er war ein angenehmer Gesellschafter, doch nach dem Essen be-

merkte Kate, daß sie von ihm so gut wie gar nichts wußte. Erst als sie zu ihrer eigenen Überraschung zu einem privaten Gespräch mit ihm gebeten worden war, entdeckte Kate, daß Tom Rayley ein imposanter Mann war, genau die Art von Mann, die man sich als leitende Person in einer großen Anwaltskanzlei wünschte. Kate frage sich, ob seine demokratischen Ansichten von seiner liberalen Gesinnung oder von seiner Kindheit in den Südstaaten herrührten, da es unter den Südstaatlern noch Sitte war, Demokrat zu sein. Da Rayley, anders als viele andere von seiner Sorte, nicht Republikaner geworden war und sich in New York niedergelassen hatte, stufte sie ihn großherzig und bereitwillig folgendermaßen ein: er hatte eine liberale Gesinnung, hatte vielleicht Angst vor dem Altwerden und vor der Einsamkeit, aber er fürchtete sich nicht vor jenen Schreckgespenstern, die man sogleich hätte beseitigen müssen – dem Glauben an atomare Waffen, der Trennung der Rassen und der unbedingten Domestizierung von Frauen.
Kate war über seine plötzliche Offenheit, Hilflosigkeit und Enthüllungen so überrascht, daß sie kaum wußte, was sie sagen wollte.
»Was ist das für eine Krankheit, deren Namen man kennt, die man aber nicht heilen kann?« fragte sie, ohne groß nachzudenken.
»Es handelt sich um eine ziemlich seltene Männerkrankheit, die scheinbar keine große Bedeutung hat, die aber offenbar in der Lage sein wird, jede bislang bekanntgewordene, noch so schreckliche Angst, die Männer ja beschleichen kann, auf unglaubliche Weise in den Schatten zu stellen. Diese Krankheit heißt Peyronis Krankheit, aber ob sie Peyroni selber hatte, ob er sie entdeckte oder ob er sie unwesentlich abtat, ist unklar. Da wir nun schon mal davon reden, so muß ich sagen, daß das einzige Problem, zumindest in meinem Fall, ist, daß meine Leber auf die Arznei, die die Schmerzen lindern soll, auf überaus bedauerliche Weise reagiert. Ich weiß überhaupt nicht, warum wir eigentlich darüber sprechen.«

»Weil diese Krankheit Ihnen die Angst einjagte, Caroline könnte einmal ihr Elternhaus verlassen. Ich muß sagen«, fuhr Kate fort, »daß Kinder mir immer dann wenig zufriedenstellend erscheinen, wenn es um ihre Eltern geht. Zwischen denen, die sich andere Eltern wünschen, und jenen, die auf der Suche nach biologischen Eltern sind, scheint es kein einziges Kind zu geben, das zufrieden ist. Vielleicht sollten wir doch Platos Vorschlag folgen und eine Welt einrichten, in der biologische Elternschaft weder bekannt noch bedeutsam ist.«

»Mir ist vollkommen klar, daß meine Ängstlichkeit irrational und unlogisch ist. Wie könnte ich mir, Jurist, als echter realistischer Praktiker, dieser Tatsache nicht bewußt sein? Ich glaube, deswegen wollte ich mit Ihnen reden. Ich unterstelle einfach, daß Sie mit derartigen Geschichten zu tun haben. Caroline bewundert Sie und wird wahrscheinlich mit Ihnen über ihre ›erste Erscheinung‹ offener reden, als sie jemals mit jemandem darüber gesprochen hat. Außerdem – ich hoffe, Sie lassen mich jetzt nicht im Stich, da ich kreuzehrlich zu Ihnen bin – setze ich einfach voraus, daß Sie als Schwester der berühmten Fansler-Rechtsanwälte nicht jemand sind, sagen wir mal, der eine solch brisante Angelegenheit nicht versöhnlich behandeln könnte.«

»Gut, ich bin kein Elefant in einem Porzellanladen, aber ich bin auch kein Friedensapostel. Ich unterscheide mich von meinen Brüdern eigentlich in jeder Hinsicht. Vielleicht haben Sie davon schon gehört. Und wenn Sie hier einem naiven Glauben an Genvererbung Ausdruck verleihen wollen, dann lassen Sie mich bitte auf die Wirkungslosigkeit einer derartigen Haltung hinweisen, wenn sie von einem fürsorglichen Adoptivelternteil stammt.«

»Oh, ja, ist schon gut«, sagte Tom Rayley, der in keiner Weise beleidigt zu sein schien. »Aber genau das ist ein Teil meiner Furcht, verstehen Sie? Wie soll ich es bloß formulieren? Ich habe die Befürchtung, daß Caroline, falls sie etwas entdeckt – man kann ja kaum sagen, was sie entdecken kann –, aus unserer Welt herausfallen wird und geradewegs in eine andere Welt fallen wird, für die ich gar keine Worte finde. Ich verstehe Ihre Sprache. Und ich denke, ich kann noch etwas hinzulernen.«

Kate starrte ihn an. »Diese Bemerkung zeugt von nicht unerheblicher Intelligenz«, sagte sie. »Ich freue mich darüber, mit Ihnen sprechen zu können, obwohl Caroline meine Freundin ist. Und ich werde sicherlich auch mit ihr über diese Unterhaltung sprechen. Aber ich muß doch gestehen, daß ich reichlich verwirrt bin – was soll ich denn für Sie tun können? Geht es hier nicht um eine Sache, die nur Sie und Ihre Frau und Caroline etwas angeht? Geht es hier nicht um das Leben, das Sie zu dritt verbracht haben, wenn man die ersten eineinhalb Jahre von Carolines Leben ausklammert?«

»Sie kennen also die Geschichte? Wie sie als lachendes Kind aus den Büschen herausmarschiert ist?«

»Ja. Caroline hat sie mir erzählt. Sie hat sie mir so erzählt, wie sie sie gehört hat. Mit all den kritischen Punkten, die immer wieder Gegenstand heftiger Diskussionen waren und über die Jahre unzählige Abänderungen erfahren haben. Aber ich habe mich mit ihr noch nicht so darüber unterhalten, wie wir uns jetzt unterhalten. Es ist wirklich eine erstaunliche Geschichte. Fast schon mythisch.«

»Exakt. Sehen Sie, ich habe Angst vor Mythen. Das ist der Punkt. Ich hätte nichts dagegen, wenn jetzt nach all den Jahren eine hinterlassene Mutter oder auch ein Vater auftauchen würde. Ich habe Angst vor der Macht des Mythos. Ich habe mir gedacht, Sie könnten diesen Mythos entlarven: ihn entmythologisieren. Macht man so etwas nicht heutzutage in der Literaturkritik?«

»Alles, was ich tun kann, ist, mit Caroline zu reden, und das mache ich ohnehin schon. Und mit Ihnen kann ich natürlich auch reden, wenn mir eine intelligente Frage einfällt. Aber wohin soll das schon führen? Wir werden uns nur immer wieder im selben Kreis herumdrehen. Es ist nicht so, daß Caroline verzweifelt auf der Jagd nach der Wahrheit wäre. Sie stützt ihre Identität und ihr zukünftiges Leben nicht auf eine noch zu machende Offenbarung. Ihre Ängste scheinen übertrieben zu sein.«

»Das sind sie auch. Sie entstehen in der Jugend des Greisenalters, wie es ein Rechtsanwalt einmal treffend beschrieb. Wären Sie vielleicht bereit, meine Verängstigungen in Ihre überdauernde Tagesordnung aufzunehmen, sozusagen als einen der ›Fälle‹, über die Sie immer wieder einmal nachdenken?«

»Das kann ich sicherlich tun«, sagte Kate leicht amüsiert, leicht erschrocken ob der Dringlichkeit seines Wunsches, den er beinahe völlig unverhohlen, ja geradezu taktlos geäußert hatte. »Was ist mit der Mutter der Zwillinge, mit der Frau, die Hardy las? Lebt sie noch?«

»Oh, ja, sie ist immer noch Professorin. Und sie ist um kein Jota von ihrer Version abgerückt, ihre Kinder übrigens auch nicht. Es ist schon eine Legende. Sozusagen eine Wahrheit jenseits der Wahrheit.«

Kate hatte beabsichtigt, Caroline von dem Gespräch mit ihrem Vater am nächsten Tag zu unterrichten, als sie und Caroline gemeinsam nach Hause liefen, was schon zur Gewohnheit geworden war. Sie lebten zwar nur einige Straßen voneinander entfernt, trafen sich zu ihrer Belustigung aber immer nur in der Universität. Schon wenige Häuserzeilen konnten einen Teil New Yorks von einem anderen fast völlig abschotten. Caroline erwähnte die Unterhaltung jedoch als erste. Ihr Vater habe sie am vorhergehenden Abend angerufen, um ihr von dem Mittagessen zu berichten, das er und Kate gemeinsam eingenommen hätten.

»Ich habe den Eindruck, daß meine Eltern die Hoffnung haben, daß du dich von Zeit zu Zeit mit ihnen zum Essen verabredest und schon im Vorfeld alle möglichen Auswirkungen abblockst, die eine schreckliche Offenbarung oder eben das Nichtvorhandensein einer solchen Offenbarung auf ihre

Tochter zeitigen könnten. Ich hoffe, du fühlst dich von dieser Entwicklung nicht über Gebühr belastet. Anfangs schien es eine gute Geschichte zu sein, wie ich so aus den Büschen auftauchte – ich verstehe überhaupt nicht, warum sie mittlerweile so furchteinflößend geworden ist.«

»Das ist bei solchen Geschichten nichts Ungewöhnliches«, sagte Kate. »Das ist wie in dem Augenblick nach einem Stromausfall, wenn die hellen Lichter wieder angehen und die Kerzen kaum mehr zu sehen sind, überflüssig sind. Jetzt laufen wir hier herum und sprechen über dein erstaunliches Auftauchen, während wir vorher über alles mögliche geredet haben, das keinen Raum für andere Themen ließ. Ja, wir redeten über alles und nichts, aber es stellte alles andere in den Schatten.«

»Findest du das unangenehm?«

»Teils, teils. Einerseits möchte ich ganz laut hinausschreien, daß es vollkommen egal ist, wie du auf diese Welt gekommen oder gezaubert worden bist. Was eine Rolle spielt, ist, daß du ein feines Leben führst und die Chance auf eine interessante Zukunft hast. Aber dann ist mir auch wieder klar, daß das Unsinn ist. Die Frage, die sich nämlich jetzt stellt, ist die, ob du zu guter Letzt in der Lage sein wirst, die Geschichte zu vergessen und im allgemeinen Chaos der Geschichte versinken zu lassen, oder ob es sich so verhalten wird, wie man sich heutzutage in der Literaturkritik so wunderbar auszudrücken pflegt, daß sich die Geschichte stets aufs neue in den Vordergrund spielen wird, sich quasi an die Oberfläche deines Bewußtseins spült.«

»Gewiß wird sie immer weiter in den Hintergrund rücken, wenn sie sich niemals verändert, wenn sie nie einen neuen Betrachtungsaspekt hinzugewinnt, wenn sie nie aufs neue interpretiert werden wird. Glaubst du, man wird dich dazu überreden können, Henrietta Grant zu besuchen?«

»Die Mutter der Zwillinge? Die, die Hardy gelesen hat? Warum sollte ich sie denn besuchen? Ich kann sie doch nicht auffordern, mir die Geschichte noch einmal zu erzählen. Sie ist doch kein Barde, den man ohne weiteres darum bitten kann, die Strophen wiederzugeben, die über Odysseus' Aufeinandertreffen mit Nausikaa berichten. Ich will damit sagen, wenn sie die Geschichte schon immer wieder gerne erzählen möchte, dann kann sie sie doch auch jemandem erzählen, der sie noch nie zuvor gehört hat.«

»Ich glaube nicht, daß sie sie häufig erzählt. Ich glaube auch nicht, daß sie sie gerne wiedergibt. Meistens erzählen sie jetzt andere – die Kinder, ich, Mama, Papa. Es ist eben so, daß sie die Antwort kennen muß auf die große Frage.«

»Auf die Frage, woher du kommst?«

»Ja. Sie ist die einzige, die es wissen kann.«

»Caroline, es liegt doch auf der Hand, daß das unwahr ist. Wenn sie nicht zur selben Zeit an zwei Orten war – und darauf deutet in der Geschichte nichts hin –, dann ist die einzige Person, die es wirklich wissen könnte, diejenige Person, die dich hinter den Büschen in Richtung der Volleyballspieler in Marsch gesetzt hat und dann davongeschlichen ist. Es ist wie mit der Stecknadel im Heuhaufen. Wir wissen wenigstens, in welchem Heuhaufen wir die Stecknadel gefunden haben, beziehungsweise, in welchem Heuhaufen die Stecknadel verlorenging.«

»Du willst damit sagen, daß sich jemand alles genau ausgesucht hat – das Haus, die Kinder, das Gelände mit dem Rasen, die unbefestigte Straße und so weiter. Und dann hat diese Person beschlossen, daß man dort gut ein Baby aussetzen könnte.«

»Das ist die naheliegendste und plausibelste Erklärung, gewiß.«

»Vielleicht. Aber du darfst nicht vergessen, Kate, daß ich eine rundum glückliche Kindheit verlebte. Doch wenn jemand das Kind ausgestoßen hat, den das Kind gut kennt, dann ist es doch unwahrscheinlich, daß das Kind glückselig glucksend auf völlig fremde Menschen an einem völlig fremden Ort zurennt!«

»Du suchst nach einer rationalen Erklärung, meine Liebe. Dazu neigt man bei einer derartigen Story sehr leicht. Das ist wie in dem Lied von Gershwin, wo die Tochter des Pharaos verdächtigt wird, die Mutter von Moses zu sein, dem Kind, das *sie* fand. Es stimmt schon, das Seltsame an solchen wunderbaren Geschichten ist eben, daß es partout keine Erklärung dafür gibt – zumindest keine Erklärung von der Art, daß ein Rationalist sich damit zufriedengeben würde. Ich glaube, aus diesem Grunde ist dein Vater so besorgt. Einerseits hofft er auf eine vernunftgemäße Begründung, andererseits fürchtet er sich davor, daß es keine gibt. Wenn du bedenkst, daß du ein Wunderkind bist, oder auch nur ein Kind, das auf wunderbare Weise mutig war, so wirst du eben zu einem Geschöpf aus einer anderen Welt, Teil einer Legende – und damit bist du schon nicht mehr einfach sein Kind.«

»Soll das heißen, daß ich nach einer irdischen Erklärung suchen soll?«

»Ich selbst spüre in mir die Versuchung, alles so zu akzeptieren, wie es ist. Sei froh, daß du genau da gelandet bist, wo du gelandet bist. Deine Eltern waren zur Stelle, als sie zur Stelle sein mußten, du bist auf unglaubliche Weise später geboren als alle anderen Kinder, Punkt. Dein Leben kommt mir vor wie ein Segen. Es ist so besser gewesen, als wenn um deine Wiege märchenhafte Großmütter herumgesessen hätten. Aber wer bin ich denn eigentlich, daß ich hier so groß herumpalavere? Ich habe ja immer gewußt, woher ich stamme, und, bei Gott, ich habe meine Herkunft eigentlich immer bedauert. Weißt du, es besteht die Gefahr, daß du zuviel Energie in die Suche nach der Vergangenheit steckst und dabei die Gegenwart und die Zukunft vergißt. Ich glaube, daß diese Gefahr oft besteht. Doch diese Gefahr sollte man nur eingehen, wenn man sich in extremen Situationen befindet – in völliger Verzweiflung oder Angst zum Beispiel. Was kannst du schon aus der Vergangenheit lernen, die sich vor deinem überraschenden Eingriff in das Volleyballspiel ereignete? Ist da

wohl etwas dabei, was du unbedingt wissen mußt? Genau diese Frage würde ich mir stellen.«
»Diese primitive, alte Neugier ist unausrottbar.«
»Da hast du recht. Aber ich glaube, das ist mehr mein als dein Problem. Ich habe aus meiner Neugier eine Art Berufung gemacht, einen Beruf im wahrsten Sinne des Wortes sogar. Wenn du mir die Erlaubnis dazu gibst, kann ich dir versprechen, daß ich neugierig genug für uns beide sein kann.«
»Heißt das, daß du vielleicht versuchst, etwas herauszufinden?«
»Das wahrscheinlich nicht. Es heißt, daß ich es mir weiterhin durch den Kopf gehen lassen werde. Und du wirst nichts anderes tun, als zu leben.«
»Falls deine Neugierde jemals zu Ergebnissen führen sollte, versprichst du mir dann, daß du sie mir kundtun wirst? Nein, bitte protestiere nicht«, sagte Caroline, als Kate antworten wollte. »Wir treffen ein Abkommen. Ich höre auf, an diese Begebenheit zu denken, erzähle niemandem mehr, den ich neu kennenlerne, was da passiert ist – ich sage einfach nur, ich bin ein Adoptivkind, und lasse es dabei bewenden. Ich glaube, du hast recht, wenn du sagst, daß sich die Vergangenheit nur in der Gegenwart und Zukunft festsetzt. Doch wenn ich mich mit diesem wunderbaren Geheimnis nicht mehr beschäftige, mußt du mir im Gegenzug versprechen, daß du mir alles sagst, wenn du eine Antwort gefunden hast. Abgemacht?«
Kate stimmte diesem Abkommen erleichtert zu. Die Geschichte fing allmählich an, ihr Furcht einzuflößen, weil sie Caroline und Tom nicht mehr loszulassen schien. Sie telefonierte mit Tom Rayley und berichtete ihm von dem Abkommen. Sie bat ihn inständig, alles zu vergessen, was mit Mythen zu tun hatte, und sich fortan nur noch um seine bewundernswerte Tochter zu kümmern.
Und damit hatte die Angelegenheit eine Zeitlang Ruhe.

Die Wiederauferstehung des Mythos war ein Resultat von Kates Treffen mit Henrietta Grant. Sie liefen sich auf einer Konferenz über den Weg, auf die sie beide in letzter Sekunde geschickt worden waren, um ursprünglich vorgesehene, aber plötzlich unpäßliche Teilnehmer zu ersetzen. Jede von beiden, so drang später heraus, hatte sich bereit erklärt, einzuspringen, um jemandem einen besonderen Gefallen zu tun. Henrietta dem verbleibenden Diskussionsteilnehmer, Kate dem Mann, der die Konferenz von Anfang an organisiert hatte. Sie wurden einander fünf Minuten vor Konferenzbeginn vorgestellt. Beide versuchten sogleich, zu überlegen, wo sie den Namen der anderen schon einmal gehört hatten. Während des ersten Referates dachten sie an Caroline als das verbindende Glied und nickten sich diese Bestätigung einander zu, als die Worte des Referenten über den Neuen Historizismus in der Renaissance den Weg bereiteten für Henriettas Vortrag über den Neuen Historizismus in der französischen Literatur des achtzehnten Jahrhunderts und schließlich für Kates Ausführung über die englischen Schriftsteller im neunzehnten Jahrhundert.

»Wollen wir etwas trinken?« fragte Henrietta, als auch die letzten Fragen beantwortet waren und die beiden sahen, daß sich die Versammlung auflöste, »oder sind Sie so pflichtbewußt, daß Sie gleich für die nächste Sitzungsperiode hierbleiben wollen?«

»Weder habe ich ein solch starkes Pflichtbewußtsein, noch verspüre ich allzu große Lust dazu«, erwiderte Kate. »Schließlich sind wir hier ja auch nur Stellvertreter – es ist nicht so, daß wir uns für die ganze Konferenz verpflichtet haben. Und selbst wenn ich das getan hätte, so sieht die Wahrheit so aus, daß ich mit Ihnen gern etwas trinken würde.«

Bald machten sie es sich in der Bar des Hotels gemütlich, wo das Symposium abgehalten wurde. Kate war der Meinung, daß sie sich einen Martini pur mit Olive verdient hatte.

»Wie geht es Caroline?« fragte Henrietta. »Wie ich erfahren

habe, ist es für sie eine tolle Sache, mit Ihnen zusammenzuarbeiten. Ich habe sie allerdings in letzter Zeit nicht mehr gesehen.«

»Ich selber würde das nicht so positiv sehen, die Zusammenarbeit mit mir, meine ich. Wir sind Freunde, was eine gute Sache ist. Tatsache ist«, fügte Kate an, als ihr Martini und Henriettas Scotch eintrafen, »daß ich eigentlich nie damit gerechnet hätte, Sie einmal kennenzulernen. Genausowenig hätte ich es jemals für möglich gehalten, auf zwei zwölf Jahre alte Zwillingspaare zu treffen, die gerade Volleyball spielen. Oder Huck und Jim auf dem Floß, wenn ich dieses Beispiel als vergleichbar hinzuziehen darf. Gewisse Szenen existieren nur in der Vorstellung.«

»Die Zwillinge sind nicht *so* viel jünger als Sie«, lachte Henrietta. »Meine Zwillinge zumindest haben sich recht gut entwickelt. Die anderen beiden Kinder habe ich aus den Augen verloren, deshalb bleiben sie für mich immer zwölf Jahre alt. Nach dem Sommer sind sie damals fortgezogen.«

»Ich frage mich, ob sie die Geschichte von Carolines Erscheinung auch überall erzählen.«

»Da bin ich mir ziemlich sicher. In jenem Sommer hatten sie damit zumindest schon recht fleißig angefangen. Solche Geschichten vergißt man ja nicht.«

»Mittlerweile ist daraus ja eine Legende geworden. Wie fühlt man sich denn, wenn man Teil einer Legende ist?«

»Das war ein aufregendes Erlebnis. Ich empfinde Caroline irgendwie als Wunder. Nach jener Geburt war sie auf ihre Weise so begeisternd und liebreizend wie Botticellis Venus. Sie mußte einfach eine wundersame Erscheinung werden, etwas tun, was widerhallen würde, somit auf ihre eigene Art und Weise ein Mythos werden.«

»Die Geburt eines Helden, wie es bei Raglan und anderen vorkommt, nur daß es sich diesmal um einen weiblichen Helden handelt. Mehr eine Art Moses als Effie in *Silas Marner*. Und die zwei Zwillingspaare geben der ganzen Geschichte

noch zusätzlich eine besondere Note – eine Art aufregend-erstaunliche Begleiterscheinung.«
»Nicht unbedingt«, lachte Henrietta. »Denken Sie doch nur an die Bobbsey-Zwillinge. Eine ganz und gar gewöhnliche Sache.« Einen Moment lang blickte Henrietta hinunter auf ihre Hände. »Ich hoffe, Caroline hat endlich aufgehört, darüber zu brüten. Ich mache mir nur wegen der Rayleys Sorgen. Um sie mache ich mir natürlich auch Sorgen. Es ist wie bei diesen *in vitro* empfangenen Babys – wie kann irgend etwas später im Leben sein wie sein erster Augenblick? Ich meine, kann ein Leben stark genug sein, gleich zwei Wunder durchzustehen?«
»Der ganze Zauber an einem heldenhaften Leben ist doch, daß genau das passiert, nicht wahr? Die wunderbare Geburt, auf die dann das schreckliche oder wunderbare Schicksal folgt. Ich kann mir das zwar bei Caroline nicht vorstellen, weil sie eine solch vernünftige Person ist, was Helden für gewöhnlich nur selten sind.«
»Männliche Helden«, sagte Henrietta. Dann sprachen sie von anderen Dingen.
Doch nachdem das Eis gebrochen war, trafen sie sich von Zeit zu Zeit, wenn Henrietta in New York oder Kate in Boston war. Und dann, eines Frühlingsmorgens, fand sich Kate im Williams College wieder und erinnerte sich daran, daß Henriettas Landhaus, auf dessen Rasen Caroline an jenem lange vergangenen Nachmittag aufgetaucht war, ganz in der Nähe war, und rief Henrietta auf gut Glück an, denn es war nicht ausgeschlossen, daß sie sie zu sich nach Hause einladen würde.
»Ihr Sinn für Geographie ist wundervoll«, bemerkte Henrietta. »Bis zu mir ist es mindestens eine Stunde, und ich kann Ihnen noch so gute Hinweise geben, wie Sie zu mir finden können – Sie werden sich auf jeden Fall verfahren. Halten Sie einfach an und rufen Sie mich noch einmal an, sobald Sie eine falsche Abzweigung genommen haben. Und planen Sie gleich eine Nacht bei mir ein, wenn Sie mich besuchen. Es

wird viel zu spät werden, um heute noch zurückzufahren. Ich bin ganz allein zu Hause, ich habe also genügend Platz. Ich werde Sie in dem Zimmer unterbringen, in dem ich gerade las an dem Tag, da Caroline uns beglückte.«

Kate verfuhr sich in der Tat, rief noch einmal an und kam an, als der Tag sich schon dem Ende zuneigte und die Bäume anfingen, sich vor dem Abendhimmel abzuzeichnen. Kate fuhr über die unbefestigte Straße, an deren Ende Henriettas Haus stand. Sie bekam die Büsche gezeigt, die das Grundstück ringsherum begrenzten, und den Rasen, wo das Badmintonnetz gespannt war. Jenseits des Rasens befand sich Wald. Die Stille erstaunte Kate.

»Kommen Sie herein«, sagte Henrietta. »Wir setzen uns an den Kamin und trinken ein Gläschen auf Caroline.«

»Ist sie oft hierher zurückgekehrt?« wollte Kate wissen.

»Seltsamerweise nicht. Die Rayleys kamen mit ihr einmal hierher zu Besuch, aber sie konnten keine Sekunde den Blick von ihr abwenden. Ich glaube, sie hatten Angst, sie würde genau so wieder verschwinden, wie sie aufgetaucht war. Würde einfach jemand anderem in die Arme laufen. Sie brauchten viele, lange Jahre, bis sie wirklich glaubten, daß Caroline dableiben würde. Nachts gingen sie ständig in ihr Zimmer, um nachzuschauen, daß sie sich auch nicht in Luft aufgelöst hatte. Schließlich wurde Caroline ein richtiges kleines Mädchen, das man auch einmal allein fortgehen lassen konnte. Glücklicherweise war sie klein, als sie sie bekamen. Dadurch konnte sie sich zu einer unabhängigen Persönlichkeit entwikkeln und ihre Eltern sich daran gewöhnen. Die Rayleys sind ganz normale Leute, was unabdingbar war und für mich eine Erleichterung.«

»Sie kannten sie, als Sie sie an jenem Tag angerufen haben?«

»Natürlich kannte ich sie sehr gut. Aber ich dachte an diesem Tag nur daran, daß sie sich nach einem Kind sehnten und daß das Kind ein Zuhause brauchte. Obwohl ich Caroline ja auch erst damals kennengelernt hatte, verspürte ich sofort das dringende Bedürfnis, daß sie das richtige Zuhause finden mußte. Mit irgendwelchen Adoptiveltern war es nicht abgetan, und wenn es noch so gute Menschen gewesen wären. Ich mußte sie kennen, das war die Voraussetzung.«

Kate hob an, wollte noch eine Frage stellen, doch sie hielt die Frage zurück. Die Zeit für Fragen war schon vorbei. Die Zeit für die Antworten sollte vielleicht noch kommen, doch dies lag im Entscheidungsbereich Henriettas. Mit ihren Drinks saßen sie vor dem Kamin und ließen den Tag in die Nacht hinübergleiten, ehe sie die Lichter anschalteten und an Abendessen dachten.

»Ich habe noch einen selbstgemachten Eintopf von gestern abend da. Der wird immer besser, je öfter man ihn aufwärmt. Das ist wie bei uns Menschen mit dem Älterwerden. Reicht Ihnen das? Ich habe auch hausgemachtes Brot und einen vorzüglichen Wein.«

»Das klingt ja wie der Neubeginn eines Wunders«, sagte Kate. »Ich komme nicht oft aufs Land und bekomme äußerst selten selbstgemachten Eintopf und selbstgebackenes Brot angeboten. Meistens ernähre ich mich von der Nouvelle cuisine und Fisch, was ich eigentlich beides nicht sonderlich mag. Wenn wir zu Hause sind, essen wir Omelette oder chinesische Spezialitäten, die ein geschäftiger Orientale jungen Alters mit dem Fahrrad ausliefert. Aber das heute ist eine willkommene Abwechslung, fürwahr. Könnten wir vielleicht vor dem Kamin essen und dort eine Idylle entstehen lassen, wie man sie häufig in einem fernsehgerecht hergestellten Kinofilm sieht?«

»Ich glaube, wir beide sind nicht genügend rustikal dafür.«

Aber ansonsten war alles überaus rustikal. Das war wieder einmal einer jener Abende, dachte Kate bei sich, an denen alles stimmt, obwohl du gar nicht weißt, warum, außer daß der Abend nicht geplant war und es in höchstem Maße unwahrscheinlich war, daß er sich jemals wiederholen würde.

Nachdem das Abendessen vorüber war, schlürften sie ihren

Kaffee vor dem Kamin, in dem das Feuer allmählich ausging, weil Henrietta zögerte, nachzulegen – das hätte nur dazu geführt, daß sie zu spät ins Bett gekommen wären. Kate war mittlerweile schon alles egal. Es war ein langer Tag für sie gewesen, aber sie befand sich in jenem seltsamen Zustand von Übermüdung, der jenseits der allseits bekannten Müdigkeit lag. Sie saß einfach nur da. Und Henrietta schien sich dazu durchgerungen zu haben, doch noch einen Scheit aufzulegen.

»Ich denke, es ist besser, wenn ich es Ihnen sage«, verkündete sie und rückte mit ihrem Stuhl nach vorn, während sie auf das Feuer starrte. »Irgend jemand, finde ich, sollte es wissen. Aber wenn ich es Ihnen erzähle, endet damit unsere Freundschaft. Ich vertraue Ihnen zwar, aber ich will mit Ihnen dann nichts mehr zu tun haben. Was eigentlich ein Jammer ist – denn die Welt ist nicht voller intelligenter Freundinnen.«

Kate konnte mit ihr nicht über den Wahrheitsgehalt dieser Aussage streiten. »Und wenn ich Ihnen sage, Sie sollen es mir nicht erzählen, bleiben wir dann Freunde? Ist es meine Entscheidung?«

»Wahrscheinlich nicht«, sagte Henrietta seufzend. »Dadurch, daß ich Ihnen sagte, daß es etwas zu erzählen gibt, habe ich die Brücke bereits überschritten – diese Brücke ist bereits abgebrannt.«

»Es ist schon ironisch«, sagte Kate. »Wie so vieles sonst auch. Ich habe mir das natürlich schon gedacht, daß es etwas zu erzählen gibt. Natürlich entzieht es sich meiner Kenntnis, was es zu erzählen gibt. Sobald Sie das wußten, haben Sie auch gewußt, daß wir nur diesen einen Abend vor dem Kamin haben würden.«

»Entwurzelte Freundschaften sind mein Schicksal«, sagte Henrietta. »Es gibt aber niemals einen Weg zurück.« Henrietta legte jetzt nur eine kurze Pause ein.

»Alles begann mit einer jungen Frau, die der jetzigen Caroline sehr ähnelte. Sie war eine Hochschulabsolventin. Wir

wurden Freundinnen, so wie das jetzt mit Ihnen und Caroline der Fall ist. Aber es war, allem Anschein nach, eine feindselige Freundschaft. Frauen werden einfach nicht warm miteinander. Sie haben ihre Blicke immer auf Männer gerichtet. Ich war damals eine kleine, für diesen Posten schon recht alte Dozentin, aber in jenen Tagen wurden Frauen nicht so schnell befördert. Wir, diese Hochschulabsolventin und ich, redeten damals über, ähm, alles, worüber ich niemals geredet zu haben schien. Später wurden diese Gespräche immer flacher, vor allem deswegen, weil sie in den Gemeinschaftsräumen für Studenten und Dozenten abliefen. Es ist heutzutage schwer, nachzuempfinden, wie einsam damals berufstätige Frauen waren. Ständig verfolgte einen diese verkrampfte Angst, man könne etwas Falsches tun oder sich den Unbill anderer Menschen zuziehen.
Sie müssen sich eindenken in die Tatsache, was für eine konservative Frau ich damals war. Wenn ich spürte, daß ich bei der akademischen Welt, in die ich mich mit aller Kraft hineingekämpft hatte, auf Kritik stieß, ließ ich mir das nie zu Bewußtsein kommen, geschweige denn, daß ich diese Zustände artikulierte. Ich wollte einfach nur akzeptiert sein, lehren, schreiben. Ich habe mir damals immer ganz gern eingeredet, daß es einfach wäre, so zu verfahren. Und in meinem Leben fehlte es an nichts. Da waren die Zwillinge. Da war meine Ehe – damals war sie gut, jetzt ist sie besser, problemlos war sie immer. Wir haben aber auch viel in sie hineingesteckt, haben unsere Fehler, wie Arroganz zum Beispiel, hart analysiert. Doch um diese Geschichte in ihren vollen Zügen zu verstehen, müssen sie sich zurückversetzen in die Zeit vor Betty Friedan, die ja bekanntermaßen das ›Problem, das keinen Namen hat‹, beschrieb.
Ich bat meine neue Freundin, allein zu mir aufs Land zu kommen, so wie Sie heute abend bei mir sind. Die Kinder waren bei ihrem Vater in Boston – er war immer so nett, mich dabei zu unterstützen, immer mal dem Alltag zu entfliehen. Und sie

waren doch immer mit den Spielen der Red Sox beschäftigt, wofür ich nicht einmal Interesse vorheucheln konnte. Er dachte, es wäre wieder einmal gut für mich, wenn ich mich mit jemandem unterhalten würde – ›Frauengespräche‹, wie er sich ausdrückte. Wir waren einfach nicht in der Lage, über Frauenbekanntschaften fair miteinander zu reden.« Da hielt Henrietta inne und fing an zu weinen, nicht laut. Zu hören war gar nichts. Unhörbar rollten ihr die Tränen aus den Augen. »Den Rest können Sie sich vielleicht selber ausdenken«, sagte sie.

Kate nickte. »Sie hat das mißverstanden, oder Sie haben es mißverstanden. Sie machte das, was man früher einen Annäherungsversuch nannte. Heute würde man wohl sagen, sie hat sich auf dich gestürzt. Warst du erschrocken?«

»Es ist nicht einmal ganz zutreffend, es einen Annäherungsversuch zu nennen. Es war eine Geste der Liebe. Das begreife ich jetzt erst richtig. Damals bin ich ganz steif geworden vor Schrecken. Und genau das fühlte ich. Nackte, lähmende Angst. Ich wußte überhaupt nichts über die Liebe von Frauen mit Frauen. Ich hatte nur Angst davor. Wir waren ja dazu erzogen worden, Angst davor zu haben. Mein Entsetzen war nicht zu übersehen.«

»Und? Ist sie weggerannt?«

»Nein. Sie ist nicht weggerannt. Wir verbrachten den Abend zusammen – wir waren erst am späten Nachmittag angekommen –, wir aßen gemeinsam das Abendbrot, wir ›machten Konversation‹. Bis dahin hatte ich nie begriffen, welch ein Todeskampf dahinter steckt. An irgendeiner Stelle in ihren Tagebüchern spricht Virginia Woolf davon, daß sie die Wellen der Konversation zerstört. Das haben wir auch gemacht. Nichts half – weder Wein noch Essen. Wir sagten nicht ein Wort, das eine Rolle spielte. Am nächsten Morgen war meine Freundin dann verschwunden.«

»Auch von der Universität?«

»Ja. Ich hatte keine Ahnung, wo sie war oder was aus ihr geworden war. Ich versuchte es jedoch herauszufinden, diskret, versteht sich, aber sie schien wie vom Erdboden verschluckt zu sein –, so, wie junge Dozentinnen eben oft von Zeit zu Zeit verschwinden. Manchmal tauchen sie wieder auf, manchmal auch nicht. Und es passiert auch – und das machte mir doch am meisten Angst –, daß sie sich umbringen.«

»Aber sie verduftete und hatte eine Affäre mit einem Mann.«

»Sie scheinen die Geschichte zu kennen. Ist sie denn so gewöhnlich?«

»Ganz und gar nicht. Man muß nicht unbedingt ein Detektiv sein, um sich den nächsten Schritt ausdenken zu können, wenn Sie so erzählen. Sie haben es ja lange genug für sich behalten.«

»Es war so eine fesselnde Handlung, verstehen Sie. Ich wollte den Zauber dieser Szene nicht zerstören. Denn das wäre geschehen, wenn ich die Geschichte unter die Leute gestreut hätte. Diese Geschichte war erfolgreicher, als ich mir in meinen kühnsten Träumen ausgemalt hätte.«

»Sie haben alles geplant.«

»Selbstverständlich. Es gab keinen Zweifel – sie wollte das Baby nicht. Sie war eine selten ehrliche Frau zu dieser Zeit. Sie betete das Kind an, aber sie erkannte, daß sie keine gute Mutter war, geschweige denn eine gute alleinerziehende Mutter. Sie hatte dem Vater nie erzählt, daß sie schwanger war. Und sie sagte mir niemals, wer dieser Mann war. Ich muß immer wieder wiederholen, daß in jenen Tage alles ganz anders war. Das dürfen Sie nicht außer Betracht lassen.

Caroline war ein zauberhaftes Kind – das machte die Vorgehensweise einfacher. Sie war eines von den Kindern, die freundlich sind und offen und alle Welt entzückt grüßen. Ich ließ mir eine Entschuldigung einfallen, allein ins Landhaus fahren zu können. Das war nicht weiter schwierig. Ich hatte Arbeiten zu erledigen, und mein Mann wußte, daß es im Sommer nicht einfach war, hier zu arbeiten, wenn die Kinder dabei waren und sogar noch Gäste obendrein. An intensive Arbeit war da nicht zu denken. Caroline wurde heimlich hierhergebracht, jeden Tag für eine kurze Zeit. Ich spielte mit ihr. Ein Spiel. Ich war im Haus, Caroline wurde in der Nähe der Büsche ausgesetzt, und dann ging sie auf das Haus zu, um mich zu suchen. Das ist doch einfach, nicht wahr, wenn man die ganze Geschichte kennt?«

»Hat es Ihr Mann gewußt?« fragte Kate.

»Nein. Ich war zwar versucht, es ihm zu sagen, aber es war klar, daß er seine Rolle besser spielen würde, ohne zu wissen, daß es eine Rolle war. Daß er nicht hier war, war reiner Zufall. Das hatte ich nicht eingeplant. Oh, wie nahe ich doch dran war, es ihm zu erzählen!«

Kate ließ sich das Ganze eine Weile durch den Kopf gehen. »Und was wurde aus Ihrer Freundin?« wollte sie schließlich wissen.

»Sie starb. Bei einem verrückten Unfall. Es war schrecklich. Ich habe das später rein zufällig erfahren. Die ganze Zeit über, als sie mit dem Kind hier war, wurde sie nie schwach, sagte nie mehr als ›Hilf mir!‹, doch das war auch nur ganz am Anfang, und, kurz vor dem Ende, sagte sie noch ›Auf Wiedersehen‹. Sie schlich sich langsam in Richtung Wald davon, als sich Caroline auf die Zwillinge zubewegte.«

»Ihr Handlungsplan ist besser aufgegangen als die meisten Handlungen, die einem so unterkommen. Wie von Zauberhand geführt.«

»Wie von Zauberhand geführt. Ich wußte nicht einmal, daß ich die Rayleys sofort erreichen würde oder daß sie so schnell kommen würden. Die Legende dieses Nachmittags scheint mir immer mehr die Qualität einer Homerischen Hymne zu haben. Doch vor und nach dem Nachmittag gab es nichts als Sorgen. Wir haben uns nie wieder vertragen. Sie hat mir niemals vergeben.«

Kate konnte nichts sagen, nur so viel: »Caroline ist noch da.«

»Ja«, antwortete Henrietta. »Und sie ist Ihre Freundin. Keiner von euch beiden ist mein Freund.«

»Das kann sich ja noch ändern«, sagte Kate. »Vielleicht finden

Sie dieses Mal die richtigen Worte, um diesen Zustand zu ändern.«
»Sagen Sie Caroline nichts«, sagte Henrietta. »Sagen Sie niemandem ein Sterbenswörtchen.«
»Nein«, sagte Kate. »Aber ich werde ein Versprechen brechen müssen, das ich Caroline gegeben habe. Ich versprach ihr, die Antwort zu geben, sobald ich sie wüßte. Vielleicht ermöglichen Sie mir eines Tages, dieses Versprechen einzulösen, oder aber Sie lösen es später für mich ein.«
»Vielleicht. Aber es gibt ja keine Eltern, die Caroline finden könnte.«
»Da gab es eine Freundschaft zwischen zwei Frauen zu einer Zeit, da dies noch verpönt war. Und dann gibt es da diesen zauberhaften Nachmittag. Das ist weitaus mehr, als viele von uns haben.«
Henrietta schüttelte nur den Kopf. Und nach kurzer Zeit begab sie sich ins Bett und ließ Kate vor dem Kamin sitzen. Am Morgen, ehe Kate abreiste, sprach Henrietta frohgemut von anderen Dingen. Die Sonne schien den Rasen noch nicht in ihrer vollen Helligkeit aus, als Kate davonfuhr.

Kennenlernen

Jemima Shore

Antonia Fraser

Kaum hatte sich die Tür hinter ihr geschlossen, legte der Mann die Sicherheitskette vor. Dann befahl er Jemima Shore, sich auszuziehen; und zwar restlos.

»Die Schuhe können Sie anlassen, wenn Sie möchten. Die sind hübsch.«

Jemima merkte, daß das Absurde an der Situation ihr Begriffsvermögen beeinträchtigte. Dabei verstand sie seine Worte akustisch einwandfrei; der Mann stand schließlich neben ihr, sie spürte seinen Atem an ihrer Wange; besonders schwer atmete er allerdings nicht. Sie waren ungefähr gleich groß: sie sah direkt in seine Augen, weit auseinanderstehend und von der Farbe glänzender Kastanien.

Das Haar des Mannes war dunkel, dicht, ziemlich lang und struppig. Er stand so nah, daß sie einige Silberfäden in der dichten Masse entdeckte. Er hatte einen Schnurrbart, Koteletten, und Wangen und Kinn schimmerten bläulich; genau das gab ihm ein südländisches Aussehen. Seinen Akzent, nur andeutungsweise wahrnehmbar, konnte sie nicht einordnen. Er trug ein sauberes T-Shirt mit Aufdruck und Jeans. Die breiten Schultern und die kräftigen Arme, die sich unter dem T-Shirt abzeichneten, vermittelten den Eindruck physischer Stärke. Jemima merkte, daß er leicht schwitzte.

Sie trug eine große Handtasche aus geflochtenem Leder mit

zwei Goldketten, über der Schulter zu tragen, nach Art eines Chanel-Modells. Der Mann nahm ihr die Tasche ab und stellte sie behutsam auf das riesige Bett, das zentrale Möbelstück des Hotelzimmers. Die Vorhänge waren zugezogen, und die Nachttischlampe brannte. Dabei war es erst elf Uhr vormittags.
»Ziehen Sie sich aus«, wiederholte der Mann seine Forderung und fügte hinzu: »Ich will Sie kennenlernen.«
Es ist idiotisch, dachte Jemima: sie hatte gerade eine Fernsehserie über Vergewaltigungen gemacht. Während der Vorbereitung hatte sie mindestens mit einem Dutzend Opfer der unterschiedlichsten Altersgruppen gesprochen. Der häufigste Satz ihrer Gesprächspartnerinnen hatte ungefähr gelautet: »Sie können nicht verstehen, wie es ist ... diese Hilflosigkeit ... wenn Ihnen das noch nie passiert ist ... bis es Ihnen passiert ist.«
Natürlich war es ihr nie in den Sinn gekommen, diesen Punkt in Frage zu stellen. Als Fernsehjournalistin hatte sie ihre Zeuginnen so sympathisch und so unvoreingenommen wie möglich präsentieren wollen, um gerade diese Kluft deutlich zu machen: die Kluft zwischen den Opfern und dem Rest der Welt, ungeachtet aller guter Absichten. Die Sendung über Vergewaltigung war die letzte einer Serie unter dem Titel DOPPELT GESTRAFT gewesen. Der Beitrag hatte die tragischen sozialen Auswirkungen gewisser Verbrechen zum Thema.
»Diese Hilflosigkeit ... Sie können das nicht verstehen ... Bis es Ihnen passiert.« Jetzt schien Jemima am eigenen Leib die Wahrhaftigkeit dieser resignierten, verzweifelten Aufschreie zu erfahren. Etwas zu spät für ihre Sendung. Ironie des Schicksals. Jemima hatte sowieso das Gefühl, all ihren Mutterwitz ... oder ironische Distanz ... in der gegenwärtigen Situation zu brauchen. Und noch mehr.
»Ziehen Sie sich aus«, wiederholte der Mann zum dritten Mal. »Ich will Sie kennenlernen.« Er schien noch gelassen,

sein Atem ging ruhig und gleichmäßig; lediglich ein Hauch feiner Schweißperlen auf seiner Oberlippe verriet innere Erregung. Was die Nationalität des Mannes betraf, tippte Jemima auf Marokkaner, Algerier oder sogar Türke; sein Englisch klang mehr oder weniger perfekt.
»Wer sind Sie? Und wo ist Clemency Vane? Ich bin hier, um Clemency Vane zu interviewen.« Jemima hielt es für das Klügste, den geradezu absurden beängstigenden Befehl einfach zu ignorieren, und zu versuchen, irgendwie Herrin der Lage zu werden. Froh stellte sie fest, daß ihre Stimme absolut ruhig klang; ihr Atem allerdings ging schnell . . . ganz im Gegensatz zu ihrem Peiniger. Sie brachte ein bezaubernd schüchternes Lächeln zustande, jenes Lächeln, das die Zuschauer so liebten, weil Jemima danach regelmäßig dazu überging, den Adressaten dieses Lächelns gnadenlos zu demontieren; so geschehen bei überheblichen Parteiführern zum Beispiel; gnadenlos und restlos.
»Clemmie . . .« Er betonte die letzte Silbe. ». . . ist nicht da. Statt dessen bin ich gekommen. Und jetzt ziehen Sie sich bitte aus. Sonst . . .« Er hielt inne, als müsse er die Situation ganz vernünftig überdenken. ». . . ziehe ich Sie aus. Ich bin sicher, Sie machen es lieber selbst.«
Der Mann beugte sich vor und öffnete das zur Schleife gebundene Trägerband ihres cremefarbenen Jerseykleids im Nakken. Seine Hände waren groß und breit wie seine Schultern, muskulös und schwarzbehaart. Jemima registrierte automatisch die Nägel: sauber gebürstet, kurz geschnitten und gepflegt. Er öffnete den ersten Perlmutterknopf und machte Anstalten, zum zweiten überzugehen . . . und zuckte zurück.
Jetzt schreie ich, dachte Jemima. Diskutieren hat keinen Sinn. Es muß mich doch jemand in dieser verdammten Absteige hören.
»Fassen Sie mich bitte nicht an«, sagte sie laut. »Vielleicht sollte ich Ihnen sagen, daß mein Kamerateam jeden Augenblick hier sein muß. Die haben den nächsten Lift genommen.«

»Oh, keine Angst.« Der Mann ignorierte die Bemerkung über das Kamerateam, was beunruhigend war ... natürlich war es eine Lüge. Jemima bezweifelte, ob in diesem Augenblick überhaupt eine Menschenseele wußte, wo sie war ... nicht einmal Cherry, ihre treue Sekretärin bei der Fernsehgesellschaft ›Megalith Television‹.
»Ich tu' Ihnen nichts«, sagte er. »Selbst wenn Sie schreien ...« Er konnte offenbar Gedanken lesen. »Ich tu' Ihnen nichts. Ich bringe Sie einfach damit zum Schweigen.« Zum ersten Mal bemerkte Jemima das große weiße Halstuch über seinem Arm. »Aber bitte schreien Sie lieber nicht. Es wäre ziemlich sinnlos. Die Zimmer rechts und links neben uns sind leer. Und das Zimmermädchen ist weit weg.«
Der Mann zögerte. Dann führte er Jemima sanft aber bestimmt zum großen Bett. Sie setzten sich. Jemimas grüne Handtasche war wieder in Reichweite. Aber was sollte ihr eine weiche Tasche aus geflochtenem Leder, wie groß auch immer, schon nützen? Eine wirksame Waffe war sie nicht. Der Mann starrte sie aus seinen weit auseinanderstehenden Augen ernst an.
»Ich habe Sie im Fernsehen gesehen, Jemima. Sie sind sehr schön ... und intelligent. Gefällt mir sehr. Ich weiß ihre Intelligenz wirklich zu schätzen ... Sie werden sehen ... sobald wir uns näher kennen. Frauen sollten ihre Intelligenz kultivieren. So werden sie für Männer erst interessant. Wie sollte sich ein Mann für dumme Frauen interessieren ...? Bildung ist wichtig für eine Frau. Damit kann sie ihrem Mann helfen.«
Jetzt, da der Mann redete, unaufhörlich quasselte, sie in absurder Hast bequatschte, ohne auch nur den Versuch zu machen, sie zu berühren, erschien es Jemima das beste, ihn zum Weiterreden zu ermutigen.
Frauen und Bildung! Unter den gegebenen Umständen ein wahrlich groteskes Thema, und eines, zu dem Jemima einige feste Ansichten hatte ... die sich allerdings nicht unbedingt mit denen ihres Gegenübers deckten.

»Sie haben vollkommen recht«, stimmte sie zu. Ihre Stimme klang noch immer bestimmt und ruhig. Sie widerstand der Versuchung, das lose Trägerband ihres Kleides wieder zuzubinden.
War es beim Thema Bildung opportun, die Sprache erneut auf Clemency Vane zu bringen? Ihr Peiniger ... denn sie sah ihn als solchen ... mußte Clemency entweder kennen oder zumindest von ihr gehört haben. Und nach Sachlage bot die Bildung von Clemency Vane tatsächlich reichlich Gesprächsstoff; vor allem wenn man bedachte, was ihr mit all ihrer Bildung passiert war. Wäre die abwesende Clemency Vane in diesem Hotelzimmer gewesen, wie sie es eigentlich versprochen hatte, hätte Jemima einige penetrante Fragen in dieser Richtung gestellt; ungeachtet dessen, daß sie die Antworten im Kopf behalten mußte und nicht mit einer Kameracrew aufzeichnen konnte. Clemency hatte sie gebeten, sich nur Notizen zu machen, auf jeden Fall beim ersten Gepräch auf ein Tonbandgerät zu verzichten. Und Jemima, die in diesem Stadium zu nichts verpflichtet war, denn die Initiative war allein von Clemency ausgegangen, hatte nichts zu verlieren, wenn sie auf deren Bedingungen einging.
Clemency Vane war eine Kriminelle, vor kurzem aus dem Gefängnis entlassen, nach einer fünfjährigen Haftstrafe wegen Drogenhandels. Es war ein merkwürdiger Fall gewesen. Das Geld war nie gefunden worden; große Summen hatten sich quasi in Luft aufgelöst. Jemima erinnerte sich, daß das Urteil auf 8 Jahre Haft gelautet hatte, und daß Clemency wegen guter Führung entlassen worden war; ein hohes Strafmaß für eine Erstdelinquentin. Andererseits waren die Beweise für Clemency Vanes Drogengeschäfte überwältigend gewesen. Und sie hatte zweifellos regelrecht mit Drogen gedealt: sie war keine verzweifelte Abhängige gewesen, die auf diese Weise versucht hatte, ihre Sucht zu finanzieren. Ganz abgesehen von der Tatsache, daß sie sich schuldig bekannt hatte.
Das Merkwürdige an dem Fall war der vermeintliche politi-

sche Hintergrund. Ein Aspekt, der geheimnisvollerweise während des Prozesses überhaupt nicht mehr zur Sprache gekommen war, nachdem sich die Angeklagte schuldig bekannt hatte. Welches Land war doch gleich in diesem Zusammenhang genannt worden? Jemima versuchte sich zu erinnern. Die Rote Clemmie? Blaue Clemmie? Grüne Clemmie? Das letztere vermutlich nicht in bezug auf den Drogenhandel. Im Prozeß war es nicht mehr erwähnt worden. Jemima war der Name entfallen. Es war einfach lächerlich! Natürlich hätte sie sich über Details informiert. Aber Clemency Vanes Bitte um ein Treffen in der anonymen Umgebung eines West Londoner Hotels an diesem Morgen war für Jemima völlig überraschend gekommen. Dadurch waren die vorausgegangenen, längerfristig angelegten Vereinbarungen hinfällig geworden. »Nein, es kann nicht warten. Das habe ich bei unserem ersten Gespräch gedacht. Aber jetzt ist es anders.«
Santangela. Das war der Name. Santangela: einer jener kleinen Staaten, dessen Verbindungen zum Drogengeschäft und zum Anti-Drogen-Gesetz, dessen Nationalismus und Antiimperialismus selbst für diejenigen im Dunkeln lag, die sich für das Land interessierten. Und das war etwas, was man von den meisten Briten, und Jemima war keine Ausnahme, nicht behaupten konnte. Das war also der angedeutete politische Hintergrund gewesen, der auf so mysteriöse Weise wieder in der Versenkung verschwunden war ... Kurz nach Clemency Vanes Verurteilung hatte die Revolution in Santangela die Macht übernommen; damit hatte sich die Situation verändert. Santangela: wo lag es überhaupt? Lateinamerika? Mittelamerika? Südamerika? Ihre Bildungslücken auf dem Gebiet der rudimentärsten Geographie waren geradezu lächerlich ... aber eine Tatsache. So war es eben im auf Europa fixierten England ... und bei Jemima Shore.
Jemima sah den Mann erneut an. Kein Marokkaner, Algerier oder Türke, sondern ein Santangelino? Sie glaubte sich zu erinnern, daß das die Bezeichnung für Bürger dieses Landes

war. Aber wieder war es nur vages Wissen, das sie mobilisieren konnte. Trotzdem, zum ersten Mal war ihr Blick fragend interessiert, nicht trotzig und abwehrend. Ein Santangelino. Einer der irgendwie mit Clemency Vanes Verurteilung wegen Drogenhandels in Verbindung stand; mit einer Clemency Vane, die zuerst in die politische Ecke gedrängt worden war und dann zur unpolitischen Kriminellen wurde. Eines begriff Jemima allerdings nicht: wie sollten Clemency und ihre Drogenkriminalität in Jemimas laufende Serie passen? Diese Frage hatte sie sich bereits seit Clemency Vanes erster Kontaktaufnahme gestellt. Nur hatte sie damals geglaubt, viel Zeit zu haben.
Jemimas neue Serie ... fast noch im Planungsstadium ... hatte den Arbeitstitel UM DER SACHE WILLEN. Sie behandelte den Konflikt zwischen Privatleben und dem Engagement für eine bestimmte Sache. Sie hatte bereits mehrere Umfragen gemacht und vorbereitende Interviews mit engagierten Leuten der unterschiedlichsten Couleur geführt ... darunter auch mit einem Mann, der, entgegen Jemimas eigener Überzeugung, die Todesstrafe wieder einführen wollte, und deshalb heftig von der eigenen Frau bekämpft wurde. Zu Jemimas Bedauern war es ihr nicht gelungen, genügend ›engagierte Frauen‹ zu finden, die die Voraussetzungen der Sendereihe erfüllten. Natürlich gab es sie; aber sie zogen es vor, Privatleben und Engagement nicht ans Licht der Öffentlichkeit zu zerren. Dafür hatte Jemima Verständnis. Rein beruflich gesehen blieb es jedoch ein Ärgernis.
Dann hatte aus heiterem Himmel Clemency Vane angerufen. Jemima selbst wäre nie auf die Idee gekommen, eine verurteilte Drogenhändlerin für die Serie zu suchen. Trotzdem hatte Clemencys erster Anruf, von Cherry entgegengenommen, darauf hingedeutet, daß sie zum betreffenden Konflikt etwas zu sagen hatte. Andere Anrufe waren gefolgt, vorsichtig tastende Gespräche, alle am Telefon und mit Jemima persönlich, wobei substanzielle Informationen ausblieben, die

die Verbindung zum Thema hätten herstellen können. Dafür war eine Menge über Prinzipielles wie Liebe und Pflicht, die unterschiedlichen Ansprüche, und so weiter geredet worden. Sie hatten sich nur einmal persönlich getroffen; wie jetzt, in einem Hotel, einem anonymen Gebäude in einem anderen Teil Londons; und wie jetzt, war die Verabredung viel zu überstürzt zustande gekommen, als daß Jemima Zeit für irgendwelche Vorbereitungen gehabt hätte.
»Ich kann jetzt nicht weg«, hatte Clemency Vane gesagt. »Bitte kommen Sie.« Und Jemima war trotz Cherrys Protesten angesichts der Berge von Arbeit auf ihrem Schreibtisch zu ihr gefahren.
Was Clemency Vanes Aussehen anging, war Jemima auf die zahlreichen Zeitungs- und Fernsehbeiträge zum Prozeß angewiesen gewesen: markante Züge, ausgeprägte Nase, die man im positivsten Fall als aristokratisch bezeichnen konnte; Brille mit runden, getönten Gläsern, die ein etwas eulenhaftes Aussehen verliehen; schönes, lockiges, blondes Haar, das dem Gesicht eine weiche, feminine Nuance verlieh. Jetzt war Clemencys Haar wesentlich dunkler, als Jemima es in Erinnerung hatte; vielleicht war es im Gefängnis nachgedunkelt. Außerdem war es glatter, wurde straff aus dem Gesicht gekämmt getragen. Und das Gesicht hinter den runden, getönten Brillengläsern . . . wenigstens ein vertrautes Merkmal . . . war vollkommen ungeschminkt. Bei Jemima entstand der Eindruck, daß sich ihr Gegenüber bewußt häßlich, oder zumindest unattraktiv gab: verschwunden war das feminine Weiche in der Erscheinung der Angeklagten während des Prozesses.
Außerdem war Clemency klein und zierlich; das war zusammen mit ihrer offenbar bewußt kultivierten Unattraktivität eine weitere Überraschung. Auf Zeitungsfotos war kein Verlaß. Sie zeichneten meist ein falsches Bild. Das zumindest konnte man sich merken. Selbst das Fernsehen verzerrte Körpergröße und Proportionen.

Und doch war es noch immer ein markantes Gesicht, trotz der unerwartet kleinen Proportionen: und ein starker Charakter, wie sich im Zeugenstand während des Prozesses gezeigt hatte.
»Ich muß Sie kennenlernen«, hatte Clemency bei diesem Treffen gesagt. Sie hatte eine abgehackte Sprechweise und zog heftig an ihrer Zigarette. Während des gesamten Interviews hatte sie unaufhörlich geraucht, eine Zigarette nach der anderen ärgerlich ausgemacht, bis es zu Ende gewesen war. »Ich muß wissen, ob ich Ihnen vertrauen kann.« Ihre Haltung war sicher nicht versöhnlich: eher trotzig. Aber sie war eben nervös.
»Rein zufällig können Sie mir vertrauen.« Jemima war darauf vorbereitet, geduldig zu sein. »Aber ich hoffe, Sie stellen das selbst fest. Im Lauf der Zeit. Das ist das beste. Was die Sendung betrifft, habe ich keine Eile. Wir sind noch im Versuchsstadium. UM DER SACHE WILLEN. Ein faszinierendes Thema . . . aber gefährlich. Ich brauche genau die richtigen Leute . . .«
»Die Vorankündigung in der Zeitung . . . die Spionin, die sich in einen Israeli verliebt hat . . .«
»Ah, das haben Sie gelesen. Ich habe mich schon gewundert. Leider ein Flop. Sie will nicht mit uns sprechen. Zu viele Komplikationen . . . wegen der Dinge, die sie aus Liebe getan hat.«
»Ich hab's auch aus Liebe getan«, hatte Clemency sie unterbrochen. »Man kann sagen, ich habe alles für die Liebe aufgegeben.« Und dabei machte sie wieder eine der schrecklichen Zigaretten aus, vermied es, Jemima anzusehen.
»Es steckte also ein Mann dahinter?« fragte Jemima vorsichtig. Clemencys Nervosität war unter den Umständen vielleicht nicht überraschend, aber immerhin auffällig; genau wie die Aufforderung, aus heiterem Himmel zu einem persönlichen Gespräch zu kommen. Aber Jemima wollte sie in diesem Stadium nicht vergraulen.

»Richtig. Es gab einen Mann.« Clemency zog noch heftiger an der Zigarette, um sie gleich wieder auszumachen.
»Im Prozeß war keine Rede davon.«
»Weil ich es nicht wollte. Ich habe mich schuldig bekannt, und damit war das erledigt.«
»Existiert er noch? Oder vielmehr: sind Sie noch in Verbindung? Sie haben immerhin eine lange Haftstrafe verbüßt. Oder ist es vorbei? Geht es Ihnen um den Liebe-kontra-Pflicht-Konflikt der Spionin und des Israelis, den Sie vorhin erwähnt haben? Könnten wir in der Sendung darüber sprechen?«
Zu spät merkte Jemima, daß sie zuviele Fragen zu schnell gestellt hatte. Der eigensinnig verschlossene Ausdruck in Clemency Vanes Gesicht war Warnung genug.
»Im Augenblick möchte ich nicht mehr sagen. Verstehen Sie: Es gibt Probleme.« Und Clemency verweigerte danach jede weitere Erklärung, blieb schroff und unerbittlich. Jemima mußte sich damit zufriedengeben . . . bis zum Anruf diesen Morgen.
Es steckte also ein Mann dahinter. War er das? Sah Jemima sich jetzt dem Mann gegenüber, für den Clemency alles weggeworfen hatte; Clemency, Produkt einer privilegierten Erziehung, von liebenden Eltern mit weltlichen Gütern überschüttet, intelligent genug, um zu studieren, um zu erreichen, was sie wollte. Liebe, die abhängig machte, war ein faszinierendes Thema. Der einen Liebe ist der anderen Gift . . . Dieser Mann, zum Beispiel: ein starker Körper – wie stark, hoffte Jemima nicht feststellen zu müssen – und wirklich gutaussehend. War er derjenige, für den ein englisches Mädchen aus bester Familie fünf Jahre ihres Lebens im Gefängnis vergeudet hatte? Er, dieser namenlose Santangelino . . .
»Ich heiße Alberto«, sagte er mit einem Lächeln . . . seinem ersten Lächeln, und das konnte ein gutes Zeichen sein, oder? Andererseits hatte er erneut ihre Gedanken gelesen. Kein gutes Zeichen, weiß Gott.

»Als erstes ziehen Sie sich jetzt aus. Auch die Schuhe. Dann kennen wir uns besser. Und vielleicht lieben wir uns.« Alberto legte seine großen Hände auf ihre Schultern, als nähme er Maß.

»Ist es nicht besser, wir lernen uns erst näher kennen?« Jemima wandte alle Vernunft auf. Sie mußte ihn um jeden Preis bei Laune halten – soviel hatte sie aus ihrer Sendung gelernt; sie durfte seine Gewalttätigkeit, seine Feindseligkeit unter keinen Umständen herausfordern, mußte vermeiden, den psychologischen Zünder zu berühren, der aus höflichen Unterhandlungen physische Gewalt werden ließ. Die Hilflosigkeit war das Schrecklichste; genau wie sie es so oft zu hören bekommen hatte.

»Und vielleicht lieben wir uns!« Gütiger Himmel! Sich auszuziehen war nicht das Problem. Jemima besaß einen schönen Körper; wenigstens hatte man ihr das zu oft beteuert, als daß sie Minderwertigkeitsgefühle hätte entwickeln können. Sie hatte ein normales Verhältnis zu körperlicher Nacktheit und Intimität, zum Oben-ohne-Sonnenbad, wenn es sich ergab, zerbrach sich deswegen nicht den Kopf. Das Zurschaustellen ihres Körpers, so unangenehm es in dieser klaustrophobischen Situation auch sein mochte, war nicht der Punkt. Aber sich zu lieben!

Das Telefon! Wie nah, zum Beispiel, war das Telefon? Sie sah sich um und entdeckte den Apparat auf der anderen Seite des Bettes. Dabei fiel ihr Blick auf einen Aschenbecher voller Kippen. Das brachte sie auf eine Idee. Es war einen Versuch wert: sogar für eine überzeugte Nichtraucherin wie Jemima.

»Darf ich zuerst noch eine Zigarette rauchen, bitte? Dann verspreche ich . . .«

Alberto zögerte. Schließlich sagte er: »Ich habe keine Zigaretten.«

Jemima starrte erneut auf die Kippen. Sie waren nur halb geraucht. Sie erzitterte unwillkürlich. Die Stimme versagte ihr. Sie hatte bisher gar nicht gemerkt, wie sehr sie – ganz unbewußt – darauf gezählt hatte, daß Clemency auftauchen, der Szene ein Ende bereiten, sie irgendwie retten würde. Immerhin war Clemency Vane die einzige auf der Welt, die tatsächlich wußte, wo Jemima war.

Jemima sah zur Badezimmertür. Sie war geschlossen. Sie hatte vorher nicht darauf geachtet, aber jetzt hatte die geschlossene Tür etwas Drohendes. »Was geht hier vor? Ist sie . . . warten Sie! . . . ist sie noch hier? Ist das ein Komplott?«

Alberto lächelte erneut. In ihrer wachsenden Angst entschied Jemima, daß dieses Lächeln doch kein gutes Zeichen war.

»Ein Komplott? Ja, so könnte man es nennen«, antwortete er. »Ein Komplott, um Sie kennenzulernen. Sie dachten, Sie hätten sich das fein ausgedacht, mit Ihrem dämlichen Fernsehprogramm über Liebe und Pflicht . . . sogar eine intelligente Frau wie Sie, mit einer Top-Bildung, kann gelegentlich ziemlich dämlich sein. Das war nicht Ihre Story. Das war unser Komplott.«

»Clemency weiß es!« rief Jemima aus. »Sie muß es wissen. Woher sollten Sie sonst gewußt haben, daß ich komme? Clemency ist hier. Das haben Sie praktisch zugegeben.«

»Begreifen Sie denn nicht? Clemency tut alles für mich. Sie ist meine Frau. Die Drogen, alles, Gefängnis, das war alles für mich. Und jetzt hat Clemency Sie für mich hierhergeholt. Hat Sie für mich in die Falle gelockt.

Clemmie hat mich hergeschickt«, fuhr er mit seltsam beunruhigender Euphorie fort. »Sie hat gelacht . . . ja, hat über Sie gelacht, weil Sie dachten, sie würde bei Ihrer dämlichen Sendung mitmachen.«

Er wurde wieder heftig und packte sie – wohl unbewußt – fest am Arm.

»Ich bin stark, wissen Sie . . . die Sorte Mann, die Frauen mögen . . . der Frauen helfen und die sie unterstützen. Clemency war so: starker Mann, hat sie gesagt, lerne Jemima Shore kennen, wenn du willst, lerne sie kennen, wenn's dir Spaß macht; denn in all den Jahren hast du mich nie wirklich gekannt. Und jetzt wirst du mich nie kennenlernen. Armer Alberto, kennen wirst du mich nie.«

Albertos Griff war lockerer geworden, und seine Stimme klang anders, beinahe so, als imitiere er Clemency und ihre abgehackte, zornige Art zu sprechen. Plötzlich war es still zwischen ihnen.

»Kennen wirst du mich nie.« Das hatte Alberto gesagt, und Clemency zitiert, nicht Jemima. Alberto imitierte Clemency.

»Sie hat doch alles für mich getan, nicht wahr?« Die Frage war an Jemima gerichtet. Der Mann hatte plötzlich etwas Mitleiderregendes, trotz seiner Brutalität, seiner starken Hände, die sie gefangenhielten.

Dann war der flüchtige Eindruck eines Bemitleidenswerten vorüber. Alberto riß an Jemimas Kleid. Der cremefarbene Jersey war ein leichtes Spiel für ihn ... oder wäre ein leichtes Spiel für ihn gewesen, hätte er sich in seiner wilden Hast nicht selbst im Weg gestanden; die sauber gebürsteten, starken Hände wurden plump und ungeschickt in ihrer Eile.

Ich darf mich nicht wehren, dachte Jemima verzweifelt. Ich darf nicht einmal schreien. Ich weiß, was ich tun muß. Ich muß passiv sein, muß alles ertragen, muß überleben. Sonst bringt er mich um. Sie hatte nur noch den seidenen Unterrock an. Der Mann atmete schwer und schwitzte. Er fing an zu reden, zu brabbeln: »Frauen wie Sie, ihr mögt das, das wollt ihr doch ... Flittchen, Lügnerinnen ...« Er redete weiter, zischte und schrie sie an: »Sie werde ich wirklich besitzen ...«

Trotz guter Vorsätze verlor Jemima die Beherrschung. Mit ihrer mühsam kultivierten Passivität war es vorbei. Sie begann sich gegen Alberto zu wehren, ihn anzuschreien.

»Auch wenn Sie mich umbringen ...« – sobald Sie mich vergewaltigt haben, lautete der unausgesprochene, gefürchtete Zusatz – »Auch wenn Sie mich umbringen ... gerade wenn Sie mich umbringen, lernen Sie mich nie kennen. Werden Sie mich nie besitzen.«

Alberto erstarrte. Er hielt sie noch immer fest. Jetzt schwitzten beide, atmeten schwer.
»Das hat sie gesagt . . . Clemency.« Noch bevor Alberto die Worte ausgesprochen hatte, dämmerte Jemima die Wahrheit, begriff sie plötzlich mit aller Klarheit, was die ganze Zeit unausgesprochen geblieben war; was aus Liebe getan worden war: einmal vor langer Zeit, und einmal erst vor kurzem.
»Alberto.« Ihre Stimme klang fester. »Lassen Sie mich los! Ich will ins Badezimmer.«
»Nein. Das geht nicht.« Seine Kraft, seine Leidenschaft waren verpufft. Ihre Stärke wuchs.
»Sie ist dort. Clemmie«, fügte er leise hinzu.
»Ich . . . . . . ich möchte sie sehen«, sagte Jemima.
»Sie können doch nichts tun.«
»Sie müssen mich reinlassen. Vielleicht kann ich doch was tun.«
Alberto schüttelte den Kopf. »Es ist zu spät.«
»Hören Sie, um Himmels willen . . .«
»Es ist zu spät. Es war schon zu spät, bevor Sie hergekommen sind.« Das klang kraftlos. Jemima hatte die Oberhand gewonnen. So wie einst Clemency Vane . . . bis zum bitteren Ende.
»Ich bin ihr hierher gefolgt«, fuhr er fort. »Ich wußte, daß sie sich davongeschlichen hatte, um Sie zu treffen. Ich habe sie angefleht. Ich wußte, sie wollte mich verlassen, hatte Angst, daß ich ihr was antun würde. Sie fand mich brutal und aufdringlich, als sie aus dem Gefängnis kam. Sie hat behauptet, Sex interessiere sie nicht. Sie wollte nie mit mir schlafen. Sie hat gesagt, daß ich sie langweile.«
Alberto begann zu schluchzen.
»Als ich sie weiter bedrängt habe, hat sie gesagt, sie habe mich nie geliebt. Sie hat angeblich alles um der Sache willen getan. Aber ich habe ihr doch geholfen. Ich habe sie beschützt. Das wollte sie nicht hören. Das Geld sei damals gebraucht worden, hat sie erklärt. Deshalb habe sie getan, was sie tun mußte. Damit sei es vorbei. Santangela sei gerettet. Und die

Welt solle erfahren, warum sie das alles getan habe ... nicht für mich, sondern für das Land, um der guten Sache willen.« Er wurde immer heftiger von Schluchzen geschüttelt.
»Aus Liebe.« Clemencys Worte kamen Jemima wieder in den Sinn. »Man kann wirklich sagen, daß ich alles aus Liebe aufgegeben habe.« Trockene, bittere, trotzige Worte. Aber aus Liebe zur guten Sache, nicht zu einem Mann.
Jemima sprang auf, und Alberto machte nicht einmal den Versuch, sie aufzuhalten. Sie zog ihr Kleid wieder an, und auch das ließ er geschehen. Sie ging in das kleine, weiße Hotelbadezimmer, sah die Duschkabine, die unbenutzten Handtücher über dem Ständer, keine besonders großen Handtücher und von unauffälligem Cremeweiß, wie in dieser Art von Hotel üblich. Alle Handtücher waren sauber und unberührt bis auf das, das über der Frauenleiche ausgebreitet in der Badewanne lag.
Das Handtuch hatte nicht bis zum Gesicht gereicht, oder vielleicht hatte Alberto es absichtlich frei gelassen. Die Augen hatte er Clemency Vane jedenfalls nicht geschlossen. Sie starrten Jemima an, blicklos und aus den Höhlen quellend im blaurot verfärbten Gesicht, mit bläulichem Mund und dicker. Womit Alberto sie erwürgt hatte, war nicht ersichtlich ... aber die Erinnerung an seine kräftigen, behaarten, gepflegten, später geflissentlich gebürsteten, muskulösen Hände stellte sich automatisch ein. Die Hände, die Jemima gehalten, versucht hatten, sie kennenzulernen, wie sie Clemency Vane nie kennengelernt hatten.
»Ich habe Ihnen doch gesagt, es ist zu spät«, erklärte Alberto im Schlafzimmer. Er hatte sich nicht bewegt. »Sie können jetzt gehen«, fügte er abwesend hinzu, so als interessiere ihn die Sache nicht mehr.
Viel später, im Büro der Fernsehgesellschaft, empfing Cherry Jemima mit jener guten Laune, die sie sich bis zum Ende eines Bürotages bewahrte: »Wo hast du den ganzen Vormittag gesteckt? Es kamen 'ne Menge Anrufe für dich. Du hattest nur

hinterlassen, daß du zu einer Frau fährst ... zu dieser Drogendealerin, die alles aus Liebe getan hat, die hartnäckige, die wegen der neuen Sendereihe angerufen hat. Aber ich hatte keine Telefonnummer. Warst du bei ihr?«
»Ich habe sie gesehen«, antwortete Jemima. Später würde sie Cherry alles erzählen, wie sie ihr immer alles erzählte; und später sollten es alle erfahren. Nur jetzt noch nicht.
»Ist was für unsere Serie drin?« fragte Cherry. »Sie war so verdammt sicher, daß sie was für uns hat.«
»Nein, nichts für die Sendung.«
»Tja«, sagte Cherry fröhlich. »Man kennt die Leute eben viel zu wenig.«
Jemima Shore pflichtete ihr bei.

All diese einsamen Menschen

Sharon McCone

Marcia Muller

»Name: Sharon McCone. Beruf: ... Ich kann doch wohl schlecht Privatdetektivin hinschreiben. Was soll ich also sein?« Ich warf Hank Zahn, meinem Chef bei der All Souls Legal Cooperative, einen Blick über die Schulter zu. Er sah mich hinter den Gläsern seiner dicken Hornbrille verwirrt an.
»Ich hab' schon gehört, daß du den Leuten gesagt hast, du bist Beraterin, wenn du dir keine dummen Fragen anhören wolltest, wie ›Was macht denn ein nettes Mädchen wie Sie‹ und so weiter ...«
»Rechtsberaterin«, schrieb ich in das Formular. »Tja, und jetzt die Rubrik ›Gewünschter Partner‹. Alter: egal. Raucher: egal. Beruf: egal. Hört sich so an, als ob ich ziemlich scharf auf einen Partner wäre, oder?«
Hank gab keine Antwort. Er starrte das Formular an. »Was die alles wissen wollen. Sexuelle Neigung.« Er deutete auf die Spalte. »Hetero, bi, lesbisch, schwul. Tja, in dem Punkt mußt du dich wohl für was entscheiden.«
Während er redete, grinste er schadenfroh vor sich hin. Ich warf ihm einen zornigen Blick zu. »Das Ganze macht dir also Spaß!«
»Natürlich. Ich hätte nie gedacht, daß ich den Tag noch erleben würde, an dem du den Fragebogen einer Partnervermittlung ausfüllst.«

Ich seufzte und trommelte mit den Fingerspitzen auf den Schreibtisch. Hank ist mein bester Freund und mein Chef. Ich liebe ihn wie einen Bruder – manchmal. Aber er ist oft zu sehr an meinem Liebesleben interessiert, und es bereitet ihm ein diebisches Vergnügen, mich damit aufzuziehen. Die Partnervermittlung würde mir noch jahrelang nachhängen. Ich fragte: »Was soll ich denn in die Spalte ›kulturelle Interessen des Partners‹ eintragen? Ich kann doch nicht überall egal hinschreiben.«

»Ich glaube nicht, daß Einbrecher irgendwelche kulturelle Interessen haben.«

»Ach, komm schon, Hank, jetzt hilf mir doch ein bißchen.«

»Weißt du was, schreib einfach Film hin. Jeder ist schon mal im Kino gewesen.«

Ich machte ein Kreuz neben »Film«.

Das Formular war denkbar simpel, aber es verriet eine ganze Menge über den, der es ausfüllte. Schon allein die Standardfragen über Adresse, Einkommen, darüber, ob der Interessent allein lebte oder mit jemandem zusammenwohnte, reichten für einen cleveren Einbrecher wohl schon aus, eine Vorauswahl zu treffen und sich eine Zeit auszusuchen, in der der Wohnungsinhaber aller Wahrscheinlichkeit nach nicht zu Hause sein würde.

Genau das passierte im Moment ziemlich häufig in dem großen Wohnkomplex in der Nähe der San-Francisco-Daly-City-Linie, der Hanks Kunden Dick Morris gehörte und der fast ausschließlich von Singles bewohnt wurde. Innerhalb von drei Monaten war es zu drei Einbrüchen gekommen, und zwar genau von dem Zeitpunkt an, als die Adresse des Wohnkomplexes in der Kartei des All-the-Best-People-Introduction-Service aufgetaucht war. Alle Geschädigten waren Frauen gewesen, die das Formular der Partnervermittlung ausgefüllt hatten. Sie hatten sich mit zwei bis zehn verschiedenen Männern getroffen, die ihnen die Agentur vermittelt hatte. Die Einbrüche hatten stattgefunden, als eine Mieterin

beim Arbeiten, eine andere übers Wochenende weg war und die dritte gerade mit einem Mann ausging, den sie ebenfalls durch Best People kennengelernt hatte.
Zufall, hatte die Polizei den Mietern und Dick Morris erklärt. Schließlich war keine der Betroffenen mit demselben Mann zusammengewesen. Doch abgesehen von der Partnervermittlung gab es noch eine ganze Menge anderer Gemeinsamkeiten zwischen ihnen. Sie wohnten im selben Komplex. Sie kannten einander. Zwei waren im selben Fitneßklub Mitglied. Sie kauften im selben Supermarkt ein und waren Kunden beim selben Automechaniker, beim Friseur und bei derselben Reinigung, und zwei von ihnen gingen sogar zum selben Psychiater.
Zufall, beharrte die Polizei. Aber bei zwei weiteren Leuten aus der Kartei von Best People – einer davon ein Mann – war ebenfalls eingebrochen worden –, so daß die Agentur sorgfältig überprüft wurde.
Bei der Suche ergab sich keinerlei Beweis für einen Zusammenhang zwischen den Einbrüchen. Die Agentur war kein schnellebiges, unsolides Unternehmen, sondern bereits seit zehn Jahren im Geschäft – für diese Branche eine ganz schöne Zeit. In der Firmenleitung saßen ein Arzt, ein Psychologe, ein Rabbiner, ein Pfarrer und der bekannte Autor einer Reihe von merkwürdigen, aber recht bekannten Romanen. Das Unternehmen war durchaus angesehen – soweit das bei diesem Metier überhaupt möglich war.
Aber trotzdem war Best People das stärkste Verbindungsglied zwischen den Opfern der Einbrüche. Und Dick Morris war ein guter Vermieter, der sich wirklich um seine Mieter kümmerte. Also stellte er ein paar Wächter ein, und als es der Polizei nicht gelang, den oder die Übeltäter zu fassen, und sie den Fall aufgab, wandte er sich an All Souls.
Es mag ungewöhnlich erscheinen, daß der Eigentümer eines schicken Wohnkomplexes für Singles zu einer Agentur wie All Souls kam, die ihre Gebühren nach dem Einkommen ihrer

Klienten ausrichtet, aber Dick Morris hatte nicht allzuviel Bargeld. Er hatte während seiner Zeit als Installateur jeden Cent gespart und in den Komplex gesteckt, und der warf im Moment noch keinen Gewinn ab. Er würde auch in Zukunft keinen Gewinn abwerfen, wenn die Einbrüche weitergingen und die Mieter Angst bekamen und anfingen auszuziehen.
Hank hätte ihm die übliche Juristenlitanei herunterbeten können von wegen, er solle das doch lieber der Polizei überlassen und nicht weiterhin die Wächter aus seiner immer schmäler werdenden Kasse bezahlen, aber Hank ist eben alles andere als ein typischer Jurist. Statt dessen verwies er Dick an mich. Ich bin bei All Souls fest als Privatdetektivin beschäftigt, und Aufträge wie dieser – Herausforderungen – sind genau mein Metier.
Das heißt, es sei denn, ich muß mich in die Kartei einer Partnervermittlung eintragen und außerdem noch mein eigenes Zuhause als Ziel für einen Einbrecher zur Verfügung stellen. Sobald ich mich mit Männern von der Agentur traf, würde ich alle Wertgegenstände bei All Souls deponieren, und Dick würde jemanden von seinen Sicherheitskräften zu mir beordern, wenn ich nicht daheim war. Aber der Gedanke war immer noch gefährlich und machte mich nervös.
Und jetzt baute sich Hank gerade grinsend vor mir auf. Ich wußte schon, wie sehr er es genießen würde, mich bei dieser unmöglichen, demütigenden und idiotischen Aufgabe zu beobachten. Ich lächelte zurück – so süß ich konnte.
»Sexuelle Neigung«: Ich machte ein unmißverständliches Kreuz neben »Hetero«. »Abgesehen mal davon, daß ich mein Einkommen ein bißchen aufpoliere, damit es so aussieht, als gäbe es bei mir wirklich was zu holen, fülle ich den Fragebogen wahrheitsgetreu aus«, sagte ich. »Wer weiß – vielleicht lerne ich ja *den* Traummann dabei kennen.«
Als ich zu Hank hochsah, war mein Lächeln mindestens ebenso schadenfroh wie das seine vorher. Er hingegen schaute aus, als hätte er sich gerade verschluckt.

Meine erste »Verabredung« hatte ich mit einem kleinen, runden Mann namens Jerry Hale. Jerry war höchst aktiv in der Singleszene. Wir trafen uns in einer Bar in San Franciscos wohlhabendem Marina-Viertel, und während wir uns unterhielten, schwang er die ganze Zeit auf seinem Stuhl hin und her und sah jeder Frau mit lüsternen Augen nach, die an uns vorbeiging. Die meisten von ihnen schenkten ihm keine Beachtung, aber einige schauten ihn auch wütend an. Am liebsten hätte ich mir ein großes Schild um den Hals gehängt mit der Aufschrift: »Ich gehöre eigentlich nicht zu ihm, das ist eine rein geschäftliche Verabredung.« Während ich von ihm herauszubekommen versuchte, welche Erfahrungen er mit All-the-Best-People-Introduction-Service gemacht hatte, und ihn gleichzeitig mit all den interessanten Gegenständen beeindrucken wollte, die ich bei mir zu Hause hatte, verwendete er seine ganze Energie darauf, mich über die Freuden des Singledaseins aufzuklären.

»Früher mal war ich ziemlich oft in Bars«, erzählte er mir. »Hab' mich da auch gar nicht schlecht geschlagen. Aber dann hab' ich allmählich angefangen, mir so meine Gedanken über Herpes und AIDS zu machen – ich zeige Ihnen gern meine neuesten Testergebnisse, wenn Sie wollen –, und außerdem habe ich einfach zu viel getrunken. Und die Sache war teuer. Dann hab' ich's mal in der anderen Richtung versucht, mit einem Fitneßklub. Hab' da auch gar keine schlechte Figur gemacht. Aber mein Gott, ist das langweilig. Danach bin ich in ein paar Kirchengruppen – Sie glauben gar nicht, wie viele geile Frauen man da trifft. Aber die Kirche sieht halt gern Ehen, und davon halte ich nicht so viel.«

»Deswegen haben Sie sich also in die Kartei von All-the-Best-People aufnehmen lassen. Wie lang sind Sie denn schon . . .?«

»Noch nicht gleich. Zuerst hab' ich mir überlegt, ob ich zu den Anonymen Alkoholikern gehen soll, bin sogar mal zu einem Treffen. Wissen Sie, viele gutaussehende Frauen versuchen, vom Alkohol loszukommen. Aber ich trinke viel zu gern; das wäre ein zu großes Opfer für mich gewesen. Die liebe Alby sagt immer, Kurse seien das beste, also habe ich mich bei der Volkshochschule angemeldet. Drehbuchschreiben und Fotografie.«

Das höfliche Lächeln gefror mir allmählich auf den Lippen, und ich hatte Jerry fast schon als möglichen Verdächtigen abgeschrieben. Er hatte einfach zuviel zu tun, um noch bei irgend jemandem einzubrechen. Ich trank einen Schluck Wein und sah auf die Uhr.

Jerry fiel diese Geste gar nicht auf. »Der Drehbuchkurs war furchtbar – der Lehrer wollte doch tatsächlich, daß man was schreibt. Und die Fotografie – wie soll man denn in der Dunkelkammer Frauen sehen oder irgendwelche Annäherungsversuche machen, wenn man so nach Chemikalien stinkt?«

Darauf wußte ich auch keine Antwort. Vielleicht hatten meine eigenen fotografischen Bemühungen etwas damit zu tun, daß ich im Augenblick keinen Liebhaber hatte ...

»Dann hab' ich All-the-Best People entdeckt«, fuhr Jerry fort. »Und jetzt geht's mir echt gut. Das hat mir ein ganz neues Feld von Verabredungen eröffnet – so richtig im Stil der Achtziger. Ich hab' schon Anzeigen in der Zeitung beantwortet oder selber welche aufgegeben. Aber man muß immer reinschreiben, daß sie ein Foto mitschicken sollen, damit man schon mal die Häßlichen aussortieren kann. Dann gibt's da noch die Weekenders, die planen Wochenendtrips. Wenn ich nicht aus dem Haus will, ruf' ich einfach bei Intro Line an – das ist ein Telefonklub, wo man drei Dollar pro Gespräch zahlt, egal, ob man mit einem Partner oder mit einer ganzen Gruppe redet. Und bei der Videobörse kann man Bänder machen und austauschen, damit man sieht, ob einem der andere gefällt, bevor man sich trifft. Mir geht's wirklich nicht schlecht.«

Er schwieg, als warte er nur darauf, daß ich ihn fragen würde, wie auch ich all dieser verheißungsvollen Möglichkeiten der Achtziger teilhaftig werden könne.

»Jerry«, fragte ich, »haben Sie in letzter Zeit irgendwelche guten Bücher gelesen?«
»Ob ich *was* gemacht hab'?«
»Was machen Sie denn, wenn Sie sich gerade mal nicht verabreden?«
»Ich arbeite. Ich hab' Ihnen ja schon gesagt, ich bin im Verkauf.«
»Sind Sie auch irgendwann mal allein?«
»Wozu?«
»Na ja, nur, um allein zu sein. Ein bißchen im Haus herumzukruschteln oder Ihren Hobbys nachzugehen. Oder bloß nachzudenken.«
»Sind Sie wahnsinnig? Der Computer hat da wohl Mist gebaut mit Ihnen, was?« Er stand auf, und dabei zitterten seine ganzen einssechzig voller Entrüstung. »Glauben Sie mir, ich werd' mich bei Best People beschweren, daß die mich mit Ihnen zusammenspannen wollten. Die haben Sie als ›temperamentvoll‹ bezeichnet, dabei haben Sie den ganzen Abend fast kein Wort gesagt!«

Morton Stone war ein netter Mann, ein trauriger Mann. Er bestand darauf, mich zum Essen in sein Lieblingschinarestaurant einzuladen. Er verbrachte den Abend damit, mir Fragen über mich und meinen Beruf als Rechtsberaterin zu stellen. Während er zuhörte, fingerte er nervös am Besteck herum. Später sagte er mir bei einem Drink in einem nahe gelegenen Lokal, daß seine Frau letzten Sommer an Krebs gestorben sei. Er erzählte mir von seinem Versprechen an sie, sein Leben weiterzuleben, eine neue Partnerin zu finden und glücklich zu sein. Das war seine erste Verabredung über All-the-Best-People; er hatte noch nie zuvor so etwas gemacht. Er hatte es nur auf diesem Wege versucht, weil er kein rechtes Geschick hatte, Leute kennenzulernen. Er hatte einen guten Job, aber das war nicht genug. Er hatte das Geld zum Reisen, aber allein machte es keinen Spaß. Er hätte gerne Kinder ge-

habt, aber seine Frau und er hatten damit so lange warten wollen, bis ihre Finanzen gesichert waren. Doch dann hatte der Arzt bei seiner Frau Krebs festgestellt . . .
Ich hatte ein unglaublich schlechtes Gewissen, weil ich ihn täuschte und ihm seine Zeit, sein Geld und seine Hoffnungen nahm. Aber gegen Ende des Abends fiel mir eine Freundin ein, die gerade versuchte, über eine katastrophale Affäre hinwegzukommen. Eine nette, traurige Frau, die sich schwertat, Leute kennenzulernen; die einen guten Job hatte, gern reiste und sich nach Kindern sehnte . . .

Bob Gillespie war Segellehrer und auf Selbsterfahrungstörn. Er begann alles, was er sagte, mit Bemerkungen wie »Wissen Sie, ich habe da letzte Woche etwas ganz Wesentliches über mich erfahren«. Wie schön, ich freute mich für ihn. Aber ich hätte lieber etwas über sein Alltagsich erfahren, als ständig in seiner Psyche herumzuwühlen. Genau wie die beiden anderen Männer wirkte auch Bob nicht wie ein professioneller Einbrecher. Außerdem hatte er keine allzugroße Ahnung davon, wie die Organisation All-the-Best-People funktionierte.

Ted Horowitz war gerade dabei, vom Alkoholismus loszukommen, wofür ich ihn bewunderte. Unglücklicherweise war er auch der Bekennertyp. Er führte jede Anekdote mit dem Eingeständnis ein, daß das alles damals passiert war, »als ich noch getrunken habe«. Er fühlte sich sogar verpflichtet, mir zu erzählen, wie er sich immer über seine Exfrau erbrach. Seine einzige Klage über Best People war, daß sie ihn immer mit Frauen zusammenbrachten, die tranken.

Jim Rogers war ein Werbefachmann im Safarilook, der sich für Waffen interessierte. Ich behielt lieber für mich, daß ich zwei .38er Specials besitze und eine gute Schützin bin. Sonst hätte er vielleicht einen Anfall von Leidenschaft bekommen. Eine Weile stellte ich ihn mir ernsthaft in der Rolle des Einbrechers vor. Aber als ich auf das Thema zu sprechen kam und ihm von einer Freundin erzählte, die erst kürzlich ausgeraubt worden war, wurde Jim wütend und sagte, der Einbrecher müßte gefaßt und erschossen werden.

»Ich glaube, ich packe die ganze Angelegenheit völlig falsch an«, sagte ich zu Hank.

Es war zehn Uhr morgens, und wir tranken Kaffee an dem großen runden Tisch in der Küche von All Souls. Am Abend zuvor hatte ich Stunden am Telefon zugebracht mit einem höchst temperamentvollen Versicherungsvertreter, der mit den Weekenders, also jener Gruppe, die der gräßliche Jerry Hale erwähnt hatte, eine Walbeobachtungsfahrt machen wollte. Er hatte das Gespräch mit dem Versprechen beendet, sich in seinem Taschenkalender zu notieren, daß er mich sofort nach seiner Rückkehr anrufen würde. Danach hatte ich nicht einschlafen können, war noch ewig aufgeblieben, hatte zu viel getrunken, auf Einbrecher gelauscht und über die Einsamkeit nachgesonnen.

Ich war damals mit niemandem zusammen und wünschte es mir auch nicht sonderlich. Ich hatte gerade eine langfristige Beziehung hinter mir und versuchte nun, mein Leben wieder selbst in den Griff zu bekommen. Glücklicherweise füllten meine Arbeit und mein kleines Haus – an dem ich ständig etwas veränderte – den größten Teil meiner freien Zeit aus. Aber trotzdem konnte ich verstehen, worunter Morton und Bob und Ted und Jim und sogar dieser gräßliche Jerry litten.

Gerade die kleinen Dinge machten mir zu schaffen. Zum Beispiel, wenn ich zum Einkaufen in den Supermarkt ging und alles, was ich mir gerne zum Abendessen gemacht hätte, in Portionen für zwei oder noch mehr Leute abgepackt war. Und mir fiel keiner ein, den ich dazu hätte einladen wollen. Oder wenn ich mit dem Auto um eine Ecke bog und sich vor mir ganz unvermittelt ein grandioser Ausblick eröffnete, den ich aber niemandem zeigen konnte. Und dann war da in den kal-

ten, nebligen Nächten von San Francisco noch das kalte Laken auf der anderen Seite des Bettes.
Doch ich stand es durch, weil ich mir immer wieder sagte, daß es nicht auf ewig so sein würde. Und wenn ich mir das nicht einreden konnte, dachte ich mir, es wäre doch besser, völlig allein zu sein, als sich mit jemandem zusammen einsam zu fühlen. So überstand *ich* die kalten, nebligen Nächte. Aber ich entdeckte jetzt, daß es einen ziemlich großen Teil der Bevölkerung gab, der es mit Partnervermittlungen, Telefonklubs und Videobörsen versuchte. Seit ich bei Best People in der Kartei war, wurde ich von Briefen überschwemmt und machte mit dem erstaunlich großen Angebot von Dienstleistungen für Singles Bekanntschaft.
Nun sagte ich zu Hank: »Ich halte einfach keinen Barabend mit höflichem Gewäsch mehr aus. Wenn ich mir noch eine Geschichte von einer Exfrau anhören muß, kriege ich einen Schreikrampf. Ich will auch nicht wissen, was diesen Typen im unschuldigen Alter von zehn von ihren Eltern angetan worden ist und wie ihr ganzes Leben deshalb den Bach runterging. Und außerdem kostet der Wächter, der ständig bei mir ums Haus schleicht, ein Heidengeld, das Dick viel besser für was anderes brauchen könnte.«
In seiner hilfreichen Art meinte Hank: »Dann denk dir 'nen anderen Ansatz aus.«
»Danke für den großartigen Vorschlag.« Ich stand auf, ging hinüber zum Schreibtisch unseres Sekretärs Ted Smalley und kramte ein Telefonbuch heraus. All-the-Best-People war nicht eingetragen. Und meine Notizen zu dem Fall lagen auf dem Küchentisch. Also ging ich hinüber – Hank hatte sich inzwischen wieder in sein Büro zurückgezogen – und sah mir noch einmal den Begrüßungsbrief an, den sie mir geschickt hatten. Ich konnte darauf nur eine Postfachnummer finden. Aber ich schloß daraus, daß es sich dabei um das Hauptpostamt Ecke Seventh/Mission Street handelte.
Ich ging wieder zu Hank zurück, lieh mir noch einmal Teds

Telefonbuch aus und suchte mir die Nummer des Postamtes heraus. Ich rief dort an, ließ mich mit der Postverteilerin verbinden und stellte mich als Sharon von Federal Express vor. »Wir haben hier ein Paket für All-the-Best-People-Introduction-Service«, sagte ich und las die Postfachnummer vor. »Sonst habe ich nichts – keine Telefonnummer, keine Adresse . . .«
»Volltrottel«, sagte sie müde. »Warum schicken die das Zeug ans Postfach, wenn sie genau wissen, daß ihr da nicht hinliefern könnt? Oder andersrum: Warum nehmt ihr so was an, wenn nicht mehr draufsteht?«
»Was weiß ich. Ich mach' hier auch bloß meine Arbeit.«
»Ich kann Ihnen die Adresse nicht geben, aber ich suche Ihnen die Telefonnummer raus.« Sie ging weg, kam wieder zurück und las sie mir vor.
»Danke.« Ich legte auf und wählte neu.
Eine Frauenstimme meldete sich mit der Telefonnummer. Ich erzählte ihr wieder die Geschichte von Federal Express. Die Frau gab mir die Adresse sofort: Gough Street, in der Nähe vom Civic Center, eine Zweihunderter-Nummer. Nachdem ich aufgelegt hatte, rief ich noch einen Freund beim *Chronicle* an. J. D. Smith erklärte sich bereit, ein paar Visitenkarten beim Sicherheitspersonal im Foyer der Zeitung für mich zu hinterlegen.

Das Büro von All-the-Best-People nahm den gesamten zweiten Stock eines renovierten Gebäudes im viktorianischen Stil ein. Ich konnte mir nicht vorstellen, warum sie so viel Platz brauchten, aber offenbar machten sie ein Höllengeschäft, denn die Telefone in den Büros zu beiden Seiten des Ganges liefen heiß. Wahrscheinlich hing das damit zusammen, daß die Sommerferien herannahten und die Singles in San Francisco sich allmählich ihre Gedanken darüber machten, mit wem zusammen sie Reisepläne schmieden wollten.
Die Empfangsdame war ungefähr so, wie ich sie mir bei

einem solchen Unternehmen vorgestellt hatte: blond, zierlich, schick gestylt und teuer gekleidet, geschliffene Manieren. Sie ging mit J. D.s Visitenkarte den Gang hinunter, um zu fragen, ob der Direktor Zeit habe, mit mir über den Artikel zu sprechen, den ich gerade über die Singleszene schrieb. Ich lief in dem winzigen Vorzimmer auf und ab, in dem es nicht einmal Stühle gab. Als die junge Frau zurückkam, sagte sie, Dave Lester würde mich gerne empfangen, und führte mich in ein Büro am anderen Ende des Ganges.

Das Büro wirkte angesichts der wenigen Mühe, die man auf den Rest der Räume verwendet hatte, ausgesprochen feudal. Es standen Ledersessel und ein Sofa, eine Bar und ein riesiger Mahagonischreibtisch darin. Kein Fetzchen Papier und kein Aktenordner wiesen darauf hin, daß hier so etwas wie Arbeit verrichtet wurde. Ich konnte Dave Lester nicht sehen, weil er seinen hochlehnigen Sessel zum Fenster gedreht hatte und offenbar die Mauer des gegenüberliegenden Gebäudes studierte. Die Empfangsdame entfernte sich und schloß die Tür hinter sich. Ich räusperte mich, und der Stuhl drehte sich in meine Richtung.

Der Mann in dem Stuhl war der gräßliche Jerry Hale.

Unsere Gesichter müssen wie ein einziges schockiertes Spiegelbild ausgesehen haben. Ich sagte: »Was machen *Sie* denn hier?«

Und er sagte: »Sie sind nicht J. D. Smith. Sie sind Sharon McCone!« Dann warf er mit gerunzelter Stirn einen Blick auf die Visitenkarte, die er in der Hand hielt. »Oder ist Sharon McCone in Wirklichkeit J. D. Smith?«

Ich sammelte mich, so gut es ging, und fragte: »Und wer sind Sie – Dave Lester oder Jerry Hale?«

Er starrte mich einfach nur an, und dabei wechselte sein Gesichtsausdruck von Verärgerung zu Belustigung.

Ich fügte hinzu: »Ich bin Reporterin und schreibe einen Bericht über die Singleszene.«

»Das hat Marie mir schon gesagt. Wie sind Sie an die Adresse gekommen? Wir geben sie nicht an, weil wir nicht wollen, daß hier alle möglichen Verrückten hereinspazieren. Wir sind eine exklusive Agentur, wir überprüfen unsere Kunden sorgfältig.«

Mich hatten sie mit Sicherheit nicht überprüft, sonst hätten sie zahlreiche Täuschungsmanöver aufgedeckt. Ich antwortete: »Wissen Sie, wir Leute von der Zeitung haben so unsere Quellen.«

»Nun, jedenfalls haben Sie sich uns gegenüber als eine andere ausgegeben, als Sie tatsächlich sind.«

»Und Sie haben *mir* gegenüber genau dasselbe getan!«

Er zuckte mit den Achseln. »Das gehört mit zum Überprüfungsvorgang zum Schutz unserer Kunden. Wir wissen, daß die meisten Kunden vor einem offiziellen Gespräch zurückschrecken würden, deshalb ersetzen wir es durch die erste Verabredung.«

»Das heißt, Sie selbst gehen mit *allen* Frauen aus, die sich bei Ihnen in die Kartei eintragen lassen?«

»Mit ziemlich vielen. Natürlich jedesmal unter anderem Namen, falls sich die Frauen untereinander kennen und ihre Notizen vergleichen.« Auf meinen erstaunten Blick fügte er hinzu: »Was soll ich sagen? Ich mag Frauen. Aber natürlich lasse ich mir helfen. Und Marie«, – dabei deutete er auf die geschlossene Tür – »das heißt, meine Sekretärinnen überprüfen die Männer.«

Kein Wunder, daß Jerry keine Zeit zum Lesen hatte. »Dann stimmt nichts von dem, was Sie mir erzählt haben? Die Sache mit der Barszene und den Kirchengruppen und dem Fitneßklub?«

»Doch, doch. Meine früheren Erfahrungen haben mich dazu veranlaßt, Best People von seinen früheren Eigentümern zu kaufen. Sie kannten den Markt nicht richtig, wußten nicht, wie man so ein Geschäft in den Achtzigern anpackt.«

»Tja, das muß Ihnen der Neid lassen: Sie können Ihr Produkt wirklich ausgezeichnet verkaufen. Aber wieso haben Sie

mich an Ihre Kunden weiterverwiesen? Schließlich haben wir uns nicht eben im guten getrennt.«
»Ach, das war nur ein Trick, um Sie loszuwerden. Ich mußte noch zu einer anderen Verabredung. Ich wußte schon, daß Sie nicht mein Typ sind. Aber ich dachte mir, wir nehmen Sie trotzdem; eine Menge Männer suchen nach Frauen wie Ihnen.«
Das »trotzdem« wurmte mich. »Und was für eine Sorte Frau bin ich Ihrer Meinung nach?«
»Nun ja, ich würde Sie als – introspektiv bezeichnen. Ein Bücherwurm? Nein, auch nicht so ganz. Ein bißchen ausgefallen? Vielleicht ernsthaft? Nein. Merkwürdig . . . Sie sind ganz einfach merkwürdig.«
»Hören Sie sofort damit auf!«
Jerry – der für mich immer der gräßliche Jerry bleiben und nie zu Dave Lester werden würde – stand auf und ging um den Schreibtisch herum. Ich richtete mich auf. Von meinen knappen Einssiebzig aus konnte ich unter seinem kunstvoll frisierten Haar eine kleine kahle Stelle sehen. Als er merkte, wohin ich schaute, verkrampfte sich sein Mund. Ich gab mich ganz meiner Schadenfreude über sein Unbehagen hin.
»Ich muß Sie jetzt bitten zu gehen«, sagte er steif.
»Aber wollen Sie denn nicht, daß Best People in einem Bericht über Singles erwähnt wird?«
»Nein. Ich kann und will nicht der Taktik einer Reporterin Vorschub leisten, die sich unter falschem Namen einschleicht.«
»Sind Sie sich sicher, daß das der wahre Grund ist, warum Sie nicht mit mir sprechen wollen?«
»Natürlich. Warum sonst?«
»Gibt es irgendwelche Informationen über Best People, die Sie lieber nicht veröffentlicht haben wollen?«
Jerry wurde rot. Als er schließlich etwas sagte, klang seine Stimme flach und trügerisch ruhig. »Verschwinden Sie«, sagte er, »oder ich rufe Ihren Chef in der Zeitung an.«

Da ich J. D. keine Scherereien beim *Chronicle* machen wollte, ging ich.

Im Büro von All Souls rollte ich mich in meinem abgewetzten Sessel zusammen – meinem Lieblingsplatz zum Grübeln. Ich dachte über meinen Besuch bei All-the-Best-People nach und darüber, was an der Sache faul war. Dann holte ich die Liste der Einbruchsopfer heraus und rief sie an. Alle drei gaben mir ähnliche Antworten auf meine Fragen. Als nächstes suchte ich die Nummer meiner Freundin Tracy bei der Rechnungsstelle von Pacific Bell heraus und rief auch sie an.

»Ich brauche die Adresse einer Firma, bei der nur die Nummer im Telefonbuch eingetragen ist«, sagte ich.

»Die Adresse, an die die Rechnung geht, oder die Adresse, wo das Telefon installiert ist?«

»Beide, wenn sie verschieden sind.«

Sie hackte auf ihren Computer ein. »Ist beides dieselbe Adresse: Gough Street 211. Noch was?«

»Nein, danke, das wär's. Ach ja, und ich schulde dir einen Drink.«

Trotz meines früheren Beschlusses, mich aus der Singleszene zurückzuziehen, verbrachte ich die nächsten Abende wieder am Telefon und gab mich diesmal als Patsy Newhouse, meine jüngere Schwester, aus. Ich erzählte verschiedenen Singles von meinem neuen Videorekorder, von dem Saphiranhänger, den mein Exfreund mir geschenkt hatte und den ich neu fassen lassen wollte, um traurige Erinnerungen auszulöschen. Ich berichtete begeistert über die Fahrt nach Las Vegas, die ich in ein paar Tagen mit den Weekenders machen wollte, und versprach, eine Notiz in meinem Taschenkalender zu machen und die Leute anzurufen, sobald ich wieder zurück wäre. In verführerischem Tonfall erwähnte ich, wie sehr ich es liebte, barfuß über meine echten persischen Teppiche zu laufen. Ich pries die Vorteile meines neuen Mikrowellenherdes. Ich erzählte, wie ich mit dem Sammeln von teuren Jadeskulpturen begonnen hatte. Als die Fahrt der Weekenders nach Las Vegas dann schließlich beginnen sollte, lutschte ich ständig an Halsbonbons und fragte mich, wie lange meine Stimme wohl noch mitspielen würde.

Am Samstag abend aß ich zusammen mit Bert Jankowski, dem Wächter, den mir Dick Morris finanzierte, ganz romantisch bei Kerzenlicht Schinkenbrote und trank dazu Kaffee. Wir hatten es nur gewagt, die Kerzen anzuzünden, weil wir die Jalousien sicher über den Fenstern verklebt hatten. Der Gedanke, in völliger Dunkelheit essen zu müssen, behagte uns beiden nicht sonderlich.

Bert sah ganz gut aus und war etwa in meinem Alter. Er hatte rotblonde Haare, einen buschigen Schnurrbart und ein freundliches, offenes Gesicht. Wir hatten schon ziemlich viel Zeit miteinander verbracht – Freitag nacht und den ganzen heutigen Tag –, und inzwischen kannte ich fast seine vollständige Lebensgeschichte. Wir hatten eine ganze Menge gemeinsam: Er war aus Oceanside, gar nicht weit von dem Teil San Diegos entfernt, in dem ich aufgewachsen war. Wie ich hatte er einen Abschluß in Sozialwissenschaften, hatte dann aber keine Anstellung in dieser Fachrichtung gefunden. Anders als ich arbeitete er jedoch nun schon so lange bei dem Sicherheitsdienst, daß er ein ordentliches Gehalt verdiente, und das gefiel ihm ganz gut. Dadurch, sagte er, könnte er öfter lesen und angeln. Ich erzählte ihm auch meine eigene Lebensgeschichte: von meiner ein wenig merkwürdigen Familie, meinen fehlgeschlagenen Beziehungen, sogar von dem Mann, den ich einmal hatte erschießen müssen. Am Samstag abend hatte ich das Gefühl, daß wir es beide allmählich leid wurden, unsere jeweilige Vergangenheit aufzuarbeiten. Also widmeten wir uns der Gegenwart, die genauso langweilig war.

Ich sagte: »Aber jetzt *muß* doch endlich mal was passieren.«

Bert nahm noch ein Schinkenbrot. »Ist nicht gesagt. Haben Sie noch Pickles?«
»Nein, sind aus.«
»Mist. Wenn das hier so weitergeht, können wir uns morgen wahrscheinlich nicht mal ein richtiges Frühstück machen. Am Sonntag gibt's bei mir immer Eier mit Speck.«
Trotz des Schinkenbrotes, das ich gerade verschlungen hatte, begann mir das Wasser im Munde zusammenzulaufen. »Nein«, antwortete ich mit Bedauern in der Stimme. »Die Kochdünste, Sie wissen schon. Schließlich soll das Haus so aussehen, als wäre das ganze Wochenende niemand da.«
»Bis jetzt war noch niemand da, und es scheint sich auch niemand dafür zu interessieren. Vielleicht täuschen Sie sich mit Ihrer Theorie von den Einbrüchen.«
»Vielleicht . . . Nein, ich glaube nicht. Andie Wyatt ist nach Hawaii gefahren; als sie zurückkam, war die Wohnung ausgeräumt. Janie Ross war mit einem Liebhaber in Carmel; die Kerle haben alles mitgenommen, was sie tragen konnten. Kim New war in Vegas, wo ich jetzt auch angeblich bin . . .«
»Aber vielleicht täuschen Sie sich über die Methode, wie der Einbrecher diese Informationen bekommt.«
Plötzlich war ein Geräusch auf der anderen Seite des Hauses zu hören, wo ich an der hinteren Veranda gerade wieder einmal ein bißchen umbaute. Ich zeigte Bert mit einer Geste an, daß er ruhig sein solle, und blies die Kerzen aus.
Ich spürte, wie Bert sich anspannte. Er griff gleichzeitig mit mir nach der Waffe.
Das Geräusch wurde lauter – man hörte, wie jemand mit einem Werkzeug das Schloß an der hinteren Veranda untersuchte. Es war ein ziemlich lächerliches, völlig nutzloses Schloß, das schon an der Tür gewesen war, als ich das Häuschen gekauft hatte. Ich hatte den Riegel seit Freitag nicht mehr vorgeschoben.
Rüttelnde Geräusche. Dann ein Schnappen und das Quietschen der Tür, die nach innen aufging.

Ich berührte Berts Arm. Er schob sich in eine schmale Nische neben der Speisekammer, gleich beim Lichtschalter. Ich schlich mich zur Verandatür. Die äußere Tür ging zu, und dann näherten sich Schritte der Küche.
Ein dünner Lichtstrahl drang unter der inneren Tür zwischen Küche und Veranda durch – die Taschenlampe des Einbrechers. Ich mußte lächeln, als ich mir vorstellte, wie sehr er wohl über die Sägeböcke und Holzstücke und die freiliegenden Leitungen überrascht war, die Teil meines ganz persönlichen Stadtsanierungsprogrammes sind.
Die Schritte näherten sich wieder der Küchentür. Ich entsicherte die .38er.
Die Tür ging zu mir hin auf. Ein halber Lichtkegel aus der Taschenlampe erleuchtete das blaue Linoleum. Er schwang hin und her, dann hoch und im Zimmer herum. Die Gestalt mit der Lampe in der Hand schien befriedigt, daß der Raum leer war, trat ein und ging zum Flur hinüber.
Bert schaltete das Deckenlicht an.
Ich kam mit gezückter Waffe aus meinem Versteck und sagte: »Also gut, Jerry. Hände über den Kopf und dann umdrehen – aber langsam.«
Die Taschenlampe fiel auf den Boden. Und die schwarzgekleidete Gestalt tat, was ich ihr sagte.
Aber es war nicht Jerry.
Es war Morton Stone – der nette, traurige Mann, mit dem ich beim Essen gewesen war. Er sah genauso erstaunt aus, wie ich mich fühlte.
Ich dachte an den Abend, den ich mit ihm verbracht hatte, und mein Zorn wurde heftiger. Das ganze ach so aufrichtige Gerede darüber, wie einsam er sich fühlte und wie sehr er seine tote Frau vermißte. Und jetzt stellte sich heraus, daß er nur ein ganz gewöhnlicher Gauner war!
»Sie Schwein!« sagte ich. »Und ich wollte Sie sogar noch mit einer Freundin von mir zusammenbringen!«
Er sagte nichts. Sein Blick war auf meine Waffe gerichtet.

Wieder ein Geräusch auf der hinteren Veranda. Morton machte den Mund auf, aber ich brachte ihn zum Schweigen, indem ich die .38er hob.
Schritte klapperten über die Veranda, und dann trat eine zweite schwarzgekleidete Gestalt durch die Tür. »Morton, was ist los? Warum hast du das Licht angemacht?« fragte eine Frauenstimme.
Es war Marie, die Empfangsdame von All-the-Best-People. Jetzt wußte ich, wie sie sich ihre teuren Kleider leisten konnte.

»Also hatte ich recht mit meiner Theorie über das Wie, aber dafür habe ich mich mit dem Wer getäuscht«, sagte ich zu Hank. Wir saßen an der Bar des *Remedy Lounge*, seinem Lieblingslokal, in der Mission Street.
»Ich versteh' das immer noch nicht ganz. Die Intro Line gehört also zu All-the-Best-People?«
»Sie gehört Jerry Hale, und die Telefonleitstelle ist im selben Büro untergebracht. Aber wie mir Jerry – oder Dave Lester, such dir's aus – später gesagt hat, will er diese Verbindung nicht publik machen, weil die Intro Line so ein klein bißchen anrüchig ist. Und Best People soll exklusiv bleiben. Jedenfalls hatte ich das schon geahnt, weil in den Büros dafür, daß die Nummer nicht allgemein bekannt ist, unglaublich viele Telefone klingelten. Später habe ich mir das von der Telefongesellschaft bestätigen lassen und mich selbst an den Apparat gesetzt, um den Einbrecher anzulocken.«
»Also hatte dieser Jerry überhaupt nichts damit zu tun?«
»Nein. Der ist durch und durch ein echter Single, der irgendwann beschlossen hat, sein Wissen in Gewinne umzumünzen.«
Hank sagte, ihm liefe es kalt den Rücken hinunter. Er nippte an seinem Scotch.
»Dieser ganze Plan mit den Einbrüchen war die Idee von Marie Stone. Sie hatte Zugang zu den Adressen der Leute, die

sich dem Intro-Line-Club anschlossen. Sie hörte bei den Telefonaten mit und wußte so, bei wem sich ein Einbruch lohnen würde. Wenn sie dann sicher war, daß die Bewohner eine Weile weg waren, stieg ihr Bruder Morton Stone ein, während sie draußen Schmiere stand.«

»Wieso hattest du dann eine Verabredung mit Maries Bruder? Hat er dich als mögliches Einbruchsopfer gesehen?«

»Nein. Dafür haben sie All-the-Best-People nicht benutzt. Das Unternehmen ist Jerrys ganzer Stolz. Er weiß zu gut über alles Bescheid und hätte vielleicht gemerkt, daß etwas nicht stimmt. Aber die Intro Line ist nur ein Zweig der Firma, der ihm gutes Geld einbringt – wahrscheinlich ist er so was wie eine Subventionsquelle für seine Verabredungen. Er hatte Marie praktisch die ganze Leitung übertragen. Aber er hat Marie auch erlaubt, den Kunden von Best People Werbebriefe dafür zuzuschicken. Außerdem hat er den Frauen gegenüber, die er ›überprüfte‹, die Intro Line erwähnt. So haben die Einbruchsopfer davon gehört.«

»Aber es war doch ein ziemlicher Zufall, daß du ausgerechnet mit diesem Morton ausgegangen bist.«

Ich lächelte. »Das war gar kein Zufall. Morton arbeitet auch für Best People und hilft Jerry bei der ›Überprüfung‹ der Kundinnen. Jerry hat mich bei unserer Verabredung, wie er es ausdrückt, ein bißchen – merkwürdig gefunden.«

Hank grinste und wollte gerade etwas sagen, aber ich warf ihm einen wütenden Blick zu.

»Jedenfalls hat er Morton mit mir losgeschickt, um noch eine zweite Meinung zu bekommen.«

»Du meine Güte, du wärst also fast von einer Partnervermittlung abgelehnt worden.«

»Was mich wirklich ärgert, ist Mortons todtraurige Witwergeschichte. Ich bin doch glatt auf diese Geschmacklosigkeit hereingefallen. Jerry hat mir erzählt, daß Morton mit der Masche eine ganze Menge Frauen um den Finger wickelt – sie können einfach einem Mann in Trauer nicht widerstehen.«

»Aber unsere McCone ist da anders.« Hank leerte sein Glas und deutete auf meines. »Willst du noch was?«
Ich sah auf die Uhr. »Eigentlich muß ich los.«
»Wie das? Ist doch noch früh am Tag.«
»Tja, weißt du – ich hab' 'ne Verabredung.«
Er zog die Augenbrauen hoch. »Ich hab' gedacht, du hast genug von der Singleszene. Welcher ist denn heut' abend dran? Der Waffenfanatiker?«
Ich rutschte vom Barhocker und richtete mich würdevoll auf. »Es ist jemand, den ich selbst kennengelernt habe. Es heißt doch immer, daß man die passendsten Leute dann findet, wenn man einfach das tut, was man gern macht, und sich gar nicht sonderlich anstrengt.«
»Und wo hast du den Typen kennengelernt?«
»Als wir zusammen auf der Lauer lagen.«
Hank wartete. Die Augen quollen ihm vor Neugierde fast aus dem Kopf.
Ich beschloß, ihn nicht länger auf die Folter zu spannen, und sagte: »Es ist Bert Jankowski, der Mann vom Sicherheitsdienst, den Dick Morris angeheuert hat.«

Blutgruppen

Rebecca Schwartz

Julie Smith

»Hilf mal meinem Gedächtnis auf die Sprünge, Frau Rechtsberaterin. Sind eigenhändig geschriebene Testamente in Kalifornien rechtsgültig?«
Obwohl wir schon gut sieben Jahre kaum mehr voneinander gehört hatten, erkannte ich die Stimme am Telefon sofort, als hätte ich sie erst gestern gehört. Mit dem Eigentümer dieser Stimme hatte ich einmal eine Zeitlang zusammengelebt.
»Gary Wilder, geht es dir nicht gut?«
»Mir geht es prima. Was hältst du davon, wenn wir eine Wette wegen des strittigen Punktes, den ich angesprochen habe, abschließen?«
»Wenn du im Unterricht nicht noch mehr geschlafen hast, als ich glaube, dann mußt du ganz genau wissen, daß sie rechtsgültig sind.«
»Ja, früher war das so. Aber das ist doch schon eine ganze Weile her, nicht wahr? Wie geht es dir so, Rebecca?«
»Großartig. Und du bist ja jetzt Vater, habe ich gehört. Wie geht es Stephanie?«
»Gut.«
»Und der Kleinen?«
»Dem kleinen Laurie-Bär? Sie ist das Schönste, was mir bis jetzt im Leben passiert ist.«
»Du klingst sehr glücklich.«

»Laurie ist mein Leben.«

Es tat mir leid, dies zu hören. Schließlich war das eine riesengroße Verantwortung, die da auf einem zehn Monate alten Mädchen lastete.

»Zurück zum Testament«, fuhr Gary fort. »Haben sich die Gesetzesvorschriften geändert, seit wir auf der Boalt-Schule waren?«

»Ein bißchen. Erinnerst du dich daran, daß ein Testament ungültig sein konnte, wenn es auf einem vorgedruckten Papier stand? Wie in jenem Fall, wo ein Datum auf dem Papier stand, das die Frau benutzt hatte, und die ganze Sache deswegen gar nichts mehr wert war?«

»Ja doch. Ich kann mich auch noch entsinnen, daß jemand gefragt hat, ob man Briefpapier mit dem eigenen Briefkopf verwenden könne.«

»Das warst du, Gary.«

»Wahrscheinlich. Und das war nicht möglich, stimmt's?«

»Aber jetzt könnte man das sicherlich tun. Jetzt muß nur der ›materiell relevante‹ Teil handgeschrieben sein. Und das Datum muß man auch nicht extra vermerken.«

»Nein? Das ist aber komisch.«

»Na ja, man sollte das schon tun, wenn es ein Testament mit früherem Datum gibt. Im Grunde muß man es nur schreiben, unterschreiben, und dann ist es schon rechtswirksam.«

Dieser Telefonanruf versetzte mich in eine traurige und rastlose Stimmung. Vielleicht lag es auch nur daran, daß mich diese Stimme aus der fernen Vergangenheit, die ich da hörte, melancholisch machte. Es war Mitte Dezember, und es regnete draußen – haargenau das passende Wetter für trübselige und nagende Gedanken an einen Mann, den ich kaum mehr kannte. Ich konnte nicht umhin, mir Sorgen zu machen. Wenn Laurie Garys ganzes Leben war, dann sprach das nicht unbedingt für seine Ehe. Hätte Stephanie nicht wenigstens einmal kurz am Rande erwähnt werden sollen? Aber von ihr war mit keiner Silbe die Rede. Bei dem Gary, den sie kannte, war es leicht möglich, daß er sie nicht mehr liebte. Er lebte ein zielloses, aber doch ortsgebundenes Leben – er hielt sich zwar immer in derselben Gegend auf, doch er wanderte von einem angenehmen Interesse zum anderen. Keines dieser Interessen verzehrte ihn, noch dauerten sie normalerweise sehr lang. Ich hoffte, mit Laurie würde es sich anders verhalten. Es wäre sicherlich nicht schön mitzuerleben, wie der eigene Vater einen im Stich läßt.

Aber ich spürte irgendwie, daß genau das schon im Gange war. Ich vermutete, daß dieser Telefonanruf der kleinen Laurie galt, die sein Leben war, die ihm das Gefühl gab, angebunden zu sein. Jetzt streckte Gary seine Fühler aus, um mit vergangenen und zukünftigen Freundinnen Kontakt aufnehmen zu können.

Das Wetter ließ mich an einen Vers aus einem Gedicht denken, das Gary immer zu zitieren pflegte:

Il pleure dans mon cœur
Comme il pleut sur la ville.

Er gehörte zu den Typen, die Paul Verlaine zitierten. Er las alles, behielt alles und machte nie besonders viel. Er hatte sein Jurastudium nie beendet, hatte dann eine Zeitlang Versicherungen verkauft, und momentan befaßte er sich ein bißchen mit Immobilien, hatte ich gehört, obwohl ich eigentlich nie so richtig wußte, was das heißen sollte. Wahrscheinlich überlegte er sich gerade eine Methode, um mit Stephanies Geld zu spekulieren. Aus Zuneigung zu Gary dankte ich dem Himmel, daß sie dieses Geld hatte. Wenn man sich nicht entscheiden kann, was man aus seinem Leben machen soll, dann sollte man wenigstens gut heiraten und sich im Luxus aalen.

Gary starb in jener Nacht. Als ich in der Morgenausgabe des *Chronicle* davon las, lief es mir kalt den Rücken hinunter. Ich dachte sofort an den Telefonanruf. Das war sicherlich einer jener gräßlichen Zufälle, die einen im Leben heimsuchen. Doch das Testament folgte schon am nächsten Tag.

Der Bericht im *Chronicle* besagte, daß Gary und Stephanie auf der Stelle tot waren, als ihr Auto in einem fürchterlichen Regenguß von einer kurvenreichen Küstenstraße abkam und über eine Klippe stürzte. Die Regenfälle in jenem Jahr waren die Hölle. Es war der dritte Tag einer insgesamt fünf Tage dauernden Sintflut.

Madeline Bell, eine Augenzeugin des Unfalles, sagte aus, Gary habe sein Auto zur Seite gerissen, um nicht mit ihrem Mercedes zusammenzustoßen, als sie um eine Kurve gekommen sei. Das Auto sei explodiert und völlig ausgebrannt. Bell hatte mitverfolgt, wie es einen Hang in der Nähe von San Anselmo, wo Stephanie und Gary gelebt hatten, hinuntergerollt sei.

Selbst in diesem schockierenden Augenblick empfand ich wohl mehr Trauer für Laurie als für Gary, der zumindest sein halbes Leben hatte leben dürfen. Einen Tag zuvor, als ich mit Gary gesprochen hatte, hatte Laurie noch ein wunderbares Leben vor sich gehabt – ihre Mama war reich, und ihr Daddy sah gut aus. Jetzt war sie eine Waise.

Ich fragte mich, wohin Gary und Stephanie in einem solch schrecklichen Sturm unterwegs gewesen sein konnten. Wahrscheinlich fuhren sie zu einer Party oder kamen gerade von einer zurück. Es war die Hauptsaison der Urlaubszeit.

Garys Mutter kannte ich natürlich. Befand sie sich schon im Hause der Wilders, zum Hanukka-Fest vielleicht? Falls nicht, dann kam sie sicherlich bald dort an. Ich würde in ein oder zwei Tagen vorbeischauen.

In der Zwischenzeit telefonierte ich mit Rob Burns, der Gary in meiner Zuneigung schon lange abgelöst hatte, und bat ihn darum, ihn an diesem Abend besuchen zu dürfen. In den vergangenen fünf Jahren hatte ich nicht zweimal an Gary gedacht, doch ich hatte das Gefühl, etwas verloren zu haben, und deshalb benötigte ich Trost. Es würde gewiß schön sein, an der Seite von Rob zu schlafen und den Regen auf das Dach herniederprasseln zu hören – lebensbestärkend würde das sein, wie wir in Kalifornien zu sagen pflegen. Ich hatte einmal gelesen, daß Mark Twain, als er sein Haus in Hartford baute, extra einen Trakt mit Blechdach einbauen ließ, um sich die besten Regengeräusche zu sichern. Ich konnte ihm das sehr gut nachempfinden.

Am frühen Morgen des folgenden Tages regnete es immer noch wie aus Kübeln. In meinem Hals verspürte ich ein leichtes Kratzen, was darauf hindeutete, daß eine Erkältung im Anzug war. Ich stöberte im Hause herum auf der Suche nach Vitamin C, als Kruzick die Post hereinbrachte – Alan Kruzick, unglaublich unfähig, aber unausrottbar als Sekretär der Anwaltssozietät Nicholson und Schwartz, an der ich mit einer Vorbehaltsklausel beteiligt war. Der andere Teilhaber, Chris Nicholson, war verliebt in seine Klugscheißerei, meine Schwester Mickey war seine Freundin, und meine Mutter hatte selbstherrlich den Ton angegeben – schnapp ihn dir und laß ihn nicht mehr los.

»Sind Schecks dabei?« fragte ich.

»Nein. Außer einem Brief von einem toten Mann ist nichts Interessantes dabei.«

»Wie bitte?«

Er hielt einen Briefumschlag in die Luft, auf dem in der linken oberen Ecke der Name und die Adresse von Gary Wilder standen. »Vielleicht will er, daß du mit ihm übersinnlichen Kontakt aufnimmst.«

Die Tränen, die mir in die Augen schossen, ließen sogar Kruzick verstummen.

Garys Testament war in seiner eigenen Handschrift abgefaßt, es war unterzeichnet und auf schneeweißes, völlig unbedrucktes Papier geschrieben. Es war auf den 17. Dezember datiert, den Tag vor Garys Tod. Es hatte folgenden Wortlaut:

»Dies ist mein Letzter Wille. Dieses Testament macht alle vorherigen unwirksam. Ich hinterlasse alles, was ich besitze, meiner Tochter, Laurie Wilder. Falls ich und meine Frau vor ihrem 21. Geburtstag sterben, ernenne ich hiermit meinen Bruder, Michael Wilder, zu ihrem gesetzlichen Vormund. Ich bestimme meinen Bruder hiermit ebenso dazu, dieses Testament zu vollstrecken.«

Mein Magen krampfte sich zusammen: Gary mußte bereits, als wir miteinander sprachen, gewußt haben, daß er und Stephanie in Gefahr waren. Er hatte es fertiggebracht, auch bei dieser Gelegenheit den fröhlichen Fridolin zu mimen, was er stets vortrefflich verstanden hatte. Und dieses Mal benutzte er diesen Trick wieder und versteckte seine eigentlichen Gefühle. Deshalb war es auch so schwer gewesen, mit ihm zusammenzuleben.

Aber wenn er gewußt hatte, daß er sterben mußte, warum hatte er dann den Namen des Mörders nicht preisgegeben? Vielleicht hatte er es aber auch getan, dachte ich bei mir. Ich war Rechtsanwältin und ich hatte deshalb das Testament erhalten. Möglicherweise hatte jemand anderer einen Brief über die Vorkommnisse erhalten. Ich fragte mich, ob mein alter Freund mit dem Drogenhandel in Berührung gekommen war. Immerhin wohnte er im Marin County, das nach dem Gebiet in und um Miami den größten Bevölkerungsanteil an Kokainhändlern in den Vereinigten Staaten aufwies.

Ich rief Garys Bruder zu Hause in Seattle an, aber mir wurde mitgeteilt, daß er nach San Anselmo gefahren sei. Ich erwartete in fünf Minuten einen Klienten, doch danach stand nichts von Belang in meinem Terminkalender. Und so befand ich mich um zwei Uhr auf der Golden Gate Bridge und genoß es, daß es nur ein bißchen neblig und bewölkt war, da die Regenfälle gerade eine kleine Auszeit genommen hatten.

Es war schon sehr seltsam, daß Gary gerade Michael als Vormund für Laurie auserkoren hatte. Soweit ich immer verstanden hatte, hatte er für seinen Bruder nie etwas anderes als Verachtung empfunden. Michael war Börsenmakler und ein richtiger Draufgänger. Gary hingegen war ein Träumer, ein romantischer Mensch und zudem ein Rebell. Er hielt seinen Bruder für langweilig, spießig, ein bißchen dumm und extrem nutzlos. Auf der anderen Seite betete er seine Schwester Jeri geradezu an. Sie war Zahnhygienikerin und ein echter Freigeist, verheiratet mit einem sympathischen ehemaligen Zimmermann.

War Michael eigentlich verheiratet? Ja, dachte ich. Wenigstens war er es einmal gewesen. Vielleicht hatte Garys Vaterschaft dazu geführt, daß er seine Meinung darüber geändert hatte, was im Leben wichtig war – Michaels Geld und Stabilität erschienen ihm möglicherweise vorteilhaft, wenn Laurie später mal aufs College gehen sollte.

Ich fuhr vor dem Haus der Wilders und Coopers vor. Es war ein bescheidenes Redwood-Haus, das wahrscheinlich fast eine halbe Million Dollar gekostet hatte. Auf diesem Niveau bewegten sich im Marin County in etwa die Immobilienpreise – und auf demselben Niveau bewegte sich auch Stephanies Bankkonto.

Im Haus befanden sich Michael Wilder – er trug einen Anzug – und Stephanies Eltern, Mary und Jack Cooper. Mary war eine stattliche Frau, gemütlich und gesprächig. Jack war knochig und sehr reserviert. Er starrte abwesend in die Ferne, beinahe traurig, aber meistens schien er einfach weit weg zu sein, und ich hatte das Gefühl, daß die große Leidenschaft in seinem Leben das Fernsehen sein mußte, doch es konnte auch genausogut sein, daß er zuviel trank. Offenbar war es ihm nur wichtig, das Zimmer einfach zu verlassen, ohne daß jemand es bemerkte.

Es war für mich ein bißchen unangenehm, so einfach hereinzuplatzen, da ich Garys Ex-Freundin war und so unerwartet auftauchte. Michael schien offenbar nicht so recht zu wissen, wie er mich vorstellen sollte, und das bemerkte ich sofort. Es war jetzt unmöglich, ihn zu einem Gespräch unter vier Augen zu bitten.

»Ich hatte gehofft, deine Mutter anzutreffen«, sagte ich.

»Sie ist im Krankenhaus«, sagte Mary. »Wir wechseln uns dabei ab, jetzt wo . . .« Sie brach in Tränen aus.

»Im Krankenhaus!«

»Weißt du das mit Laurie denn nicht?«

»War sie beim Unfall dabei?«

»Nein. Sie ist seit zwei Monaten sehr, sehr krank.«

»Fast tot«, sagte Mary. »Was das Kind durchgemacht hat, wünsche ich keinem Tier. Das winzige, kleine Gesicht zieht sich zusammen wie bei einem armen, kleinen Affen. Es schreit und schreit und schreit. Und aus ihrem Hintern laufen richtige *Bäche. Bäche,* Miss Schwartz!«

Ihre Schultern krümmten sich nach vorne, und sie mußte sich schütteln. Michael wirkte hilflos. Jack legte mechanisch den Arm um seine Frau.

»Was ist denn los mit ihr?« fragte ich Michael.

Er zuckte mit den Achseln. »Sie wissen es nicht. Sie können es nicht diagnostizieren.«

»Komm schon, Mary«, sagte Jack. »Es geht ihr jetzt schon wieder etwas besser. Das hat doch der Doktor gestern abend gesagt.«

»In welchem Krankenhaus liegt sie?«

»Marin General.«

Ich sagte zu Michael: »Ich denke, ich schau' dort mal kurz vorbei und besuche deine Mutter – wärst du vielleicht so freundlich und würdest mir zeigen, in welche Richtung ich fahren muß? Ich habe im Auto eine Karte.«

Als wir am Bordstein angekommen waren, sagte ich: »Ich finde das Krankenhaus schon allein. Ich wollte dir nur etwas geben.«

Ich übergab ihm das Testament. »Das ist heute mit der Post gekommen. Du als Testamentsvollstrecker hast jetzt die Aufgabe, das Testament vor Gericht bestätigen zu lassen.« Als er das Testament las, legte sich eine schreckliche Ungläubigkeit auf sein Gesicht. »Aber . . . ich bin doch geschieden. Ich kann mich doch nicht um ein Baby kümmern.«

»Gary hat dich nicht vorher gefragt, ob du damit einverstanden bist?«
»Doch, das schon ... Aber ich habe doch nicht im Traum daran gedacht, daß er sterben würde!« Seine Stimme wurde immer lauter, je klarer ihm wurde, wie das Leben mit ihm spielte. »Er hat mich an dem Tag angerufen, an dem der Unfall passiert ist. Aber ich dachte mir, er wäre nur wieder ein bißchen depressiv. Du weißt doch, wie es den Menschen an den Feiertagen geht.«
»Was hat er denn genau gesagt?«
»Er sagte, er habe dieses komische Gefühl, das war schon alles – so als würde ihm etwas Schreckliches widerfahren. Und er wollte wissen, ob ich mich um Laurie kümmern würde, wenn wirklich etwas passieren würde.«
»Er hat nicht gesagt, daß er vor irgend etwas Angst hat? Oder daß er irgendwelche Probleme hat?«
»Nein – nur von diesem komischen Gefühl hat er gesprochen.«
»Michael, er hat doch nicht etwa gedealt?«
»Machst du Witze? Ich wäre doch der letzte, der das wissen würde.« Einen Augenblick schaute er auf den Boden. »Ich halte das aber nicht für unmöglich.«
Ellen Wilder gurrte wie eine Taube auf Laurie ein, als ich im Krankenhaus ankam. »Jajajaja, sie fühlt sich jetzt schon viel besser. Sie hat einfach nur Zärtlichkeit und das Streicheln ihrer Großmutter gebraucht, das war alles.«
Sie sprach mit dem Baby in der dritten Person, nicht gewahr, daß ich mich in ihrer Nähe befand, bis ich mich bemerkbar machte. Daraufhin ließ sie beinahe das wertvolle Engelchen-Bengelchen fallen und riß auch noch beinahe die Infusionsnadel heraus. Unser Wiedersehen war ein richtiges Tränenbad – Garys Mutter und ich weinten und weinten. Wir beide vermißten Gary sehr, und wir hatten dasselbe Mitleid mit dem armen Kind.
Ellen liebte Laurie mehr als alles andere auf der Welt. Sie

hörte dem Baby beim Atmen genau zu. Obendrein besaß Ellen die Heilkraft einer Hexe. Die Nacht, in der Gary und Stephanie starben, hatte sie neben Laurie zugebracht, den ganzen nächsten Tag ebenfalls. Sie hatte sich nicht einmal eine Dusche gegönnt oder war für eine Stunde nach Hause gefahren. Und allmählich, Schritt für Schritt, hatte sie die steil nach oben zeigende Fieberkurve geknickt, um im Bild zu bleiben. Dank der aufmerksamen Liebe der Großmutter hatte der Durchfall, der dem Baby so hart zusetzte, begonnen nachzulassen, und die kleine Laurie hatte wirklich den Anschein erweckt, als wolle sie wieder neue Lebenskraft schöpfen.
»Schau mal, Rebecca.« Sie lief auf Zehenspitzen zu dem schlafenden Baby. »Siehst du diese Backen? Richtige kleine Röschen mittendrin. Sie kriegt wieder eine richtige schöne Farbe, die dleine Daurie, ja, richtig rosig wird die dleine Daurie.« Sie schien gar nicht zu bemerken, daß sie wieder anfing, in die Babysprache zu verfallen.
Sie kehrte zurück und setzte sich zu mir. »Stephanie war beinahe Tag und Nacht bei ihr, weißt du. Sie war die beste Mutter, die man sich nur . . .« Ellen fuhr kurz zusammen und warf einen verlegenen Blick durch den Raum.
»Sieh nur. Sie hat ein paar Kleider hier liegenlassen. Ich muß sie nachher gleich mit nach Hause nehmen. Die *beste* Mutter . . . Sie und Gary waren an jenem Abend zu einer Party eingeladen. Es war eine schreckliche, regnerische Nacht, es goß wie aus Kübeln. Aber die arme Stephanie war ja wochenlang nur noch im Krankenhaus gewesen . . .«
»Wie lange warst du zu diesem Zeitpunkt schon da?«
»Ach, erst ein paar Tage. Ich bin wegen der Hanukka-Feiertage gekommen, und eben um ein bißchen behilflich zu sein, wenn es notwendig war. Ich wußte, daß Stephanie einfach mal unter die Leute mußte, und deshalb bot ich ihnen halt an, mich um Laurie zu kümmern. Ich hatte sowieso den sehnlichen Wunsch, mit dem dleinen, düßen Ding ein bißchen zusammenzusein . . .« Die letzten Worte sprach sie mehr oder

weniger in Lauries Richtung. Ellen schien sich die Fähigkeit angeeignet zu haben, mit dem Kind zu reden, während sie sich mit anderen Leuten unterhielt.

»Es war so. Gary hatte ein bißchen viel getrunken, ehe er mich hierherbrachte. O Gott, ich hätte ihn niemals fahren lassen dürfen! Wir hatten ja schon einen Beinahe-Unfall auf dem Herweg – du weißt sicherlich, wie stürmisch es war. Ich sagte ihm immer wieder, daß er zu betrunken sei, um noch fahrtüchtig zu sein, und er sagte darauf nur, daß ich es ja so haben wolle. Ich hätte ja auch immer gewollt, daß er Antibiotika nehme, wenn er einen entzündeten Hals gehabt habe. Er sagte, er habe sich damals wohl gefühlt, und jetzt fühle er sich auch wohl.«

Ich verstand nur noch Bahnhof. »Du *wolltest,* daß er als Kind bei Halsschmerzen Antibiotika nimmt?«

Sie zuckte mit den Achseln. »Ich weiß auch nicht, wie er das gemeint hat. Er war einfach besoffen, das war alles. O Gott, mein armes Baby!« Sie schniefte, fummelte in ihrer Handtasche herum und schneuzte sich mit einem Papiertaschentuch.

»Schien er sonst in Ordnung zu sein – abgesehen davon, daß er betrunken war?«

»Ja, er war okay. Warum?«

»Er hat mich am Nachmittag dieses Tages angerufen – wegen seines Testamentes. Und er rief auch Michael an, um ihm zu sagen, daß er – na ja, ich schätze, um ihm zu sagen, daß er irgendwelche Vorahnungen habe, bald sterben zu müssen.«

»Sein Testament? Er hat dich wegen seines Testamentes angerufen?«

»Ja.«

»Aber er und Stephanie hatten ihre Testamente doch bereits niedergelegt. Danny Goldstein hat sie abgefaßt.« Das ergab Sinn, denn Gary hatte sein handschriftliches Testament mit dem Datum versehen. Danny war zusammen mit Gary und mir an der Boalt-Universität gewesen. Ich stellte mir kurz die Frage, ob es Ellen vielleicht weh tun würde, wenn man sie

daran erinnerte, daß alle Studienkommilitonen von Gary Karriere gemacht hatten und auch Rechtsanwälte geworden waren, wie es sich ihre Eltern gewünscht hatten.
Eine Krankenschwester mit gesunder Gesichtsfarbe kam hereingeschneit und warf einen Blick auf Laurie. »Wie geht es denn unserem Mädel?«
»Sie ist wie neugeboren.«
Die Krankenschwester lächelte. »Das ist sicherlich zutreffend. Eine Zeitlang haben wir uns wirklich große Sorgen gemacht.« Mit einem Male verschwand das Lächeln von ihrem Gesicht. »Ach, es ist alles so traurig. Ich habe nie zuvor eine solch hingebungsvolle Mutter gesehen. Laurie hat uns nie gebraucht – Stephanie war ihre Krankenschwester. Sie war eine der besten Krankenschwestern, die ich je im Leben gesehen habe.«
»Ich wußte gar nicht, daß Stephanie Krankenschwester war.« Das letzte, was ich gehört hatte, war, daß sie eine Teilzeitbeschäftigung bei einem Partyservice hatte und daß sie sich mit der Absicht trug, eine Schule für Köche zu besuchen. Stephanie war eine echte Persönlichkeit und hatte einen stabilen Charakter, doch auf eine große Karriere war sie kaum mehr erpicht als Gary. Anscheinend glaubte jedermann, daß es ihre wahre Berufung war, Mutter zu sein.
»Sie hatte überhaupt keine Ausbildung auf diesem Gebiet – sie konnte einfach nur gut mit Kindern umgehen. Sie hätten mal sehen sollen, wie sie stundenlang dasaß und das Kind gewiegt hat. Laurie hatte so schlimmen Durchfall, daß sie kaum mehr Haut auf ihrem zarten, kleinen Popo hatte, und das kleine Ding hat sich fast die Lunge aus dem Leib geschrien. Das kleine Baby muß einen Todeskampf durchgestanden haben, wie wir drei uns ihn wohl nicht im entferntesten vorstellen können. Aber schließlich konnte Stephanie sie doch in den Schlaf wiegen. Das schaffte sonst keiner außer ihr.«
»Sonst konnte ihr auch niemand die Brust geben«, sagte ich,

denn ich war mir ziemlich sicher, daß ich damit den Grund für Stephanies erstaunliche Talente gefunden haben würde.

»Nein, das konnte Stephanie selbst nicht tun. Sie hatte nicht genug Milch.« Die Krankenschwester zuckte mit den Achseln. »Eine Flasche kann jeder geben. Aber daran hat es nicht gelegen.«

Als sie fortging, sagte ich: »Ich glaube, es ist besser, wenn ich mich jetzt auf den Weg mache. Kann ich irgend etwas für dich tun?«

Ellen überlegte ein paar Sekunden. »Weißt du, was du für mich tun könntest? Fährst du noch einmal bei Garys Haus vorbei?«

»Gerne.«

»Du könntest ein paar Kleider und Sachen von Stephanie mitnehmen. In ein oder zwei Tagen werden sie Laurie entlassen, und es liegt noch so viel von Stephanies Zeug hier herum.« Sie wirkte ärgerlich.

Gern bereit, ihr zu helfen, hob ich einige der Kleider auf und begann, sie zusammenzulegen. Ellen stieß auf eine große Tragetasche aus Segeltuch, die Stephanie gehört hatte und in die sie jetzt die Sachen packen konnten. Als ich den Reißverschluß öffnete, sah ich auf dem Boden der Tasche kleine Überreste weißen Pulvers. Bei diesem Anblick drehte sich mir sofort der Magen um. Mir ging die Variante mit den Drogen einfach nicht aus dem Kopf. Gary hatte »Vorahnungen« bezüglich seines Todes gehabt. So erging es Leuten, die jemanden fertigmachen und dann bedroht werden – und jetzt hatte ich weißes Pulver vor den Augen.

Ich entdeckte in einer Schublade ein paar Plastiktüten, die wahrscheinlich benutzt worden waren, um Windeln und Arzneimittel zu transportieren, und legte damit den Boden der Tragetasche aus, damit sich das Pulver nicht in Stephanies Kleider setzte.

Doch anstatt zu Garys Haus zu fahren, schaute ich einmal im Hause meiner Eltern in San Rafael vorbei. Es war ungefähr vier Uhr, und ich hatte vor fünf noch einige Telefongespräche zu erledigen.

»Schatz!« sagte Mama. »Ist das nicht schrecklich, was mit Gary Wilder passiert ist?«

Mama hatte Gary immer sehr gemocht. Sie hatte eine Schwäche für Taugenichtse, das wußte ich nur zu gut. Sie war der Hauptgrund, weshalb Kruzick zur Zeit mein Leben ruinierte. Der Mann jedoch, für den sie keine Sekunde übrig hatte, war genau der Mann, den ich allen anderen vorzog – der blauäugige, schneidige Rob Burns, seines Zeichens Starreporter des *Chronicle* in San Francisco.

Ich benutzte das Telefon im Arbeitszimmer meines Vaters. Und es war eben dieser Rob, den ich anrief. Sein Bier war es, ständig Fragen zu stellen, die eigentlich nicht sein Bier waren, und ich hatte jetzt ein paar Fragen, die er stellen sollte.

Schnell erklärte ich ihm alles – die Sache mit dem Testament, den seltsamen Telefonanruf bei Michael und die Geschichte mit dem weißen Pulver. Und da hatte ich ihn auch schon an der Angel. Er roch denselben Braten wie ich. Was aber noch viel wichtiger war – er roch eine neue, hochinteressante Story.

Während er seine Telefonate führte, rief ich bei Danny Goldstein an. »Becky Baby!«

»Nenn mich nicht so.«

»Scheußlich die Geschichte mit Gary, was? Da fängt man an *nachzudenken*, Mann.«

»Was Stephanie zugestoßen ist, ist auch scheußlich.«

»Ich weiß nicht so recht. Sie hat ihn doch nur herumkommandiert, ja, sie war diejenige, die die Hosen anhatte – Zuckerbrot und Peitsche nenn' ich das.«

»Sie war besser als Melissa.«

Danny lachte unhöflich, ja, er kreischte vor bellendem Gelächter. Jedermann wußte, daß Gary mich wegen Melissa verlassen hatte. Melissa war ein zweiundzwanzigjähriges unbeschreiblich hübsches und hirnloses Modepüppchen, dem man nicht einmal vertrauen konnte, wenn es über die Straße ins Geschäft ging, um einen Sechserpack Bier zu kaufen. Natürlich glaubten alle, *ich* hätte Gary herumkommandiert, obwohl das überhaupt nicht den Tatsachen entsprach. Vielmehr war er nicht einmal in der Lage, sich die Zähne zu putzen, ohne mich vorher um Rat zu fragen. Er war ein Mann, der verzweifelt nach einer Frau suchte, die ihn an der Hand nahm und ihn durch den Irrgarten des Lebens führte, und ich war ehrlich gesagt unheimlich erleichtert, als ich diesen Job los war.

Aber es stimmte schon, Melissa hatte meinen Stolz verletzt. Als Gary sie auswählte, dachte ich, er sei endlich erwachsen geworden und benötige mich nicht länger. Aber er führte nicht lange das Leben eines Erwachsenen – nach kaum zwei Jahren betrat schon Stephanie die Bühne. Vielleicht sah ich diese Sache nicht genau so, wie Danny sie einschätzte, aber ich mußte schon einräumen, daß nur sie in der Lage gewesen war, seine Männlichkeit hervorzulocken, wenn eine solche bei ihm überhaupt vorhanden gewesen war.

»Wie ich gehört habe, ist sie als Mutter recht zahm geworden«, sagte ich.

»Ja, dafür war sie wie geschaffen. Sich ständig Sorgen machen, das war genau das, was sie brauchte – hat das Kind Fieber, ist es erkältet, hat es etwa Hunger? Ja, ja, eine von diesen überbesorgten Hätschelmamas. So eine Pipi-Mutter.«

»Wie bitte?«

»Du weißt schon. Will das Baby Pipi machen? Hat das Kind schon Pipi gemacht? Geht es oft genug Pipi machen? Geht es zu oft Pipi machen? Geht es *jetzt gerade* Pipi machen? Sie war in der Lage, während einer Abendgesellschaft über nichts anderes als über die Farbe und die Beschaffenheit von Lachs-Mousse und Kiwikuchen zu diskutieren.«

Ich mußte lachen. Wer kannte diese Sorte von Frauen nicht?

»Du, Danny, hör mir jetzt mal zu«, sagte ich zu ihm. »Sag mal, hast du gewußt, daß Laurie im Krankenhaus gelegen hat, beziehungsweise noch immer dort ist?«

»Ja doch, Marina, meine Frau, hat Stephanie einmal besucht. Sie wollte Stephanie dazu überreden, mit ihr mal aus dem Krankenhaus hinauszugehen und ein bißchen frische Luft zu schnappen. Aber sie ließ sich nicht erweichen, paßte immer auf das Baby auf. Stephanie rührte sich nicht vom Fleck.«

»Ich habe erfahren, daß du Garys und Stephanies Testamente verfaßt hast.«

»Ja, bei Gott, ja. Daran habe ich noch gar nicht gedacht. Arme, kleine Laurie. Sie baten Garys Schwester, im Falle eines Falles die Vormundschaft zu übernehmen. Er haßte seinen Bruder, und Stephanie war ein Einzelkind.«

»Weißt du was? Gary hat noch ein Testament verfaßt, kurz bevor er starb. In diesem Testament ernennt er seinen Bruder zu Lauries Vormund.«

»Das glaube ich nicht.«

»Glaube es mir. Ich schicke dir eine Kopie des Testamentes zu.«

»Das wird ja ein heißer Rechtsstreit werden. Das wird die Hölle.«

Da war ich mir nicht so sicher. Die Richter waren durch die Verfügungen der beiden Elternteile natürlich nicht gebunden. Da das bei Danny liegende Testament Jeri als Lauries Vormund einsetzte, konnten Jeri und Michael die Vormundschaftsansprüche selbstverständlich vor Gericht austragen. Doch wenn man mit in Betracht zog, daß Michael ganz offensichtlich zögerte, Laurie bei sich aufzunehmen, so war ich mir nicht ganz sicher, ob es überhaupt eine Gerichtsverhandlung geben würde.

»Danny«, sagte ich, »du warst doch viel mit den beiden zusammen, nicht wahr?«

»Ja, wir haben oft Rakett gespielt.«

»Hat er mit Kokain gehandelt? Oder sonst irgend etwas?«

»Gary? Keinesfalls. Du kannst unmöglich Dealer sein und so bankrott wie er.«

Kaum hatte ich aufgelegt, klingelte das Telefon schon wieder.

Rob hatte einen Rundruf mit den Stellen beendet, die er seine »Gesetzesvollstreckungsquellen« nannte. Er hatte in Erfahrung bringen können, daß Garys Bremsen nicht manipuliert worden waren, was meine Mordtheorie praktisch platzen ließ.

Oder zumindest scheinbar platzen ließ. Irgend etwas an der Geschichte paßte noch immer nicht zusammen, und ich wollte erst aufgeben, wenn ich wußte, worum es sich bei dem Pulver handelte. Mama bat mich darum, zum Abendessen noch bei ihr zu bleiben und ihr Gesellschaft zu leisten, doch ich begab mich zurück in die Stadt – Rob hatte mir mitgeteilt, er könne jemanden auftreiben, der mir noch in derselben Nacht eine Analyse machen könnte.

Es regnete wieder stark, als ich das Zeug abgab, lehnte eine Einladung Robs zum Abendessen ab (das war schon die Einladung Nummer zwei) und ging nach Hause. Dort konnte ich die Einsamkeit genießen und mich dem Erbsenpüree hingeben, das ich immer vorkoche und für Nächte wie diese im Gefrierfach aufbewahre. Es war die zweite Nacht nach Garys Tod. Die erste Nacht hatte ich darauf verwandt, mich zu vergewissern, daß er noch am Leben war. Jetzt hatte ich nur das Bedürfnis, um ihn zu trauern. Ich machte nichts Ausgefallenes, trauerte nicht in Sack und Asche. Ich verbrachte lediglich einen Abend zu Hause mit einem Buch und erlaubte meinen Gedanken, ungehemmt in der Phantasie zu wandern, und meinen Augen, sich hin und wieder mit Tränen zu füllen.

Doch zuerst erhielt ich eine Nachricht von Michael Wilder. Er wollte sich unterhalten. Er komme sich wahnsinnig blöde dabei vor, mich zu solch später Stunde noch anzurufen, aber in seiner Familie gebe es einfach niemanden, mit dem er reden könne. Könnten wir uns nicht auf einen Kaffee oder sonst irgend etwas treffen, wollte er wissen.

Natürlich konnten wir das – in meinem Haus. Nicht einmal für Garys Bruder war ich dazu bereit, noch einmal in den Regen hinauszugehen.

Nach dem Essen duschte ich und zog mir Jeans an. Michael kam in einer legeren Baumwollhose und einem sportlichen Sakko an – selbst in seiner Freizeit schien er nicht in der Lage zu sein, von seinem spießigen Snobismus abzusehen. Vielleicht würde ihn ein Leben mit Laurie ein bißchen auflockern und zur Vernunft bringen. Ich fragte ihn, ob er sich überhaupt noch mit dem Gedanken trage, Lauries Vormund zu werden.
Diese Frage brachte ihn durcheinander. »Nicht wirklich«, sagte er und wich beständig meinem Blick aus.
»Ich habe inzwischen herausgefunden, daß in den ursprünglichen Testamenten Jeri als Vormund aufgeführt ist. Falls Stephanie in letzter Sekunde nicht auch noch ein neues Testament verfaßt hat, dann ist ihres noch rechtswirksam. Jeri könnte gegen dich vor Gericht ziehen, falls du dich dazu entschließt, daß du Laurie bei dir aufnehmen möchtest.«
»Ich kann mir nicht einmal vorstellen, Vater zu sein«, sagte er. »Aber andererseits muß Gary ja wohl auch seinen Grund gehabt haben . . .« Er brach mitten im Satz ab. »Armes kleines Kind. Vor einer Woche haben alle noch geglaubt, *sie* wäre diejenige, die sterben müßte.«
»Was hat sie denn eigentlich für Probleme – von dem Durchfall einmal abgesehen?« Ich stellte plötzlich fest, daß ich nicht den Nerv gehabt hatte, eine der Großmütter danach zu fragen, weil ich genau wußte, was passieren würde – ich hätte nur Einzelheiten erfahren, die in mir *Symptome* geweckt hätten, und zwei oder drei Stunden später, oder vielleicht auch vier, wäre ich soweit gewesen, daß ich mich in Richtung Tür verdrückt hätte.
Doch Michael schnitt nur eine Grimasse. »Das ist alles, was mir bekannt ist. Sie hatte einfach eine Diarrhöe, die lebensbedrohend war.«
»Lebensbedrohend?«
»Ohne Infusion kann ein dehydriertes Baby innerhalb von fünfzehn Minuten sterben.« Er zuckte nach dieser Feststellung mit den Achseln. »Wie auch immer, die Ärzte sprachen

jedenfalls von elektrolytischen Abnormalitäten, was auch immer das sein mag. Und sie führten jeden Test durch, der ihnen bekannt war. Aber das einzige, was sie herausfinden konnten, war ein ›hoher Natriumgehalt im Blutserum‹.« Er zuckte wieder mit den Achseln, so als wolle er etwas von sich abschütteln. »Frage mich bitte nicht. Und frage vor allen Dingen nicht meine oder Stephanies Mutter.«
Daraufhin mußten wir beide lachen. Mir wurde schnell klar, daß Michael gute Gründe hatte, diese plötzliche Vaterschaft für ein doch recht gewagtes Unternehmen zu halten.
Ich holte uns etwas Wein, und als ich zurückkehrte, stellte ich fest, daß er sehr ernst geworden war. »Rebecca, heute ist etwas ziemlich Komisches geschehen. Sieh mal, was ich gefunden habe.« Er hielt ein Blatt Papier in die Luft, das von Gary unterschrieben war und die Überschrift »Nutznießerzuteilung« trug.
»Weißt du, was das ist?«
Ich schüttelte den Kopf.
»Ich hatte ja auch einmal mit Versicherungen zu tun – wie mein kleiner Bruder. Es ist ein Formular, mit dem man den Bezugsberechtigten einer Lebensversicherung ändert.«
Das Formular war auf den 16. Dezember datiert, den Tag vor Garys Tod. Michael war darauf als Nutznießer vermerkt und Laurie als bedingte Nutznießerin. Michael sagte: »Recht seltsam, was?«
Ich nickte.
»Ich fand auch beide Policen – die von Gary und die von Stephanie – beide Lebensversicherungen beliefen sich auf eine Gesamtversicherungssumme von einer halben Million Dollar, und Laurie war jeweils als bedingte Nutznießerin aufgeführt. Aus irgendeinem Grund hat Gary am Tage vor seinem Tod seinen Versicherungsagenten aufgesucht und seine Lebensversicherung abgeändert. Was für einen Reim machst du dir darauf?«
Der Reim, den ich mir darauf machte, gefiel mir überhaupt

nicht. »Das paßt doch haargenau mit dem Testament zusammen«, sagte ich. »Er hat dich zu Lauries Vormund ernannt, und deshalb schien er sichergehen zu wollen, daß du in der Lage bist, dich voll und ganz um sie zu kümmern.«
»Mein Gott, das könnte ich mir auch so leisten.«
»Er muß den Wunsch gehabt haben, dich irgendwie zu entschädigen.« Ich hielt kurz inne. »Vielleicht ist das seine Methode, sich zu bedanken.«
»Du redest doch um den heißen Brei herum, oder?«
Er hatte recht. »Du willst sagen, es wäre sinnvoller gewesen, das Geld Laurie direkt zukommen zu lassen?«
»Genau. Außer wenn er auf irgendeine andere Weise für Laurie vorgesorgt hat.«
»Stephanie hatte Geld.«
»Ich glaube allerdings nicht, daß Gary wußte, wieviel sie wirklich hatte.«
Ich nahm einen Schluck Wein und dachte darüber nach. Besser gesagt, ich dachte über eine Möglichkeit nach, wie ich es ausdrücken sollte, denn allmählich fing es an, abscheulich zu wirken. »Du willst also sagen, du bist der Meinung«, sagte ich mit aller Behutsamkeit, »er wußte, daß sie die halbe Million von Stephanies Police erben sollte. Denn – sie mußte sterben, und er war ihr Erbe. Und – er mußte auch sterben, und sein neues Testament schrieb seinen ganzen Besitz Laurie zu.«
Michael war ganz verdattert. »Das sieht ja nach einer Kombination aus Mord und Selbstmord aus, findest du nicht auch?«
Ich erwiderte nur: »Ja.« Denn mehr konnte ich nicht sagen.
Michael führte mich jetzt über ein Gebiet, das ich im Geiste eigentlich schon abgeschritten hatte: »Er beschloß, das alles schnell über die Bühne zu bringen, wahrscheinlich deswegen, weil es so stark regnete – ein Unfall im Regen erschien einfach verdammt plausibel. Dann traf er die Vorbereitungen. Er rief mich an und faselte etwas von Vorahnungen. Damit hatte er mir gegenüber ein schwaches Motiv dafür, warum er so plötzlich seine Angelegenheiten in Ordnung

bringen wollte. Er hätte dasselbe auch ganz anderen Leuten sagen können. Schließlich tat er so, als ob er betrunken wäre, machte eine große Show daraus, daß er auf dem Weg zum Krankenhaus beinahe einen Unfall hatte, holte dann Stephanie ab und fuhr mit ihr über die Klippe.«

Ich war noch immer damit beschäftigt, dieses Puzzle zusammenzufügen. Dann murmelte ich: »Man kann sich doch gar nicht so sicher sein zu sterben, wenn man über irgendeine Klippe fährt. Da mußt du dir schon die richtige Klippe aussuchen, habe ich nicht recht?« Und dann sagte ich: »Ich bin mal gespannt, ob die Lebensversicherung diesen faulen Zauber merkt.«

»Ach Gott, das ist doch egal! Wahrscheinlich rechnete er sogar damit. Wahrscheinlich wollte er vor allem Aufsehen erregen. Und er wußte mit Sicherheit, daß ich das Geld nicht benötigte. Das ist nicht der Punkt. Der Punkt ist: Warum das Ganze?« Er stand auf, fuhr sich mit den Fingern durch das Haar und reagierte damit überschüssige Energie ab. »Warum brachte er sich um, Rebecca? Und warum nahm er Stephanie mit in den Tod?«

»Ich weiß es nicht«, sagte ich. Aber ich hatte nicht den geringsten Zweifel, daß er genau das gemacht hatte. Doch es gab noch ein weiteres Warum – warum nämlich machte er Michael zu Lauries Vormund? Warum nicht seine Schwester, wie es ursprünglich geplant gewesen war?

Der nächste Tag war ein Samstag. Ich hätte bis weit in den Vormittag hinein geschlafen und wäre auch glücklich darüber gewesen, hätte mich nicht Rob um acht Uhr schon angerufen. »Erinnerst du dich noch an das unheimliche weiße Pulver?«

»Mmmm.«

»Es ist Natriumbikarbonat.«

»Ist das alles?«

»Das ist alles. Kein Heroin, kein Kokain, nicht einmal Kindertalk. Es ist Natriumbikarbonat, primitives Backpulver. Punkt.«

Ich dankte ihm für die Auskunft und drehte mich um. Doch in den folgenden Stunden hatte ich unendlich viele verschwommene, beunruhigende Träume. Völlig verwirrt wachte ich auf und fühlte mich auf seltsame Weise besudelt, ja, es war geradezu so, als hätte ich an Garys Verbrechen mitgearbeitet. Erst als ich mich unter der Brause befand und gründlich duschte – ich führe dort immer mein Reinigungsritual durch; vielleicht glauben Sie ja auch an solche Handlungen –, hatte ich meine fünf Sinne wieder beieinander. Der Teil von mir, der so lange vor sich hin träumte, hatte wahrscheinlich schon längst alles gewußt.

Ich rief einen befreundeten Arzt an, um herauszufinden, ob das, was ich vermutete, auch in medizinischer Hinsicht haltbar war und Sinn ergab. Und es ergab Sinn. Der Arzt sagte, für ein Baby in Lauries Alter sei Backpulver ein tödliches Gift. Man müsse den Medikamenten nur etwas Backpulver hinzufügen – das überschüssige Natrium sorge dann dafür, daß sich ein starker, Wasser entziehender Durchfall entwickle. Das führe dann unweigerlich zum Tod. Aber das Kind sei nur so lange krank, wie ihm dieses zusätzliche Mittel verabreicht werde. Das Gift habe keine langanhaltende Wirkung und rufe keine zusätzlichen negativen Erscheinungen hervor. Sobald man das Backpulver absetze, werde das Mädchen anfangen, sich schnell wieder zu erholen, und binnen weniger Tage werde sich ihr Gesundheitszustand dramatisch zum Guten wandeln und verbessern.

Anders ausgedrückt – er beschrieb Lauries Krankheitsverlauf hundertprozentig genau. Und Stephanie, die großartigste Mutter der Welt, die vierundzwanzig Stunden am Tag bei ihrem Kind am Bett zugebracht hatte, mußte diejenige gewesen sein, die sie mit dem Zeug fütterte – auf jeden Fall hatte sie die Chance, an dem Pülverchen für ihre Tochter ungehindert herumzupfuschen.

Aber all das ergab keinen Sinn für mich. Na ja, teilweise schon. Was ich mir durchaus vorstellen konnte, war folgendes: Gary erwischte Stephanie dabei, wie sie Lauries Arznei Backpulver beimischte, kannte bereits die Berichte der Ärzte über den hohen Natriumgehalt in den Blutwerten seiner Tochter, zählte zwei und zwei zusammen und stellte seine Frau zur Rede oder auch nicht ... nein, mit an Sicherheit grenzender Wahrscheinlichkeit stellte er sie nicht zur Rede. Gary pflegte niemanden zur Rede zu stellen.

Er kam einfach nur zu der Erkenntnis, daß seine Frau drauf und dran war, ihr gemeinsames Kind zu vergiften, und da entschloß er sich, sie zu töten und bei dieser Tat sein eigenes wertloses und zielloses Leben gleichfalls zu beenden. Diese Variante würde seine Eile erklären – die langsame Vergiftung seiner Tochter zu stoppen, ohne Stephanie zur Rede stellen zu müssen. Falls er sie anklagen würde, wäre er vielleicht in der Lage, ihrem scheußlichen Tun Einhalt zu gebieten, aber sein ganzes Leben würde zu sehr in Unordnung geraten, und das ertrug Gary, der Konflikte haßte wie der Teufel das Weihwasser, nicht. Die ganze Angelegenheit konnte sogar noch viel schlimmer kommen. Leicht konnte aus diesem Vorfall ein Kriminalfall werden, und wenn Stephanie dann noch überführt werden würde, mußte Laurie in der Gewißheit aufwachsen, daß ihre Mutter absichtlich versucht hatte, sie zu vergiften. Falls sie jedoch freigesprochen würde, wäre Laurie ihr ganzes Leben lang in höchster Gefahr. Ich konnte seine merkwürdige Argumentationsreihe problemlos nachvollziehen.

Doch obwohl alles so klar und deutlich vor mir lag, konnte ich mir einfach nicht erklären, warum Stephanie Laurie nach dem Leben trachtete. Nach all dem, was ich über Stephanie gehört hatte, war diese eine überaus liebevolle Mutter, die wahrscheinlich sogar ihr Leben für das ihres Kindes geopfert hätte. Ich rief eine entfernte Freundin von mir an. Elaine Alvarez.

»Natürlich hat sie das Kind geliebt«, erklärte Elaine. »Warum sollte sie es nicht geliebt haben? Laurie war doch genau das, was sie gebraucht hat.« Und dann erzählte sie mir ein paar Dinge, über denen ich völlig vergaß, daß ich eigentlich vorgehabt hatte, in ein paar Minuten ein riesiges Frühstück zu verschlingen. Mit der Entschuldigung, daß mir gerade eingefallen sei, Stephanies Kleider abgeben zu müssen, fuhr ich zu Garys Haus.

Die Familie bereitete gerade einen Gedenkgottesdienst für das verstorbene Paar vor, der in ein oder zwei Tagen stattfinden sollte. Jeri war eben erst im Hause ihres toten Bruders eingetroffen. Freunde waren vorbeigekommen, um den Hinterbliebenen ihr tiefes Mitgefühl auszusprechen. Dennoch mutete die Stimmung in dem Haus geradezu festlich an. Laurie war am Vormittag heimgebracht worden.

Michael und ich unternahmen einen Spaziergang. »Quatsch!« sagte er. »Ausgemachter Scheißdreck! Niemand auf der ganzen Welt hätte sich besser um dieses Baby kümmern können als Stephanie. Gott, sie war eine Märtyrerin! Sie machte Nacht für Nacht kein Auge zu ...

»Höre deinen eigenen Worten nur gut zu. Alles, was du da sagst, bestätigt genau das, was Elaine zu mir gesagt hat. Das Ding hat sogar einen Namen. Es heißt Münchhausen-Syndrom in Vertretung. Das ursprüngliche Syndrom, das uns der gute, alte Münchhausen vorexerziert hat, bezeichnet das Verhalten, wenn sich jemand verletzt oder verstümmelt und weh tut, um die Aufmerksamkeit seiner Umgebung auf sich selbst zu lenken.

›In Vertretung‹ bedeutet, daß man es seiner nächsten und liebsten Verwandtschaft und Bekanntschaft antut. Die Leute sagen: ›Ach, diese arme Frau! Ach Gott, was diese arme Frau mitmachen muß. Seht nur, wie tapfer sie ist! Ja, niemand auf der ganzen Welt könnte eine bessere Mutter sein als sie.‹ Und die Mama fährt dann voll darauf ab. Es gibt von diesem Syndrom viele aktenkundige Fälle, Michael. Und wenig-

stens bei einem Fall spielen eine Mutter und ein Baby die Hauptrolle.«
Er war blaß. »Ich glaube, ich muß kotzen.«
»Setzen wir uns einen Moment hin.«
Und in der Tat mußte sich der spießige, aufrechte Michael schließlich samt seiner weiten Flanellhose und seinen exquisiten Kleidern neben der Straße in den Dreck legen und langsam durchatmen, bis er seine gesunde Gesichtsfarbe wieder hatte. Und dann begaben wir uns langsam zu dem Haus zurück.
Jeri hielt Laurie im Arm, ihre Mutter hatte sich gerade über das Kind gebeugt, und Mary Cooper saß ganz in der Nähe auf der Couch. »Ach seht nur, was für ein liebes Baby. Was für ein knuddeliges Mädel-Bädel. Hast du ein bißchen Fieber? Laurie-Bärchen, du hast doch nicht etwa ein kleines bißchen Fieber, was?«
Das Kind war gerade mit Erlaubnis der Ärzte entlassen worden, und es war in ein halbes Dutzend Decken eingewickelt. Ich bezweifelte, daß es Fieber hatte.
Ellen beugte sich über das Kind, um mit der Hand zu prüfen, ob es tatsächlich Temperatur hatte. »Ooo, ich glaube, sie hat wirklich ein bißchen Fieber. Gib sie Großmutter. Großmutter weiß, wie man Babys wieder in Ordnung bringt, nicht wahr, mein Laurie-Mädchen? Komm zu Großmutter, und Großmutter wird dich mit Alkohol einreiben, nicht wahr?«
Sie wirkte wie ein Falke, der gerade zum Sturzflug angesetzt hatte, bereit, sich seine Beute zu schnappen und wieder davonzufliegen, doch Mary war noch schneller als ein Falke. Ehe man sich's versah, hatte sie Ellen das Baby schon weggenommen und es auf ihren eigenen Schoß gesetzt. »Was du brauchst, ist ein bißchen von dem schönen Saft, nicht wahr, Laurie-Bärchen? Und dann wird dich Omchen schaukeln und schaukeln und schaukeln ... Ach du meine Güte, das Kind ist ja schon ganz heiß!« Ihre Stimme verriet äußerste Panik. »Hör doch nur, Jeri, wie das Baby keucht und pfeift! Wir müs-

sen ihm unbedingt feuchte Luft zum Einatmen geben, schnell . . .«

Sie keuchte eigentlich überhaupt nicht, sie würgte nur ein bißchen und schnappte nach Luft, weil sie sich erschreckt hatte. Ich schaute weg, wobei ich unabsichtlich in die Richtung von Marys Ehemann blickte, der nicht gewollt hatte, daß ich seinen Schmerz entdeckte. Er ließ sofort den Vorhang fallen und setzte eine eiskalte Maske auf. Neben mir hörte ich Michael flüstern: »Mein Gott!«

Ich wußte, daß wir hier Augenzeugen eines extremen Schauspieles waren. Alle waren ganz außer sich vor Freude, daß Laurie wieder zu Hause war, und jetzt wetteiferten sie um die Gunst des kleinen Mädchens, sie zeigten ihre fürchterlichsten Charaktereigenschaften. Ja – nur so konnte man dieses Schauspiel deuten, wenn man eben wußte, was wir wußten. Aber eine Frau wie Stephanie gab es ja Gott sei Dank nicht jeden Tag. Laurie war nicht mehr in Gefahr, da war ich mir absolut sicher. Und ich verstand jetzt auch, warum Gary einen so plötzlichen Sinneswandel wegen der Vormundschaft für Laurie gehabt hatte.

Ich wandte mich Michael zu. »Wirst du vor Gericht gehen, um sie zu bekommen?«

Er zupfte nervös an seinem Pulloverärmel herum und starrte auf sein Handgelenk, so als würde sich darauf eine Landkarte mit einem verborgenen Schatz befinden. »Ich habe mich noch nicht entschieden.«

Ein Bild von meinen schrecklichen Träumen aus der vergangenen Nacht kehrte zurück: Es war ein Ungeheuer in einem Wald, es war größer als all die Bäume ringsherum und es hatte das Aussehen eines gigantischen Berges. Es war ein weibliches Ungeheuer mit einem Bauch und mit Brüsten, die so groß waren wie Felsbrocken. Es trug weiße Kleider und hielt auf seinen ausgestreckten Armen einen toten Mann, dessen Kopf an seinem schlaffen Hals baumelte.

Ein paar Tage später rief Michael an. Als er zu Hause in Se-

attle ankam, wartete schon ein Brief auf ihn – es war eher eine Kurzmitteilung von Gary und war an Garys Todestag abgestempelt worden. Es handelte sich nicht um eine Entschuldigung, noch handelte es sich um eine Erklärung – es stand nicht einmal »Lieber Michael« darauf. Es war einfach nur ein Zitat aus *Hamlet,* mit der Schreibmaschine, nicht mit der Hand, auf ein Stück Papier geschrieben. Michael wußte sofort Bescheid – es hätte ja als Geständnis interpretiert werden können, und man mußte doch immerhin an die Versicherung denken.
Das Zitat lautete:

Aus Verzweiflung entstandene Krankheiten
Werden durch verzweifelte Behandlung gelindert,
Oder überhaupt nicht.

Ich fragte Michael nicht noch einmal, ob er beabsichtige, Laurie bei sich aufzunehmen. Im Augenblick war ich zu wütend auf einen Mann, der bereits tot war, als daß ich schon wieder in der Lage gewesen wäre, mit einem anderen Mann vernünftig sprechen zu wollen. Statt dessen kochte ich innerlich vor Wut, denn es war typisch für Gary, einen Mord mit einem Zitat von Shakespeare zu gestehen. Während er diesen Satz tippte, so dachte ich bei mir, malte er sich wahrscheinlich in den lebhaftesten Bildern aus, wie er sein ruhmloses Leben mit einem rühmlichen Abgang krönen könne. Der Feigling.

Blauer Curaçao

Liz Connors

Susan Kelly

Es heißt, trinken ist furchtbar. Ich habe das nicht geglaubt, bis ich eines Nachts im Januar in Godoziks Discount Liquors ging, um eine Flasche Wodka zu kaufen, und statt dessen als Geisel genommen wurde. Der Schreck war nicht so schlimm, daß ich dem Alkohol ganz abgeschworen hätte, aber fast wäre es so weit gekommen.

Ich erzähle Ihnen das ein bißchen schnoddrig, denn das, was da in Godoziks passierte, war alles andere als komisch. Jemand starb dabei, und das hätte er vielleicht nicht müssen. Die Polizei würde sagen, er war selber schuld. Ich kann diesen Standpunkt verstehen. Aber trotzdem werde ich wohl immer darüber nachdenken. Nicht darüber, ob die Polizei das richtige getan hat, sondern ich.

Ich heiße Elizabeth Connors. Ich bin freiberufliche Schriftstellerin und lebe in Cambridge. Früher mal habe ich Englisch unterrichtet – meine Spezialgebiete waren die englische und schottische Literatur des vierzehnten und fünfzehnten Jahrhunderts. Wie gefällt Ihnen das als esoterische Neigung?

Die Tatsache, daß ich einmal Lehrerin war, hat einen gewissen Einfluß auf die Geschichte. Das ist auch der einzige Grund, warum ich es hier erwähne.

Ich lebe gern ruhig. Ich gehe Schwierigkeiten aus dem Weg, normalerweise mache ich sogar einen großen Bogen darum

herum. Aber manchmal ist der Bogen wahrscheinlich noch nicht groß genug. Oder vielleicht liegt es auch einfach nur daran, daß ich jetzt über Verbrechen schreibe und mir damit meinen Lebensunterhalt verdiene. Und Schwierigkeiten und Verbrechen gehören gewöhnlich zusammen.
Noch eine wesentliche Information: Seit fünfeinhalb Jahren bin ich mit einem Detective-Lieutenant der Polizei von Cambridge zusammen. In jener Januarnacht war er nicht in der Stadt. Er war nach Chicago gefahren, um seinen Vater zu besuchen, der ein paar Tage zuvor einen leichten Schlaganfall erlitten hatte. Jack würde erst wieder am späten Sonntagnachmittag zurückkommen, und ich würde ihn am Logan Airport abholen und zum Abendessen mit zu mir nehmen.
Eigentlich schaute ich nicht nur bei Godoziks Liquors vorbei, um Wodka zu kaufen. Ich wollte auch eine Flasche Rotwein zu dem Schmorbraten, den ich für Sonntag geplant hatte.
Am neunten Januar begann es gegen fünf Uhr zu schneien. Die Flocken waren riesig und fielen im Zeitlupentempo vom Himmel – wie in Gemälden von Norman Rockwell oder Drucken von Currier und Ives, die plötzlich zum Leben erwachten. Die Cambridge Street in East Cambridge – nicht unbedingt das Gartenviertel der Stadt – wirkte so fast bukolisch. Manche der Geschäfte und Häuser waren noch immer mit Weihnachtsschmuck behängt, der jetzt ein wenig zerzaust und abgeschlafft wirkte. Aber das paßte zum Gesamtbild von East Cambridge – heruntergekommen.
Ich betrat Godoziks ein paar Minuten nach sechs. Die Samstagnachtsäufer waren alle unterwegs, ein richtiger Querschnitt durch die Gesellschaft. Ein großer, schlaksiger junger Mann in einem Tufts-Sweatshirt holte ein Faß Bier, höchstwahrscheinlich für die Studentenfete am Abend. Eine Frau mit geraden, schulterlangen Salz-und-Pfeffer-Haaren, einem gerafften Wollrock mit Paisley-Muster, Wanderstiefeln und einer langen Jacke zahlte an der Kasse gerade für einen Krug Gallo Hearty Burgunder. Ein junger Mann in einem grauen

Anzug von Brooks Brothers ging sorgfältig die Regale mit den Pouilly-Fuissés durch. Ein paar weniger auffällige Cambridge-Typen sahen sich um und nahmen das eine oder andere für die eine oder andere Gelegenheit in die Hand. Wahrscheinlich passe ich ganz gut ins Gesamtbild: Ich bin sechsunddreißig, einsfünfundsiebzig groß, habe rote Haare und trug an jenem Abend eine Levi's, einen Fair-Isle-Pullover und eine Windjacke mit Flauschfutter.

Ich nahm eine Flasche Wodka, klemmte sie unter den rechten Arm und machte mich auf den Weg zu den Weinregalen. Ein hagerer Junge in einer braunen Lederjacke und ausgewaschenen Jeans streifte mit einem Sechserpack Coors an mir vorbei. Die Weine waren nach Ursprungsländern geordnet. Ich fing unter Frankreich zu suchen an. Ich krame in Wein- und Spirituosengeschäften genauso gerne herum wie in Bücher- und Schallplattenläden oder Lebensmittelgeschäften. Kleiderläden und Juweliere interessieren mich erstaunlicherweise nicht besonders.

Ich brauchte einen vollen Wein zu dem Schmorbraten und wünschte mir ein breiteres Wissen über die Materie. Das wünschte ich mir übrigens bei ziemlich vielen Dingen. Je älter ich wurde, desto mehr erstaunte mich meine allgemeine Unkenntnis.

Ich ging in die Hocke, um mir die Flaschen im untersten Regal anzusehen.

Der Mann in dem grauen Anzug fand eine Flasche Pouilly-Fuissé, die ihm zusagte, und brachte sie zur Kasse. Aus den Augenwinkeln bemerkte ich, wie der Junge in der Lederjacke sich noch einen Sechserpack aus der Kühlung holte.

Immer noch in der Hocke, kroch ich wie eine Krabbe über die Grenze von Frankreich nach Italien. Ein Bardolino wäre vielleicht nicht schlecht zum Schmorbraten. Aber auf der anderen Seite wäre ein Burgunder sicher mindestens genausogut. Ich bewegte mich wieder nach Frankreich zurück.

Ich hörte ein Geräusch wie bei einem Handgemenge, das vom

vorderen Teil des Ladens zu mir nach hinten drang. Dann ging die Tür auf und knallte wieder zu, und die Glocke darüber bimmelte blechern.

Obwohl die Weinregale mich faszinierten, konnte ich nicht die ganze Nacht hier verbringen. Ich schnappte mir eine Flasche Burgunder, stand auf und wollte zur Kasse.

Der Junge in der Lederjacke stand hinter der Kasse, neben der Kassiererin. Er hatte eine Hand fest in ihre Haare geschlungen und zog ihren Kopf nach hinten, so daß sie den Blick starr zur Decke richten mußte. Mit der anderen Hand preßte er ihr die Mündung seiner Waffe in das weiche Fleisch unter dem Kinn.

Mein Kopf registrierte die Situation – irgendwie –, aber mein Körper tat es nicht. Das Gehirn sagte: *Das ist ein Raubüberfall*! Aber die Beine gingen weiter zur Kasse, wie bei einer Schlafwandlerin.

Die Wodkaflasche rutschte mir unter dem Arm weg und schlug auf den Boden. Die Flüssigkeit spritzte mein linkes Hosenbein hoch und über meine Schuhe.

Der Junge in der Lederjacke starrte mich an. Sein Gesicht war kantig-dreieckig und fahlweiß. Seine Augen waren groß und glänzten. Die Hand mit der Waffe zitterte ein wenig.

Ich verhielt mich ganz ruhig.

Der Mund der Kassiererin stand weit offen, die Lippen spannten sich straff über ihre Zähne. Mit dem schräggelegten Kopf und dem nach oben gerichteten Gesicht sah sie aus, als schreie sie lautlos zur Decke hinauf.

Ohne seinen Griff an den Haaren der Kassiererin zu lockern, senkte der Junge die Waffe und zielte damit nicht sonderlich ruhig auf mich.

O Gott, dachte ich, ich muß sterben. Und das alles nur, weil ich mich nicht schnell genug zwischen Burgunder und Bardolino entscheiden konnte.

Meine Beine waren wie Gummischlangen.

Die Tür zu Godoziks ging auf, und die Glocke darüber bim-

melte fröhlich vor sich hin. Instinktiv wandte ich den Kopf nach rechts. Der Junge bewegte den seinen mit einem Ruck nach links. Was da in den Laden hereinspaziert kam, war ein kleiner, dicker Mann mit beginnender Glatze, Mantel und Wollschal.
Genau wie ich brauchte er eine Weile, um das Geschehen zu überblicken. Als er es tat, blieb er stehen, den Fuß nur wenige Zentimeter über der Schwelle. Einen Moment war er völlig bewegungslos. Er schaute mit großen Augen zu mir herüber. Dann sah er den Jungen.
Der Junge beobachtete mich inzwischen wieder über die Mündung seiner Waffe hinweg.
Der dicke Mann legte die Hände auf den Kopf und fing an, sich rückwärts zur Tür zurückzuschieben. Seine Bewegungen waren ausgesprochen zögernd. Seine Schuhsohlen verursachten nur ein ganz leises kratzendes Geräusch auf dem Linoleum.
Die Hand des Jungen zitterte jetzt ein bißchen stärker.
Der dicke Mann stieß gegen die Tür. Er senkte den rechten Arm ganz vorsichtig, führte ihn hinter den Rücken und suchte nach der Türklinke. Er zog die Tür auf, drehte sich zur Seite und schob seinen massigen Körper schwerfällig durch die Öffnung. Schnee wirbelte über die Schwelle herein.
Die Tür schlug hinter dem dicken Mann zu, und wieder bimmelte die Glocke darüber fröhlich.
In der Ferne hörte ich Sirenen.
Auch der Junge hörte sie.
»Hast du einen Schlüssel für den Laden?« Seine Stimme klang dafür, daß er noch so jung war, erstaunlich tief und rauh. Und es schwang Verzweiflung darin mit.
Natürlich redete er nicht mit mir, sondern mit der Kassiererin. Sie gab keine Antwort. Vermutlich war die Frage gar nicht bis zu ihr durchgedrungen.
Der Junge zog fester an ihren Haaren und zerrte ihren Kopf

mit einem heftigen Ruck noch weiter zurück. Sie stieß einen schwachen Schrei aus.
»Ich hab' gefragt, ob du 'nen Schlüssel für den Laden hast, du Miststück.«
Sie nickte mit schreck- und schmerzgeweiteten Augen.
»Hab's kapiert«, fuhr der Junge sie an. »Wo ist er?«
»Unter der Kasse«, wimmerte die Kassiererin.
Der Junge stieß sie unter die Theke.
»Du«, sagte er. Er winkte mir mit der Waffe. »Hier rüber!«
Mein Körper war so locker und fließend, daß er sich fast schon substanzlos anfühlte.
»Beweg dich!« brüllte der Junge.
Ich trottete zu ihm hinüber und glaubte mich dabei von meiner eigenen Körperlichkeit völlig abgelöst.
Die Kassiererin erhob sich langsam hinter der Theke, und in ihrer linken Hand baumelte ein Schlüsselbund. Der Junge nahm ihn ihr ab und steckte ihn in die Jackentasche.
»Du«, sagte er zu mir, »komm hier rüber!«
Er gab der Kassiererin einen Schubs, und sie stolperte an mir vorbei, als ich hinter die Theke kam. Der Revolver war noch etwa fünfzehn Zentimeter von meinem Busen entfernt. Ich spürte, wie sich die Haut zwischen meinen Brüsten anspannte.
Die Kassiererin stolperte über den Fuß eines Gitterregals voll mit Kartoffelchips und Popcorn und krachte wie ein Stück Holz zu Boden. Der Junge trat ihr in den rechten Oberschenkel. »Na, mach schon, raus da!« fuhr er sie an.
Die Kassiererin rappelte sich auf Hände und Knie hoch und begann auf die Tür zuzukriechen. Der Junge ging ihr rückwärts nach und zielte dabei weiter mit der Waffe auf mich.
An der Tür richtete sich die Kassiererin wieder ganz auf. Sie stand mit hängendem Kopf und baumelnden Armen da und stöhnte und jammerte vor sich hin.
Der Junge griff hinter sich, wie der dicke Mann es vorher getan hatte, und riß die Tür auf. Dann packte er die Kassiererin

an der rechten Schulter, riß sie herum und stieß sie hinaus auf den verschneiten Gehsteig. Ich glaubte, sie noch einmal hinfallen zu sehen.
Der Klang der Sirenen war inzwischen ziemlich laut.
Der Junge kramte die Schlüssel aus seiner Jackentasche und steckte sie einen nach dem anderen ins Schloß. Beim dritten Versuch klappte es. Ein Streifenwagen der Polizei hielt mit quietschenden Reifen vor dem Laden.
Der Junge rannte zur Kasse zurück, sprang behende darüber und landete ganz sanft neben mir. Ich wich ein wenig zurück und drückte mich gegen die Kasse.
Er war ein paar Zentimeter größer als ich. Und weniger mager, wie ich zuvor gedacht hatte, als vielmehr drahtig. Und er hatte Kraft. Man brauchte Kraft und Beweglichkeit, um so sauber über die Theke zu springen, wie er es getan hatte.
Der Junge grinste mich an. Seine Zähne waren klein und weiß, die Eckzähne spitz. Seine Augen funkelten wie grüne Glasscherben.
»Nur noch du und ich«, sagte er und beschrieb dabei mit dem Revolver einen kleinen Bogen. »Setz dich!« Er grinste wieder. »Wird vielleicht eine lange Nacht.«
Ich setzte mich mit dem Rücken zu den Regalen mit den Flaschen. Erst jetzt merkte ich, daß ich immer noch den Burgunder in der Hand hielt. Ich stellte ihn auf den Boden neben mich.
Der Junge sah die Flasche an. »Große Party heut' abend?«
Ich schüttelte den Kopf.
»Hättest sie sowieso verpaßt«, sagte er und lachte heiser.
Ich starrte ihn an. Vor zwei Minuten hatte ihn noch die Verzweiflung gepackt. Und jetzt, wo Gott weiß wie viele Polizisten draußen aufmarschierten, schien er – in Hochstimmung. War er high? Wenn ja, steckte ich noch tiefer im Schlamassel, als ich gedacht hatte.
Ich sah mir den Revolver an. Eine Halbautomatic, so viel wußte ich. Aber weder ein .45er Colt noch eine Luger, die ein-

zigen Waffen, die ich erkannt hätte. Der Zeigefinger des Jungen stand steif und gerade am Abzug. Die anderen drei Finger hatte er fest um den Griff des Revolvers gekrümmt. Ich fragte mich, ob er schon damit geübt hatte oder ob das sein erster bewaffneter Raubüberfall war.
Der Junge wippte auf den Fußballen vor und zurück, als wäre das die einzige Möglichkeit, etwas von seiner Nervosität loszuwerden. Er lehnte sich nach vorne über die Theke und sah hinüber zu den Tafelglasscheiben des Spirituosengeschäftes.
Ich hatte meine Beine lang und gerade vor mir ausgestreckt, wie eine Puppe oder ein kleines Kind. Nicht gerade eine bequeme Sitzhaltung für einen erwachsenen Menschen. Ich zog die Beine an und die Knie hoch. Der Junge hörte das leichte Kratzen, das meine Absätze auf dem Boden verursachten, wandte sich blitzschnell von der Theke um und starrte mich wütend an.
»Krampf im Bein«, platzte ich heraus und spürte dabei, wie in mir alles gefror.
Er starrte mich einen Augenblick länger an. »Rühr dich nicht, ich warne dich!« sagte er. »Du rührst dich nicht, bevor ich's dir nicht sage, kapiert?«
»Klar.« Ich nickte nicht einmal. Ich sah, daß sein Zeigefinger jetzt um den Abzugsbügel gekrümmt war.
Der Junge fing wieder mit seinem sanften Wippen an. Ich beobachtete ihn und versuchte, mich dabei nicht von ihm erwischen zu lassen.
Er konnte jedes Alter zwischen achtzehn und zweiundzwanzig haben. Er hatte eine hohe, breite Stirn und hohe Wangenknochen, die sich zu einem schmalen, spitzen Kinn verjüngten. Seine dichten Haare waren mittelbraun und strahlten einen gesunden Glanz aus. Über den großen Augen hingen schwere Lider, und die Winkel waren etwas nach unten gebogen. Die Nase war schmal und gerade und der Mund mit der vollen Unterlippe gut geschnitten. Auf seinen

Wangen waren noch leichte Aknespuren zu sehen, aber abgesehen davon war er ein hübscher Junge.
Diese Erkenntnis erschreckte mich. Er schaute aus wie ein Student vom College, wie einer von meinen eigenen Schülern. Böse Buben wie er sollten nicht wie Erstsemester an der Universität von Tuft oder Harvard aussehen. Sie sollten aussehen wie der Abschaum der Menschheit. Aber wenn man diesen Jungen irgendwo auf ein Universitätsgelände gesteckt hätte, hätte er sich nahtlos in seine Umgebung eingefügt. Bis er den Mund aufmachte.
Die Art, wie er redete, verriet ihn. Nicht die Sprache, die er verwendete – alle jungen Leute in seinem Alter, gleich welchen Geschlechts, redeten wie die Hafenarbeiter. Es waren die Grammatik und der Akzent – er verschluckte die Wörter halb, wie alle ungebildeten Städter aus den Neuenglandstaaten. Niemand hatte Jack Kennedy jemals für ungehobelt gehalten, nur weil er die R am Schluß immer verschluckte. Aber Jack Kennedy stammte auch nicht aus East Cambridge.
Ich wußte instinktiv, daß der Junge aus der Gegend war. Und zwar ganz aus der Nähe.
Entweder gelang es mir gut, nicht so auszusehen, als beobachtete ich den Jungen, oder es machte ihm nichts aus. Er hörte auf mit dem Wippen und wandte sich der alten, noch nicht computergesteuerten Kasse zu. Er warf einen Blick auf die Schlüssel und drückte dann auf den *No-sale*-Knopf. Die Kasse sprang auf. Der Junge warf einen Blick hinein.
»Hey, schau mal da rein!« sagte er. »Schau dir das ganze Geld an!« Er sah mich an. »Die großen Scheine sind da drunter« – er deutete auf das Einlegefach – »oder?«
Ich war mir nicht sicher, ob das eine rhetorische Frage war.
»Ja«, antwortete ich, »ich glaub' schon.«
Der Junge nahm das Fach aus der Kasse und legte es auf die Theke.
»Schau, schau«, sagte er. Er griff in die Kasse und holte einen Hundertdollarschein heraus. Er wedelte mir damit vor der

Nase herum und stopfte ihn dann zerknüllt in die rechte Gesäßtasche seiner Jeans. Dann nahm er ein Bündel Zwanziger mit Banderole in die Hand und steckte es in die Jackentasche.
Während er die Kasse durchwühlte, versuchte ich meine Gedanken zu sammeln. Genauer gesagt, bemühte ich mich, sie auf das zu konzentrieren, was ich gelernt hatte – aus dem, was ich über das Thema gelesen hatte, und aus Gesprächen mit Polizisten, wie man sich als Geisel verhalten soll.
Die momentan empfohlene Methode besagte, daß man mit dem Geiselnehmer »reden und eine Beziehung zu ihm aufbauen« solle. Und vor allen Dingen sollte die Geisel Ruhe bewahren. Ein toller Rat, natürlich, aber ich fragte mich, ob die Leute, von denen er stammte, ihn selbst schon einmal in die Tat umzusetzen versucht hatten. Wie zum Teufel sollte ich ein Verhältnis zu einem Jungen aufbauen, der fast mein Sohn sein konnte und der vielleicht obendrein noch mit Drogen vollgepumpt war?
Ich war vor Jahren schon einmal als Geisel genommen worden. Aber die damalige und die jetzige Situation hatten nichts gemein.
Der Junge nahm das Einlegefach der Kasse von der Theke und schob es zu mir herüber. Ich schrak ein wenig zusammen.
»Zähl, was drin ist!« sagte er.
Ich nahm das Fach auf den Schoß. Ich ließ mir von solchen Hohlköpfen nur ungern vorschreiben, was ich tun sollte. Aber andererseits ließ ich mich noch weniger gern von einem von ihnen erschießen, wenn ich seine Befehle mißachtete.
Ich holte die Zwanzigdollarscheine aus ihrem Fach. Der Junge beobachtete mich dabei aufmerksam.
»Dreihundertachtundvierzig Dollar«, verkündete ich nach ein paar Minuten.
»Ist das alles?« Seine Stimme klang empört.
Ich zögerte einen Augenblick und zuckte dann leicht mit den Achseln. »In solchen Läden wird die Kasse drei- oder viermal am Tag geleert.«

»Und was machen sie dann mit dem verdammten Geld?«
»Der Eigentümer oder der Geschäftsführer bringt es auf die Bank.« Ich wußte das zwar nicht sicher, aber es klang zumindest logisch.
»Scheiße.« Der Junge trommelte mit den Fingern seiner freien Hand auf der Theke herum. »Gib her, was drin ist!«
Ich reichte ihm das Bündel Scheine. Er rollte es zu einem Zylinder zusammen und stopfte es in die Jackentasche. Ich legte das leere Fach auf den Boden.
Der Junge stieß sich von der Theke ab und ging in derselben geschmeidigen Bewegung neben mir in die Hocke. Er legte die Arme auf die Knie. Die Waffe in seiner Rechten baumelte zwischen seinen Beinen, Mündung nach unten. Ich fragte mich, ob er sich wohl des Symbolgehalts dieser Stellung bewußt war. Wahrscheinlich schon irgendwie.
Er grinste mich mit seinen spitzen Zähnen an. »Du siehst gar nicht so schlecht aus«, sagte er. »Für dein Alter.« Sein Blick wanderte etwas tiefer, über meinen Oberkörper. »Hast nette Titten.«
Ach du lieber Himmel, dachte ich.
Er hob die Waffe und zeichnete mit dem Ende des Laufes ganz sanft die Umrisse meines Gesichtes nach. Dann stieß er mir die Mündung mit einem Ruck knapp unter dem Ohr in den Hals.
Das Telefon auf der Theke klingelte. Das Geräusch durchschnitt die lastende Stille wie eine Kettensäge weiches Holz.
Der Junge wich von mir zurück. »Was zum Teufel ist das?«
Ich schloß die Augen. »Geh hin!« sagte ich. »Es ist wahrscheinlich für dich.«
Das Telefon klingelte noch dreimal. Der Junge stand auf, stieg über meine Beine und packte den Hörer. Er hielt ihn vor den Mund und fragte: »Ja?«
Ich gestand mir ein paar tiefe Atemzüge zu, während der Junge dem zuhörte, was der Polizist am anderen Ende der Leitung zu sagen hatte.

Was immer es war, es beeindruckte den Jungen nicht. »Verpiß dich!« sagte er in das Mundstück und knallte den Hörer auf die Gabel. Er wandte sich mit zornerfülltem Gesicht wieder zu mir um. Einen Augenblick stand er vor mir und atmete so schwer, daß ich es hören konnte. Dann beugte er sich herunter, packte mich vorne am Pullover und zog mit einem Ruck daran.

»Steh auf!« sagte er.

Ich tat, was er sagte.

Er ließ meinen Pullover los und packte mich am rechten Oberarm. Die Waffe drückte er mir in den Rücken. Er schob mich mit seinem Körper vorwärts.

»Beweg dich!« sagte er. »Zum Fenster hinüber! Geh langsam!«

Ich ging zur Vorderseite des Ladens und hatte dabei das Gefühl, als zöge ich eine lebendige Fessel hinter mir her. Der Junge schlang mir den Arm so um den Hals, daß sein Ellbogen gegen meine Kehle drückte. Das und die Waffe im Rükken verhalfen mir zu einem Hohlkreuz. Als wir schließlich beim Fenster waren, ging ich schon fast auf Zehenspitzen.

Der Teil der Cambridge Street vor dem Spirituosengeschäft war abgeriegelt. Draußen standen mindestens sieben Streifenwagen und zwei Ambulanzen. Und drüben auf der rechten Seite der Übertragungswagen von Channel 5.

Der Junge und ich tanzten unseren kleinen *Pas de deux* im Schaufenster ungefähr fünfzehn Sekunden lang. Dann zog er mich zurück, und wir stolperten rückwärts wieder zur Theke.

»Auf den Boden!« sagte er.

Ich setzte mich unter die Kasse, diesmal mit dem Gesicht zu den Regalen mit den kleinen Viertel- und Halbliterflaschen, die hier verstaut waren, damit niemand sie entwenden konnte. Unmittelbar vor mir stand eine Reihe von Likören in allen Regenbogenfarben.

»Die Bullen wollten sichergehen, daß ich nicht allein hier drin bin«, sagte der Junge.

Ich schaute zu ihm hoch.
»Die wollten auch sehen, ob du in Ordnung bist«, fügte er hinzu.
Ich nickte.
»Die machen nichts, solang' du mit hier drin bist.«
»Nein.«
Der Junge ging mit einer geschmeidigen Bewegung neben mir in die Hocke. Mir fiel ein, was das Läuten des Telefons vorher unterbrochen hatte, und ich verkrampfte, weil ich sicher war, daß seine nächste Handlung oder Äußerung mit Sex zu tun haben würde.
Ich starrte geradeaus auf das Regal mit den Likören. Es wäre vielleicht gar nicht so schlecht, wenn der Junge versuchte, mich zu vergewaltigen. Denn dann würde er irgendwann die Waffe entweder fallen lassen oder weglegen. Und genau dann würde ich mir den Revolver schnappen, dem kleinen Schwein das Hirn durch das Tafelglasfenster pusten und raus auf die Cambridge Street laufen.
Als der Junge etwas sagte, überraschte mich das mehr als seine Hand, die mir die Jeans heruntergerissen oder sich auf meine Brust gepreßt hätte.
»Hast du Hunger?«
»Was?«
»Willst du was zu essen?«
Ohne auf meine Antwort zu warten, beugte er sich zu dem Gitterregal mit den abgepackten Snacks und nahm eine große Packung Kartoffelchips. Er riß die Packung mit den Zähnen auf. Dann streckte er sie mir entgegen. Ein penetranter Geruch von Öl und Sauerrahmersatz stieg mir in die Nase. Mir hob sich der Magen.
Ich schüttelte den Kopf. »Nein, danke.«
Er stellte die Tüte neben sich auf den Boden und griff mit der freien Hand hinein. Er stopfte sich eine Handvoll Chips in den Mund und kaute sie geräuschvoll. Ein Sprühregen von Krümeln rieselte auf seine Jacke herunter.

Er hatte den ersten Happen noch nicht hinuntergeschluckt, als er schon die nächste Portion aus der Tüte holte.
Das rief mir ins Gedächtnis zurück, daß er wirklich noch ein Junge war.
Na und? Ein paar von den schlimmen Verbrechern waren Jungen genau wie er und hatten auch noch weiche, gar nicht so recht ausgeprägte Gesichtszüge. Und einen Riesenappetit auf alle möglichen Dinge.
Er hatte schon fast alle Kartoffelchips in sich hineingeschlungen, als er wieder etwas sagte.
»Das verdammte Zeug macht Durst«, sagte er. Er schaute nach rechts zu den Regalen. Dann sah er mich an. »Kann man irgendwas davon trinken?«
Wahrscheinlich kannte er weder Courvoisier noch Grand Marnier noch Remy Martin. Und sie hätten ihm ohnehin nichts genützt.
»Nein«, antwortete ich. »Eine Cola oder ein Bier wär' vernünftiger.«
Vielleicht hätte ich ihm raten sollen, eine Flasche Triple Sec in sich hineinzukippen. Das nach den Chips, und es wäre ihm garantiert so schlecht geworden, daß ich ihm die Waffe ohne Schwierigkeiten hätte abnehmen können.
Vielleicht.
Er wandte den Blick von mir ab und den Regalen zu. Er schien etwas entdeckt zu haben.
»Was ist denn das für ein Zeug?«
»Was?«
Er zeigte mit dem Kopf auf die Liköre. »Der blaue Mist.«
»Blau . . .« Ich beugte mich etwas vor und betrachtete das Regal mit zusammengekniffenen Augen. »Ach so.« Ich sah den Jungen an. »Das ist Blauer Curaçao.«
»Und was zum Teufel ist das?«
»Das ist – ein Likör. Trinkt man nach dem Essen. Ziemlich süß und klebrig.«
»Ach ja?« Er klang interessiert. »Schmeckt das gut?«

»Mir persönlich«, antwortete ich, »sind leichtere Sachen lieber.«
Der Junge lachte, diesmal ohne jede Spur von Hysterie. »Hey, Lady«, sagte er, »du bist 'ne heiße Nummer, weißt du das?«
»Ja. Weiß ich.«
Er lachte wieder und griff dann nach der Flasche. Er studierte das Etikett einen Moment mit gerunzelten Augenbrauen. Dann sah er zu mir hoch. »Und warum haben sie dem Zeug so einen blöden Namen gegeben? Blauer Küra . . .« Seine Stimme erstarb, und er betrachtete wieder das Etikett.
»Kürasao«, sagte ich.
»Kü-ra-sao«, wiederholte er. »Wie zum Teufel kommt man bei C-U-R-A auf ›Küra-‹?« fragte er und warf erneut einen Blick auf das Etikett.
»Das ist eine andere Sprache«, antwortete ich. »Eigentlich ist das ein Ort.«
»Ja?« Er stellte die Flasche aufs Regal zurück. »Und wo ist das?«
»Das ist eine Insel in der Karibik.«
Er sah mich fragend an. Daran war ich gewöhnt; selbst manche meiner ach so gebildeten Schüler hatten nicht einmal die leiseste Ahnung von Geographie. An den staatlichen Schulen wird das Fach, glaube ich, seit 1957 nicht mehr unterrichtet. Und da steckte der Junge hier noch in den Windeln. Oder war wahrscheinlich noch nicht mal gezeugt.
»Das Meer zwischen Nord- und Südamerika«, erklärte ich.
»Ach.« Er dachte einen Augenblick nach. »Da, wo Puerto Rico ist?«
Träumte ich diese ganze Unterhaltung? »Ja, ungefähr da.«
Das Telefon klingelte. Wir sahen es beide an.
»Schon wieder die Scheißbullen«, sagte der Junge. Er machte keine Anstalten, den Hörer abzunehmen.
Das Telefon klingelte weiter.
»Vielleicht hörst du dir lieber an, was sie wollen«, sagte ich. »Sonst hört das Klingeln nie auf.«

Er seufzte verzweifelt. »Ja.« Dann stand er auf und nahm ab. »Verpiß dich«, sagte er in den Hörer. Dann legte er ihn neben das Telefon. Er drückte die Gabel herunter, um die Verbindung zu unterbrechen, und wandte sich zu mir. »Ich muß mir diesen Scheiß nicht anhören.«

Ich erwiderte seinen Blick, so gut ich konnte. »Irgendwann mal mußt du das aber.«

Seine Augen verengten sich. »Ich mach' nichts, was ich nicht will, Lady.«

Ich wünschte, wir unterhielten uns immer noch über die Herkunft des Ausdrucks Blauer Curaçao.

Der Junge ging wieder neben mir in die Hocke. Ich hörte seinem Atmen ein paar Sekunden lang zu.

»Entspann dich«, sagte ich sanft. »Sie können jetzt nicht wieder anrufen.«

Er sah zu mir herüber. Ich lächelte, ganz leicht.

»Wie heißt du?« fragte er unvermittelt.

Die Frage kam so unerwartet, daß ich einen Moment schwieg. Dann sagte ich: »Liz.«

Er nickte.

»Und du?«

Er legte den Kopf schräg und lächelte mich schief an. »Mikkey.«

»Aha. Tja: hallo.«

»Hallo.«

Ich sah unauffällig auf die Waffe. Er hielt sie nach wie vor fest.

»Hast du immer noch Durst?« fragte ich.

»Nee.« Er schüttelte den Kopf. »Ich bin okay.« Dann warf er mir einen mißtrauischen Blick zu. »Warum willst du das wissen?«

Ich zuckte mit den Achseln. »Hab' keinen besonderen Grund.«

»Tja, jedenfalls trink' ich nichts von dem Scheiß Küramist.«

Ich lachte. »Das kann ich dir nicht verdenken.«

Er sah wieder zu dem Likörregal hinüber. Nach einer Weile nahm er eine Flasche mit einer satten, topasfarbenen Flüssigkeit in die Hand. Er schaute sie einen Augenblick mit düsterer Miene an und hielt mir dann die Flasche unter die Nase.
»Und was ist da drin?«
Ich warf einen Blick auf das Etikett. »Lochan Ora«, antwortete ich und schaffte dabei einen fast authentischen schottischen Knacklaut bei dem *ch* in *Lochan*. Ich wußte, wie das ging; ich hatte vier Jahre lang in Schottland gelebt. Mickey dachte sich wahrscheinlich, ich hätte eine Erkältung.
Wenn dem so war, äußerte er sich nicht dazu. »Lockin Ora«, wiederholte er. »Und was ist das?«
»Wieder ein Likör«, erklärte ich. »Wird, glaube ich, mit schottischem Whisky gemacht. Ein ganzes Ende besser als Blauer Curaçao.«
»Ja, wirklich?« Er sah sich die Flasche an. »Willst du was davon?«
»Jetzt im Moment nicht.«
Mickey warf mir die Flasche zu. Sie landete in meinem Schoß. »Mach sie auf!« ordnete er an. »Ich will was davon probieren.«
Ich pulte die Steuermarke vom Stöpsel und zog ihn heraus. Dann gab ich Mickey die Flasche zurück. Er hob sie an den Mund und nahm einen vorsichtigen Schluck. Auf seinem Gesicht breitete sich ein merkwürdiger Ausdruck aus. Dann drehte er den Kopf weg und spuckte auf den Boden.
»Verflucht«, sagte er. »Schmeckt wie beim Zahnarzt.«
»Tut mir leid. Ist wohl gewöhnungsbedürftig.«
Er schüttelte angewidert den Kopf und wandte ihn dann wieder dem Likörregal zu. »Gibt's denn hier nichts Besseres?«
Ich ließ den Blick über das Regal wandern. Wenn ich ihm einen Likör mit Kiwigeschmack vorschlug, würde er mir die Flasche wahrscheinlich schon nach dem ersten Schluck um die Ohren schlagen. Und das könnte ich ihm dann auch nachfühlen. Aber nach einem Schluck B and B würde er das glei-

che machen. Und einen Napoléon würde er vermutlich auch nicht zu würdigen wissen.
Dann entdeckte ich eine Flasche mit Schokoladen-Minz-Likör. »Versuch's mal damit«, sagte ich und deutete darauf. Das Zeug würde bei einem Geier wahrscheinlich eine ernsthafte Magenverstimmung hervorrufen, aber einem Menschen in Mickeys Alter schmeckte so etwas vielleicht. Wenn nicht, konnte ich ihm immer noch den Kirschwodka vorschlagen.
Ich machte die Flasche auf und gab sie ihm. Er nahm einen vorsichtigen Schluck. Diesmal wirkte sein Gesichtsausdruck eher zufrieden als verstimmt.
»Nicht schlecht«, sagte er. »Besser als dieser Küramist.«
»Fast alles ist besser als das.«
Er nahm noch einen Schluck von der flüssigen Süßigkeit und stellte die Flasche neben sich.
»Trinkst du viel?« fragte er.
Ich war überrascht. »Ich versuch', mich zu beherrschen.«
»Woher weißt du dann so viel über das Zeug?«
Ich zuckte mit den Achseln. »Ich weiß es nicht, Mickey. Ich hab's irgendwie aufgeschnappt im Lauf der Zeit. Vielleicht hab' ich's auch irgendwo gelesen.«
Er kniff die Augen zusammen und sagte: »Weißt du, du redest daher wie eine Lehrerin oder so was.«
Ich seufzte. »Ich war auch mal eine.«
»Ehrlich? An was für 'ner Schule?«
Ich lachte unsicher. »Am College.«
Er starrte mich an. »Erzähl keinen Scheiß.«
»Mach' ich nicht.«
»Mist.« Er drehte den Kopf mit verzerrtem Gesicht nach rechts.
»Was ist los?« fragte ich.
Er sah mich an. »Schule ist Scheiße.«
»Ganz deiner Meinung.«
Seine Augen wurden ein bißchen größer.

»Ich hab' die Schule auch gehaßt«, sagte ich. »Die Grundschule und die High-School. Jedenfalls die staatlichen. Später bin ich dann auf eine gute Pri . . ., auf eine andere Schule. Das war toll. Und ich hab' das College und die Uni genossen.« Ich merkte, daß ich zu schwafeln anfing, und hörte auf damit, bevor ich Mickey auch noch erzählte, daß ich meine Doktorarbeit tatsächlich gern geschrieben hatte. Ich war wahrscheinlich der einzige Mensch auf der Welt, dem sie Spaß gemacht hatte. Ich atmete tief durch. »Aber davor«, fuhr ich fort und winkte dabei mit der rechten Hand ab, »war die Schule wirklich Scheiße. Da hast du völlig recht.«
Mickey saß noch immer in der Hocke und rutschte ein wenig näher zu mir herüber. Seine Augen glänzten ungläubig. »Du erzählst mir Scheiß«, wiederholte er.
»Nein.«
Er schüttelte verwirrt den Kopf. »Alle Lehrer lieben doch die Schule. Oder? Jedenfalls tun sie so, wie wenn alles ganz toll wär'.«
»Das College kann ganz gut sein, Mickey. Nur das, was davor kommt, ist manchmal nicht so toll.«
»Erzähl mir mehr drüber.«
»Ich glaub', das muß ich nicht.«
Er nahm die Flasche Schokoladen-Minz-Likör und trank noch einen Schluck. »Okay, aber warum hast du die Schule gehaßt?«
»Das hat früh angefangen.«
»Wann ungefähr?«
»Als ich gemerkt hab', daß ich schlauer bin als meine Lehrer.«
Er starrte mich einen Augenblick an. Dann warf er den Kopf zurück und lachte. »Das ist ja Wahnsinn«, sagte er. »Genau wie bei mir.«
»Ja?« Ich beugte mich zu ihm hinüber. »Was war bei dir los?«
Er nahm den Likör und nippte daran. Dann wischte er sich den Mund mit dem Gelenk der Hand ab, mit der er die

Waffe hielt. »O Mann«, antwortete er. »Ich will nicht über den Scheiß reden.«
Ich lächelte. »Warum nicht? Was soll man sonst damit machen?«
Er verzog das Gesicht. Jetzt sah er aus wie zwölf. Tödliche zwölf.
»Red weiter«, sagte ich. »Ich hab's dir auch erzählt.«
»Ja.« Er stellte die Flasche auf den Boden und rieb sich die Schläfe. »Okay.« Er schwieg einen Augenblick. Als er dann schließlich etwas sagte, schien es ihm schwerzufallen. Jedenfalls zögerte er.
»Es war . . . wie ich noch ein Kind war, hab' ich . . . ich, na ja, ich hab' mich für Dinosaurier interessiert, weißt du?« Diese Eröffnung war ihm offenbar ein wenig peinlich, als hätte er gerade gestanden, daß er als Kind von der Pornographie besessen war.
»Ich hab' mich auch für Dinosaurier interessiert«, sagte ich.
»Wirklich?« Sein Gesicht hellte sich auf. »Ja. Jedenfalls hab' ich diese kleinen Dinosaurierfiguren aus Plastik gehabt. Und ich hab' die ganzen Namen gelernt.«
»Triceratops«, sagte ich. »Diplodocus, Brontosaurus. Stegosaurus. Allosaurus.«
»Ja, genau.« Sein Kopf nickte auf und ab.
»Pterodactyl«, zählte ich weiter auf. »Und der gute alte Tyrannosaurus Rex.«
»Genau, genau.« Er hörte plötzlich zu reden auf, und sein Gesicht wurde wieder düster.
»Was ist los?«
»Scheißlehrer.«
»Was ist passiert?«
»Ach was.« Er verzog den Mund. »War keine große Sache.«
Da hatte ich einen anderen Eindruck.
»Wir haben Kunstunterricht gehabt«, sagte Mickey. »Da haben wir gezeichnet oder gemalt oder Tonfiguren oder solche Sachen gemacht, weißt du.«

Ich nickte.
»Also wollt' ich Dinosaurier aus Ton machen.«
Ich nickte wieder.
»Ich hab' sie zum Trocknen stehenlassen. Und dann . . .« Mickey schwieg einen Moment. »Und dann bin ich das nächste Mal in den Kunstunterricht gegangen, und die ganzen verdammten Brontosaurier waren kaputt. Lauter Scherben.«
»Ja.«
»Also hab' ich den Lehrer gefragt, was passiert ist, und . . .« Mickey holte tief Luft. »Und da hat er mir gesagt, daß er sie selber kaputtgemacht hat.«
»Warum denn, um Himmels willen?«
»Ach, was weiß ich. Er hat gesagt, die sind alle falsch und fallen sowieso von selber auseinander oder so was.«
»O je«, sagte ich sanft.
»Dann hat er den anderen die Einzelteile gezeigt und gesagt, daß ist ein gutes Beispiel dafür, wie man Tonfiguren nicht machen soll.«
»Scheiße«, sagte ich.
Mickey sah mich mit merkwürdigem Blick an.
Ich streckte die Hand ein wenig zitternd aus und tätschelte ihm das Knie. »Mick«, sagte ich, »die Welt steckt voller Arschlöcher. Und unglücklicherweise sind ziemlich viele davon an der Schule beschäftigt.«
»Ja.«
»Ich hab' auch so was Ähnliches wie du erlebt.«
Sein Gesicht verfinsterte sich. »Und wieso bist du dann nicht genauso wie ich?«
Ich sank gegen die Regale zurück. Seine Frage war berechtigt. Und praktisch nicht zu beantworten. Was sollte ich ihm sagen? Daß irgendein kleiner Sadist mit einem Spatzengehirn ihm seine Brontosaurierfiguren zerschlagen hatte, war sicher nicht der einzige Grund, warum er in dieser Nacht mit einer Waffe in diesem Geschäft saß.
Das Leben war für viele Kinder in East Cambridge nicht ge-

rade ein Honigschlecken, nicht einmal für die, die aus guten, gefestigten Familien kamen. Die Eltern konnten sich abmühen, wie sie wollten, um ihren Kindern die traditionellen Werte einzutrichtern – in East Cambridge lebte vermutlich die gottesfürchtigste Gemeinde von Kirchgängern in der ganzen Stadt –, aber die Verlockungen der Straße waren allgegenwärtig. Kinder wie Mickey verehrten keine Baseballidole. Sie wählten sich die harten Jungs der Gegend als Vorbild – Männer, die in Walpole eingesessen hatten. In East Cambridge war das das Erkennungszeichen des richtigen *Mannes.*

Wer konnte schon sagen, aus welchen Verhältnissen Mickey stammte? Ich fragte mich, ob irgendwelche Verwandte von ihm wohl schon einmal im Gefängnis gewesen waren.

Der Junge nippte mit finsterem, nachdenklichem Gesicht an dem Schokoladen-Minz-Likör.

»Mickey«, fragte ich, »wie alt bist du?«

Er warf mir einen bösen Blick zu. »Was zum Teufel geht dich das an?«

»Nichts. Aber ich bin neugierig.«

Er sah das Regal mit den Likören an. »Neunzehn.«

»Oh.«

»Du denkst wohl, ich bin ein blöder Scheißer, was?«

»Nein, ganz im Gegenteil.«

Er wandte mir den Kopf zu und starrte mich an. »Was soll denn das nun wieder heißen?«

»Das soll heißen, daß du wahrscheinlich zu clever bist, um so was Dummes zu machen wie einen solchen Laden auszurauben.«

»Ja, meinst du wirklich? Was weißt du denn schon von mir?«

»Genug, um ziemlich sicher zu sein, daß das nicht der richtige Weg für dich war, Mick.«

Sein Atmen wurde wieder lauter. Er nahm einen schnellen Schluck aus der Flasche in seiner Hand. Dann schleuderte er sie nach rechts, weg von uns. Sie knallte gegen die Seite des

Gitterregals mit den Knabbersachen und zerbarst in einem Sprühregen aus zäher, brauner Flüssigkeit. Etwas davon spritzte auf meine Kleidung und mein Gesicht.

Ich saß ganz still da.

Mickey sprang auf und stürzte sich auf die Theke. Mit dem linken Arm wischte er über die Oberfläche und warf dabei einen Pappständer mit Zigarettenpapier herunter. Dann packte er die Kasse und schleuderte sie zwar ungeschickt, aber mit bemerkenswerter Kraft in Richtung des Fensters. Sie geriet etwas vom Kurs ab und krachte gegen einen Stapel Bierträger. Dabei ergoß sich das Kleingeld über den ganzen Boden.

»Hör auf damit!« kreischte ich. »Verdammt noch mal, was willst du denn damit bezwecken? Willst du, daß die Polizei hier reinkommt und anfängt zu ballern?«

Er schlug mit der linken Faust so fest auf die Theke, daß sie vibrierte.

»Mickey«, sagte ich um etliches leiser, aber dennoch mit nachdrücklicher Stimme. *»Bitte.«*

Er versetzte der Theke einen Tritt. Seine Schuhspitze traf das untere Regal und zersplitterte das Holz.

Ich hatte Angst, daß die Waffe in seiner Hand zufällig losgehen könnte. Wenn die Polizisten draußen einen Schuß hörten, würden sie vielleicht ... Eigentlich wußte ich nicht, was sie in so einem Fall tun würden. Und ich wollte es auch gar nicht herausfinden.

Mickey beugte sich über die Theke und stützte sich mit der linken Hand ab. Seine Schultern zitterten etwas.

Ich brauchte einen Augenblick, bis ich merkte, daß er weinte. Und wie ich ihn in seinem stillen Schmerz beobachtete, wurde mir plötzlich etwas klar, das mir vorher nicht bewußt gewesen war.

Dieses wütende, weinende Kind verübte gerade sein erstes Gewaltverbrechen. Heute abend war für ihn das erste Mal, und er hatte nicht die geringste Ahnung, was jetzt weiter passieren würde.

Und genau das machte ihn gefährlich, gefährlicher als jede Droge, die er vielleicht genommen hatte.
Ich mußte mit allem, was ich als nächstes tat oder sagte, sehr vorsichtig sein. Ich hatte es mit etwas weit Impulsiverem zu tun als einem Drogensüchtigen.
Allmählich hörte der Junge auf zu zittern. Ich hörte, daß er ein leises Geräusch von sich gab, fast wie ein Schluckauf. Er stieß sich von der Theke ab und stand jetzt aufrecht da. Er hob die linke Hand und wischte sich übers Gesicht.
Ich beugte mich nach vorne und ließ den Kopf auf die Knie sinken. Wenn er sich schnell umdrehte, sollte er mich nicht dabei ertappen, wie ich ihn anstarrte. Es war viel besser, wenn wir beide so taten, als hätte ich ihn nicht weinen sehen.
Ich weiß nicht mehr, wie viele Sekunden oder Minuten ich vergehen ließ, bevor ich den Kopf wieder hob. Als ich es schließlich tat, saß Mickey mit dem Rücken zur Theke in der Hocke und starrte wieder das Regal mit den kleinen Flaschen an. Im Profil sah sein Gesicht gerötet und verschwollen aus. Seine Unterlippe zitterte etwas. Gott, was war er doch für ein Kind, wie er sich an seinen Waffentalisman klammerte. Und sich dabei abmühte, nach den Normen seiner sozialen Umgebung wie ein Mann zu wirken.
Ich griff ins Regal und holte zwei von den kleinen Flaschen heraus.
»Mickey«, sagte ich.
Er warf mir einen kurzen Blick von der Seite zu.
»Ich glaube, ich kann einen Drink gebrauchen«, sagte ich. »Willst du auch einen?«
Ohne auf seine Antwort zu warten, drehte ich den Schraubverschluß von einem der Fläschchen ab und streckte es ihm entgegen.
Er nahm es nicht. Ich stellte die kleine Flasche auf den Boden zwischen uns. Dann öffnete ich meine eigene. Bourbon. Bourbon mit Raumtemperatur war nicht unbedingt mein Lieblingsdrink, aber in diesem Zustand war Wodka geradezu

widerlich. Ich nahm einen Schluck. Der lauwarme, unverdünnte Alkohol trieb mir das Wasser in die Augen.

Mickey griff mit der linken Hand nach dem Schokoladenlikör, den ich ihm hingestellt hatte.

»Besser als das Zeug von vorher«, sagte ich. »Versuch's mal!«

Er hob die Flasche langsam zum Mund und nahm einen Schluck.

»Und?« fragte ich.

Er schluckte. »Ist okay«, murmelte er.

Ich nickte.

Wir tranken weiter, ohne uns zu unterhalten – zwei Freunde, die das Schicksal bei einer surrealen Cocktailparty zufällig zusammengeführt hatte. Als ich etwa drei Viertel des Fläschchens ausgetrunken hatte, drehte ich den Schraubverschluß wieder darauf. Der Bourbon hatte nicht allzugut geschmeckt, aber sobald er in meinem Magen gelandet war, breitete sich dort der Anflug eines warmen, wohligen Gefühls aus.

Mickey trank seinen Schokoladenlikör ganz aus.

»Willst du noch einen?« fragte ich.

Er schüttelte den Kopf. Sein Gesicht war längst nicht mehr so rot wie vorher. Aber er sah mich immer noch nicht an.

Ich betrachtete ihn vorsichtig. Er *wirkte* verhältnismäßig ruhig. Jetzt. Würde er es bleiben, wenn er das gehört hatte, was ich ihm als nächstes sagen würde? Das war schwer zu beurteilen. Vor zwanzig Minuten hatte ich ihm gegenüber eine meiner Meinung nach völlig harmlose Bemerkung fallengelassen. Und er war übergeschnappt wie ein zu straff gespanntes Seil.

Aber das Risiko mußte ich eingehen.

»Mickey?«

Zuerst Schweigen. Dann sagte er: »Ja?«

»Ich glaube, wir sollten uns noch ein bißchen mehr unterhalten.«

Wieder Schweigen. »Worüber?« murmelte er zu den Regalen hinüber.

Jetzt war ich an der Reihe zu zögern. Das wohlige Gefühl des Bourbon in meinem Magen hatte sich sehr schnell verflüchtigt und beißender Kälte Platz gemacht.
»Darüber, was wir mit der Situation machen, in der wir uns jetzt befinden«, antwortete ich ausgesprochen behutsam.
Seine Schultern verkrampften sich.
O Gott, dachte ich.
»Mickey«, sagte ich mit Nachdruck in der Stimme, »bitte hör mir zu.«
Es war, als redete ich mit einer Hochspannungsleitung.
»Mickey, da draußen ist eine ganze Armee von Polizisten, die nicht verschwinden werden. Die halten das länger aus als du oder ich. Wir müssen uns damit auseinandersetzen, Mickey.« Ich beugte mich zu ihm hinüber. »Du kannst es nicht mit allen aufnehmen.«
Er sprang auf die Füße. »Du willst also gehen?« zischte er mich an. Er deutete mit einer ruckartigen Bewegung zur Tür. »Dann geh, verdammt noch mal!«
Ich sah zu ihm hoch. »Das kann ich nicht. Die Tür ist zugesperrt, und du hast den Schlüssel.«
Er fuhr mit der linken Hand in die Jackentasche, kramte darin herum und zog den Schlüsselbund mit einem Ruck heraus. Dabei fiel das Bündel Geldscheine, das er vorher in die Tasche gestopft hatte, auf den Boden. Offenbar merkte er das nicht. Oder vielleicht war ihm das Geld inzwischen auch egal. Er warf mir den Schlüsselbund in den Schoß. »Hau ab!« sagte er. »Verschwinde!«
»Und wenn ich's mache«, antwortete ich, »was ist dann mit dir?«
»Warum zum Teufel machst du dir darüber Gedanken?«
»Das weiß ich nicht so genau, Mickey«, sagte ich. »Ich weiß bloß, daß es besser ist, wenn wir zusammen rausgehen.«
»Ja? Besser für wen?«
Ich seufzte. »Für dich, Mickey. Das weißt du genausogut wie ich.«

Er trat einen Schritt auf mich zu und ging auf ein Knie. »Klar«, sagte er. »Wird toll für mich. Ich geh' da raus, und die verhaften mich. Wird richtig toll für mich, Lady.«
»Und was denkst du passiert, wenn du *nicht* mit mir da rausgehst?«
Er zog die Luft mit verkrampftem Gesicht ein.
»Mickey«, sagte ich, »ich will dir nichts vormachen. Ja, wenn wir zusammen hier rausgehen, wirst du verhaftet. Und man wird dir ein schweres Verbrechen zur Last legen, ja. Aber je länger du weitermachst, desto schlimmer wird die Sache. Selbst wenn du mich allein rausläßt. Wenn du nicht mitkommst, rücken dir die Polizisten jede Minute, die du dann noch hier drin bleibst, näher auf den Pelz.«
Ich spürte, wie ich verzweifelte, und ich kämpfte dagegen an.
»Ja«, sagte der Junge. »Und du scherst dich einen feuchten Dreck drum, was aus mir wird.«
»Doch, ich mach mir schon was draus.«
Auf seinem Gesicht breitete sich eine Mischung aus Wut und Unglaube aus. »Na klar.«
Ich schüttelte müde den Kopf. »Mickey, bitte sag nicht, daß ich dir das erklären soll. Ich . . .«
»Ja, was?« fuhr er mich an.
»Mein Gott, ich weiß es nicht. Ich glaube, es hat was mit den Dinosauriern zu tun.« Ich schloß die Augen und schüttelte wieder den Kopf. »Glaube ich. Ach, Scheiße, ich weiß es nicht.«
»Mit den Dinosauriern?«
Ich sah hoch zu ihm. Der Zorn war aus seinem Gesicht gewichen. Statt dessen war es nun eher von höchster Verwunderung erfüllt.
Vielleicht sollte ich mich jetzt in blumiges, menschenfreundliches Gerede stürzen und ihm erzählen, daß seine Seele es durchaus wert war, gerettet zu werden. Wäre das nicht genau das richtige für ihn?
Aber ich hatte kein solches Gerede parat.

»Mickey«, sagte ich. »Ich kann dir nichts versprechen. Du sitzt ganz schön tief im Schlamassel, aus dem du nicht mehr rauskommst.« Ich schwieg einen Augenblick und fügte dann hinzu: »Ich kann dir nur eins versprechen. Ich sage den Polizisten, daß du mir nichts getan hast. Ich sage ihnen, wir haben uns unterhalten. Ich sage ihnen, daß du – vernünftig gewesen bist. Das ist denen wichtig.« Ich holte tief Atem. »Aber das mach' ich bloß, wenn du jetzt mit mir da rausgehst.«
Er schwieg und starrte den Boden an. Ich wünschte mir, in seinen Kopf hineinsehen zu können. Ich konnte mir den Aufruhr, der darin herrschte, verschwommen vorstellen.
Ich wollte ihn bei den Schultern packen, ihn rütteln und kreischen: »So wirst du kein Mann!«
Und das wäre der schlimmste Fehler, den ich machen konnte.
Er murmelte etwas in Richtung des ausgetretenen Linoleums.
Ich beugte mich zu ihm. »Was?«
Er schüttelte den Kopf.
»Mickey?«
Er sah mich an. »Wenn ich hier mit dir rausgehe, bin ich ein Feigling.«
»Nein«, sagte ich. »Dann bist du clever.«
Ist sowieso egal, Junge, du hast keine andere Wahl. Bitte sieh das ein. Bitte!
Sein Gesicht zuckte, und seine Augen wurden feucht.
»Mickey?«
Er legte den Kopf aufs Knie. Seine Schultern hoben und senkten sich.
Ich ballte die rechte Hand zur Faust und preßte sie hart gegen meinen Mund. Jetzt wollte ich auch weinen. Aber weswegen fühlte ich mich eigentlich so miserabel? Ich war kein Neunzehnjähriger, der wahrscheinlich fünfzehn Jahre Gefängnis vor sich hatte.
Und ich war auch kein Junge, der sogar noch mehr Angst davor hatte, kein richtiger Mann zu sein.

Mickey schniefte ein letztes Mal und war dann still. Er rieb sein Gesicht gegen seine Knie.
»Reiß dich zusammen«, sagte ich sanft. »Und dann gehen wir.«
Er atmete tief und zitternd ein.
Ich hätte mich erleichtert fühlen sollen. Aber statt dessen fühlte ich mich unbeschreiblich mies.
»Wenn du soweit bist«, sagte ich.
Er bewegte den Kopf ein ganz klein wenig auf und ab. War das ein zustimmendes Nicken? Ich beschloß, es als solches zu deuten. Ganz langsam und ein wenig starr rappelte ich mich hoch und beobachtete den Jungen dabei die ganze Zeit.
Er blieb noch ein paar Sekunden in der Hocke. Als er sich dann schließlich erhob, tat er es genauso schwerfällig wie ich. Wir standen weniger als einen Meter voneinander entfernt. Er ließ Kopf und Schultern hängen, und die Waffe baumelte lose in seiner Hand.
»Ich sag' ihnen lieber, daß wir rauskommen«, sagte ich. »In Ordnung?«
Er nickte mir wieder fast willenlos zu.
Ich legte den Hörer auf die Gabel.
Das Telefon klingelte fast sofort. Ich nahm ab und sagte: »Hallo.«
Die Stimme am anderen Ende fragte: »Sind Sie in Ordnung?«
Ich erkannte die Stimme. Es war der Hauptmann, der das Polizeirevier in der Nacht leitete. Er war mit meinem Freund Jack befreundet. »Ich bin in Ordnung«, sagte ich. »Wir kommen raus.«
»Irgendwelche Probleme?«
Ich warf einen Blick auf Mickey. »Nein«, antwortete ich. »Keine.«
»Gut.«
»Bis gleich.« Ich legte den Hörer auf und räusperte mich. »Mickey?«
Er hob den Kopf und sah mich mit leerem Blick an.

»Es ist Zeit zu gehen.«
»Ja«, sagte er und hauchte das Wort eher, als daß er es sprach.
Ich streckte die rechte Hand aus. »Kann ich die Waffe haben?«
Er zögerte einen Augenblick, drehte sich um und legte dann die Waffe ganz sanft auf die Theke. Ich nahm sie beim Lauf und hielt sie von mir weg.
Ich lächelte Mickey an. »Okay?«
»Ja.«
Wir traten hinter der Theke hervor. Ich nahm ihn beim Arm.
Irgendwie schien mir das das richtige zu sein.
Als wir bei der Tür waren, ließ ich ihn los und griff in die Tasche, um die Schlüssel herauszuholen. Da ich es mit der linken Hand machen mußte, stellte ich mich ziemlich ungeschickt an, aber endlich gelang es mir doch, das Schloß aufzusperren.
Ich ließ die Schlüssel in meine Tasche gleiten und hakte mich wieder bei Mickey unter.
»Ich bin froh, daß du bei mir bist«, sagte ich.
Er gab mir keine Antwort.
Ich drückte die Tür mit dem Fuß auf.
Es schneite immer noch. Auf dem Gehsteig lagen jetzt etwa sieben Zentimeter Schnee. Ich dachte an Winterlandschaften und stille Nächte. Aber nicht an heilige.
Ich drückte Mickeys Arm. »Denk dran, was ich dir gesagt habe«, flüsterte ich.
Aneinandergeschmiegt gingen wir auf die wartenden Polizisten zu. Ein flüchtiger Windstoß trieb mir einen Schneeschleier vor die Augen. Ich zitterte.
Mickey riß seinen Arm von dem meinen los. Er versetzte mir plötzlich einen ungeheuer heftigen Stoß in die Rippen, und dann drehte ich mich im Halbkreis und fiel seitwärts, ohne etwas dagegen unternehmen zu können. In einer Reflexbewegung griff ich mit meiner freien linken Hand in die Luft, und die Füße glitten unter mir weg.
Als ich auf den Gehsteig aufschlug, wußte ich plötzlich mit tödlich-trüber Gewißheit, was passieren würde.

»Mickey, nein!« schrie ich und rollte auf den Bauch.
Ich sah, wie er aus der Jackentasche eine viel kleinere Waffe als die holte, die er mir gegeben hatte. Ich sah, wie er einen ungeschickten, schnellen Schritt nach vorne machte.
Ich sah, wie er die kleine Waffe in die Reihen der Polizei abfeuerte. Ich hörte, wie jemand das Feuer erwiderte. Und dann sah ich, wie Mickeys Körper starr wurde und wie eine knochenlose Masse auf den Gehsteig sank.
Ich schlitterte auf Händen und Knien zu ihm hinüber. Er lag auf der Seite. Ich zog ihn zu mir heran. Als er auf den Rücken rollte, sah ich das rote, ausgefranste Loch in der Halsgrube.
»Du blöder Scheißkerl!« schrie ich.
Sein Blick flackerte zu mir hoch.
Ich krallte ihm die Finger in die Schulter. »Warum zum Teufel hast du das gemacht?«
Sein Mund bewegte sich. Es sah fast aus wie ein Lächeln.
»Hab's dir doch gesagt«, murmelte er. »Ich bin kein Feigling.«
»Du hast mich reingelegt.«
Die grünen Augen wurden allmählich glasig. Eine schaumige rote Blase bildete sich in seinen Mundwinkeln. Ich beugte mich dicht über ihn.
»Gab ja keinen anderen Ausweg«, sagte er.
Seine Stimme wand sich hoch und wehte weg mit dem Wind. Und rund um uns herum und über uns fiel weiter der Schnee, der Mickey und mich ganz allein in eine reine und unendliche weiße Stille hüllte.

Ein Akt der Nächstenliebe

Roberta Singer

Deidre Laiken

Der Mann und die Frau saßen im Lotussitz am Ufer des Sees, als die Leiche an Land trieb. Als erste sah sie die Frau. Lautlos wurde der Tote ans Ufer gespült. Bis auf ein Paar schwarzer Socken und einen weißen Stoffstreifen um die Taille war er nackt.

Die Frau schrie entsetzt auf.

Gellend durchdrang ihre Stimme die Stille des Sommerabends, und Wellen schleichenden Entsetzens kräuselten die bis dahin spiegelglatte Oberfläche des Sees.

Gemächlich gingen die chassidischen Frauen den Forstweg entlang. Lautlos streifte der Stoff ihrer langen Röcke gegen ihre Knöchel. Ihre Kopftücher waren fest im Nacken verknotet. Sie unterhielten sich leise und blieben nur gelegentlich stehen, um einen auffliegenden Vogel oder eine leuchtend rote Blume im hohen Spätsommergras zu betrachten. Ein Stück vor ihnen gingen die Männer. Sie hoben sich schwarz gegen die in goldenes Abendlicht getauchte Szenerie ab.

Es war *Shabbes,* Sabbat, und jede Arbeit war untersagt. Deshalb gingen sie spazieren, unterhielten sich und beteten. Die Prozession chassidischer Juden auf ihrem Sabbatspaziergang war an Samstagabenden in den Catskill Mountains ein gewohnter Anblick. Niemand wäre auf die Idee gekommen, an den zwei Frauen, die ein Stück hinter den anderen hergingen, könnte etwas Besonderes sein. Die eine war eine *agunach*, eine alleinstehende Frau. Die andere hatte einen 38er Revolver um ihre Wade geschnallt.

Die Sonne war wie ein leuchtend weißes Loch im Morgenhimmel. Aliza Kleinman wandte ihr Gesicht der Wärme zu. Vor vielen Jahren, bevor sie Natan kennenlernte, hatte sie den Himmel zu deuten gewußt. Bestimmte Sternkonstellationen gaben Aufschluß über bevorstehendes Glück oder drohendes Unheil. Sie hatte an Astrologie, an das I Ging und derlei mehr geglaubt. Doch seit sie ihre wahre Bestimmung gefunden hatte, glaubte sie nicht mehr, jetzt hatte sie Gewißheit. Trotzdem war das mit dem Schicksal so eine Sache. *Beschert* war das jiddische Wort dafür. Es war *Beschert* gewesen, daß sie Natan kennengelernt hatte – Natan, der alt genug gewesen war, um ihr Vater sein zu können, und Dinge erlebt hatte, deren Tragweite sie nur erahnen konnte. Er war durch die Hölle gegangen und ihr mit knapper Not wieder entronnen.

Etwas ungelenk ging Rivkah in ihrem langen Rock neben ihr her. Aus irgendeinem Grund war sie immer leicht auf eine Seite geneigt. Es war nun schon ein paar Wochen her, daß Rivkah Aliza aufgesucht hatte. Damals hatte sie noch Hosen getragen und eine Uniform mit einem Abzeichen. Sie hatte sich ihr mit Detective Singer vorgestellt, und sie hatte hart und abgebrüht wie ein Mann gewirkt. Inzwischen wußte Aliza, daß das nichts als eine Fassade gewesen war – eine Fassade, um sich zu schützen. Manchmal konnte sie sich des Verdachts nicht erwehren, daß Detective Singer Angst hatte. Aliza dagegen konnte kaum mehr etwas angst machen. Seit *es* passiert war, konnte ihr nichts mehr etwas anhaben.

Niemand hatte Natan weggehen sehen. Er war spurlos verschwunden. Niemand wußte, ob er noch am Leben war. Jetzt,

nach zwölf Monaten, verstand sie endlich die wahre Bedeutung des hebräischen Wortes *agunach*, was am ehesten mit »Einzelgänger« zu übersetzen ist. Da sie offiziell keine Witwe war, konnte sie sich nicht wieder verheiraten, was sie im übrigen auch nicht einen Moment in Erwägung gezogen hatte.
Ihr Mann war ein höchst außergewöhnlicher Mensch gewesen. Er hatte sie ihrer wahren Bestimmung entgegengeführt. Er hatte ihr ihre Orientierungslosigkeit genommen und ihr gezeigt, was wahrer Glauben war und was wirklich Bestand hatte. Erst hatte sich ihre Rückkehr zum jüdischen Glauben nur zögernd und schrittweise vollzogen. Doch Natans Zuversicht war keinen Moment ins Wanken geraten. Er war sich seiner Sache sehr sicher gewesen. Genauso sicher wie an jenem Tag vor vierzig Jahren, als der Zug vor den »Stahlwerken Treblinka« gehalten hatte, wie seine Eltern fest überzeugt gewesen waren. Ein Arbeitslager, hatten sie gesagt. Doch Natan wußte sofort, was sie hier wirklich erwartete. Und ebenso sicher wußte er, als er den Lastwagen mit den unter einer dünnen Schicht Erde versteckten Schußwaffen fuhr, daß er einer der wenigen war, die dieser Hölle entrinnen würden.
Sie konnte sich an diese Geschichte so deutlich erinnern, als hätte sie sie selbst erlebt. Wegen seiner Jugend und seiner außergewöhnlichen Kraft war Natan ausgewählt worden, an der Verschwörung teilzunehmen. Er hatte geholfen, die Waffen aus der Waffenkammer zu entwenden. Und dann war pünktlich um drei Uhr fünfundvierzig früh der Schuß gefallen, der den Beginn des Aufstands signalisierte. Zusammen mit zweihundert anderen war Natan entkommen. Und seine Flucht sollte so schnell kein Ende nehmen. Sie trug ihn über mehrere Grenzen in Länder, deren Sprache er ebenso schnell lernte wie die unzähligen Tricks, sich seiner Festnahme zu entziehen. Er hatte sich in Kartoffelkellern und Klöstern versteckt gehalten. Er sprach Polnisch, Jiddisch, Hebräisch, Deutsch, Französisch, Spanisch, Portugiesisch und Englisch. Er war Professor in Holland, Journalist in Frankreich und

schließlich Graveur in Manhattan gewesen. Sie hatte ihn in einem Juweliergeschäft im New Yorker Diamantenviertel kennengelernt. Selbst damals schon hatte er in seinem schwarzen Mantel und mit dem dunklen Bart etwas seltsam Mystisch-Geheimnisvolles ausgestrahlt. Es hatte ihn überhaupt nicht gestört, daß sie nicht religiös war und nur halb so alt wie er. Vorwiegend unterhielt er sich mit ihr über Kunst und Politik, nur ein einziges Mal über Religion. Sie hatte ihn gefragt, wie er nach Treblinka und dem Holocaust noch an Gott glauben konnte. Und er hatte ihr darauf mit einer Gegenfrage geantwortet. Wie, fragte er sie, könnte jemand nach dem Holocaust noch an die Menschen glauben?
Zwei Jahre später war sie seine Frau und eine *Ball tschuwa,* jemand, der zum Glauben seiner Väter zurückgefunden hatte. Bis zur Geburt ihres dritten Kinds hatte Aliza völlig vergessen, daß sie je einem anderen Glauben angehangen hatte.
Und dann verschwand Natan.

Ein schwarzer Mantel flatterte im Wind. Detective Singer beobachtete Alizas Gesicht. Es war schwer zu ergründen, was in ihr vorging. Eines stand jedoch fest: Sie verschwieg ihr etwas – etwas, das sehr wichtig war.
Nachdem sie sich schon einmal so weit auf diese eigenartige Geschichte eingelassen hatte, war Roberta Singer nicht mehr bereit aufzugeben, bevor sie der Sache nicht auf den Grund gegangen war. Kaum merklich, aber dennoch unaufhaltsam war sie immer tiefer in die Sache hineingezogen worden. Begonnen hatte das Ganze vor mehreren Monaten, als ein namenloser Toter ans Ufer des Swan Lake gespült wurde. Der Anruf war am Samstag eingegangen. Sie war als einzige im Dienst gewesen. Ein Paar aus dem Ashram hatte die Leiche entdeckt, und erst hatte sie ihnen nicht geglaubt. Aber sie hatten sich das Ganze keineswegs nur eingebildet. Die Leiche war zwar schon stark verwest, aber dessen ungeachtet handelte es sich dabei unverkennbar um einen toten Mann. Noch

ganz deutlich konnte sie sich erinnern, wie sie neben dem Toten im weichen braunen Sand am Ufer des Sees niedergekniet war. Als erstes war ihr aufgefallen, daß das Gesicht aufgrund der vielen Monate, wenn nicht Jahre, unter Wasser zur Unkenntlichkeit entstellt war. An Fingerabdrücke war nicht zu denken. Von den Händen waren nur noch Knochen übrig.
Nachdem der Gerichtsmediziner die Leiche hatte entfernen lassen, hatte sie noch lange auf den Abdruck im Sand gestarrt, wo der Tote gelegen war. Es war Roberta, die beim Lesen des Obduktionsbefunds schließlich den entscheidenden Anhaltspunkt entdeckt hatte, den alle anderen übersehen hatten.
Es war der Gummizug der Unterhose um die Taille des Toten gewesen. Als sie die Leiche entdeckt hatte, hatte sie auf dieses Detail nicht weiter geachtet, aber im Obduktionsbefund stand, daß auf das weiße Gummiband das Wort *Seabridge* und die Nummer 2332 gedruckt waren.
Das Bild ließ sie nicht mehr los. Roberta Singer hatte vorher noch nie eine Wasserleiche gesehen. Sie war eine Kleinstadtpolizistin und dementsprechend nur an Kleinstadtverbrechen gewöhnt. Aber was sie an dieser Sache so faszinierte, war mehr als nur Neugier. Irgend etwas trieb sie geradezu, das damit verbundene Rätsel zu lösen. Abends, wenn die Sonne unterging und die Sommergäste für Hot Dogs und Vanilleeis Schlange standen, studierte Detective Singer Vermißtenmeldungen. Sie ging dabei mehr als fünf Jahre zurück. Aber kein vermißter weißer Mann wies irgendeine Ähnlichkeit mit der Wasserleiche auf. Der Name und die Nummer auf dem Gummiband der Unterhose waren ihre einzigen Anhaltspunkte.
Sie führte unzählige Telefongespräche und stellte umfangreiche Nachforschungen an, bis ihre Bemühungen schließlich vom ersten Erfolg gekrönt wurden. Die Nummer 2332 war die Registriernummer einer Firma namens Goldbest, mit Sitz in Brooklyn.

Mit zitternden Händen hatte sie die Nummer der Firmenleitung gewählt und nach dem Eigentümer, einem Mr. Blum, gefragt. Seine Stimme war ihr seltsam vertraut vorgekommen. Es dauerte jedoch eine Weile, bis ihr bewußt wurde, daß das an seinem Akzent lag. Er war ein polnischer Jude, der knapp, aber präzise auf ihre Fragen antwortete. In seiner Firma wurde Unterwäsche hergestellt, die ausschließlich von männlichen Chassidim getragen wurde.

Unwillkürlich hatte Roberta sofort ein ganz bestimmtes Bild vor Augen: Männer in schwarzen Mänteln und pelzbesetzten Hüten, deren Sprache sich dem amerikanischen Englisch beharrlich anzupassen weigerte. In groben Zügen wußte Roberta Singer bereits über die Chassidim Bescheid. Sie waren eine sehr zurückgezogen lebende, strenggläubige jüdische Sekte, die in wenigen, sehr straff organisierten Gemeinden in Brooklyn lebten und die Sommermonate in ihren bescheidenen Ferienhäusern am Swan Lake verbrachten. Die Chassidim waren Relikte einer längst vergangenen Zeit. Die Männer waren noch genauso gekleidet wie im Polen des 17. Jahrhunderts, wo die Bewegung ihren Ursprung hatte. Die Frauen legten allergrößten Wert auf züchtige Kleidung. Sie trugen Arme und Beine stets bedeckt und hatten das Haar unter einem Tuch oder einer Perücke verborgen. Der Chassidismus war eine mystische Strömung des Judentums, die auf einen großen Rabbi zurückging, der vor mehr als zweihundert Jahren in Polen gelebt hatte.

An sich war es unvorstellbar, daß es sich bei dem Toten aus dem See um einen Chassiden handeln könnte. Und ebenso unvorstellbar war auch, daß ein Mitglied dieser strenggläubigen religiösen Gemeinschaft eines gewaltsamen Todes gestorben sein sollte, ohne daß jemand sein Verschwinden bemerkt hätte. Doch Roberta Singer wußte nur zu gut, daß es sich hier um einen Fall handelte, in dem alle sonst geltenden Gesetze von Vernunft und Logik außer Kraft gesetzt waren. Dazu haftete den sehr zurückgezogen lebenden Chassidim

etwas zu Undurchschaubar-Geheimnisvolles an. Außerdem wußte Roberta nur zu genau, daß sie sich sehr streng an ihre alt überkommenen religiösen Vorschriften und Gesetze hielten.
Das wußte sie deshalb so gut, weil sie selbst eine von ihnen hätte sein können.

Es war ihr alles im Traum gekommen. So hatte sie immer ihre besten Ideen. Mit einemmal hatte sie das Wort *agunach* vor sich gesehen. Es war ein sehr altes Wort, das sie vor langer, langer Zeit einmal von ihrem Großvater gehört hatte. Es war zwar seitdem in irgendeinem dunklen Winkel ihres Gedächtnisses abgelegt gewesen, aber jetzt, als es plötzlich wieder von Bedeutung für sie war, war es prompt aus den Tiefen ihrer Erinnerung aufgestiegen. Als sie bei ihren Ermittlungen nicht mehr weitergekommen war, als sie und Captain Mahoney ihr letztes ergebnisloses Gespräch mit den chassidischen Männern geführt hatten, fiel ihr plötzlich der Begriff *agunach* wieder ein. Roberta war sofort klar, daß es auf jeden Fall einfacher war, nach dieser Frau, der *agunach*, zu suchen, anstatt sich noch länger auf die stark verweste Leiche zu konzentrieren.
Zuerst einmal stattete sie allen Ferienhäusern der Chassidim einen Besuch ab und erkundigte sich nach einer *agunach*. Die Befragten schienen sichtlich überrascht, als hätten sie nicht damit gerechnet, daß eine Polizeibeamtin etwas von solchen Dingen wissen könnte. Captain Mahoney hatte von Anfang an nicht viel von der Sache gehalten. Eines Tages, als sie in ihrem Streifenwagen durch die Gegend gefahren waren, hatte er die Chassidim als »Büffeljäger« bezeichnet. Das war ihm zwar nur so herausgerutscht, aber dessen ungeachtet war Roberta heftig zusammengezuckt. Diese unter den Einheimischen weithin gebräuchliche abschätzige Bezeichnung bezog sich auf die pelzgesäumten Hüte, die Angehörige bestimmter chassidischer Strömungen am Sabbat trugen. Jedenfalls be-

hielt Roberta nach diesem Zwischenfall ihre Gedanken für sich selbst.
Es war, als hätte der gesichtslose Tote ihr bisheriges Leben von Grund auf umgekrempelt und sie zusehends mehr zu einer Einzelgängerin abgestempelt, je mehr er sie aus ihrer alten Welt in eine seltsam verschrobene Welt hinüberlockte.

Alvaro Lapa schob die Metallfeile unter die Holzkiste. Ein Kohlblatt fiel auf den Waldboden. Er steckte es in den Mund schluckte es hinunter, um nicht die geringste Spur zu hinterlassen. Aufmerksam folgte er mit seinen Blicken der Prozession der Schwarzmäntel, die sich am Seeufer entlang durch den Wald zog. Da waren sie wieder, die Bärte und die blassen Gesichter, die im Rhythmus ihrer Gebete bedächtig hin und her schwankten. Er wollte den Blick abwenden, aber er konnte ihn nicht von ihnen losreißen. Irgend etwas an diesen Leuten zog ihn unwiderstehlich an. José hatte ihm viele Geschichten über die Schwarzmäntel erzählt. Lauter schlimme Geschichten. In ihrem Heimatdorf in Brasilien hatten sie einmal einen Juden gesehen. Aber diese Juden hier waren anders. Sie waren nicht wie die anderen Juden, die im Hotel wohnten, die kurze Hosen trugen, Tennis spielten und über die Witze des Komikers im Nachtclub des Hotels lachten. Diese Leute waren so völlig anders als die anderen Amerikaner, die er kannte, anders als die Leute, die ihn hierher gebracht hatten, anders als die, die José und ihn in der Küche beschäftigten. Wie viele Versprechungen sie ihm gemacht hatten. Geld. Ein Haus. Und schließlich eine Grüne Karte.
Ein Eichhörnchen huschte raschelnd durchs Unterholz und ließ Alvaro für einen Moment vor Schreck erstarren. Inzwischen lebte er in ständiger Angst. Die Kisten kamen häufiger und in größerer Zahl als je zuvor. Auf diese Weise konnten sie das Gemüse hinter der Hotelküche aus den Kisten packen. Alvaro war nicht gern allein im Wald, vor allem

nicht, seit die Schwarzmäntel wieder zurück waren. Sie kamen immer so nahe an ihrem geheimen Versteck vorbei. Zu nahe.
Er stand hinter einem Baum und spähte angestrengt zu ihnen hinüber. Ihre Gesichter sahen alle gleich für ihn aus. Die Männer hatten ihre Köpfe zusammengesteckt. Sie sprachen in einer Sprache, die Alvaro wohl nie verstehen würde. José hatte gesagt, daß sie, wie die Zigeuner, eine Sprache hatten, die nur sie selbst verstehen konnten. Und sie hatten ihre eigenen Bücher, ihre eigenen Regeln und Gesetze. Alvaro hätte gern mehr über sie gewußt. Aber ihm war sehr deutlich bewußt, wie gefährlich das werden konnte. Dazu brauchte er nur an den letzten Sommer zu denken. José hatte ihm einzureden versucht, das Ganze wäre nie passiert, er sollte es einfach vergessen. Wenn er immer weiter daran dachte, bedeutete das, daß sie das Geld, das Haus und die Grüne Karte nie bekommen würden.
Alvaro riß den Blick von ihnen los. Er war fertig mit seiner Arbeit. Er setzte sich in einen Haufen weicher Blätter und beobachtete die Schwarzmäntel. Und wartete.

Der Griff des Revolvers fühlte sich seltsam kühl an Robertas Unterschenkel an. Aber sie brauchte dieses Gefühl. Es erinnerte sie daran, daß sie Polizistin war und an einem Fall arbeitete. Als eine der Frauen in der Gruppe lachte, beobachtete sie, wie sich der Anflug eines Lächelns über Alizas Züge legte. Ihre Trauerzeit dauerte ein Jahr, aber das Schlimmste, die ersten Wochen, hatte sie bereits hinter sich. Sie hätte gern gewußt, was in Aliza vorging. Ihr Mann, der fast zwölf Monate als vermißt gegolten hatte, war schließlich tot ans Ufer gespült worden – eine zur Unkenntlichkeit entstellte Leiche an einer Stelle, an der kein Mensch sie vermutet hätte.
Als Roberta schließlich Aliza aufgespürt hatte, hatte sie sich ihr gegenüber ganz neutral und sachlich gegeben, wie eben eine Polizeibeamtin in Ausübung ihres Dienstes. Doch so-

bald die Leiche zweifelsfrei identifiziert und nach jüdischem Ritus begraben worden war, hatte die Sache Roberta nicht mehr losgelassen.
In der Anfangsphase der Ermittlungen erzählte ihr Aliza, daß Natan jeden Freitagnachmittag mit dem Bus von Brooklyn zum Swan Lake gefahren und dort pünktlich vor Sonnenuntergang eingetroffen war. Als er eines Tages nicht, wie erwartet, am Swan Lake eintraf, wartete sie erst das Ende des Sabbat ab und fuhr nach New York zurück. Dort wurde Natan Kleinman dann als vermißt gemeldet. Damit war er einer unter vierzehntausend Menschen, die Jahr für Jahr spurlos verschwanden. Sie war nie auf die Idee gekommen, Natan könnte schon ein paar Tage früher in die Catskill Mountains gefahren sein. Daß er so etwas getan hätte, ohne ihr Bescheid zu sagen, schien ihr vollkommen ausgeschlossen. Daß er deshalb ermordet worden sein könnte, war in ihren Augen ein Ding der Unmöglichkeit.
Einige der Frauen sprachen jiddisch miteinander. Angestrengt versuchte Roberta ihrer Unterhaltung zu folgen. Einzelne Worte, Redewendungen klangen plötzlich wieder seltsam vertraut in ihren Ohren. Die langen Röcke, die schwarz gekleideten Männer, die friedliche Sabbat-Stimmung – das alles war ihr nicht unbekannt. Auch der Name Rivkah versetzte sie in längst vergessen geglaubte Zeiten zurück. Ihre Großeltern waren als Einwanderer nach Amerika gekommen. Aber damit hatten sie keineswegs ihre Herkunft für immer hinter sich gelassen. Statt dessen sprachen sie hartnäckig weiter ihre Sprache und befolgten streng ihre alten Sitten und Gebräuche. Erst Robertas Eltern hatten der Enge dieses Lebens mit allen Mitteln zu entrinnen versucht. Mit Erfolg. Sie wurden moderne Amerikaner, was um so mehr noch auf ihre Kinder zutraf.
Aber damit waren noch keineswegs alle Bindungen an die längst vergessen geglaubte Vergangenheit gekappt. Roberta spürte ganz deutlich, wie diese Vergangenheit immer präsen-

ter wurde, je mehr die Kindheitserinnerungen, die sie bisher nur ganz dunkel und verschwommen begleitet hatten, wieder in ihr wachgerufen wurden.

Zugleich war sich Roberta jedoch auch sehr deutlich bewußt, daß Natan und Aliza Kleinman anders waren als ihre Großeltern. Diese hatten bereits ein Amerika kennengelernt, in dem die Frauen Jeans trugen und die Männer am Sabbat Football spielten. Genau wie seine Frau, war auch Natan nicht von Anfang ein strenggläubiger Jude gewesen. Das kam erst nach Treblinka, nachdem die lockenden Verheißungen einer von Grund auf diesseitigen Welt für immer in den Schmutz getreten worden waren. Natans – und Alizas – Rückkehr zum Glauben seiner Väter war einer ganz bewußten Entscheidung entsprungen. Das war jedoch etwas, das Roberta nicht recht begreifen konnte. Dennoch war sie sicher, daß es sein Glaube, seine tief verwurzelten religiösen Überzeugungen gewesen waren, die schließlich Natans Tod herbeigeführt hatten.

Das war der zweite Sabbat, den Roberta mit den Kleinmans verbrachte. Noch ganz deutlich hatte sie in Erinnerung, wie Aliza beim ersten Mal die Kerzen angezündet hatte, ihre Augen bedeckt und das hebräische Gebet gesungen hatte, das Roberta noch aus ihrer Kindheit kannte. Und als Alizas Sohn Aaron das Brot gebrochen hatte, ertappte sich Roberta dabei, wie sie stumm die Worte des Gebets mitbetete, das er dabei sprach. In diesem Moment, als sich ihr Blick mit dem Alizas getroffen hatte, war eine entscheidende Wende in der Beziehung der beiden Frauen eingetreten. Dieser Blick hatte etwas wie ein unausgesprochenes Versprechen beinhaltet.

Und so war Roberta wieder gekommen. Zusammen mit den Frauen beschritt sie denselben Weg, den auch Natan beschritten hatte. Sie versuchte, nach möglichen Anhaltspunkten Ausschau zu halten: ein Weg, der immer tiefer in den Wald führte, ein verlassener Wohnwagen, eine Jagdhütte, die Na-

tans Mördern als Unterschlupf gedient haben könnte. Doch der Weg, auf dem sie gingen, war friedlich und still, auf der einen Seite von den Bäumen des Waldes gesäumt, auf der anderen vom stillen Wasser des Sees.
Ihr war klar, daß sie mit hartnäckigen Fragen nichts erreichen würde. Das Rätsel um Natans Tod würde sich nicht mit den üblichen Methoden lösen lassen. Wenn sie hier weiterkommen wollte, dann nur durch Geduld und gegenseitiges Vertrauen – jenes wortlose und sehr zerbrechliche Band zwischen Aliza und ihr. Und ebenso sicher wußte Roberta, daß da noch mehr war. Irgend etwas hatte ihr Aliza verschwiegen – etwas, das sie noch keinem Menschen erzählt hatte.

Als an jenem zweiten Sabbat im August die Sonne unterging, beobachtete Roberta den Himmel, der glühend rot über den dunklen Silhouetten der Berge erstrahlte. Sie befand sich im Ferienhaus der Kleinmans, einer kleinen Holzhütte voll mit Büchern und dem Duft der *havdalah*, der Sabbatkerze, die für die Dauer des Sabbat in einem mit Gewürzen gefüllten Silberbehältnis angezündet wurde.
»Da ist etwas, was ich Ihnen gern zeigen möchte.« Alizas Stimme war leise, aber entschlossen.
Auf diesen Moment hatte Roberta gewartet. Aber es kam ganz anders, als sie es sich vorgestellt hatte. Das Leben, das diese Menschen führten, war so friedfertig und gottergeben. Alles in ihr wehrte sich dagegen, auch seine Schattenseiten zur Kenntnis zu nehmen, sozusagen die Kehrseite der Medaille.
Aliza führte sie zu dem Schrank in Natans Zimmer. Nachdem sie die Kleider zur Seite geschoben hatte, holte sie eine Einkaufstüte aus braunem Papier daraus hervor.
»Das habe ich gefunden, nachdem Natan spurlos verschwunden ist.«
Die Tüte fühlte sich seltsam leicht und weich an, jedenfalls alles andere als gewichtig. Aber vielleicht bildete sich Aliza

auch nur ein, ihr Inhalt könnte von irgendwelcher Bedeutung für die Klärung dieses mysteriösen Falls sein.
Die Tüte enthielt nichts als ein paar Kleidungsstücke: eine Jeans, ein geblümtes Hemd und eine blaue Mütze. Die Sachen rochen nach Schweiß und Arbeit.
»Ich glaube, das hat meinem Mann gehört«, erklärte Aliza bedächtig.
Erst konnte Roberta mit dieser Enthüllung nichts anfangen. Doch plötzlich begann sie zu begreifen. Natan war ein Schwarzmantel, ein chassidischer Jude gewesen. Nie im Leben hätte er solche Kleidung getragen.
»Ich weiß, was Sie jetzt denken«, fuhr Aliza fort. »Deshalb habe ich Ihnen diese Sachen auch jetzt erst gezeigt. Unsere Kleidung dient vor allem dem Zweck, um uns vom Rest der Welt abzugrenzen, um allen unsere Andersartigkeit vor Augen zu halten. Was nun diese Kleider betrifft, so habe ich lange über sie nachgedacht. Falls Natan sie getragen hat, muß er einen triftigen Grund dafür gehabt haben. Etwas, wovon ich nichts wissen sollte. Etwas, das für mich und die Kinder gefährlich hätte werden können.«
Die Schlußfolgerung ergab sich ohne großes Nachdenken wie von selbst. Natan hatte aus der Enge seines bisherigen Lebens auszubrechen versucht. Und in dem verzweifelten Versuch, der streng geordneten Welt seiner chassidischen Glaubensgemeinschaft zu entrinnen, hatte er sich auf gefährliches Terrain vorgewagt, und das war ihm schließlich zum Verhängnis geworden.
»Jetzt denken Sie sicher, Natan hätte uns verraten und sich von uns lösen wollen.« Alizas Stimme klang fest und bestimmt. »Das war der Grund, weshalb ich Ihnen das alles erst jetzt enthüllt habe. Ich wollte, daß Sie uns erst besser kennen und verstehen lernen – und durch uns in gewisser Weise auch Natan.«
Roberta nickte. Das gegenseitige Vertrauen, das sie schon seit einiger Zeit verband, blieb nun nicht mehr länger unaus-

gesprochen. Und da war natürlich noch immer das, was ihr ihr Verstand als das Naheliegendste einzureden versuchte. Für die streng rational und logisch denkende Polizistin war der Fall längst klar: Natan Kleinman hatte seinem Glauben abgeschworen und war in die Welt zurückgekehrt, der er einst aus freien Stücken den Rücken gekehrt hatte. Das wäre die einfachste und naheliegendste Erklärung gewesen. Aber irgendeine innere Stimme sagte Roberta, daß es trotzdem nicht so war.

Während sie nun das Hemd in ihrer Hand hielt, versuchte sie sich noch einmal den namenlosen Toten am Ufer des Swan Lake zu vergegenwärtigen. Vorsichtig strich sie mit den Fingern über den Stoff der Jeans. Sie waren noch nicht oft getragen und an den Knien kaum durchgewetzt. Die Taschen waren sauber und leer. Dann griff sie nach der Mütze. Ein Mann, der seine Vergangenheit und seinen Glauben hinter sich lassen wollte, hätte alles weggeworfen. Vielleicht deutete die Mütze darauf hin, daß Natan selbst in seiner neuen Verkleidung noch immer das Bedürfnis hatte, sein Haupt zu bedecken. Roberta war sich jedoch sehr wohl bewußt, daß das ziemlich weit hergeholt war. Schließlich trug fast die Hälfte aller Farmer auf dem Land solche Mützen, und das keineswegs nur im Freien. Das Ganze war nichts weiter als ein winziger Strohhalm, und trotzdem klammerte sich Roberta in ihrer Verzweiflung daran.

Aliza wählte jedes ihrer Worte mit Bedacht und behielt Robertas Gesicht scharf im Auge, während sie darauf wartete, daß aus Rivkah wieder Detective Singer wurde.

»Mein Mann war ein sehr vielseitiger und anpassungsfähiger Mensch. Er hat im Leben mehr gesehen und erlebt, als sich die meisten von uns auch nur vorstellen können. In den Wochen vor seinem Verschwinden wirkte er seltsam abwesend. Offensichtlich hat ihn in dieser Zeit irgend etwas sehr nachhaltig beschäftigt. Er hat mir gegenüber zwar nie etwas davon erwähnt, aber ich konnte es trotzdem sehr deutlich spüren.

Und als er dann eines Tages spurlos verschwand und ich seine Sachen im Schrank nach irgendwelchen Anhaltspunkten durchsucht habe, habe ich außer den Kleidern auch noch das da gefunden.«
Sie reichte Roberta eine abgegriffene hebräische Bibel.
»Hier.« Sie deutete auf eine unterstrichene Textstelle. »Als ich meinen Mann zum letztenmal gesehen habe, las er gerade diese Worte. Und anschließend hat er sie dick unterstrichen.«
Roberta nahm die Bibel an sich. Die Stelle war Leviticus 26,37. »Und ein Mann wird über seinen Bruder stolpern.«

Es lag alles vor ihr, ein undurchschaubares Durcheinander von Anhaltspunkten, die sie jedoch nicht in einen geordneten Zusammenhang zu bringen vermochte.
»Können Sie mir bitte erklären, was das bedeutet«, sagte sie deshalb, die ledergebundene Bibel noch immer in ihren Händen haltend.
»Ich bin keine Schriftgelehrte«, entgegnete Aliza. »Aber ich weiß zumindest, daß diese Bibelstelle dahingehend ausgelegt wird, daß wir versuchen müssen, andere daran zu hindern, Böses zu tun. Wenn wir, und sei es nur zufällig, Zeuge werden, wie jemand anderer etwas Unrechtes tut, und nichts dagegen unternehmen, machen wir uns in gleicher Weise schuldig.«
Roberta sah sich in dem Zimmer um, das einst Natan gehört hatte. Sie versuchte ihn sich vorzustellen, wie er in seinem schwarzen Mantel und der runden Kappe das Buch Leviticus studierte und diese Textstelle unterstrich, um sie ganz besonders hervorzuheben.
»Könnten Sie mir diese Bibelstelle bitte aufschreiben?« sagte Roberta. Aliza nickte und notierte sie auf ein Blatt Papier.
»Bevor Sie wieder gehen, möchte ich Ihnen noch eines sagen. Es gibt da in unserer Sprache ein Wort. *Chesed.* Es bedeutet Mitgefühl oder Nächstenliebe. Ich bin zwar kein Detektiv, aber ich bin ganz sicher, daß die Dinge, die ich Ihnen gezeigt

habe, darauf hindeuten, daß mein Mann in eine außerordentlich wichtige Sache verwickelt war. Ich glaube, daß er einen Akt der Nächstenliebe begehen wollte, als er starb.«
Der Abendhimmel hatte sich so weit verdunkelt, daß sich die Umrisse der Berge nur noch ganz schwach dagegen abzeichneten. Roberta ging in die Nacht hinaus. Ihr war jetzt danach, eine Zigarette zu rauchen oder Musik zu hören – irgend etwas, das ihr das Gefühl verlieh, daß das Leben seinen gewohnten Gang weitergehen würde. Alles, woran sie bisher geglaubt hatte, sagte ihr, nicht auf Aliza zu hören. Sie war nichts weiter als eine religiöse Fanatikerin, die nicht wahrhaben wollte, daß ihr Mann von seinem Glauben abgefallen war.
Die warme Abendluft streifte zärtlich über ihre Knöchel, stahl sich einschmeichelnd unter ihren Rock. Sie hatte das dringende Bedürfnis zu gehen, frische Luft zu atmen, den Geräuschen der Sommernacht zu lauschen und dabei die Einzelteile dieses Puzzles zu einem sinnvollen Ganzen zusammenzusetzen.
Im Wald, nicht weit vom Haus der Kleinmans, gab es eine Stelle, von der schwaches Licht durch die Bäume drang, begleitet von einem leisen Schnarren. Metall, das sich an Stein rieb. Immer wieder sah Roberta zu dem Licht hinüber, lauschte den seltsamen Geräuschen. Plötzlich wurden auch Stimmen hörbar. Sie waren leise und gedämpft, und sie sprachen eine Sprache, die sie nicht verstand. Für einen Moment spielte sie mit dem Gedanken, zu der Stelle zu gehen und sich zu vergewissern, was es damit auf sich hatte. Aber sicher waren es nur Camper, die dort ihr Zelt aufgeschlagen hatten.
Als sie schließlich langsam nach Hause fuhr, mußte sie ständig an Natans Kleider denken, an die Stelle aus Leviticus und Alizas Gesichtsausdruck, als sie ihr die Bedeutung des Wortes *Chesed* erklärt hatte.

Es kam ihr im Traum. Im diffusen Licht ihres Unterbewußtseins sah sie Natan in seinem geblümten Hemd und den Jeans vor sich. Er hatte die Mütze auf dem Kopf und das Blatt Papier, auf das ihr Aliza die Bibelstelle geschrieben hatte, in der Hand. Sie sah ihn als jungen Mann, wie er hinter dem Stacheldrahtzaun eines Konzentrationslagers stand, und als Skelett inmitten Unmengen von Blut. Als sie sein Gesicht deutlicher sehen konnte, erkannte sie darin die Züge ihres Vaters und Großvaters wieder. Er streckte aus dem Dunkel die Hand nach ihr aus. Die Buchstaben umschwirrten seinen Kopf. Es waren hebräische Buchstaben, wie die, die sie in den Büchern in seinem Zimmer gesehen hatte. Natan öffnete den Mund. Aus dem Nichts schwebte ein Laut auf sie zu. Es war ein Wort, das sie auch im Wachzustand kannte. Es flatterte durch die Finsternis und erstarb zu einem leisen Flüstern.

Es war genau 3.34 Uhr früh, als Detective Singer, immer noch in ihrem langen Rock, ihren Dienstrevolver an ihrem Unterschenkel festschnallte und zu der Stelle im Wald zurückfuhr. Über den Bergen im Osten war bereits der erste Lichtschein des anbrechenden Tages zu sehen. Sie fand ihren Weg auch ohne Taschenlampe.

Sie bewegte sich vollkommen lautlos und lauschte aufmerksam auf jedes Geräusch. Als erstes hörte sie das Scharren. Stimmen waren nicht zu hören. Nur dieses stets metallische Schaben.

Unmittelbar vor der Lichtung blieb Roberta stehen. Zwei Männer hockten auf dem Waldboden und bearbeiteten mit Feilen zwei Gegenstände, die sie aus der Entfernung nicht erkennen konnte.

Ganz deutlich witterte sie plötzlich die Gefahr, die von den Männern ausging. Und während sie die beiden nun im Zwielicht des anbrechenden Tages hinter einem Baum hervor beobachtete, wurde ihr plötzlich bewußt, daß auch Natan einmal genauso an dieser Stelle gestanden haben mußte. Und sie sah jetzt, was er damals gesehen hatte. Allerdings hatte sie eine Waffe bei sich. Ob wohl auch Natan Kleinman bewaffnet

gewesen war? Warum hatte er die Männer weiter beobachtet und belauscht, obwohl er sich ohne weiteres unbemerkt wieder hätte zurückziehen können?
Es war der jüngere von beiden, der sie als erster entdeckte – der, den der andere Alvaro nannte. Entsetzt riß er bei ihrem Anblick die Augen auf. Wie ein Reh im Scheinwerfer eines heranbrausenden Autos, war er für einen Moment wie gelähmt. Und dann rannte er los. Kaum hatte sie seine Verfolgung aufgenommen, stürzte sich der andere auf sie und schleuderte sie zu Boden.
In den ersten Strahlen der aufgehenden Sonne wurde Detective Singer schlagartig klar, was sie entdeckt hatte. Die Feilen waren gegen Gemüsekisten aus Holz gelehnt. Ihre doppelten Böden waren herausgebrochen, und über den Waldboden lagen unzählige Waffen – Gewehre, Karabiner, Maschinenpistolen – verstreut.
Der größere der beiden Männer – er hatte ein dunkles Gesicht und langes, schwarzes Haar – grinste sie mit nikotinverfärbten Zähnen an. Lachend sagte er dann etwas zu seinem jungen Begleiter. Sie sprachen nicht spanisch, sondern portugiesisch, wurde ihr in diesem Moment bewußt. Und gleichzeitig wußte sie auch, wer die beiden Männer waren. In der Küche des Hotels arbeiteten den Sommer über mehrere Brasilianer, die vermutlich illegal ins Land gekommen waren.
Der jüngere von beiden hatte es offensichtlich mit der Angst zu tun bekommen und redete beschwörend auf seinen Begleiter ein. Sie zweifelte keinen Moment daran, daß er um ihr Leben flehte.
Als der andere Mann sich über sie beugte, konnte sie seinen Atem riechen – ein Gemisch aus Tabakrauch und billigem Whisky. Sie versuchte die Entfernung zwischen ihr und ihm abzuschätzen. Er war noch zu nahe. Plötzlich hatte er ein Messer in der Hand und drückte seine Klinge an ihre Kehle. Sie fingierte eine Ohnmacht und ließ sich hinüberfallen.
An diesem Punkt entbrannte zwischen den beiden Männern

ein heftiger Streit, in dessen Verlauf sie hörte, wie der Jüngere den Mann mit dem Messer José nannte. Ganz offensichtlich dachten die beiden, sie gehörte wie Natan zu den Chassidim und hätte sie zufällig entdeckt. Vielleicht hatte auch Natan gewußt, was diese Männer hier taten. Zumindest wurde es in diesem Moment auch ihr klar. Sie waren illegale Einwanderer, die zu einem Waffenschmugglerring gehörten und mit ihren Feilen die Registriernummern auf den Waffen unkenntlich machten. Im Grunde genommen waren José und Alvaro nur zwei kleine Fische, die von ihren Auftraggebern mit der Drohung erpreßt wurden, sie an die Einwanderungsbehörde auszuliefern.
Hart und kühl konnte Roberta den Revolver an ihrer Wade spüren. Vorsichtig glitt ihre Hand unter den langen Rock.
Und dann ging alles ganz schnell. Sie schrie: »Polizei! Keine Bewegung.« José lachte nur. Er glaubte ihr nicht. Doch als Roberta den Revolver genau auf ihn richtete, starrte ihr plötzlich die nackte Angst aus seinen dunklen Augen entgegen. Und im selben Augenblick stürzte er sich auch schon mit gezücktem Messer auf sie. Es fiel nur ein einziger Schuß. Laut hallte er durch die Stille der Morgendämmerung. Mit schmerzverzerrtem Gesicht hielt sich José die Stelle unter seinem rechten Knie, wo die Kugel sein Bein durchschlagen hatte.
Alvaro stand wie gelähmt da. Auf seinen Lippen lag ein hämisches Grinsen, das jedoch rasch verflog. Und dann begann er wie wild zu kreischen und an seinem Hemd zu reißen. Er sank auf die Knie und stieß in gebrochenem Englisch hervor:
»Sie haben Sie geschickt, die Schwarzmäntel. Ich habe Josê immer gesagt, daß sie eines Tages kommen würden. Ich wußte, daß er uns finden würde.«
Wortlos stand Roberta auf der Lichtung, während ihr Alvaro erzählte, wie Natan ums Leben gekommen war. Eines Tages hatte er sie zufällig im Wald entdeckt. Und er war wiedergekommen. Diesmal hatte er jedoch nicht mehr seinen schwarzen Mantel, sondern Jeans und ein geblümtes Hemd getra-

gen. Er konnte Portugiesisch und hatte sich lange mit ihnen unterhalten. Unter anderem versprach er ihnen auch, ihnen Grüne Karten zu besorgen. Außerdem wollte er wissen, woher die Waffen kamen und an wen sie geliefert wurden. José, der ältere, hatte dem Fremden von Anfang an mißtraut. Aber Alvaro war immer der Überzeugung gewesen, daß er es gut mit ihnen meinte.

»Er kam immer zur gleichen Zeit«, fuhr Alvaro fort. »Donnerstagnacht. Und er blieb bei uns, bis wir einschliefen. Wenn wir am Morgen aufwachten, war er verschwunden. Wir haben ihn nie weggehen gesehen. Und wir wußten auch nicht, woher er kam.«

Doch eines Morgens war José durch das Rascheln eines Rehs im Unterholz wach geworden und hatte den Fremden in dem geblümten Hemd zur Straße hinuntergehen sehen. Er folgte ihm und beobachtete ihn, wie er seine Kleider ablegte und in einen schwarzen Mantel schlüpfte. Danach begann er in einer Sprache zu beten, die nicht Englisch war.

Als Alvaro zu den beiden stieß, war es bereits zu spät. Natan war tot. José hatte ihm die Kehle durchgeschnitten, während er um einen weiteren Tag seines Lebens gebetet hatte.

Roberta gab sich alle nur erdenkliche Mühe, nicht mehr an diese schreckliche Geschichte zu denken, als sie José Handschellen anlegte und ihn mit Alvaro zu ihrem Streifenwagen brachte. Verzweifelt versuchte sie, die Bilder von Natan aus ihrem Kopf zu verbannen, wie er mit durchgeschnittener Kehle in den See geworfen wurde.

Sie setzte sich über Funk mit Captain Mahoney in Verbindung, und während sie mit Alvaro auf sein Eintreffen wartete, wurde ihr zum erstenmal bewußt, daß der Junge noch ein halbes Kind war.

Sie fragte sich, ob er es wohl gewesen war, der Natans Leiche in den See geworfen und zugesehen hatte, wie sie langsam im Wasser versank.

Roberta schaute zum fahlen Morgenhimmel hoch. Natan war nicht verschwunden. Er war ermordet worden. Der Mann, der Treblinka überlebt hatte, war hier ans Ziel seiner langen Reise um die halbe Welt gelangt. Hier, im grauen Licht der Morgendämmerung, das zwischen den Bäumen hindurchfiel, hatte er sein letztes Gebet gesprochen.
Detective Singer zog den Zettel mit der Leviticus-Stelle aus der Tasche. »Und ein Mann wird über seinen Bruder stolpern«, stand darauf. Genauso war es gekommen. Rein zufällig hatte Natan eines Nachts Alvaro und José im Wald entdeckt. Und so waren die Worte aus dem Buch Leviticus in Erfüllung gegangen, die schon vor Tausenden von Jahren niedergeschrieben worden waren.
Es gab keine vernünftige oder logische Erklärung dafür, weshalb Natan sein Leben für die beiden Fremden, die ihn schließlich umbrachten, aufs Spiel gesetzt hatte.
Als Roberta das blitzende Rotlicht auf dem Dach von Captain Mahoneys Wagen auf dem Waldweg näher kommen sah, wurde ihr plötzlich klar, was die *agunach* schon die ganze Zeit gewußt hatte. Sie hatte ganz deutlich gespürt, daß ihr Schicksal unauflöslich mit dem von Natan und Roberta verknüpft war und daß eine alles menschliche Begreifen weit übersteigende Macht Roberta genau zum richtigen Moment an diesen Ort führen würde.
Als deshalb Captain Mahoney, sein Gesicht nach Seife riechend, die Uniform frisch gebügelt, aus seinem Wagen stieg und sie fragte, was passiert sei, gab ihm Detective Singer die einzige Antwort, die ihr auf seine Frage einfiel – die Antwort, die Natan ihr im Traum zu geben versucht hatte.
Natan Kleinman war nicht aus Geldgier, Machthunger oder Rachsucht gestorben. Nein, er hatte sein Leben für ein Wort, eine Idee geopfert. *Chesed.* Nächstenliebe.

Der Beweis liegt auf der Hand

Adele Manners

Elizabeth George

Adele Manners sah sich noch ein letztes Mal in ihrem Zimmer um. Das Bett war gemacht. Die Kleider waren aufgeräumt. Nichts verriet sie.

Sie schloß die Tür und stieg die Treppe hinunter, um zusammen mit den anderen Kursteilnehmern zu frühstücken. Der Speisesaal hallte wider vom Geklapper des Geschirrs und Bestecks und von den lautstarken Gesprächen. Wie immer tönte eine schrille Stimme lauter als die übrigen, entschlossen, die Aufmerksamkeit auf sich zu ziehen. Adele zuckte zusammen, als sie sie hörte.

»Hypoglykämie. Hy-po-*gly*-kä-mie. Sie wissen, was das ist, nicht wahr?«

Adele fragte sich, ob das noch irgend jemandem entgangen sein konnte, nachdem Noreen Tucker während ihres zweiwöchigen Aufenthalts am St. Stephen's College keine Gelegenheit versäumt hatte, sich über Hypoglykämie oder irgendein anderes Thema zu verbreiten. Als Adele feststellte, daß sich Noreen gerade wieder darüber ausließ, beschloß sie, ihren Teller mit Rührei und Würstchen an einen anderen Tisch zu tragen. Aber als sie sich umwandte, trat Howard Breen neben sie, lächelte, sagte: »Kommen Sie?« und brachte seinen eigenen Teller dorthin, wo Noreen Tucker den Vorsitz führte. Sie steckte in einem von Laura Ashley entworfenen Ensemble, das viel besser zu einem Teenager gepaßt hätte als zu einer Verfasserin von Liebesromanen, die sich kurz vor dem Ende des fünften Lebensjahrzehnts befand.

Adele fühlte sich in der Falle. Sie mochte Howard Breen. Von dem Moment an, als sie sich kennengelernt und festgestellt hatten, daß sie Nachbarn im zweiten Stock des Aufgangs L waren, hatte er sich sehr nett zu ihr verhalten. Offenbar besaß er die übernatürliche Fähigkeit, hinter ihre ruhige Fassade zu schauen, war aber zugleich bereit, ihr zu erlauben, daß sie ihr persönliches Unglück bei sich behielt. Das war eine seltene Eigenschaft bei einem Freund, die Adele schätzte. Sie schätzte Howard Breen. Daher ging sie hinter ihm her.

»Ich bin eine wahre Märtyrerin, was die Hypoglykämie angeht«, versicherte Noreen eindringlich. »Sie setzt mich völlig matt. Wenn ich nicht aufpasse . . .«

Adele blendete das Geplapper der Frau aus, indem sie den Raum betrachtete und sich im Geiste die Einzelheiten vorsagte, die sie in den zwei Wochen als Teilnehmerin des Kurses »Herrschaftshäuser in Großbritannien« gelernt hatte. *Vergoldete Kapitelle auf den Pilastern,* dachte sie, *und darüber segmentierte Giebelfelder.* Sie mußte bitter lächeln, angesichts der Tatsache, daß sie während ihres Aufenthalts in Cambridge ein wahres Lexikon unwichtiger architektonischer Details geworden war. Den Kopf voller Tatsachen zu stopfen, die man niemals brauchen würde und die vielleicht jene übergroße Tatsache verdrängen konnten, der man sich niemals stellen konnte.

Nein, dachte sie. *Nein. Ich will nicht. Jetzt nicht.* Aber sie mußte trotzdem an ihn denken. Auch wenn zwischen ihnen alles aus war, auch wenn es ihr Wunsch gewesen war und nicht der von Bob, sie konnte ihn nicht loswerden. Und ihn auch nicht so tief begraben, wie er es verdient hätte. Sie hatte den Entschluß gefaßt, ihre Beziehung zu beenden, einen Schlußpunkt gesetzt unter fünf Jahre der Qual, indem sie zu diesem Sommerkurs im St. Stephen's College gefahren war. Sie hatte

gehofft, eine Begegnung mit aufgeschlossenen Menschen würde sie irgendwie die peinliche Tatsache vergessen lassen, daß sie ein halbes Jahrzehnt ihres Lebens mit der fruchtlosen Erwartung verschwendet hatte, ein verheirateter Mann würde seine Frau ihretwegen verlassen. Aber nichts konnte Bob aus ihrem Gedächtnis verdrängen, und Noreen Tucker war mit Sicherheit nicht die Inkarnation von Geistesschärfe, die Adele in Cambridge zu finden gehofft hatte.
Sie knirschte mit den Zähnen, während Noreen weiterredete. »Ich weiß nicht, was mit mir passiert wäre, wenn Ralph hier nicht darauf bestanden hätte, daß ich zum Arzt gehe. Ständig schwach in den Knien. Immer kurz vor der Ohnmacht. Einmal hatte ich sogar auf der Autobahn einen Blackout. Auf der Autobahn! Wenn Ralph mir nicht ins Lenkrad gegriffen hätte ...« Als Noreen erschauerte, zitterte das Band an ihrem Strohhut in mitleidiger Sympathie. »Und deswegen habe ich immer das Studentenfutter bei mir. Nun ja, Ralph hier hat es dabei. Um zehn Uhr morgens, drei Uhr nachmittags und acht Uhr abends. Wenn ich nicht genau zum richtigen Zeitpunkt esse, falle ich mit Sicherheit um. Stimmt's, Ralph?«
Adele war nicht überrascht, als Ralph Tucker nicht antwortete. Sie konnte sich nicht erinnern, daß es ihm auch nur einmal gelungen war, auf eine Bemerkung seiner Frau eine passende Antwort zu finden. Im Moment hielt er den Kopf gesenkt und die Augen auf seine Schüssel mit Cornflakes gerichtet.
»Du *hast* doch meine Nußmischung, oder, Ralph?« fragte Noreen Tucker. »Wir machen doch heute vormittag diesen Ausflug nach Abinger Manor, und wie ich diesem Prospekt entnommen habe, werden wir ziemlich viel laufen müssen. Ich werde meine Nüsse und Rosinen brauchen. Du hast sie doch nicht vergessen?«
Ralph schüttelte den Kopf.
»Letzte Woche hast du sie nämlich vergessen, Liebling, und

der Busfahrer war nicht sehr angetan, als wir um drei Uhr anhalten mußten, damit ich einen Bissen zu essen bekam.«
Ralph schüttelte den Kopf.
»Also heute *wirst* du daran denken?«
»Es ist oben im Zimmer, Schatz. Aber ich vergesse es nicht.«
»Das ist gut. Es ist nämlich . . .«
Es war kaum zu glauben, daß Noreen dieses Thema tatsächlich noch vertiefen wollte, und noch weniger vorstellbar, daß sie nicht ahnte, wie langweilig sie war. Aber sie plapperte glückselig noch einige Minuten weiter, bis die Ankunft von Dolly Ragusa eine Ablenkung bot.
Im stillen segnete Adele das Mädchen, daß sie ihnen die Gnade erwies. Sie hätte es Dolly nicht übelgenommen, wenn sie sich an einen anderen Tisch gesetzt hätte. Dolly hatte mehr als alle anderen das Recht, den Tuckers aus dem Weg zu gehen, da sie im ersten Stock des Aufgangs M ihnen direkt gegenüber wohnte, so daß es keinen Zweifel gab, daß Dolly mit den Wechselfällen von Noreen Tuckers Gesundheit wohlvertraut war. Die Worte *mein armes Blut* hingen noch in der Luft, als Dolly sich zu ihnen setzte, einen schwarzen Filzhut auf dem langen blonden Haar. Sie rümpfte die Nase, verdrehte die Augen und grinste dann.
Adele lächelte. Man mußte Dolly einfach gern haben. Sie war die jüngste Teilnehmerin am Kurs über die Architektur der Herrschaftshäuser – eine dreiundzwanzigjährige Kunstgeschichtlerin, die gerade ihr Studium an der Universität von Chicago abgeschlossen hatte –, aber sie bewegte sich gleichberechtigt unter den älteren Teilnehmern, mit einem Selbstvertrauen, das Adele bewunderte, und einer Lebendigkeit, um die sie sie beneidete. Dollys Jugend war frisch und durch keinerlei Bedauern getrübt. Dieses Mädchen war bestimmt nicht so dumm, ihre Liebe einem Mann zu schenken, der sie niemals zurückgeben würde. Das war kein schwaches Mädchen. Adele hatte das von Anfang an gesehen.
Dolly griff nach dem Krug mit Orangensaft. »Die Cleareys

hatten heute früh einen richtig brutalen Streit«, sagte sie. »Ungefähr um halb sieben. Ich dachte schon, Frances würde Sam aus dem Fenster werfen. Haben Sie das auch gehört?«
Die Frage richtete sich an beide Tuckers, aber es war Noreen, die sie beantwortete. Sie hatte gerade den Matrosenkragen an ihrem Kleid geradegestrichen und blickte jetzt auf: »Eine Prügelei?«
Die Frage war wie nebenbei gestellt, aber Adele bemerkte, daß die Information Noreens Interesse geweckt hatte. Sie hatte nie ein Geheimnis daraus gemacht, daß sie Sam Clearey, einen Botaniker von der Universität Berkeley, sehr faszinierend fand. »Da war ganz schön was los«, sagte Dolly. »Offensichtlich war Sam gerade nach Hause gekommen. Um halb sieben Uhr morgens gerade nach Hause gekommen! Können Sie sich das vorstellen? Er hat die Nacht im Zimmer einer anderen verbracht!« Sie grinste. »Ich liebe diese Intrigen in Cambridge. Sie nicht? Irgendwie ist es wieder ganz wie in der Schule. Wo, glauben Sie, ist er gewesen?«
»Bei mir leider nicht«, antwortete Adele. »Ich wette, Sie würden viel eher seine Aufmerksamkeit auf sich ziehen als ich.«
Dolly lachte. *»Ich?* Adele, er ist mindestens sechzig Jahre alt! Hören Sie auf!« Sie wickelte eine Locke ihres Haars um einen Finger und sah nachdenklich aus. »Aber für einen älteren Mann sieht er ziemlich gut aus, nicht wahr? Mit diesen grauen Haaren. Und wie er sich anzieht. Ich möchte wissen, wer ihn sich geschnappt hat?«
»Gestern abend habe ich ihn mit dieser Blonden aus dem Austen-Kurs an der Bar gesehen«, bot Howard Breen an. »Sie schienen ziemlich vertraut.«
Noreen Tuckers Lippen wurden schmal. »Ich kann mir kaum vorstellen, daß sich Sam Clearey von einer Neunundvierzigjährigen einwickeln läßt, die geschieden ist, drei Kinder im Teenageralter hat und sich die Haare färbt. Er ist Universitätsprofessor, Howard. Er hat Geschmack. Und ist intelligent. Und gut erzogen.«

»Herzlichen Dank. Ich vermute, Sie haben gerade von mir geredet?« Cleve Houghton ließ sich auf den Stuhl neben Dolly Ragusa gleiten. Sein Tablett war schwer beladen mit Eiern, Würstchen, gegrillten Tomaten und Pilzen.
Adele spürte, daß bei Cleves Erscheinen ihre Spannung etwas nachließ. Indem Howard Breen Sam Cleareys Interesse an einer anderen Frau erwähnt hatte, hatte er in aller Unschuld Noreens Zorn geweckt. Und Noreen war keine Frau, die eine solche Kränkung unbeantwortet lassen konnte. Cleves Anwesenheit hinderte sie daran, sich sofort zu rächen.
»Heute früh bin ich schon zehn Kilometer gelaufen«, sagte er gerade. »In Richtung Granchester. Das sollten Sie auch mal probieren. Verdammt, das ist der beste Sport, den die Menschheit kennt.« Er warf sein Haar zurück und betrachtete Adele mit einem versonnenen Lächeln. »Der *zweitbeste* Sport.«
Adeles Gesicht wurde heiß. Sie zerknüllte ihre Serviette mit der Faust.
»Du meine Güte, Cleve. In gemischter Gesellschaft.« Noreen Tuckers Blick war gierig auf den interessantesten Teil von Cleve Houghtons Figur gerichtet: muskulöse Hüften, die sich unter den Jeans deutlich abzeichneten. Er war fünfzig, sah aber mindestens zehn Jahre jünger aus.
»Aber selbstverständlich in gemischter Gesellschaft«, antwortete Cleve Houghton und schaufelte seine Eier hinein. »Etwas anderes würde mir gar nicht einfallen.«
»Das hoffe ich auch nicht«, erklärte Noreen. »Es gibt nichts Schlimmeres, als wenn ein Mann sich an einen anderen Mann verschwendet. In einem meiner Romane habe ich mich mit diesem Thema beschäftigt. Eine Frau verliebt sich in einen Schwulen und rettet ihn. Und als er begreift, wie es ist, ganz normal mit einer Frau zusammenzusein, da schmilzt er dahin. Schmilzt einfach. Ich habe das Buch *Wilde Saat der Leidenschaft* genannt. *Saat* erschien mir passend. Da steht doch etwas in der Bibel über das Verschwenden von Samen, oder?

Und genau das ist es, was diese Schwulen tun. Wenn Sie mich fragen, brauchen sie alle nichts anderes als eine richtige Vollblutfrau. Das würde sie heilen. Finden Sie nicht auch, Howard?«

Adele schickte ein kurzes Stoßgebet zum Himmel, in der Hoffnung, daß Howard Breen merkte, worauf dieser Pfeil zielte, und seine Zunge im Zaum hielt. Aber Noreens Provokation war zuviel für ihn.

»Ich wußte gar nicht, daß Sie auf diesem Gebiet recherchiert haben«, sagte er.

»Ich – Recherchen?« Voller Unschuld legte Noreen eine Hand auf ihre Brust. »Seien Sie nicht albern. Es ist doch nur normal, anzunehmen, daß, wenn ein Mann und eine Frau . . . Du lieber Himmel, *Ihnen* muß ich das doch sicher nicht erklären, oder? Außerdem muß ein schöpferischer Künstler sich gelegentlich Freiheiten erlauben mit . . .«

»Der Wirklichkeit? Der Wahrheit? Oder was?« Howard sagte das in sehr freundlichem Tonfall, aber Adele sah die angespannten Muskeln an seiner Hand, und sie wußte sehr gut, daß auch Noreen sie sah.

Noreen langte über den Tisch und tätschelte seinen Arm. »Jetzt gestehen Sie schon, Howard. Sind Sie einer dieser Liberalen aus San Francisco, die ein halbes Dutzend homosexueller Freunde haben? Habe ich Sie jetzt beleidigt? Ich bin nur ein altmodisches Mädchen und liebe die Romantik. Und romantisch ist die wahre Liebe, die es, wie wir alle wissen, nur zwischen Mann und Frau geben kann. Das wissen Sie doch, oder?« Sie lächelte ihn kühl an. »Wenn Sie das nicht wissen, sollten Sie Dolly fragen. Oder Cleve. Oder sogar Adele.«

Howard Breen stand auf. »Ich verzichte auf die Fortsetzung dieses vergnüglichen Gesprächs«, sagte er und verließ die Gesellschaft.

»Ach je. Was ist denn los mit ihm?« fragte Dolly Ragusa, deren Gabel auf halbem Wege innegehalten hatte.

Cleve Houghton hob eine Hand und ließ sie wieder fallen,

wobei er sie aus dem Handgelenk heraus schüttelte. »Das können Sie sich doch vorstellen. Man sollte es nicht so deutlich sagen. Aber Howard würde sehr viel leichter dazu neigen, mir Avancen zu machen als Ihnen.«

»Oh, Cleve!« Noreen Tucker kicherte, aber Adele entging das bösartige triumphierende Glitzern in ihren Augen nicht. Sie entschuldigte sich und begab sich auf die Suche nach Howard.

Sie fand ihn erst um drei Viertel neun, als sie zusammen mit den anderen Teilnehmern des Herrschaftshäuser-Kurses zum vereinbarten Treffpunkt kam: dem Queen's Gate des St. Stephen's Colleges. Er lehnte am Torbogen und stopfte einen Brotzeitbeutel in seinen abgetragenen Rucksack.

»Alles in Ordnung mit Ihnen?« Adele versuchte, ihre Stimme möglichst beiläufig klingen zu lassen, während sie ihr eigenes Mittagessen aus der Schachtel nahm, in der es das Küchenpersonal verstaut hatte.

»Ich habe einen Spaziergang am Fluß entlang gemacht, um mich abzuregen.«

Trotzdem wirkte Howard nicht besonders ruhig. Sein Gesicht zeigte einen nervösen Zug, der vorher nicht dagewesen war. Obwohl sie wußte, daß es gelogen war, sagte Adele: »Ich glaube nicht, daß ihr klar war, was sie da sagte, Howard. Offensichtlich wußte sie *wirklich* nichts über Sie, sonst hätte sie dieses Thema doch gar nicht angesprochen.«

Er lachte kurz und wütend auf. »Machen Sie sich doch nichts vor. Sie ist eine Giftschlange. Sie weiß genau, was sie tut.«

»Hallo, ihr beiden! Lächeln! Na, kommt schon!« Aus vielleicht zehn Metern Entfernung hielt Dolly Ragusa eine Kamera auf sie gerichtet. Sie regulierte dabei die Einstellung an einem übergroßen Teleobjektiv.

»Was fotografieren Sie eigentlich mit diesem Ding? Unsere Nasenlöcher?« erkundigte sich Howard, und Adele hörte aus seiner Stimme, daß seine Laune umgeschlagen war. Offenbar wirkte Dolly anregend auf andere Menschen.

Dolly lachte. »Das ist ein Makro-Zoom, Sie Ahnungsloser. Weitwinkel, Nahaufnahmen. Es macht alles.«
Neben ihr zog sich Cleve Houghton gerade einen Pullover über den Kopf. »Warum schleppen Sie dieses Ding überhaupt herum? Es sieht ziemlich unhandlich aus.«
Dolly machte ein Foto von ihm, ehe sie antwortete: »Kunsthistoriker halten sich ständig Kameras vor die Nase. Als seien sie angewachsen. Daran erkennt man uns.«
»Ich dachte, daran erkennt man japanische Touristen«, meinte Sam Clearey, während er um die Eibenhecke bog, die den großen Hof vom Innenbereich des Colleges trennte. Wie auf den vorhergegangenen Ausflügen war er in eleganten Tweed gekleidet, und sein graues Haar glänzte in der Morgensonne. Seine Frau, die einige Schritte hinter ihm ging, sah schrecklich aus. Ihre Augen waren blutunterlaufen und ihre Nase geschwollen.
Beim Anblick von Frances Clearey fühlte Adele einen vertrauten Schmerz in der Brust aufsteigen. Sie erkannte eine Leidensgenossin. *Männer sind solche Schweine,* dachte sie, und wollte gerade auf Frances zugehen und sie durch ein Gespräch ablenken, als Victoria Wilder-Scott aus dem Aufgang Q stürmte und sich mit ihrem Klemmbrett in der Hand eilig zu ihnen gesellte. Ihre Brille hatte sie auf den Kopf geschoben, und sie blinzelte ihre Kursteilnehmer an, als sei sie verwundert, sie nur verschwommen wahrzunehmen.
»Oh! Meine Brille! Stimmt«, sagte sie, holte die Brille auf ihre Nase herab und fuhr atemlos fort: »Ich gehe davon aus, daß Sie Ihre Broschüren gelesen haben? Und den Abschnitt in *Herrschaftshäuser auf den Britischen Inseln*? Dann wissen Sie ja, daß wir auf Abinger Manor eine Menge interessanter Dinge zu sehen bekommen. Zum Beispiel die herrliche Sammlung von Rokoko-Silber, die in Ihrem Begleitheft abgebildet ist. Die Gemälde von Gainsborough, Le Brun, Lorrain und Reynolds. Und dieses schöne Stück von Whistler. Den Holbein. Einige bemerkenswerte Möbel. Auch der Garten ist außeror-

dentlich, und der Park – nun, wir haben natürlich nicht die Zeit, uns wirklich alles anzusehen, aber wir werden unser Bestes tun. Sie haben alle Ihre Notizbücher dabei? Und die Fotoapparte?«
»Dolly übernimmt offenbar das Fotografieren für uns alle«, sagte Howard Breen, als Dolly ein Bild von der Kursleiterin machte und sich dann schnell umdrehte, um ein weiteres von Howard und Adele zu knipsen.
Victoria Wilder-Scott blinzelte zu dem Mädchen hinüber und strahlte dann. Sie machte kein Geheimnis daraus, daß Dolly ihr Liebling war. Wie hätte es anders sein sollen? Sie hatten beide Kunstgeschichte studiert und teilten die Leidenschaft für Kunstgegenstände.
»Sehr gut. Nun, können wir dann aufbrechen?« fragte Victoria. »Sind wir alle da? Nein. Wo sind die Tuckers?«
Die Tuckers tauchten im gleichen Moment auf, als sie die Frage aussprach. Ralph schob sich gerade eine Plastiktüte mit Studentenfutter in die Außentasche seiner Safarijacke, während Noreen stehenblieb, um ihre Brotzeitpakete zu nehmen. Sie öffnete ihres und zog angesichts des Inhalts eine Grimasse. Daraufhin zwinkerte sie Sam Clearey zu, als wollte sie auf einen geheimen Spaß anspielen, den nur sie beide kannten.
Nachdem ihre Kursteilnehmer versammelt waren, hob Victoria Wilder-Scott einen Regenschirm, um den Weg zu weisen, und führte sie hinaus aus dem College, über die Brücke und die Garret Hostel Lane entlang zum Kleinbus.
Adele hatte den Eindruck, daß Noreen Tucker den Fußmarsch zum Bus als Gelegenheit sah, sich wieder mit Howard zu versöhnen, denn die Romanautorin gesellte sich mit solchem Eifer zu ihnen, als habe sie etwas Freundliches im Sinn. Aber im nächsten Moment zeigte sich, was sie im Sinn hatte, denn sie wandte sich Sam Clearey zu, der offensichtlich beschlossen hatte, daß die Gesellschaft von Howard und Adele dem anklagenden Schweigen seiner Frau vorzuziehen sei. Noreen

hängte sich bei ihm ein. Sie schenkte Howard und Adele ein vielsagendes Lächeln, das zugleich eine Einladung war, bei der nun folgenden Szene ihre Mitverschwörer zu sein.
Adele fand den Gedanken schrecklich, aber sie war hin und her gerissen zwischen dem Wunsch, schneller zu gehen, um Noreen hinter sich zu lassen, und zu bleiben, wo sie war, in der Hoffnung, Sam irgendwie schützen zu können, nachdem sie vorhin schon nichts für Howard hatte tun können. Das edlere Motiv siegte. Sie blieb bei der kleinen Gruppe und haßte sich selbst dafür, daß sie so ein Schwächling war. Aber sie konnte Sam nicht Noreen überlassen, unabhängig davon, wie sehr er fünf Minuten von ihrer spitzzüngigen Konversation verdient hatte. Noreen setzte bereits an, wie Adele bemerkte, und ließ ihren Charme sprühen.
»Ich habe erfahren, daß Sie gestern nacht ein unartiger kleiner Bub waren«, sagte Noreen. »Die Wände haben Ohren, wissen Sie.«
Sam schien nicht in der Laune für eine Neckerei. »Sie brauchten gar keine Ohren. Dafür hat Frances gesorgt.«
»Und kennen wir die Dame, die Ihren Charme genießen durfte? Nein, sagen Sie es uns nicht. Lassen Sie mich raten.« Noreen strich mit ihren Fingern spielerisch über ihr Haar. Es war zu einem schulterlangen Pagenschnitt mit Ponyfransen geschnitten, und seine Farbe war um einige Nuancen zu dunkel für ihre Haut.
»Haben Sie die Broschüre über Abinger Manor gelesen?« fragte Adele.
Der Versuch, Noreen abzulenken, war vergeblich, sie konterte, ohne Adele auch nur anzusehen. »Ich bezweifle, daß unser lieber Sam sehr viel zum Lesen kommt, Adele. Die Liebe hat immer Vorrang, nicht wahr?« Sie ließ ein leises, theatralisches Lachen hören. »Fragen Sie nur Dolly.«
Vor ihnen erklang Dollys Lachen, die mit energischen Schritten neben Cleve Houghton ging. Sie deutete gerade auf die Zinnen des Trinity Colleges zu ihrer Rechten und nickte be-

tont, um eine Bemerkung zu unterstreichen, die sie soeben gemacht hatte. Es schien merkwürdig, daß Noreen plötzlich das Thema von Sams heimlichem nächtlichen Rendezvous fallenließ und sich Dolly zuwandte, obwohl sie ihn in ihren Fängen hatte. Es war nicht leicht, Schritt zu halten mit Noreens Leidenschaft, andere in der Öffentlichkeit bloßzustellen, vor allem, da Dolly ihre Worte unmöglich hören konnte.
»Schaut euch diese beiden an«, sagte Noreen. »Dolly hat nach Gold gegraben, und offensichtlich ist sie auf eine ergiebige Ader gestoßen.«
»Cleve Houghton!« fragte Howard. »Er könnte älter sein als ihr Vater.«
»Was hat denn das Alter damit zu tun? Er ist Arzt. Geschieden. Haufenweise Geld. Ich habe gehört, wie Dolly geseufzt und gejammert hat, als Victoria uns diese Dias zeigte. Sie wissen schon welche. Antiquitäten, Schmuck, Gemälde. Cleve wäre genau der Mann, von dem sie so etwas bekommen könnte. Und er würde es ihr gerne geben, da bin ich mir sicher.«
Sam Clearey betrachtete den Glanz seiner wohlpolierten Schuhe. Er räusperte sich. »Sie scheint nicht der Typ . . .«
Noreen drückte seinen Arm. »Was sind Sie nur für ein Gentleman, Sam. Aber Sie haben die beiden nicht gestern abend an der Bar gesehen. Cleve verbreitete sich darüber, wie man Frauen verführt, indem man ihre Seelen aufschließt und ihren Geist anspricht, und dabei hat er die ganze Zeit Dolly angestarrt. Fragen Sie Adele. Sie saß direkt neben ihm, nicht wahr, meine Liebe? Sie haben ihm jedes Wort von den Lippen abgelesen.«
Noreens bösartiges Lächeln ließ ihre glitzernden Zähne sehen, und zum ersten Mal spürte Adele, wie es war, wenn sich die bissigen Worte dieser Frau gegen sie selbst richteten. Ein Schauder überlief sie, als ihr klar wurde, daß nichts Noreens Aufmerksamkeit entgehen konnte. Denn sie *hatte* Cleve zugehört. Sie hatte jedes Wort mitgehört.

»Die kleine Dolly mag zwar die Unschuld vom Lande spielen«, schloß Noreen ungerührt, »aber wenn Cleve Houghton heute früh zehn Kilometer absolviert hat, dann lagen die direkt zwischen Dollys Beinen.«
Sam Cleareys Haut wurde eine Nuance dunkler. Es war schwer zu sagen, ob er wütend oder peinlich berührt war, denn er achtete darauf, daß seine Bemerkung ganz neutral klang: »Woher wollen Sie das wissen?«
Noreen schenkte ihm einen zärtlichen Seitenblick. »Dollys Zimmer liegt direkt gegenüber von meinem. Und ich habe es Ihnen ja gesagt, Sammy. Die Wände haben Ohren.«
Sam zog seine Hand aus ihrem Arm. »Ja. Nun ja. Wenn Sie mich entschuldigen, ich möchte nach Frances sehen.«
Nachdem er gegangen war, schien Noreen Tucker es nicht mehr für notwendig zu halten, weiter bei Howard und Adele zu bleiben. Sie überließ sie sich selbst und gesellte sich zu ihrem Ehemann.
»Halten Sie sie jetzt immer noch für harmlos?« erkundigte sich Howard. Als Adele nicht antwortete, sah er sie an.
Sie versuchte ein Lächeln, versuchte ein Achselzucken, aber nichts davon gelang ihr. Sie haßte sich selbst dafür, daß sie vor ihm ihre Fassung verlor. Howard würde hinter die Fassade sehen, das wußte sie.
»Jetzt geht es gegen Sie«, sagte er.
Adele blickte von Dolly Ragusa zu Cleve Houghton und dann zu Sam Clearey. Sie hatte Noreens Botschaft genau verstanden. Eine zwar gemeine, aber dennoch lautstarke Mitteilung. Sie war klar. Wie es ihre Botschaft an Howard beim Frühstück gewesen war. Wie es zweifellos auch ihre Botschaft an Sam Clearey gewesen war. Wie auch immer sie gelautet hatte.
»Sie ist eine Giftschlange«, stimmte Adele zu.

Das Schlimmste an diesen kurzen Augenblicken mit Noreen war die Tatsache, daß diese Grausamkeit ihr schlagartig alles wieder ins Bewußtsein rief. Es war unwesentlich, daß es kei-

nen direkten Zusammenhang gab zwischen Noreens Bemerkung und ihrer Vergangenheit; die versteckten Andeutungen, daß sie Bescheid wußte, erreichten mehr, als nur gefährliche Schneisen in Adeles Wunsch nach Privatheit zu schlagen. Sie zwangen sie, sich zu erinnern.
Der Kleinbus rollte die enge Straße entlang. Gelegentlich flogen Ortsschilder vorbei. Little Abington, Linton, Horseheath, Haverhill. Der Lärm der Stimmen um Adele wurde von Victoria Wilder-Scotts Monolog übertönt, der endlos durch die Lautsprecher aus dem Vorderteil des Busses dröhnte. Adele starrte aus dem Fenster.
Sie war einunddreißig gewesen und seit drei Jahren geschieden, als sie Bob kennenlernte. Er war achtunddreißig und seit elf Jahren verheiratet. Er hatte drei Kinder und eine Frau, die nähte, putzte, bügelte und Lunchpakete packte. Seine Frau war treu, ergeben und unterstützte ihn in jeder Beziehung. Aber Bob erklärte, sie sei nicht leidenschaftlich. Sie spreche seine Seele nicht an. Nur Adele sprach seine Seele an.
Adele glaubte ihm. Sie mußte ihm glauben. Denn der Glaube gab dem, was sonst nur eine billige Affäre gewesen wäre, die Würde. Indem sie auf eine spirituelle Ebene gehoben wurde, war ihre Beziehung gerechtfertigt. Mehr noch, sie war geheiligt. Nun, da sie einen Seelenverwandten gefunden hatte, fand sie bald immer bessere und vernünftigere Argumente, warum sie ohne ihn nicht leben konnte. Und wie schnell waren auf diese Weise fünf Jahre vergangen. Mit welcher Leichtigkeit hatte diese Zeit ihr ohnehin geringes Selbstbewußtsein noch mehr beschädigt.
Seit zwei Monaten war Bob jetzt aus ihrem Leben verschwunden. Es brannte noch immer wie eine offene Wunde. »Du wirst zurückkommen«, hatte er gesagt. »Niemals wirst du mit einem anderen Mann das erleben, was du mit mir hattest.« Er hatte recht gehabt. Die Umstände hatten ihm recht gegeben.
»Das wird nichts im Bus. Es ist nicht hell genug.«
Adele setzte sich auf und sah, daß Cleve Houghton Dolly Ra-

gusa anlachte. Sie kniete, rückwärts gewandt, auf dem Sitz vor ihm und hatte ihre Kamera auf sein gebräuntes Gesicht gerichtet.

»Natürlich wird es etwas.« *Klick.* Und um es noch einmal zu unterstreichen: *Klick.*

»Na gut. Lassen Sie mich eines von Ihnen machen.«

»Kommt nicht in Frage.«

»Kommen Sie schon.« Er streckte die Hand aus.

Sie entkam ihm, indem sie in den Gang hüpfte. Dann ging sie die Sitzreihen entlang und knipste einen Kursteilnehmer nach dem andern: Ralph Tucker, der mit dem Kopf am Fenster döste, Howard Breen, der in der Broschüre über Abinger Manor las, Sam Clearey, der sich von der vorbeiziehenden Landschaft abwandte, als sie seinen Namen rief.

Aus dem vorderen Teil des Kleinbusses erklang noch immer Victoria Wilder-Scotts Monolog über das Gebäude. ». . . die Familie blieb bis zum Ende beharrlich königstreu. Im Nordturm werden Sie eine Geheimkammer sehen, wo Charles I. vor seiner Flucht auf den Kontinent verborgen wurde. Und in der langen Galerie können Sie versuchen, die sehr gut verborgene Geheimtür zu finden. Durch diese Tür ist König Charles . . .«

»Glaubt sie denn, wir könnten die Broschüre nicht lesen? Mein Gott, wir wissen doch schon alles über die Gemälde, die Möbel und das tolle Silberzeug.« Noreen Tucker betrachtete in einem Taschenspiegel ihre Zähne. Sie verrieb einen Lippenstiftfleck und stand auf – offenbar in der Absicht, zu Sam Clearey zu gehen, der nicht neben seiner Frau saß.

Unruhig drehte sich Adele in ihrem Sitz um. Ihre Augen trafen sich mit denen von Cleve Houghton. Sein Blick war offen und direkt, in jener Art von Bewunderung, die einen auszog, um das darunterliegende Fleisch zu begutachten.

Er lächelte, und seine Lider senkten sich. »So nachdenklich?«

Dollys lautes Lachen ersparte Adele die Antwort. Das Mädchen hockte auf Ralph Tuckers Armlehne und unterhielt sich

mit Frances Clearey. Ihr Gesicht war angeregt. Ihre Hände malten beim Sprechen in die Luft.
»Ich finde es großartig, daß Sie und Sam etwas gemeinsam unternehmen«, sagte Dolly. »Dieser Cambridge-Kurs. Ich wollte meinen Freund überreden mitzukommen, aber er hat sich geweigert, es auch nur in Betracht zu ziehen.«
Frances Clearey versuchte zu lächeln, aber es war deutlich, daß sie auf Noreen Tucker konzentriert war, die es sich auf dem leeren Sitz neben Frances' Ehemann bequem gemacht hatte.
»Machen Sie so etwas jeden Sommer?« erkundigte sich Dolly.
»Das ist das erste Mal.« Frances' Augen glitten zur Seite, als Noreen Tucker lachte und ihren Kopf zu Sam hinüberbeugte. Dolly sprach fröhlich weiter. Adele bemerkte, daß sie sich so setzte, daß ihr Körper Frances daran hinderte, weiter zu Sam und Noreen hinüberzusehen. »Ich werde David – das ist mein Freund – von Ihnen beiden erzählen. Wenn eine Ehe funktionieren soll, müssen Mann und Frau offenbar gemeinsame Interessen haben. Und einander zugleich Freiräume lassen. Wie Sie und Sam. David und ich – er kann manchmal sehr besitzergreifend sein.«
»Dann überrascht es mich, daß er nicht mit Ihnen gekommen ist.«
»Ach, es gehört ja zur Ausbildung. David macht sich gar keine Sorgen, solange ich mich mit Kunstgeschichte beschäftige. Das ist bei ihm so wie mit seinen Affen. Er ist biologischer Anthropologe. Brüllaffen.«
»Brüllaffen?«
Dolly hob ihre Kamera und knipste ein Bild von Frances. »Er erforscht Brüllaffen.« Sie grinste. »Ihren Kot – können Sie sich das vorstellen? Ich habe ihn gefragt, was er eigentlich davon hat, Affenkot unter dem Mikroskop zu betrachten. Er sagt, das Zeug anzuschauen, wäre gar nicht so schlimm. Aber es zu sammeln muß die Hölle sein.«

Frances Clearey lachte. Dolly lachte ebenfalls. Sie machte noch ein Foto und tänzelte dann den Gang hinauf.
Adele staunte, wie leicht es dem Mädchen gelungen war, Frances aus ihren Gedanken zu reißen, wenn auch nur für einen Augenblick. Wie klug sie Frances auf die Stärken ihrer Ehe hingewiesen hatte, anstatt sie in ihrer Einsamkeit über den sehr viel deutlicheren Schwächen brüten zu lassen. Noreen Tucker bedeutet gar nichts, sagte Dolly damit. Andere Frauen bedeuten gar nichts. Sam gehört Ihnen.
Dolly hatte bestimmt eine sehr unbekümmerte Art, mit dem Leben umzugehen. Aber wie hätte es auch anders sein sollen? Ihre Zukunft erstreckte sich gerade und sorgenfrei vor ihr. Sie hatte noch keine Narben. Sie hatte keine Vergangenheit, die sie verfolgte. Sie war, um es kurz zu sagen, wunderbar jung.
»Warum so ernst heute morgen?« erkundigte sich Cleve Houghton von der anderen Gangseite aus bei Adele. »Nehmen Sie sich doch nicht so ernst. Genießen Sie das Leben. Das Leben will gelebt werden.«
Adeles Kehle verkrampfte sich. Sie hatte schon reichlich genug gelebt.
Klick.
»Adele!« Das war wieder Dolly mit ihrer Kamera.

Als sie an ihrem Fahrtziel angekommen waren, holte der Anblick von Abinger Manor Adele aus ihrer düsteren Laune. Jenseits eines Grabens, der mit Lilienbüscheln übersät war, umrahmten zwei mit Zinnen besetzte Türme den Haupteingang des Gebäudes. Sie waren fünf Stockwerke hoch und hatten Staffelgiebel auf beiden Seiten, die mit unglaublich hohen und unglaublich vielfältig verzierten Schornsteinen besetzt waren. Nachträglich angebaute Erkerfenster gingen auf den Graben hinaus und boten Ausblick auf einen ausgedehnten Garten. Dieser war auf der einen Seite von einer hohen Eibenhecke und auf der anderen von einer Backsteinmauer einge-

faßt, an der Lavendel, Astern und Nelken als Randbepflanzung wuchsen. Die Kursteilnehmer über die Architektur der Herrschaftshäuser in Großbritannien hatten noch eine Viertelstunde Zeit, den Garten zu betrachten, ehe die erste Führung durch das Gebäude begann.
Adele bemerkte, daß sie heute vormittag nicht die einzigen Besucher des Hauses waren. Aus einem Besichtigungsbus stieg eine große Gruppe Deutscher, die es Dolly Ragusa gleichtaten und den Garten und die Fassade des Hauses ausgiebig fotografierten. Zwei Familien betraten den Irrgarten, verirrten sich sofort und begannen, sich durch laute Zurufe zu verständigen. Ein gutaussehendes Paar in einem silbernen Bentley fuhr auf den Parkplatz und blieb, ins Gespräch vertieft, am Graben stehen. Einen Augenblick lang glaubte Adele, diese beiden Besucher seien eigentlich die Besitzer des Hauses – sie waren äußerst elegant gekleidet, und der Bentley deutete einen Wohlstand an, der nicht zur Besichtigung von Herrschaftshäusern zu passen schien. Aber sie gingen wie die anderen in den Garten, und während sie hinter Adele dahinspazierten, konnte diese ein Bruchstück ihres Gesprächs erhaschen.
»Wirklich, Tommy, Liebling. Ich kann mich nicht erinnern, daß ich mich jemals bereit erklärt habe, hierherzufahren. Wann soll das gewesen sein? Ist das einer deiner Tricks?«
»Lachsbrötchen«, war die seltsame Antwort des Mannes.
»Lachsbrötchen?«
»Ich habe dich bestochen, Helen. Anfang letzter Woche. Ein Picknick. Lachsbrötchen. Stilton-Käse. Erdbeertörtchen. Weißwein.«
»Ach. *Diese* Lachsbrötchen.«
Sie lachten leise miteinander. Der Mann legte seinen Arm um die Schultern der Frau. Er war groß, sehr blond, mit festen Gesichtszügen und gutaussehend. Sie war schlank, dunkelhaarig und hatte ein ovales Gesicht. Sie gingen nebeneinander in einem vollkommenen Rhythmus. Liebende,

dachte Adele düster und zwang sich dazu, sich abzuwenden.
Als eine Glocke erklang, um sie alle für die Führung zusammenzurufen, ging Adele dankbar zum Tor, weil sie auf Ablenkung hoffte. Aber sie ahnte nicht, wie gründlich diese Ablenkung ausfallen sollte.
Ihre Führerin war eine entschlossen dreinblickende junge Frau, Mitte Zwanzig, mit Pickeln am Kinn und zuviel Augen-Make-up. Sie sprach stakkatoartig. Jetzt befänden sie sich im Zwischengang hinter der Großen Halle. Die Wand zu ihrer Linken sei die Trennwand. Sie würden das Schnitzwerk von der anderen Seite aus bewundern können. Ob sie bitte zusammenbleiben könnten und nicht hinter die Seilabsperrung gehen – Fotografieren sei ohne Blitzgerät erlaubt.
Die Gruppe bewegte sich vorwärts, und Adele fand sich eingezwängt zwischen zwei dicken, älteren deutschen Damen, die ein Bad dringend nötig gehabt hätten. Sie atmete flach und war froh, als sich die Gruppe in der Großen Halle verteilen konnte.
Wie Victoria Wilder-Scott, das Begleitbuch und die Broschüre über Abinger Manor versprochen hatten, war diese Halle ein herrlicher Raum. Während die Führerin die Einzelheiten aufzählte, betrachtete Adele pflichtbewußt die hohe Gewölbedecke, den kleinen Innenbalkon mit seinem komplizierten Gitterwerk, die Wandbespannungen, die Porträts, den Kamin und den Marmorfußboden. Neben ihr wurden Kameras gezückt und Verschlüsse klickten. Und dann tönte es direkt neben ihr: »Ganz genau, was ich gesucht habe. *Ganz genau.*«
Adeles Stimmung sank. Es war ihr gelungen, Noreen Tucker im Garten aus dem Weg zu gehen, nachdem sie beinahe über Ralph und Noreen gestolpert wäre, während sich diese gerade in ihrer typischen Art über eine Steinbank ausließ, auf der die Liebenden in ihrem nächsten Roman ihr entscheidendes Zusammentreffen haben sollten.
»Der Ball. Hier wird er stattfinden!« fuhr Noreen fort. »Oh,

Ralph, ich *wußte* ja, daß es klug von uns war, diesen Kurs mitzumachen!«
Adele sah zu Noreen hinüber. Diese schob gerade ihre Hand in die Plastiktüte, die aus der Safarijacke ihres Mannes hervorsah. Zehn Uhr, dachte Adele. Zeit für die Nußmischung. Noreen kaute vor sich hin und murmelte: »Charles und Delfinia klammerten sich aneinander, während die Musik von der Galerie sie zärtlich umflutete. ›Das ist verrückt, Liebling. Das dürfen wir nicht. Wir können nicht.‹ Er hörte nicht auf sie. ›Wir *müssen*. Heute abend.‹ Und sie . . .«
Adele ging weiter, froh darüber, daß die Führerin gerade begann, sie alle aus der Großen Halle zu scheuchen. Sie stiegen über eine Treppe zu einer engen, langgezogenen Galerie hinauf.
»Diese lange Galerie ist eine der berühmtesten in England«, informierte sie die Führerin, nachdem sie sich hinter einem Seil versammelt hatten, das den Raum der Länge nach teilte. »Sie enthält nicht nur eine der schönsten Sammlungen von Rokoko-Silber, die Sie dort drüben links vom Kamin auf dem halbmondförmigen Tisch sehen – er selbst ist übrigens ein Sheraton –, sondern auch einen Le Brun, zwei Gainsboroughs, einen Reynolds, einen Holbein, einen sehr hübschen Whistler und mehrere weniger bekannte Künstler. In der Vitrine am Ende des Raumes sehen Sie einen Hut, Handschuhe und Strümpfe, die Königin Elizabeth I. gehörten. Und hier ist eines der bemerkenswertesten Dinge in diesem Raum.«
Sie ging links an dem Sheraton-Tisch vorbei und drückte leicht auf ein Stück der Wandvertäfelung. Eine Tür öffnete sich, die vorher in der Verzierung der Vertäfelung verborgen gewesen war.
»Das ist eine Geheimtür. Sehr schlau, nicht wahr? So konnten die Diener kommen und gehen, ohne in den öffentlichen Bereichen des Hauses gesehen zu werden.«
Fotoapparate klickten. Hälse reckten sich. Stimmen murmelten.

»Und besonders achten sollten Sie auf . . .«

»Ralph!« Noreen Tucker japste. *»Ralph!«*

Adele zählte zu denjenigen, die sich bei dieser aufgeregten Unterbrechung umdrehten. Noreen stand direkt am Seil neben einem Tisch aus Atlasholz, auf dem sich eine Porzellanschale mit einem Potpourri befand. Sie war ziemlich blaß, hatte die Augen weit aufgerissen, und ihre ausgestreckten Hände zitterten. Nun schien sie die Hypoglykämie doch noch erwischt zu haben.

»Noreen? *Schatz?* Ach, mein Gott, ihr Blut . . .« Ralph Tucker konnte nicht mehr zu Ende sprechen. Mit einem unartikulierten Schrei fiel Noreen über den Tisch, die Schale zerbrach, und das Potpourri verteilte sich über den Perserteppich. Über die ganze Länge des Raumes riß das Satinband von den Pfosten, die es hielten, als Noreen Tucker auf ihrem Weg in Richtung Boden hindurchkrachte.

Adele war wie gelähmt, obwohl sich alle um sie herum offenbar sofort in Bewegung setzten. Sie fühlte sich gefangen in einer Welle der Panik, während sich einige Leute nach vorn zu der gefallenen Frau drängten und andere zurückwichen. Jemand schrie auf. Jemand anderes rief Gott an. Drei Deutsche ließen sich vor Schreck auf die Sofas fallen, die sich nun, nachdem das Absperrband nicht mehr da war, in ihrer Reichweite befanden. Man hörte jemanden nach Wasser rufen und jemand anderen nach frischer Luft.

Ralph Tucker rief in schrillem Ton: »Noreen!« und fiel mitten in dem verstreuten Potpourri und den Porzellanscherben auf die Knie. Er zog an der Schulter seiner Frau. Sie war aufs Gesicht gefallen und ihr Strohhut rollte über den Teppich. Sie bewegte sich nicht mehr.

Adele rief: »Cleve! *Cleve!*« Und da schob er sich auch schon durch die Menge. Er drehte Noreen um, warf einen Blick auf ihr Gesicht, sagte: »Ach, du lieber Gott«, und begann mit Herzmassage. »Holen Sie einen Krankenwagen!« befahl er.

Adele wandte sich eilig um, um sich darum zu kümmern. Die Fremdenführerin stand wie angewurzelt neben dem Kamin und starrte auf die Frau am Boden, als wäre sie an dem Vorfall mitschuldig.
»Ein Krankenwagen!« schrie Adele.
Stimmen erklangen von allen Seiten.
»Ist sie ...«
»Mein Gott, sie *kann* doch nicht ...«
»Noreen! Schatz!«
»Sie ist gerade ohnmächtig geworden, nicht wahr ...« (dic Stimmen der deutschen Besucher).
»Holen Sie einen Krankenwagen, verdammt noch mal!« Cleve Houghton hob den Kopf. Auf seinem Gesicht stand Schweiß. »Gehen Sie schon!« brüllte er die Führerin an.
Sie floh durch die Geheimtür und trampelte die Treppe hinab.
Cleve machte eine Pause und fühlte Noreens Puls. Er zog ihren Mund auf und versuchte sie zu beatmen.
»Noreen!« jammerte Ralph.
»Kann er nicht etwas unternehmen?«
»Tut denn niemand ...«
»Schauen Sie sich die Gesichtsfarbe an.«
»Sie ist tot.«
»Es hat keinen Sinn.«
»Diese dummen Amerikaner!«
Hinter der Menge entdeckte Adele den blonden Mann aus dem Bentley, der jetzt sein Jackett auszog und es seiner Begleiterin reichte. Er schob sich durch die Menge, setzte sich rittlings auf Noreen und übernahm die Herzmassage, während Cleve Houghton seine Beatmungsversuche fortsetzte.
»Noreen! Schatz!«
»Holt ihn weg hier!«
Adele packte Ralph am Arm und versuchte, ihn in die Höhe zu ziehen. »Ralph, lassen Sie sie doch ...«
»Sie brauchte etwas zu essen!«

Victoria Wilder-Scott trat hinzu. »Bitte, Mr. Tucker. Wenn Sie Ihnen eine Chance geben . . .«
Die Museumsführerin stürmte wieder in den Raum.
»Ich habe angerufen . . .« Sie zögerte und redete dann nicht mehr weiter.
Adele sah von der Führerin zu Cleve. Er hatte den Kopf gehoben. Sein Gesichtsausdruck sagte alles.

Allmählich wurde allen bewußt, was geschehen war, und die Anwesenden zeigten Reaktionen. Neugier, Mitleid, Panik, Ablehnung. Nun war eine starke Hand erforderlich, und der blonde Mann übernahm die Führung. Er entzog sie der Museumsführerin mit den einfachen Worten: »Ich bin Thomas Lynley, Inspektor von Scotland Yard.« Er zeigte ihr einen Ausweis, den sie nur allzu begierig zur Kenntnis nahm.
Thomas Lynley brachte schnell Ordnung in die Menge, in einer Art und Weise, die weder Widerstand noch Fragen erlaubte. Sie sollten mit der Führung fortfahren, um den Raum für den Notarzt freizumachen.
Er selbst blieb da, zusammen mit seiner Begleiterin, Ralph Tucker, Cleve Houghton und der toten Frau. Adele sah, wie er sich hinunterbeugte, sah, wie er Noreens verkrampfte Faust öffnete, sah ihn die Nußmischung prüfen, die auf den Boden fiel. Cleve sagte: »Herzversagen. Ich habe schon mehr Leute so sterben sehen.« Aber obwohl Lynley nickte, schaute er nicht auf Cleve, sondern auf die Touristengruppe. Seine braunen Augen sahen jeden einzelnen von ihnen prüfend an, während sie den Raum verließen. Ralph Tucker sank in einen Sessel. Thomas Lynleys Begleiterin ging zu ihm, murmelte einige Worte und legte ihm die Hand auf die Schulter.
Dann schloß sich die Tür hinter ihnen, die Gruppe befand sich im Wohnzimmer des Hauses und wurde gebeten, die Stuckverzierungen an der bemerkenswerten Decke des Raumes zu betrachten. Man nenne es das King-Edward-Wohnzimmer, erläuterte die Führerin mit sehr gedämpfter Stimme,

der Name leite sich ab von der Statue Edwards IV., die sich über dem Kaminaufsatz befinde. Es sei eine Statue in dreiviertel der Lebensgröße, nicht in voller, erklärte sie, denn anders als die meisten Männer seiner Zeit sei Edward IV. weit über einen Meter achtzig groß gewesen. Als er am 26. Februar 1460 in London einritt, sei tatsächlich . . .

Adele wunderte sich, wie die junge Frau es schaffte, weiterzumachen. Angesichts von Noreen Tuckers Tod hatte es etwas Unanständiges, wenn man gebeten wurde, Kerzenleuchter, Wollpulver-Tapeten, Möbel des 18. Jahrhunderts, chinesische Vasen und einen französischen Kaminaufsatz zu bewundern. Adele hatte Noreen bestimmt nicht gemocht, aber Tod war Tod, und sie hätte es passender gefunden, wenn die Gruppe aus Respekt vor ihrem Hinscheiden die Tour abgebrochen hätte und nach Cambridge zurückgefahren wäre. Sie verstand nicht, weshalb Thomas Lynley sie nicht dazu aufgefordert hatte. Sicher wäre das sehr viel menschlicher gewesen, als von ihnen zu erwarten, daß sie noch durch den Rest des Hauses marschieren und so tun sollten, als sei gar nichts geschehen.

Aber sogar Ralph wollte, daß sie die Besichtigung beendeten. »Machen Sie weiter«, hatte er zu Victoria gesagt, als sie bei ihm in der langen Galerie bleiben wollte. »Die Leute sind doch auf Sie angewiesen.« Seine Worte klangen, als sei eine Führung durch Abinger Manor vergleichbar mit einer Schlacht, deren Ausgang das Schicksal einer ganzen Nation entscheiden konnte. Es war genau die Art von Bemerkung, die bei Victoria wirkte. Also wurde die Führung fortgesetzt.

Und es war keinesfalls gestattet, sich von der Gruppe zu lösen. Das verriet ein bestimmter Ausdruck in Thomas Lynleys Gesicht.

Alle waren unruhig. Die Atmosphäre war gespannt. Man schien gereizt. Adele hegte keinen Zweifel daran, daß sie nicht die einzige war, die sich danach sehnte, aus Abinger Manor zu fliehen.

Die Museumsführerin erkundigte sich, ob jemand Fragen habe zu diesem Raum. Dolly sprang ein und fragte, ob die König-Edward-Statue aus Bronze sei. Sie war es. Dolly fotografierte sie. Die Führung wurde fortgesetzt.
Ein Gemurmel kam auf, als Cleve Houghton im Winter-Eßzimmer wieder zu ihnen stieß.
»Sie haben sie abgeholt«, sagte er mit leiser Stimme zu Adele.
»Und dieser Mann? Der Polizist?«
»War noch immer in der Galerie, als ich gegangen bin. Er hat die Ortspolizei gerufen.«
»Warum?« fragte Adele. »Ich habe gesehen, daß er auf das ... Cleve, du hast nicht ... sie schien gesund zu sein, oder?«
Adele wußte nicht genau, woran sie dachte. Sie wußte nur, daß ihr in Lynleys Gesicht etwas aufgefallen war, nachdem er Noreen Tuckers Nußmischung geprüft hatte und wieder aufsah. Verblüffung, Mißtrauen, Ärger, Empörung. Irgend so etwas war es. Wenn das der Fall war, konnte das nur eines bedeuten. Adele spürte, wie sich ihr Magen zusammenkrampfte. Nun betrachtete sie die anderen Kursteilnehmer mit völlig neuen Augen: sie waren potentielle Mörder.
Frances Clearey schien den morgendlichen Zorn auf ihren Ehemann abgeschüttelt zu haben. Sie ging sehr dicht neben Sam, drängte sich an seinen Arm. Vielleicht hatte sie Noreens Tod ahnen lassen, wie flüchtig das Leben war, wie unbedeutend die Auseinandersetzungen und Sorgen angesichts eines möglichen baldigen Endes waren. Oder vielleicht mußte sie sich jetzt, nachdem Noreen ausgeschaltet war, keine Sorgen mehr machen.
Sie war nicht beim Frühstück gewesen, erinnerte sich Adele, und hätte ohne weiteres in Noreens Zimmer gehen und etwas in ihre Nußmischung tun können. Besonders dann, wenn sie wußte, daß Sam die Nacht mit Noreen verbracht hatte. Eine Rivalin um die Liebe eines Mannes zu beseitigen, schien ein passendes Motiv für einen Mord.
Aber auch Sam war nicht beim Frühstück gewesen. Daher

hatte auch er Zugang gehabt zu Noreens Nahrungsmittelvorräten. Falls Noreen wußte, mit wem er die Nacht verbracht hätte – und das hatte sie ja heute morgen angedeutet –, dann hatte es Sam vielleicht für notwendig gehalten, sie loszuwerden. Insbesondere, wenn sie selbst diese Frau war.

Es war schwer zu glauben. Aber gleichzeitig konnte Adele mit einem Blick auf Sam feststellen, wie sehr ihn Noreens Tod mitgenommen hatte. Unter seiner gebräunten Haut zeichnete sich Erschöpfung in seinem Gesicht ab, und sein Mund war verkniffen. Seine Augen blickten düster. In jedem neuen Raum strahlten sie kurz auf, sobald er Dolly sah, als sei ihre Schönheit Balsam für ihn, aber dann wandte er den Blick wieder ab.

Dolly selbst war spät zum Frühstück gekommen, so daß auch sie die Möglichkeit gehabt hätte, an Noreens Studentenfutter zu gelangen. Aber Noreen hatte Dolly keinen offensichtlichen Grund gegeben, ihr zu schaden, und bestimmt hätte Noreens Geklatsche über das Mädchen – wenn Dolly es gehört hatte, was zweifelhaft schien – sie nur amüsiert.

Genauso wie es Cleve Houghton amüsiert hätte. Und es hätte ihm gefallen. Und sein Selbstgefühl enorm gesteigert. Tatsächlich hätte Cleve allen Grund gehabt, Noreen am Leben zu lassen. Sie hatte Wunder vollbracht, was den Ruf seiner sexuellen Potenz anging. Andererseits war auch er spät zum Frühstück erschienen, so daß er ebenfalls die Möglichkeit gehabt hatte, ins Zimmer der Tuckers zu gehen.

Howard Breen schien der einzige zu sein, der keine Zeit gehabt hatte, an Noreens Nußmischung zu kommen. Außer daß er, wie Adele sich nun erinnerte, das Frühstück vorzeitig beendet hatte und sie ihn danach nicht mehr gefunden hatte.

Also hatte jeder von ihnen die Gelegenheit gehabt, etwas unter die Nüsse, Rosinen und Trockenfrüchte zu mischen. Aber was konnte das gewesen sein? Und wie, um Himmels willen, hatte der Betreffende es auftreiben können? Bestimmt konnte man in Cambridge nicht einfach in die Apotheke gehen und nach einem schnell wirkenden Gift fragen. Wer auch immer etwas unter das Studentenfutter gemischt hatte, er mußte Erfahrung haben mit Giftstoffen und wissen, welche Wirkung er erwarten konnte.

Sie waren in der Bibliothek, als Thomas Lynley und seine Begleiterin zu ihnen stießen. Er sah sich jeden, der sich im Raum befand, genau an. Seine Begleiterin tat das gleiche. Leise sagte er etwas zu ihr, worauf sich die beiden trennten und sich weit voneinander entfernt in der Menge postierten. Keiner von ihnen achtete auf irgend etwas anderes als auf die Menschen seiner Umgebung. Aber ihnen widmeten sie ihre volle Aufmerksamkeit.

Von der Bibliothek aus gingen sie in die Kapelle, begleitet lediglich vom Klang der eigenen Schritte, der hallenden Stimme der Führerin und dem Klicken der Kameras. Lynley bewegte sich in der Gruppe und sagte zu niemandem ein Wort außer zu seiner Begleiterin, mit der er an der Tür einige Worte wechselte. Dann trennten sie sich wieder.

Von der Kapelle aus begab sich die Gruppe in die Waffenkammer. Von dort aus zwei Treppen hinunter und in die Küche. Die Speisekammer dahinter war in einen Souvenirladen verwandelt worden. Die Deutschen hielten darauf zu. Die Amerikaner ebenfalls.

Adele konnte sich nicht vorstellen, daß Lynley ihnen erlauben würde, so ohne weiteres zu verschwinden. Sie war nicht überrascht, als er zu reden begann.

»Bitte, ich möchte jeden von Ihnen überprüfen«, sagte er, als sich die Menge zu zerstreuen begann. »Wenn Sie doch bitte alle einen Moment lang hier in der Küche bleiben.«

Proteste erklangen aus der deutschen Gruppe. Die Amerikaner sagten nichts.

»Wir haben ein Problem«, erklärte ihnen Lynley, »was den Tod von Noreen Tucker angeht.«

»Ein Problem?« Cleve Houghton, der hinter Adele stand, sprach. Andere stimmten ein.

»Was wollen Sie überhaupt von uns?«
»Was geht hier vor?«
»Es war Herzversagen«, versicherte Cleve. »Ich habe das oft genug gesehen, um Ihnen . . .«
»Ich auch«, sagte eine Stimme mit deutlichem Akzent. Der Sprecher war ein Mitglied der deutschen Gruppe, und er wirkte nicht sehr erfreut darüber, daß die Führung schon wieder unterbrochen wurde. »Ich bin Arzt. Auch ich habe Herzversagen gesehen. Ich weiß, was ich sehe.«
Lynley streckte seine Hand aus. Auf seiner Handfläche lagen ein halbes Dutzend Samenkörner. »Es sah so aus wie Herzversagen. Das ist es auch, was ein Alkaloid auslöst. Es lähmt das Herz innerhalb von Minuten. Das ist übrigens Eibensamen.«
»Eibensamen?«
»Wie kommt Eibensamen . . .«
»Aber sie hat doch nicht . . .«
Adele hielt ihre Augen weiterhin auf Lynleys Handfläche gerichtet. Samen. Pflanzen. Die Schlußfolgerung war schrecklich. Sie vermied es, die einzige Person in der Küche anzusehen, bei der es keinen Zweifel gab, daß sie wußte, welche Gefahr in so wenig Eibensamen lag.
»Das stammt bestimmt aus dem Potpourri«, sagte Victoria Wilder-Scott. »Es hat sich ja über den ganzen Teppich verstreut, als Mrs. Tucker umfiel.«
Lynley schüttelte den Kopf. »Der Samen war unter die Nüsse in ihrer Hand gemischt. Und die Tüte, die ihr Mann dabei hatte, war voll damit. Sie ist ermordet worden.«
Die Deutschen protestierten laut, als sie das hörten. Der Doktor war ihr Wortführer. »Das hat mit uns nichts zu tun. Diese Frau war eine völlig Fremde. Ich bestehe darauf, daß wir gehen dürfen.«
»Natürlich«, antwortete Lynley. »Sobald wir das Problem mit dem Silber gelöst haben.«
»Wovon reden Sie eigentlich?«

»Es scheint so, daß einer von Ihnen während des Durcheinanders in der langen Galerie die Gelegenheit benutzt hat, um zwei Stücke von dem Rokoko-Silber auf dem Tisch neben dem Kamin zu nehmen. Es sind Salzfäßchen. Sehr klein. Und sie fehlen definitiv. Natürlich fällt das nicht in meinen Zuständigkeitsbereich, aber bis die Ortspolizei eintrifft, um die Untersuchung von Mrs. Tuckers Tod zu beginnen, möchte ich mich um diese Kleinigkeit mit dem Silber gern selbst kümmern.«
»Was wollen Sie tun?« fragte Frances Clearey.
»Wollen Sie uns hierbehalten, bis einer von uns gesteht?« fragte der deutsche Arzt spöttisch. »Sie können uns ja nicht ohne Erlaubnis durchsuchen.«
»Das ist richtig«, sagte Lynley. »Ich kann Sie nicht durchsuchen. Außer, wenn Sie sich durchsuchen lassen.«
Füße scharrten. Jemand räusperte sich. Ein hastiges Gespräch wurde auf deutsch geführt. Jemand raschelte mit Papier in einem Notizbuch.
Cleve Houghton sprach als erster. Er warf einen Blick auf die Gruppe. »Verdammt, ich habe nichts dagegen.«
»Aber die Frauen . . .«, meinte Victoria.
Lynley nickte seiner Begleiterin zu, die am Rand der Gruppe neben einem Ständer mit Kupferkesseln wartete. »Das ist Lady Helen Clyde«, erklärte er ihnen. »Sie wird die Frauen durchsuchen.«
Wie ein Mann drehten sich alle zu Lynleys Begleiterin um. Ihre dunklen Augen blickten sie freundlich an. Ihr Gesichtsausdruck war höflich. Es wäre absurd gewesen, einem so schönen Wesen die Mitarbeit zu verweigern.
Die Durchsuchung wurde in zwei Räumen vorgenommen: die der Frauen in der Spülküche und die der Männer in einem Trockenraum auf der anderen Seite des Korridors. In der Spülküche ging Lady Helen äußerst gründlich vor. Sie sah jeder Frau zu, wie diese sich auszog und wieder anzog. Sie leerte Hosentaschen aus, Handtaschen und Leinenbeutel. Sie prüfte das Futter von Regenmänteln. Sie öffnete Regenschirme. Da-

bei plauderte sie die ganze Zeit, um die Frauen bei Laune zu halten. Sie erkundigte sich bei den Amerikanerinnen nach dem Kurs, nach Cambridge, danach, welche Herrschaftshäuser sie gesehen hätten und woher sie kämen. Sie vertraute den deutschen Frauen an, daß sie einmal zwei Wochen Sommerurlaub im Schwarzwald verbracht hätte, und gestand ihnen, daß sie Wanderungen nicht leiden konnte. Den Mord erwähnte sie mit keinem Wort. Abgesehen von der Beschäftigung, der sie gerade nachgingen, hätte man glauben können, sie hätten sich gerade kennengelernt und führten ein Gespräch beim Tee. Aber Adele stellte fest, daß Lady Helen trotz ihrer Freundlichkeit und der guten Erziehung ihre Aufgabe sehr geschickt und gewissenhaft ausführte. Wenn sie nicht selbst für die Polizei arbeitete – und ihre Beziehung zu Lynley ließ nicht vermuten, daß sie bei Scotland Yard angestellt war –, dann war sie doch mit deren Methoden vertraut.

Aber trotzdem fand sie nichts. Auch Lynley hatte offenbar nichts entdeckt. Als sich die beiden Gruppen wieder in der Küche versammelten, bemerkte Adele, daß er dies Lady Helen mit einem Kopfschütteln mitteilte. Wenn das Silber gestohlen worden war, dann hatte es zumindest niemand bei sich. Sogar Victoria Wilder-Scott und die Museumsführerin waren durchsucht worden.

Lynley bat sie alle, im Erfrischungsraum zu warten. Er ging auf die Treppe am anderen Ende der Küche zu.

»Wohin geht er denn jetzt?« fragte Frances Clearey.

»Er wird im übrigen Haus nach dem Silber suchen«, sagte Adele.

»Aber das kann doch ewig dauern!« jammerte Dolly.

»Das macht doch nichts. Wir müssen doch sowieso auf die Ortspolizei warten.«

»Es war Herzversagen«, sagte Cleve. »Das Silber fehlt wahrscheinlich gar nicht. Vielleicht ist es irgendwo beim Reinigen.«

Adele ließ sich ans Ende der Gruppe zurückfallen, während

sie über den mit Kies bestreuten Innenhof gingen. Irgendwo in ihrem Innern fühlte sie, daß etwas nicht stimmte. Dieses Gefühl begleitete sie schon einen großen Teil des Vormittags, versteckt, wie eine Bedeutung zwischen den Zeilen in den Worten Noreen Tuckers. Auf der Fahrt im Bus hatte es sich an die Oberfläche ihres Unterbewußtseins gekämpft, und seit sie das Haus erreicht hatten, lag es gerade außerhalb ihres Blickfeldes. Wie bei dem Kinderspiel »Was ist falsch auf diesem Bild« gab es irgendwo eine kleine Abweichung. Sie fühlte es genau. Sie wußte nur nicht, wo.
Ihre Gedanken stolperten durcheinander, ziellos und ohne Zusammenhang, wie die Bilder in einem Kaleidoskop. Es gab Eibenhecken im Hof des St. Stephen's Colleges. Sam und Frances Clearey hatten sich gestritten. Die Wände haben Ohren. Das Silber lag nahe. Es war in ihrem Begleitbuch abgebildet. Es war in der Broschüre beschrieben. Sie hatten beides schon vorher betrachtet. Dolly wollte Cleve. Sie liebte Antiquitäten. Sam Clearey mochte Frauen, wie die Blonde aus dem Austen-Kurs, mochte ...
Noch einmal sah Adele Lady Helen vor sich, wie sie die Habseligkeiten der Frauen durchsuchte. Sie sah sie vor sich, wie sie ausleerte, durchwühlte, abtastete und dabei nichts ungeprüft ließ. Sie sah, wie sie zu Lynley hinüber den Kopf schüttelte. Sie sah, wie Lynley die Stirn runzelte.
Die beiden Gruppen betraten den Erfrischungsraum und trennten sich voneinander. Die Amerikaner setzten sich an die Tische im hinteren Teil des Raumes. Die Deutschen stellten sich nach Kaffee und Kuchen an.
»Victoria, können wir nach Cambridge zurück?« fragte Frances. »Ich meine, wann ist das alles hier vorbei? Wir wollten ja heute noch ein anderes Haus besichtigen, aber das können wir wohl streichen, oder?«
Victoria zögerte. »Ralph wollte unbedingt, daß wir ...«
»Ach, vergessen Sie doch Ralph Tucker!« sagte Sam. »Kommen Sie, Victoria, uns reicht es einfach.«

»Da ist aber noch der Bus, und der Fahrer muß bezahlt werden . . .«
»Könnten wir nicht etwas Geld sammeln und ihm ein Trinkgeld geben oder so?« Dolly stellte ihren Fotoapparat vor sich auf den Tisch. Sie legte die Hände darum und ließ die Schultern sinken. »Ich meine – ach, ich glaube, das ist albern. Vergeßt es.«
Und da war es auf einmal. Direkt vor ihr. Adele sah es endlich. Sie wußte, was Noreen Tucker auf dem Weg zum Bus gesagt hatte. Sie kannte die Quelle ihrer eigenen Unruhe auf der Fahrt nach Abinger Manor. Sie begriff, was sie seit dem Augenblick, als sie hier angekommen waren, gesehen hatte, ohne es wirklich zu sehen. Sechsunddreißig war die Schlüsselzahl, aber die war schon längst überschritten. Dieses Wissen löste bei Adele eine plötzliche Übelkeit aus. Thomas Lynley hatte seine Vermutungen nur anhand der vorliegenden Tatsachen angestellt.
Aber Lynley irrte sich.
Sie stand mühsam auf und verließ die Gruppe. Jemand rief ihr etwas nach, aber sie ging weiter. Sie fand Lynley im Wohnzimmer, wo er drei Arbeitern, die über den Fußboden krochen, Anweisungen gab.
Wie kann ich nur so etwas tun? fragte sie sich selbst. Und dann dachte sie: *Warum? Mit einer Zukunft, die wie eine leere Schiefertafel ist, auf der nichts steht, außer Hoffnung und Erfolg? Warum?*
Lynley blickte auf. Lady Helen Clyde ebenfalls. Adele mußte nicht einmal etwas sagen. Sie folgten ihr sofort zum Erfrischungsraum.
»Was ist los?« fragte Cleve.
Adele sah ihn nicht an. »Dolly, geben Sie dem Inspektor Ihre Kamera.«
Dollys blaue Augen weiteten sich. »Ich verstehe nicht.«
»Geben Sie ihm die Kamera, Dolly. Lassen Sie ihn in das Objektiv schauen.«
»Aber Sie . . .«

Lynley nahm dem Mädchen die Kamera von der Schulter. Entlang des Trageriemens befanden sich Behälter für Filme. Sie waren alle leer. Das hatte Adele bereits vorher gesehen, sie hatte es gesehen und sich nichts dabei gedacht, ebensowenig wie bei der Tatsache, daß in Dollys Schultertasche kein einziger Film gewesen war. Und auch nicht in ihren Mantel- und Hosentaschen. Sie hatte alle Bilder, die sie heute vormittag aufgenommen hatte, gemacht, ohne überhaupt einen Film in der Kamera zu haben. Sie dienten nur dazu, zu vertuschen, aus welchem Grund sie die Kamera tatsächlich zu der Besichtigung mitgenommen hatte.
Lynley schraubte das Makro-Zoom ab. Es war nutzlos, hohl. Zwei Stücke Rokoko-Silber fielen heraus.

Howard ließ sich auf den Sitz neben Adele fallen. »Ist alles in Ordnung?«
»Alles in Ordnung.« Sie wollte nicht darüber sprechen. Sie fühlte sich wie eine Verräterin. Sie wollte nach Hause. Sie verdrängte den Gedanken daran, wie Dolly von der Polizei abgeführt worden war.
»Wie sind Sie auf Dolly gekommen?«
»Sie hat zu viele Bilder geknipst. Sie hätte den Film wechseln müssen, aber das tat sie nicht. Denn da war ja gar kein Film drin.«
»Aber Noreen. Warum hat Dolly ...«
Adeles Glieder fühlten sich taub an. »Noreen war ihr völlig gleichgültig. Möglicherweise sollten die Samen Noreen nur krank machen und sie nicht umbringen. Sie brauchte nur eine Ablenkung, um an das Silber zu kommen.«
»Das verstehe ich nicht. Woher wußte sie, was Eibensamen verursacht?«
»Sam. Er wußte vielleicht gar nicht, was er ihr erzählt hat oder warum sie sich danach erkundigte. Vielleicht dachte er an nichts anderes als daran, wie es war, in seinem Alter

mit jemandem wie Dolly im Bett zu liegen.« Sogar das schien beinahe unerträglich. Zu wissen, daß Dollys besorgtes Gespräch mit Frances Clearey über ihre Ehe ebenfalls Teil des Spiels gewesen war. Nur eine weitere Ablenkung, nur eine weitere Lüge.

»*Sam* und Dolly?« Howard schaute über den Gang zu Cleve Houghton hinüber, der mit halb geschlossenen Augen in seinem Sitz lag. »Ich dachte Cleve – als Noreen uns erzählt hat, daß Cleve gestern abend über das Verführen von Frauen geredet hat . . .«

»Sie sagte das zu mir. Über mich. Cleve war gestern nacht nicht mit Dolly zusammen, Howard.« Adele sah aus dem Fenster und sagte nichts mehr. Nach einem Augenblick merkte sie, daß Howard aufstand und wegging.

Ich werde dich begraben, Bob, hatte sie bei Cleve Houghton gedacht. *Dann wird es aus sein zwischen uns.* Daher hatte sie mit Cleve zusammen an der Bar des Colleges getrunken, war mit ihm spazierengegangen und hatte ihm zugehört, hatte so getan, als fände sie ihn anziehend und entzückend, einen leidenschaftlichen Mann, einen Seelenverwandten, einen Ersatz für Bob. Und als er sie wollte, hatte sie gehorcht. Ein fremder Körper in ihrem Bett. Um sich lebendig zu fühlen, sich begehrt zu fühlen, sich wie ein wertvolles Wesen zu fühlen. Aber nicht, um Bob zu begraben. Es hatte nicht funktioniert.

»Hallo.« Adele tat so, als höre sie ihn nicht, aber Cleve überquerte den Gang und ließ sich in den Sitz fallen. Er hielt eine Taschenflasche in der Hand. »Sie sehen aus, als ob Sie einen Schluck vertragen könnten. Verdammt, ich brauche jedenfalls einen.« Er trank und redete dann mit leiser Stimme weiter. »Heute abend?«

Adele sah ihn an und versuchte, in seinen Gesichtszügen die eines anderen Mannes zu sehen, aber es gelang ihr nicht.

»Na?« sagte er.

Natürlich, dachte sie. Warum nicht? Was machte es schon aus, nachdem das Leben so flüchtig war und die Jugend ohne Bedeutung?
»Ja, natürlich«, sagte sie. »Heute abend.«

Über die Autorinnen

Charlotte Armstrong wurde 1905 in Vulcan, Michigan, geboren. Sie studierte an der University of Wisconsin und am Barnard College in New York. Zunächst arbeitete sie in New York als Modejournalistin; 1942 heiratete sie den Werbefachmann Jack Lewi und begann, Kriminalromane zu schreiben; der Held ihrer ersten drei Romane ist Professor MacDugall Duff. Ihr vierter Krimi *The Unsuspected (Die sanfte Stimme des Bösen)* brachte endlich den Durchbruch und wurde später sogar verfilmt.
Charlotte Armstrong gilt noch heute als eine der besten amerikanischen Krimi-Autorinnen.
Charlotte Armstrong starb im Juli 1969.

Agatha Christie. Agatha Mary Clarissa Miller, geboren am 15. September 1890 in Torquay, Devonshire, sollte nach dem Wunsch der Mutter Sängerin werden. 1914 heiratete sie Colonel Archibald Christie und arbeitete während des Krieges als Krankenschwester in einem Lazarett. 1920 entstand ihr erster Kriminalroman *The Mysterious Affair at Styles (Das fehlende Glied in der Kette).* Eine beträchtliche Menge Arsen war aus dem Giftschrank des Lazaretts verschwunden, und die junge Agatha spann den Fall aus. Sie fand das unverwechselbare Christie-Krimi-Ambiente.

Gleich in ihrem ersten Werk taucht auch der belgische Detektiv mit den berühmten »kleinen grauen Zellen« auf: Hercule Poirot, der ebenso unsterblich werden sollte wie sein weibliches Pendant, die reizend altjüngferliche, jedoch scharf kombinierende Miss Marple 1930 in *Murder at the Vicarage (Mord im Pfarrhaus).*

Im Lauf ihres Lebens schrieb die »Queen of Crime« 73 Kriminalromane, ca. 150 Krimistories und -novellen, 20 Theaterstücke, 6 Liebesromane (unter dem Pseudonym »Mary Westmacott«), 1 Band Gedichte, 1 Band Erzählungen, 1 autobiographischen Bericht über ihre archäologischen Expeditionen, 1 Autobiographie.

1956 wurde Agatha Christie mit dem Order of the British Empire ausgezeichnet, was einer Erhebung in den Adelsstand entspricht und mit dem Titel »Dame« verbunden ist.

Agatha Christie starb am 12. Januar 1976 im Alter von 85 Jahren in ihrem Haus in Wallingford bei Oxford.

Amanda Cross wurde 1926 in East Orange, New Jersey, geboren. Sie heiratete 1945 James Heilbrun, studierte am Wellesley College, Massachusetts, erwarb mehrere akademische Grade und lehrte an verschiedenen Universitäten. 1972 wurde sie Professorin für englische Literatur an der Columbia University in New York. Carolyn Gold Heilbrun begann 1964 unter dem Pseudonym Amanda Cross Kriminalromane zu schreiben. Sie deckte schließlich ihr Pseudonym auf und sagte: »Als ich vor 25 Jahren Kriminalromane zu schreiben begann, mußte dies unbedingt geheim bleiben. Mein schriftstellerischer Freizeitspaß galt damals als absolut unvereinbar mit einer wissenschaftlichen Karriere.« Amanda Cross' Serienheldin ist die gebildete, humorvolle Amateurdetektivin Kate Fansler, ebenfalls Professorin für englische Literatur.

Mignon G. Eberhart wurde am 6. Juli 1899 in Lincoln/Nebraska geboren. Sie studierte an der Nebraska Wesleyan Uni-

versity und begann 1930, Kriminalromane und -kurzgeschichten zu schreiben. In ihren ersten Romanen kreierte sie bereits ihre Serienhelden, die Krankenschwester Sarah Keate und Detective Lance O'Leary. Susan Dare, ihrer späteren Heldin, hat Mignon G. Eberhart als Beruf »Autorin von Kriminalgeschichten« zugedacht; sie ist in mehreren Kurzgeschichten tatkräftig dabei.
Mignon G. Eberhart engagierte sich im Berufsverband der *Mystery Writers of America* und war lange Zeit deren Präsidentin.

Antonia Fraser. Lady Antonia Fraser, Tochter des Schriftstellers Lord Longford, wurde am 27. August 1932 in London geboren. Sie besuchte eine Klosterschule, studierte in Oxford Geschichte und machte 1953 ihren Magister. Ende der siebziger Jahre erschien ihr erster Kriminalroman *Quiet as a Nun (Die Nonne).* Damit war ihre Serienheldin, die elegante Fernsehjournalistin Jemima Shore, geboren. Antonia Fraser liebt klare, gradlinige Kriminalgeschichten; ihre Vorbilder sind P. D. James, Ruth Rendell und Dorothy Sayers. Sie ist verheiratet mit Harold Pinter und lebt in London.

Elizabeth George. Die Amerikanerin Elizabeth George hatte von Jugend an eine Vorliebe für alles Englische; ein besonderes Faible hat sie für die raffinierte britische Krimitradition. Ihr erster Roman *A Great Deliverance (Gott schütze dieses Haus)* wurde mit dem Agatha Christie Award sowie dem Anthony Award für den besten Erstlingsroman ausgezeichnet. In Frankreich erhielt sie 1990 den Girard Prix de Littérature Policière. Für ihren zweiten Roman *Well-Schooled in Murder (Auf Ehre und Gewissen)* wurde sie mit der Mimi, dem bedeutendsten deutschen Preis für Kriminalliteratur, ausgezeichnet.
Elizabeth Georges Haupthelden sind Detective Inspector Thomas Lynley und Detective Sergeant Barbara Havers.
Elizabeth George lebt in Huntington Beach, Kalifornien.

Paula Gosling wurde 1939 in Detroit geboren; 1962 machte sie ihren Bachelor of Arts, danach arbeitete sie für verschiedene Werbeagenturen und übersiedelte 1964 nach England. Mit ihrem Ehemann John, ihren beiden Kindern und drei Katzen lebt sie heute in Bath. Ihr Roman *Monkey Puzzles (Tod auf dem Campus)* wurde 1986 mit dem Gold Dagger der British Crime Writers' Association ausgezeichnet. In der Krimikurzgeschichte »I Wonder If She's Changed« (Ob sie sich wohl verändert hat?) hat ihre Detektivin Liz Morgan einen schier unlösbaren Fall zu klären.

Sue Grafton wurde 1941 als Tochter des Krimiautors C. W. Grafton in Louisville, Kentucky, geboren; seit 1962 lebt sie in Kalifornien. Ihre Karriere als Schriftstellerin begann gleich mit mehreren Auszeichnungen für ihre Fernsehspiele. Ihre resolute Heldin, Kinsey Millhone, arbeitet als unabhängige Privatdetektivin in Santa Barbara, einer kleinen Stadt nördlich von Los Angeles.
Mit ihrer typischen Mischung aus Witz und entschlossenem Durchgreifen schlägt sich Kinsey Millhone sozusagen in alphabetischer Reihenfolge durch ihre Abenteuer. *A is for Alibi (A wie Alibi)* erschien 1982. *B is for Burglar (B wie Bruch)* wurde 1985 für den Anthony und den Shamus Award nominiert. Für *C is for Corpse (C wie Callhan)* erhielt sie 1986 den Anthony. Inzwischen sind Sue Grafton und Kinsey Millhone bei *G is for Gumshoe (G wie Galgenfrist)* angelangt.

Susan Kelly sagt, daß ihr Leben ». . . dem ihrer Heldin Liz Connors immer ähnlicher« wird. Kein Wunder – beide sind groß, haben rote Haare, haben früher am College Englisch unterrichtet, leben in Cambridge, Massachusetts, und besitzen eine entschieden humorvolle Lebensauffassung. Susan Kelly hat außerdem wissenschaftliche Aufsätze über mittelalterliche Literatur verfaßt. Ihr Roman *The Gemini Man* erhielt 1985 eine Anthony-Nominierung für den besten Erstlingsroman.

Deidre Laiken bekam für ihr 1988 erschienenes Debut *Death Among Strangers (Tod unter Fremden)* den höchsten amerikanischen Krimi-Preis, den Edgar Allen Poe Award. Inzwischen hat sie ihren zweiten Roman *Killing Time in Buffalo (Blutroter Sommer)* veröffentlicht. In der Krimikurzgeschichte »An Act of Loving Kindness« (»Ein Akt der Nächstenliebe«) findet die Detektivin Roberta Singer bei der Lösung eines Mordfalls unerwartet Unterstützung von ihrem längst verstorbenen Großvater.
Deidre Laiken lebt mit ihrem Mann, dem Psychotherapeuten und Buchautor Dr. Alan Schneider im Staat New York.

Marcia Muller lebt wie die Heldinnen ihrer Kriminalromane (Sharon McCone, Elena Oliverez und Joanna Stark) in Kalifornien. Zusammen mit ihrem Ehemann Bill Pronzini verfaßte sie Kriminalromane, die mit vielen Preisen ausgezeichnet wurden. Außerdem haben Marcia Muller und Bill Pronzini zusammen mehrere erfolgreiche Anthologien herausgebracht.
In der Krimikurzgeschichte »All the Lonely People« (»All diese einsamen Menschen«) läßt sich Sharon McCone ganz cool in die Kartei einer Partnervermittlung aufnehmen, um einen mysteriösen Fall zu lösen.

Sara Paretsky wurde 1947 in Kansas geboren. Sie studierte Wirtschaftswissenschaften, promovierte 1977 mit einer Arbeit über den »Zusammenbruch der Moralphilosophie in Neu-England vor dem Bürgerkrieg« und arbeitete schließlich als hochdotierte Fachfrau bei verschiedenen Versicherungsgesellschaften. Seit 1986 ist sie hauptberuflich Schriftstellerin und hat bisher sieben Kriminalromane mit ihrer Heldin V. I. Warshawski veröffentlicht. Seit 1968 lebt Sara Paretsky in Chicago, seit 1976 ist sie mit einem Physikprofessor verheiratet.
In der Krimikurzgeschichte »The Case of the Pietro Andro-

mache« (»Die Andromache von Pietro«) hat V. I. Warshawskis Freundin Probleme, und »Vic« muß den anderen beweisen, was sie schon längst weiß.

Mary Roberts Rinehart. Mary Roberts, 1876 in Pittsburg, Pennsylvania, geboren, wuchs in ärmlichen Verhältnissen auf. Sie wurde zunächst Krankenschwester. Als ihr Mann, der Arzt Dr. S. Rinehart, sich an der Börse verspekulierte, fing sie aus akuter Geldnot 1903 an zu schreiben. 1913 erschien der erste ihrer zahllosen Bestseller *The Circular Staircase (Die Wendeltreppe).* Oft sind Frauen ihre Helden, etwa die exaltierte Laetitia »Tish« Carberry oder die Krankenschwester Hilda Adams »Miss Pinkerton«.
In der Krimikurzgeschichte »The Lipstick« (»Der Lippenstift«) hat Louise Baring ein wachsames Auge auf ein ganz bestimmtes Schönheitsutensil.

Julie Smith wurde 1944 geboren. Die ehemalige Reporterin der *Times Picayune* in New Orleans und des *San Francisco Chronicle* lebt heute als Journalistin und Schriftstellerin in Santa Barbara, Kalifornien. Sie hat inzwischen mehrere Kriminalromane veröffentlicht. *New Orleans Mourning (Blues in New Orleans)* wurde 1991 in Amerika als bester Kriminalroman des Jahres mit dem Edgar Allen Poe Award ausgezeichnet.
Julie Smith' Witz und Charme formen die Abenteuer der klugen, attraktiven Rebecca Schwartz, die sie in *Death Turns a Trick (Ich bin doch keine Superfrau)* vorstellt; inzwischen sind mit Rebecca Schwartz weitere Kriminalromane und -kurzgeschichten erschienen.

Quellenverzeichnis

Charlotte Armstrong: »The Splintered Monday« (Kein gewöhnlicher Montag), aus Alfred Hitchcock (Hrsg.) MEINE LIEBLINGSMORDE 3, Copyright © 1969 by Random House Inc., aus dem Amerikanischen übersetzt von Margret Schulz-Wenzel, Scherz Verlag, Bern, München, Wien.

Agatha Christie: »Strange Jest« (Ein seltsamer Scherz), aus Agatha Christie MÖRDER MASCHEN, Copyright 1941 by Agatha Christie, aus dem Englischen übersetzt von Mechtild Sandberg, Scherz Verlag, Bern, München, Wien.

Amanda Cross: »Once Upon a Time« (Es war einmal), Copyright © 1987 by Amanda Cross. Veröffentlicht mit der Genehmigung Nr. 46188 der Paul & Peter Fritz AG in Zürich. Aus dem Amerikanischen übersetzt von Horst Heuring.

Mignon G. Eberhart: »Introducing Susan Dare« (Auftritt Susan Dare), aus Mignon G. Eberhart TÖDLICHER TANGO, Copyright © 1934 bis 1988 by Mignon G. Eberhart, aus dem Amerikanischen übersetzt von Mechtild Sandberg, Scherz Verlag, Bern, München, Wien.

Antonia Fraser: »Getting to Know You« (Kennenlernen), aus

H. R. F. Keating (Hrsg.) LAUTER TÖDLICHE IDYLLEN, Copyright © 1991 by Victor Gollancz Ltd, aus dem Englischen übersetzt von Christine Frauendorf-Mössel, Scherz Verlag, Bern, München, Wien.

Elizabeth George: »The Evidence Exposed« (Der Beweis liegt auf der Hand), aus Marilyn Wallace (Hrsg.) SISTERS IN CRIME 2, Copyright © 1990 by Marilyn Wallace, aus dem Amerikanischen übersetzt von Uta Angerer.

Paula Gosling: »I Wonder If She's Changed« (Ob sie sich wohl verändert hat?), Copyright © 1987 by Paula Gosling. Veröffentlicht mit der Genehmigung Nr. 47980 der Paul & Peter Fritz AG in Zürich, aus dem Amerikanischen übersetzt von Sepp Leeb.

Sue Grafton: »A Shrouded Affair« (Unter der Bettdecke) aus Sue Grafton DETEKTIVIN, ANFANG 30, SUCHT AUFTRÄGE, Copyright © 1986 by Sue Grafton, aus dem Amerikanischen übersetzt von Christine Frauendorf-Mössel. Mit freundlicher Genehmigung des Fischer Taschenbuch Verlags GmbH, Frankfurt a. M.

Susan Kelly: »Blue Curaçao« (Blauer Curaçao), aus Marilyn Wallace (Hrsg.) SISTERS IN CRIME, Copyright © 1989 by Susan Kelly, aus dem Amerikanischen übersetzt von Sonja Hauser.

Deidre Laiken: »An Act of Loving Kindness« (Ein Akt der Nächstenliebe), aus Marilyn Wallace SISTERS IN CRIME 2, Copyright © 1990 by Marilyn Wallace, aus dem Amerikanischen übersetzt von Sepp Leeb.

Marcia Muller: »All the Lonely People« (All diese einsamen Menschen), aus Marilyn Wallace (Hrsg.) SISTERS IN